오행이란 무엇인가?

오행이란 무엇인가

초판 1쇄 발행일 2013년 12월 31일

지 은 이 | 유소홍
옮 긴 이 | 송인창 · 안유경
발 행 인 | 최원필
편　　집 | 이찬희
발 행 처 | 심산출판사
주　　소 | 서울시 은평구 불광동 219-7 예은 101호
전　　화 | 02-357-0633
팩시밀리 | 02-357-0631
E-mail | simsan@korea.com
등록번호 | 제1-2114호(1996년 11월 28일)

ISBN 978-89-94844-30-5 93150

* 책값은 뒤표지에 표시되어 있습니다.

오행이란 무엇인가?

유소홍 지음

송인창 · 안유경 옮김

심산

■ 서언

중국문화는 유구하고 풍부한 것으로 세상에 잘 알려져 있을 뿐만 아니라 또한 그 강렬한 신비성 때문에 국내·외에서 주목받고 있다. 이른바 '신비'라는 것은 신기하고 은밀한 뜻을 내포한다. 일체의 신비한 색채를 갖는 문화는 모두 신비 문화라고 부를 수 있다. 대체로 삼황오제(三皇五帝)·후비처첩(後妃妻妾)·태감외척(太監外戚)·술사무사(術士巫師)·은자선인(隱者仙人)·선남신녀(善男信女)·문방회파(門幇會派)·삼교구류(三教九流)·삼분오전(三墳五典)·비적금서(秘籍禁書)·이단사설(異端邪說)·음양오행(陰陽五行)·천인감응(天人感應)·기문둔갑(奇門遁甲)·참위금기(讖緯禁忌)·괴습루속(怪習陋俗)·상면측자(相面測字)·연단양생(煉丹養生)·점성감여(占星堪輿)·무술기공(武術奇功) 등은 모두 그것에 내포될 수 있다.

어떠한 문화이든 그 특징에 따라 모두 일정한 좌표에 처해진다. 중국의 신비 문화는 중국 문화의 중요한 구성 부분을 이룬다. 유학을 핵심으로 하는 고상한 문화에 상대하여 그것은 통속 문화로 칭할 수 있고, 과거 시험과 같은 관료 문화에 상대하여 그것은 대중문화로 칭할 수 있다. 역대 집권자들이 제창하는 주류(主流) 문화에 상대하여 그것은 비주류 문화로 칭할 수 있고, 공업과 관련된 현대 문화에 상대하여 그것은 전통문화로 칭할 수 있다. 또한 구미의 서방 문화에 상대하여 그것은 본토 문화라 칭할 수 있다.

문화의 전당 속에서 그 어떠한 문화도 신비 문화만큼 사람을 황홀한 경지로 이끌지 못하였다. 양무제는 「유선시」에서 "물보라에서 오묘함을 탐구하고 양정(陽精: 양의 정기)에서 신비함을 추측한다."[1]라고 말하였다. 어떻게 탐구하고 어떻게 추측한단 말인가. 어떤 사람은 어려서부터 여기에 몸을 바쳤으니 예를 들면 『진서』 「진훈전」의 다음 기록은 많은 참고가 된다. "진훈은 어려서 신비한 학문을 좋아하여 천문 · 역산 · 음양 · 복서를 모두 망라하지 않음이 없었다."[2] 또한 당나라 한유의 『창려선생문집』 권36 「모영전」에서는 다음과 같이 기록하였다. "모영은 기억력이 뛰어나고 민첩하여 옛날에 문자가 없어서 새끼에 매듭을 지어 일을 기록하던 때부터 진나라 일에 이르기까지 모아서 기록하지 않음이 없었다. 음양(陰陽) · 복서(卜筮) · 점상(占相) · 의방(醫方) · 족씨(族氏) · 산경(山經) · 지지(地志) · 자서(字書) · 도화(圖畵) · 구류백가(九流百家) · 천인지서(天人之書) 및 불타 · 노자 · 외국의 설에 이르기까지 모두 상세하고 빠짐이 없었다."[3]

신비 문화는 변화가 특출한 하나의 보고(寶庫)이다. 학문을 하는 자는 그 속에서 지혜의 빛을 엿보았고, 일을 주관하는 자는 그 속에서 정치의 권모를 총괄하였으며, 장사를 하는 자는 그 속에서 풍부한 재원을 얻었고, 맹신하는 자는 그 속에서 자신의 몸을 속박하는 밧줄에서 구원될 것

1) 『御定淵鑒類函』, 卷318, 「仙五 · 游仙詩」. "水華究靈奧, 陽精測神秘."

2) 『晉書』, 卷95, 「陳訓傳」. "少好秘學, 天文算曆陰陽占候無不畢綜."

3) 『昌黎先生文集』, 卷36, 「毛穎傳」. "穎爲人强記而便敏, 自結繩之代, 以及秦事, 無不纂錄. 陰陽卜筮占相醫方族氏山經地志字書圖畵九流百家天人之書, 及至浮圖老子外國之說, 皆所詳悉."

을 간청하였다. 당대의 사회 풍조를 종합하여 보면, 국내·외를 통하여 신비 문화에 관심이 있는 자들이 많았기 때문에 유익한 성과가 없지 않았다. 그렇지만 유감스러운 것은 이것이 일부 시장가(市場家)의 교활한 무리들 속으로 뒤섞여 들어갔다는 것이다. 그들은 배운 것도 없고 재주도 없으면서 도리어 형형색색의 소책자를 집필하여 미신을 선전하고 이목을 현혹해서 민중에 해를 끼치거나 중간에서 사람들의 호주머니를 착취하였다. 소인들이 신비 문화를 숭배하는 상황에서 군자는 어떻게 하였는가. 일부 박식한 인사들은 신비 문화를 '학술이 아니거나 문화를 해치는 것'으로 간주하였고 심지어 "개고기는 앞자리에 오를 수 없다"고 생각하고 자신의 청렴한 명성에 영향을 미칠 것을 두려워하였다. 소인들이 떠들썩한 세속의 일 위에 임하였으나 군자는 꼼짝도 못 하고 서 있었던 것이다. 그리하여 신비 문화는 더 위태롭게 되었고 더 암울해졌으며 더 이해할 수 없게 되어 날마다 수렁에 빠져들게 되었다.

이것을 거울삼아, 우리는 신비 문화에 대한 연구와 작업을 새롭게 시작하였다. 신비의 색채는 사실적 현상을 가장 두려워하기 때문에 미신으로 쌓인 때에는 반드시 과학적 도구가 필요하였다. 게다가 사상적 안개는 예리한 도끼로 몰아낼 수 없었으니 역사의 현상은 반드시 역사적 각도에서 해석해야 하였다. 우리 앞에 나타나 있는 신비 문화는 다양한 양상을 띤 복잡한 공동체이고 알맹이와 찌꺼기가 서로 뒤섞여서 융합된 의식 형태이다. 그것에는 뿌리 깊은 전통이 있고 틈만 있으면 파고드는 시장성이 있으니 또한 쇠퇴에서 번영으로의 재생 능력이 있다. 신중국이 성립한 이래로, 신비 문화가 한차례 세척되었지만 그것은 지상에서 지하로 들어가거나 혹은 유행에서 잠시 휴식의 상태에 머물러 있는 것에 불과하다. 개방의 역사 조류가 세차게 흐름에 따라 이러한 잠류(暫留) 기회를 타고 솟아 나와 사방으로 유포되어 전통의 수질이 현대의 색채로 뒤바뀌게 되면 청탁을 구분하기가 어려워진다. 만약 원류를 고찰하지 않고 시비를 판별하지 않은 상황에서 낡은 풍조와 봉건의 습속이 새로이 민간에서 다시 불을 피운다면, 우리는 50여 년을 거치면서 건립해 온 사회주의 풍속이 은연중에 감화되어 그 자리를 대신하게 될 것이니 이것은 상당히 위험하다. 공동으로 정신문명을 건설하려면 당연히 적극적으로 신비 문화를 연구해야 하며 신비 문화를 연구하는 것은 우리들이 책임져야 할 의무이다.

최근 몇 년간, 우리는 줄곧 '신비 문화와 당대(當代) 중국' · '신비 문화와 동방 문명'이라는 양대 과제를 연구하는 데 착수하였다. 때마침 광서인민출판사의 구미미(歐薇薇) 선생은 우리가 쓴 『신비의 팔괘—주역』이라는 책을 출판할 것을 약속하였다. 이 책이 출판된 후에 사회의 반응이 매우 좋았다. 많은 학자들과 독자들이 호평과 격려를 보내오면서 이러한 학술성 · 과학성 · 독자성이 있는 서적이 더 많이 출판될 수 있기를 희망하였다. 이에 대중의 희망을 저버리지 않기 위해, 우리는 이러한 총서를 출판하기로 결정하였다.

이 총서는 왕옥덕(王玉德)이 편집장을 맡고 요위균(姚偉鈞)이 부편집장을 맡았다. 총서는 광서인민출판사의 적극적인 지지를 얻었으며, 특히 문학사 편집실의 주임인 구미미(歐薇薇)로부터 구체적인 도움과 지원을 받았다. 이러한 총서 속에서, 우리는 변증유물주의와 역사유물주의의 관점을 운용하고 실사구시적 과학 태도와 엄격한 학술 방법을 취하였다. 신비 문화 속의 개개의 문제를 착실히 연구하여, 마땅히 비판해야 할 것이면 비판해야 하고 마땅히 계승해야 할 것이면 계승하여야 할 것이다. 그럼으로써 찌꺼기는 영원히 가라앉게 하고 진부한 것은 신기하게 변화시켜서, 학술의 청탁을 분명하게 하여 신비 문화를 크게 빛내야 할 것이다.

옛말에 "천 리 길도 한 걸음에서 시작된다."라고 하였다. 이러한 총서가 세상에 나오게 되면 우리가 신비 문화를 연구한 것이 비록 하나의 시작에 불과하지만 온갖 고생 속에서 시작된 일인 만큼 맡은 책임이 무겁고 갈 길이 아직도 멀다는 것이 절실히 느껴진다. 이러한 연구가 시작 단계이고 게다가 우리의 수준에 한계가 있기 때문에, 총서 속에서 불가피하게 약간의 잘못된 점이 나타날 수도 있겠지만, 우리를 이해하고 도와줌으로써 우리와 함께 신비 문화를 선양하는 데 공동으로 노력해 주기를 바란다.

왕옥덕(王玉德)
중국사범대학 역사문화연구소에서

■ 역자의 말

한국의 역술 인구가 30~100만에 이르고 역술 관련 시장 규모가 2조~4조 원이라는 통계가 있음에도 불구하고, 역술의 근본 바탕인 오행에 대한 학문적 연구는 제대로 이뤄지지 않고 있는 실정이다. 그 단적인 예는 오행에 대한 심도 있는 학술적인 논문이나 저술을 찾아보기 어렵다는 점이다. 그런 면에서 우리나라의 오행 연구는 아직 초보적인 단계에 머물고 있다고 해도 지나친 말은 아닐 것이다. 이러한 한국 역술계의 실정에 대해 평소 안타까운 마음을 가지고 있던 차에, 현재 중국 화중 사범대학 역사학 교수로 있는 유소홍(劉篠紅)이 저술한 『신비의 오행(神秘的五行)』을 접하게 되었다. 내용이 너무 개설적이지도, 난해하지도 않아서 일반 독자들이 오행 사상을 공부하기에도 용이할 뿐만 아니라 역술인들이 체계적으로 오행 사상을 연구하기에도 적합하다고 생각하여 이 책을 번역하였다.

이 책은 오행의 원리를 학술적으로 고찰하고 있다. 오행 사상의 본질이 무엇이고 그것이 어떻게 역사적으로 전개되어 왔고, 또 현실적으로 구현되었는지를 다양한 사례를 들어 살피고 있는 것이 그 특징이다. 제1장에서는 오행의 기원을 서두로 하여 제2장에서는 오행의 철학 사상, 제3장에서는 오행의 원리, 제4장에서는 오행과 정치, 제5장에서는 오덕종시설, 제6~7장에서는 오행 술수 등을 다루고 있다.

오행 철학은 세계가 목·화·토·금·수의 다섯 가지 기본적인 물질로 구성되었고 인간을 포함한 자연계의 제반 변화가 모두 이러한 다섯 가지 속성을 가진 물질이 부단히 운동하고 상호작용한 결과로 보았다. 원래 오행은 원시의 종교 숭배에서 기원하지만 종교 모체에서 탈피하여 철학 사유에 진입하여 오행 철학으로 발전하게 된 것이다.

오행 철학은 물질의 구성 문제만 언급한 것이 아니라 물질 운동의 자취와 유형, 그리고 변화 원리까지 제공하였으니 이것이 이른바 오행생극설(五行生克說)이다. 물질세계의 운동·변화를 긍정하고 이러한 운동·변화를 하나의 순환·왕복의 과정으로 간주하는 '오행생극설'은 춘추 연간에 발생하여 전국시대에 크게 유행하였다. '오행생극설'의 기초 위에서 오행 철학이 확립되고 그리고 그것은 비교적 복잡한 원리 체계를 연역해 내었다. 오행의 제화(制化)·억부(抑扶), 오행의 생수(生數)·성수(成數), 오행과 천간(天干)·사시(四時)·오방(五方)·오색(五色)의 배합, 오행의 기생12궁(寄生十二宮) 등이 바로 그것이다. 이러한 원리는 그 뒤에 모두 오행 술수와 결합하여 현실적으로 많은 영향을 끼쳤다.

후대로 오면서 오행 철학은 각 시대의 주요 사상가들에게 주목을 받았다. 한대의 유학자인 동중서는 오행 철학을 신학(神學)으로 이끌었다. 그는 음양오행의 변화가 '천(天)'의 의지가 나타난 것이라고 생각하였다. 송대의 주자 등 리학자(理學者)들은 오행 철학을 리학의 범주로 끌어들여 오행을 리(理)에 종속시키거나 '리'를 체현해 내는 물질의 실체로 간주하였다. 명청 시대의 진보적 사상가인 왕부지 등은 유심주의로 나아가는 오행관을 청산하고 오행의 본래 면목을 회복하려 하였다.

정치철학으로서의 오행은 '천인감응설'과도 연계되었다. 즉 인간의 정치가 '천의(天意)'에 부합하지 않을 경우, 오행의 재이(災異) 변화를 통하여 천(天)이 질책을 나타내 보인다는 것이다. 오행 정치에서는 임금의 행정이 반드시 오행 사계절의 특성에 부합해야 한다고 보고, 인간의 정치와 자연의 규율을 서로 배합함으로써 인간의 정치에 객관적인 근거를 갖게 하였다. 오행 철학은 또한 정치 · 법률 속에 침투되었으니, 이에 다섯 가지 형벌인 오형(五刑)을 오행과 비교한 것이 바로 그것이다. 게다가 정치 사상가들은 오행에 도덕 속성을 부여하였다. 오행과 '인 · 의 · 예 · 지 · 신' 이라는 오륜의 배합은 중세적 도덕관념에 객관적 근거를 갖게 하였다.

역사철학으로서 '오행생극설' 은 '오덕종시설(五德終始說)' 로 변천하였다. '오덕종시설' 은 전국시대 사상가인 추연(鄒衍)에 의해 제창되었고 진시황이 맨 먼저 그것을 실천하였다. 그로부터 역대의 제왕들은 상생 혹은 상극으로 오덕(五德)을 보급시켰고 자기의 덕운(德運)을 확정하여 자기가 천명에 순응하여 대통을 이어받았다는 신성함을 나타내고자 노력하였다. 이러한 '오덕종시설' 은 원대 이후에 이르러, 사회가 변화되면서 더 이상 통치계급의 수요에 적응하지 못하고 점차 쇠퇴하게 되었다. 이처럼 오행 철학이 정치에 이용되면서 '천자명당설', '천인감응설', '삼강오상' 등의 정치 이론체계가 생겨났던 것이다.

뿐만 아니라 오행 철학은 자연과학 영역에 진입하면서 중국 의학 · 기상 예측 등의 방면에서 괄목할 만한 성과를 산출하였다. 특히 오행 학설은 중국 의학의 이론적 지주 역할을 하였는데 오행 원리를 운용하여 병리변증(病理辨證)과 약학변증(藥學辨證)을 발전시켜 세계 의학계에서 독자적인 의학 체계를 형성한 것이 그것이다. 이외에도, 오행 학설은 양생학 · 지리학 및 원시 화학에 이용되었다. 그중에서도 신비 술수학에서 오행 철학의 영향력은 막대한 것이었다. 이처럼 오행 철학은 동양 문화를 형성하고 지탱하는 거대한 뿌리였다. 따라서 오늘날의 동양 문화를 올바로 이해하기 위해서는 오행에 대한 심도 있는 이해가 선행되지 않으면 안된다.

이 한 권의 책이 오행 철학에 대한 독자들의 갈증을 어느 정도 해소시켜 줄 수 있을 것이라 생각한다. 아울러 앞으로 한국에서의 음양오행론에 대한 보다 심도 있는 연구와 그것을 바탕으로 한 학술적 저술이 많아졌으면 하는 바람을 가져 본다. 이 책의 번역에 잘못된 곳이나 매끄럽지 못한 부분이 많으리라 사료된다. 원문을 최대한 그대로 옮긴다는 욕심과 핑계가 그렇게 만들었다고 변명도 해 보고 싶지만 이 모두는 전적으로 번역자들의 책임으로 돌아갈 수밖에 없다. 동양 문화를 사랑하고 특히 음양오행학에 남다른 애정을 가진 독자와 제현들의 많은 질정과 격려를 부탁드린다. 아울러 마지막까지 교정 작업을 함께해 준 이시우 선생에게도 고맙고 미안하다는 인사를 전한다.

2013년 9월 가을을 기다리며

송인창 · 안유경

오행이란 무엇인가? **차례**

서론

(1)

이 책은 오행을 체계적으로 논술하였다. 오행에 관하여, 양계초(梁啓超)는 "음양오행은 2천 년간 온 국민의 마음속에 도사리고 있으면서 온 국민의 행위를 지배하였다."라고 말하였다. 고힐강(顧頡剛)은 "오행은 중국인의 사상률이고 중국인의 우주 체계에 대한 신앙이며 2천여 년간 그것은 매우 강한 세력을 형성하였다."라고 말하였다. 방박(龐朴)은 "'5·4 운동' 이전의 중국의 고유문화는 음양오행을 골간으로 하였다. 음양소장과 오행생극의 사상은 의식의 각 영역이나 생활의 각 방면에 깊이 파고들었으니, 만일 음양오행의 도식에 분명하지 못하면 중국의 문화 체계를 제대로 이해할 수 없다."라고 말하였다.

전통문화를 전체적으로 살펴보면, 음양오행은 이러한 문화 체계 속에서 버팀목과 연결 고리의 작용을 하였으니 이것은 분명히 전통문화의 뼈대이다. 전통문화를 고찰할 경우, 어떠한 한 방면으로 깊이 들어가면 음양오행의 문제에 부딪히지 않을 수 없기 때문에 전통문화를 연구하면서 음양오행을 연구하지 않은 것은 하나의 큰 결함이 될 수 있다.

그러나 이상한 것은 문화 연구의 붐 속에서 사람들의 마음과 시선이 도리어 오행에서 음양이나 역학으로 쏠렸다는 것이다. 이에 음양·역학과 관계있는 저서들이 연이어 출판되었다. 그 결과 사람들이 오행에 대해 관심을 두지 않게 되자 오행을 연구하는 사람들의 재정은 극도로 궁핍해져,

지금까지 오행을 전면적으로 논술한 저작이 한 권도 나오지 않았을 뿐만 아니라 논문도 거의 없었으니 오행은 사람들로부터 냉대를 받는 신데렐라가 되었다.

오행 문화가 사람들에게 냉대를 받은 것에는 원인이 있으니, 이러한 신데렐라의 몸에는 너무 많은 역사의 먼지가 쌓여 있었기 때문이다. 비록 그것은 일찍이 당당하게 철학의 전당 안에서 음양·기론과 서로 대등한 위치에 있었지만, 그것은 낮은 지위에 비천한 상태로 머무르면서 길거리에서 점을 파는 점쟁이들의 노점상에 웅크리고 있었을 뿐이었다. 때문에 철학 명제로서 그것은 고상하고 훌륭하였지만 그것을 탐구하는 사람은 많지 않았다. 그렇지만 일반인의 마음속에서 오행은 언제나 신비 혹은 미신과 서로 연관되어 있었기 때문에 통속 문화로서 고상하지는 않았을지라도 광범위한 시장을 점유하고 있었다.

이와 같았기 때문에, 과학과 이성이 각성하는 시대에는 도리어 오행이 비판을 받게 되었다. 20세기 초반인 20~30년대에 신사상의 세례를 받은 신식 학자들이 전통문화에 대한 반성과 청산을 시작하면서 오행설은 하나의 토론 주제가 되어 학자들의 관심을 불러일으켰다. 고사변파(古史辨派)의 주장인 고힐강(顧頡剛) 선생은 『오덕종시설하의 정치와 역사』라는 중요한 저술을 발표하여 오행설의 영향과 지배를 받는 중국 고대의 정치·역사에 대해 폭로하였다. 범문란(范文瀾) 선생은 고힐강에게 갈채를 보내면서 다음과 같이 말하였다. "오행은 하나의 오래된 요물인데 고힐강과 같은 사람들이 뛰어가서 삼장(三丈) 밖으로 내차 버렸으니 아! 얼마나 용맹하고 얼마나 시원스러운가."

구문화를 새로이 비판하거나 혹은 매우 두텁게 먼지를 뒤집어쓰고 있는 오행설에 대한 청산 작업을 진행하는 것은 매우 필요한 것이고 마땅히 해야 하는 것이다. 그러나 다리를 들어 올려 그것을 차 내는 용맹이 참으로 용맹스러운 것이기도 하지만, 우리들의 문화유산에 대처하는 태도가 아니다. 물론, 문화 비판의 시대에 직면하여 사람들이 구문화를 타파하는 데 치중하여 세밀한 분석 작업을 가하지 않는 것까지는 또한 이해할 수 있다. 신(新)중국이 건립된 이후, 중국은 많은 도시에 미신을 타파하는 과학교육을 진행함으로써 오행은 신비 술수의 이론적 지주가 되어 자연히 비판의 대상이 되었다. 이에 오행 학설은 지엽적인 일에 연루되고 봉건 미신으로 간주하여 더 이상 관심을 보이는 사람이 없게 되었다.

지금은 이러한 정치 운동이 이미 지나갔고 학술 연구도 정상적인 궤도에 올랐으니 사람들은 침착한 자세와 실사구시의 태도로 전통문화의 이러한 유산을 정리하고 연구할 수 있게 되었다. 오행이라는 이러한 신데렐라 몸의 더러운 먼지를 씻어 내고 그것에 광채를 재현시킬 때가 이르렀다는 것이다.

(2)

오행은 무엇인가. 오행은 목 · 화 · 토 · 금 · 수이다. 그것은 원시의 종교 숭배에 기원하고 또한 종교 모체 속에서 성장하여 철학 사유의 경지에 진입함에 따라 오행 철학으로 발전하였다. 오행 철학은 세계가 목 · 화 · 토 · 금 · 수의 다섯 가지의 가장 기본적인 물질로 구성된다고 생각하였다. 자연계와 인류의 각종 사물과 현상의 발전 · 변화는 모두 이러한 다섯 가지의 다른 속성의 물질이 부단히 운동하고 상호작용한 결과이다. 오행의 상생(相生) · 상극(相克)은 상호 촉진하거나 상호 제약하여 풍부하고 다채로운 사사물물의 세계를 구성하였다. 오행 철학은 우주생성 도식을 구축하여 세계의 물질성과 운동성을 긍정하였고 또한 물질세계의 운동이 끝나면 다시 시작하는 하나의 순환유전(循環流轉)의 과정으로 보았다. 오행 철학의 우주에 대한 인식 태도는 세계관과 방법론이 되어 전통 철학 속에서 중요한 지위를 차지하였다.

오행 문화는 오행 철학의 기초위에서 발전해 나온 것으로, 오행 철학을 중심으로 하여 문화의 각 영역 및 계층으로 확대 · 연관되면서 하나의 큰 체계를 형성하였다. 오행 철학을 정치에 이용하면 천자명당설(天子明堂說) · 천인감응설(天人感應說)과 삼강오상(三綱五常) 등의 정치 이론체계가 생겨나고, 오행 철학으로 역사를 인식하면 오덕종시설(五德終始說)의 역사순환론이 발생하며, 오행 철학이 자연과학 영역에 진입하면 중국 의학 · 기상 예측 등의 방면에서 사람을 주목시키는 성과를 이루게 된다. 오행 철학이 중국의 문화와 민속에 미친 영향도 매우 분명하였다. 특히 신비 술수 속에서 오행 철학이 차용되어 이론적 지주가 되기도 하였지만, 또한 술수의 수요에 근거하여 개조되어 유행됨에 따라 오행의 평판을 매우 나쁘게도 하였다. 결국 오행 문화는 범위가 매우 넓어서 '옥과 돌이 뒤섞여 있고 알맹이와 찌꺼기가 함께 있어서' 중국인에 대한 영향력은 매우 깊지만 그것을 선별하고 연구하는 것도 매우 필요한 것이다.

(3)

본서에서는 오행의 기원에 대해 연구하고 논술하였다. 오행의 기원에 관하여, 역대로 닳은 다양한 견해가 있었다. 그렇지만 인류 문명이 발전해 온 역사 과정에 따라 추적하면, 오행은 원시인의 자연숭배에 기원한다. 원시인은 자연의 온갖 신들을 숭배하였다. 우상숭배의 출현과 추상사유의 발전에 따라 목 · 화 · 토 · 금 · 수는 온갖 신들 속에서 나온 것이어서, 오행이 사람들의 마음속에서 갖는 지위는 인류의 생산 생활 속에서 중요한 의미가 있다.

오행 관념의 발전은 상나라 시대의 오방(五方)의 공간 방위에 대한 인식을 거치면서, 주나라 시대에 이르러서는 오행(五行)・오방(五方)・사시(四時)・오제(五帝)・오좌신(五佐神)의 계통적 유형들을 종합하였다. 오행 관념의 영향을 받아 세워진 명당 제도는 종교 속의 오행을 정치 영역으로 끌어들임으로써 인간의 정치와 자연의 속성을 서로 결합시킨 초보적 단계의 시행이다.

오행 철학이 처음에는 종교의식의 형식 속에서 발생하였다. 은나라 말년에 이르면서, 오행 관념은 철학의 수준으로 승화되기 시작하였다. 은나라 말기의 귀족인 기자(箕子)가 서술한 『상서』「홍범」 편에서는 오행을 아홉 조목의 나라를 다스리는 대법(大法) 가운데 첫 번째 조목으로 간주하였는데, 그 속에는 소박한 철학 관념을 내포하였다. 이 때문에 「홍범」 편은 오행이 철학 사유의 단계에 진입하는 지표가 되었다. 서주 말년에, 사백(史伯)은 '오행이 서로 섞여서 만물을 이룬다'는 철학 명제를 제기하고 오행이 자연계의 만물을 구성하는 기본 원소임을 지적하였다. 이것은 중국 철학사상에서 처음으로 세계 물질의 구성 문제를 언급한 것이다.

음양은 오행 밖에서 발전해 나온 다른 우주구성 도식이다. 춘추 연간부터는 음양과 오행이라는 각각의 독립적인 철학 범주가 접근과 융합을 시작하였고 이러한 융합 과정은 진・한 때에 이르러 완성되었다. 합류된 뒤의 음양오행은 "음양 이기(陰陽二氣)가 오행을 화생(化生)하고 오행이 세계 만물을 구성한다"라고 생각하였다.

오행 철학은 세계 물질의 구성 문제를 언급하는 외에도, 그것은 또한 물질 운동의 자취와 유형을 제공하였다. 이것이 바로 오행생극설(五行生克說)이다. '오행생극설'은 춘추 연간에 발생하여 전국시대 중・후기에 성숙하였다. 그것은 물질세계의 운동・변화 속성을 긍정하였지만 또한 이러한 운동・변화를 하나의 순환・왕복의 과정으로 간주하였다. '오행생극설' 의 기초 위에서, 오행 철학은 또한 한 계열의 비교적 복잡한 원리를 연역해 내었다. 예를 들면 오행의 제화(制化)·억부(抑扶), 오행의 생수(生數)·성수(成數), 오행과 천간(天干)·사시(四時)·오방(五方)·오색(五色)의 배합, 오행의 기생12궁(寄生十二宮) 등인데, 이러한 원리는 그 뒤에 모두 오행 술수에 이용되었다.

성숙한 뒤의 오행 철학은 역대 사상가들에 의해 중시되었다. 한대의 유학자인 동중서는 오행 철학을 신학(神學)으로 이끌었다. 그는 음양오행의 변화가 '천(天)' 의 의지가 나타난 것이라고 생각하였다. 송대의 주자 등의 리학자들은 오행 철학을 리학의 범주로 끌어들여 오행을 리(理)에 종속시키거나 '리' 를 체현해 내는 물질의 실체로 간주하였다. 명청 시대의 진보적 사상가인 왕부지 등은 철학 방면에서 이미 유심주의로 나아가는 오행관을 청산하고서 오행의 본래 면목을 회복하려 하였다.

정치철학으로서의 오행은 '천인감응' 설 속에서 '상천(上天)' 의 사자 배역을 맡았다. 만약 인간의 정치가 '천의(天意)' 에 부합하지 않을 경우, 오행의 재이(災異) 변화를 통하여 천의 질책을 나타내 보였던 것이다. 오행 정치에서는 또한 임금의 행정이 반드시 오행 사계절의 특성에 부합해야 한다고 보고, 인간의 정치와 자연의 규율을 서로 배합함으로써 인간의 정치에 객관적인 근거를 가지게 하였다. 오행 사상은 또한 정치·법률 속에 유입되었는데 다섯 가지 형벌인 오형(五刑)을 오행과 비교하였다. 이에 '오형' 은 천도(天道)에 부합하는 외투를 걸치게 되었다. 정치·사상가들은 또한 오행에 도덕적 속성을 부여하였다. 오행과 '인·의·예·지·신' 이라는 오륜의 배합은 봉건의 도덕관념에 신성함과 자연성의 근거를 찾게 하였다. 오행 철학의 지도하에서, 오행 정치는 한편으로는 '천의' 를 통하여 일반 백성들에 대해 군주가 가지는 제약이었고 다른 한편으로는 또한 일단의 신성한 색채를 지워 버리고 봉건 통치를 유지하는 작용을 하였다.

역사철학으로서 오행생극설은 오덕종시설(五德終始說)로 변천하였다. '오덕종시설'에서는 다음과 같이 생각하였다. 즉 역사의 정권 교체는 오행생극의 질서 순환에 따라 유전되기 때문에 각 왕조의 통치자들은 반드시 오행 중의 일행(一行)의 덕운에 처하려 하였다. 그리고 상천이 허락하였음을 나타내기 위하여 마땅히 그가 처한 덕운이 쇠퇴하면, 그 덕운을 이기거나 혹은 그 덕에 의해 화생된 다른 일행의 덕운이 일어나서 그것을 대신한다고 생각하였다. 그런데 사회·역사가 천명에 의해 지배되기 때문에 오행생극의 순서에 따라 반복적으로 순환·운행한다는 것이다. '오덕종시설'은 전국시대 사상가인 추연(鄒衍)에 의해 창립되었고 진시황이 맨 먼저 실천하였다. 그로부터 역대의 제왕들은 상생 혹은 상극으로 오덕(五德)을 보급시켰고 자기의 덕운을 확정하여 자기가 천명에 순응하여 대통을 이어받았다는 신성함을 나타내었다. 원대 이후에 이르러, 사회가 변화되면서 '오덕종시설'은 더 이상 통치 계급의 수요에 적응하지 못하고 점차 쇠퇴하였다.

오행 철학 속에 포함된 소박한 유물주의와 변증법은 고대 자연과학의 발전에 매우 큰 영향을 미쳤다. 그것은 기상 변화를 예측하는 운기(運氣) 학설에 이용되었다. 실천적 경험에 근거하고 오행 사상을 응용하여, 천상 기후의 내부 관계의 복잡성과 변이성 및 변이 속에서의 안정성을 유지하는 학설을 설명하였다. 음양오행 학설은 또한 중국 의학의 이론적 지주이다. 중국 의학은 오행 원리를 운용하여 병리변증(病理辨證)과 약학변증(藥學辨證)을 진행하여 세계 의학계에서 독자적인 지위를 형성하였다. 이외에도, 오행 학설은 양생학·지리학 및 원시 화학에 이용되었는데 모두 어느 정도의 성과를 이루었다. 역대 정사(正史) 속의 「오행지」에서는 대량의 재이와 괴이한 현상을 기록하였는데, 이것들은 우리가 자연의 신비함을 연구하는 데 중요한 자료를 제공하였다.

원시종교에 기원하는 오행 학설이 비록 이미 철학의 전당에 진입하였지만 시종 신비성의 그늘에서 벗어나기가 어려웠다. 상층의 통치 계급은 그것에 '천의'를 부여하였고 하층의 신비 술수에서는 또한 그것에 의지하여 그 술법을 높였으니, 이 때문에 각종의 술수 속에서 오행은 모두 신통력을 갖는 면모로 출현하였다. 신비 문화를 정리·연구·비판하는 데 가장 중요한 임무는 바로 오행 학설 및 그 원리에 대한 전면적인 이해가 있어야 한다는 데 있다.

본서는 오행 문화를 전반적·체계적으로 연구하기 위한 초보적인 시행에 불과하지만, 그것이 봄을 알리는 붉은 살구나무 한 가지가 되어 학자들과 독자들에게 오행 문화에 대한 관심을 일으킴으로써 오행 연구와 유관한 논문과 저작들이 더 많이 출판되기를 희망한다.

제1장

오행의 기원

1. 오행의 시원 – 원시 자연숭배

오행 문화는 매우 오래되었기 때문에 고개를 돌려 그것의 시원을 바라보면 한 줄기의 구름과 아득한 연기를 보는 것 같다. 그렇지만 전통문화의 뼈대가 되는 오행 문화의 시원을 추적하거나 또한 그 수수께끼를 풀고 신비를 탐구하는 일은 아주 매력이 풍부한 과제이기 때문에 그것은 근대 이래로 많은 문화에서 철인들의 마음과 눈길을 사로잡았다.

오행의 기원에 관하여 많은 다양한 견해가 있다. 혹자는 오행이 옛사람들의 총체적인 생산과 생활 경험에 기원한다고 말하였고, 혹자는 오행이 위대한 치수(治水) 투쟁에서 발생하였다고 말하였다. 혹자는 오행이 상나라 시대의 사방(四方) 관념에 근원한다고 말하였고, 혹자는 오행이 상나라 사람의 귀복(龜卜)에서 나왔다고 말하였으며, 혹자는 오행이 고대의 점성술에 기원한다고 말하였다. 비록 이러한 관점은 각각 서로 다르지만 그들은 모두 오행의 흐름을 거슬러 올라가서 오행의 시원에 한 걸음 한 걸음씩 접근해 들어갔던 것이다. 또한 어떠한 단계에 들어가서는 흐름을 시원이라고 오인하기도 하였다.

오행의 기원을 찾아가면, 그 원천은 인류 초기의 지혜의 샘 속에 내재되어 있다. 인류 초기의 조상들은 주위 세계를 인식하는 데 있어서 그 사유 방식이 가깝게는 몸에서 취하였기 때문에 자기로부터 미루어서 사물

(物)에 이르렀다. 그래서 그들은 자신과 자연계의 만물을 혼동하여 모든 인식 대상이 자기와 마찬가지로 정감(情感)과 영성(靈性)을 가지고 있다고 생각하였다. 그렇지만 자연 속에서 혹독한 추위와 돌발적인 재난과 같은 경험을 겪으면서, 옛사람들은 자연계 속에 어떠한 물질이 있어 사람 혹은 다른 사물이 가질 수 없는 신비한 힘을 가지고 있다고 느꼈다. 그리하여 자연신에 대한 숭배가 생겨났다.

중국의 고대 문헌은 인류 초기의 자연신 경배에 대한 정보를 알려 준다. 『예기』「제법」에서는 "천하를 소유한 자는 백신(百神)에게 제사 지낸다."[1]라고 말하였는데 천(天)·지(地)·시(時)·한(寒)·서(暑)·일(日)·월(月)·성(星)·수(水)·한(旱)·사방(四方)·산림(山林)·천곡(川谷)·구릉(丘陵) 등이 모두 '백신'의 무리에 속한다. 『예기』「교특생」에서는 다음과 같이 기록하였다. 천자가 큰 납향(臘享)[2]제에 "한 해의 12월에 만물을 모아서 숭배하고 술과 음식을 대접하였다. …… 토는 그 집으로 돌아가고 수는 그 골짜기로 돌아가며 곤충은 움직임이 없고 초목은 그 늪으로 돌아간다고 말하였다."[3] 진시황과 한 무제 이전에 천자가 천지·산천·백신에게 제사 지내는 의식은 모두 봉선(封禪)이라 칭할 수 있다. 『사기』「봉선서」에서는 그 의식이 "광대한 것이 수레 천여 대에 이르렀다."[4]라고 말하였다. 진시황에서 시작되어 한 무제에 완성된 태산(泰山)에 제사 지내는 봉선은 바로 고대의 천지(天地)·명산(名山)·대천(大川)·백신(百神)에게 제사 지내던 전례에서 발전해 나온 것인데, 그 시원을 추적해 보

1) 『禮記』, 「祭法」. "有天下者祭百神."

2) 납향(臘享)은 옛날 동지 뒤의 셋째 술일(戌日)에 여러 신들에게 지냈던 제사이다. 납평(臘平)이라고도 한다.

3) 『禮記』, 「郊特牲」. "歲十二月, 合聚萬物而崇餉之. …… 曰土返其宅, 水歸其壑, 昆蟲毋作, 草木歸其澤."

4) 『史記』, 「封禪書」. "曠遠者千有余載."

면 원시인의 자연물에 대한 숭배에서 비롯된 것이다.

물론, 옛사람들의 처음 백신(토 · 목 · 화 · 수를 포괄한다)에 대한 숭배는 모두 구체적인 사물에 있었기 때문에 그들의 생활이나 활동 구역 내의 나무 · 돌 · 토지 · 강은 모두 그들이 숭배하는 구체적 대상이 되었다. 토 · 목 · 화 · 수의 구체적인 물상은 다른 백신들과 대등한 위치에서 결코 특별하게 조합하거나 귀납하는 것 없이 한 덩어리일 뿐만 아니라 또한 어떠한 특수한 지위도 갖지 않았다.

토 · 목 · 화 · 수의 지위가 백신 속에서 나왔으나 실제로는 두 가지의 요소에 근거한다. 하나는, 우상숭배(혹은 조상숭배라고도 부른다)의 출현과 추상 사유의 발전이다. 옛사람들의 사고 수준이 향상됨에 따라, 자연물을 자기 토템(Totem)의 의식으로 간주하여 점차 '사람—토템'에 합일시킴으로써 신의 관념으로 승화되었다. 즉 현실적 사람 가운데 공로가 탁월한 지도자나 사람들 사이에서 입으로 전해지는 뛰어난 선인(先人)이 어떠한 토템의 신비한 힘을 가지고 있는 것으로 간주되어 신격화됨으로써, 이러한 자연신을 대신하는 초인(超人)이 되었다. 이에 토 · 목 · 화 · 수 또한 자기 인격을 대표하게 되었다. 자연숭배에서 우상숭배의 단계로 진입하면, 하나의 우상이 어떠한 물질의 총 대표가 될 수 있었으니 그것은 인류가 물질을 추상적 개념으로 분류하는 사유로의 발전을 촉진시켰다. 원래 만물의 백신이 점차 몇 개의 큰 부류로 귀납됨에 따라 이에 토 · 목 · 화 · 수와 같은 류(類) 개념이 구체적인 산천하류(山川河流) · 수목화초(樹木花草) 속에서 추출되어 나왔던 것이다. 다른 하나는, 인류의 생산력 수준의 향상과 원시 농업의 진보에 따라 토 · 목 · 화 · 수가 사람들의 생산 생활 속에서 갖는 의미가 옛사람들의 마음속에서 더욱 큰 비중을 차지하게 되었다는 것이다. 농업 민족에게 토지는 바로 옛사람들이 생존하는 기본 조건이었으니 그것이 만물을 생육하는 것은 바로 인류를 양육하는 것이었다. 옛사람들은 토지를 어머니로 간주하고 '사(社)'[5]를 세워서 공경하였다. 그러나 땅에서 볼 수 있는 것은 나무(木)뿐이다. 나무(木)는 모든 식물과 수목을 총칭한다. 토지는 만물을 생장시키는 표지이기 때문에 옛사람들은 '사'를 세워서 반드시 사토(社土)의 위에 있는 수목으로 표지를 삼았다. 노나라 애공(哀公)이 일찍이 '사'의 문제를 공자의 제자인 재아(宰我)에게 묻자, 재아는 "하우씨는 소나무를 심어 '사'로 사용하였고 은나라 사람들은 잣나무를 사용하였으며 주나라 사람들은 밤나무를 사용하였다."[6]라고 대답하였다. 다시 말하면, 나라를 건립하고 '사'를 세우는 것은 반드시 '사토' 위에서 그 토에 마땅한 수목을 심어야 하는데 이러한 '사'의 나무가 바로 사주(社主)이기 때문에 '목'은 바로 신성한 뜻을 갖는다. 표면적으로 보면, 옛사람들이 목을 숭상한 것이 종교적인 원인에서 나온 것 같지만 실질적으로는 목이 생산 생활 속에서 중요한 지위를 차지하기 때문이다. 나무 쟁기와 나무 보습은 원시 농업 속의 중요한 도구였고 나무 열매와 나뭇잎은 또한 옛사람들의 중요한 의식 원천이었다.

불(火)의 사용은 옛사람들에게 매우 중요한 의미가 있다. 그것은 따뜻함과 빛을 가져다주었고 또한 사람들의 생산과 생활의 필수품이 되었으니 화전 경작이나 음식을 익혀서 먹는 것들은 모두 불을 떠나지 않는다. 그러나 불이 만약 진노하여 산에 불이 번지면 눈 깜짝할 사이에 모든 것이 잿더미로 변하기 때문에 조상들이 경외하게 되었고 이에 불을 신으로 간주하여 숭배하였다. 물(水)은 만물을 적셔 주어 온갖 곡식을 생장하게 한다. 그러나 홍수가 범람하면 또한 모든 것을 휩쓸고 지나가기 때문에 물의 신 또한 조상들이 지내는 제사 대상이 되었다.

---

5) 토지의 主神, 혹은 토지의 主神에게 제사를 지내는 것을 말한다.

6) 『論語』, 「八佾」. "哀公問社於宰我, 宰我對曰, 夏后氏以松, 殷人以柏, 周人以栗."

토 · 목 · 화 · 수가 사람들의 생산 생활과 밀접하여 뗄 수 없는 관계에 있었기 때문에 그것들은 점차 백신 속에서 벗어나서 조상들이 숭배하는 주요 대상이 되었다. 상대(商代)의 갑골 복사(卜辭) 속에 매(埋) · 침(浸) · 료(燎) · 묘(卯)의 네 가지 제사 방법이 기재되어 있는데 토 · 수 · 화 · 목의 여러 신으로 나누어서 희생물을 바쳤다. 이러한 네 가지의 제사법은 후대로 유전되었으니 예를 들어 『예기』의 「제법」에서는 "붉은 말을 태제(泰折)에 묻고 땅에 제사 지냈으며 털이 붉은 송아지를 썼다."[7]라고 말하였다. 이것은 바로 소와 말을 땅속에 묻고 그 땅에 제사 지냈다는 것이다. 진시황이 남쪽으로 순시하다가 장강(長江)에 옥을 던지거나 한 무제가 황하에 이르러 조롱박을 터뜨려서 백마와 옥을 빠뜨린 것은 모두 수신(水神)에게 제사를 지낸 것이다. 은나라 사람인 무당 발한정(祓旱情)은 화신(火神)을 공경하였다. 묘(卯)는 원래 희생 가축을 뾰족한 나뭇가지 위에 걸어 두고서 목신(木神)에게 제사 지내던 것이다. 이것은 오늘날 시골 사람들이 붉은 비단을 나뭇가지 위에 걸어 두고서 나무의 신을 숭배하는 것과 같은 것으로 바로 '묘'의 제사가 변한 것이다. 이러한 네 가지의 제법은 조상들이 토 · 수 · 화 · 목의 여러 신을 숭배하였던 풍습을 반영한 것이다.

사람들의 금(金)에 대한 숭배는 앞의 네 가지보다 조금 늦다. 고고학적 성과에 따르면, 원시사회 말기에 이르면 중국은 처음으로 인공적으로 동을 제련할 줄 아는 청동기시대에 진입하고, 상나라 시대에 이르면서 중국의 청동기 생산은 세계의 선두적 지위를 차지하게 된다. 금속의 출현은 인류 생활의 거대한 변혁을 야기하였고 인류 문명에 서광을 비춤으로써 모든 사람들에게 중시되었다. 최초의 '동기'는 주로 화살촉이나 예기(禮器)에 쓰였다. 상고시대에 국가의 큰일인 제사나 전쟁의 제단 위에 놓였

7) 『禮記』, 「祭法」. "瘞埋于泰折, 祭地也, 用騂犢."

던 청동기는 그 신성한 의미를 말하지 않아도 알 수 있다.

토·목·화·수·금 및 기(氣)에 대한 숭배는 일종의 문화를 뛰어넘는 현상이었다. 인류 생활과 관계가 매우 밀접한 자연물에서 그것들은 각 민족이 공동으로 숭배하는 대상이 되었다. 모건(Morgan)은 『고대 사회』라는 책 속에서 "인디언의 주요 부족들 사이에 지(地)·수(水)·화(火)·풍(風)을 숭배한 흔적을 찾을 수 있다."라고 말하였다. 그러나 고대 인도 문명은 지·수·화·풍을 우주를 구성하는 4대 원소로 간주하였다. 고대 희랍의 철학자인 엠페도클레스(Empedokles, B.C.483~435)는 만물의 본원이 수(水)·화(火)·토(土)·기(氣)의 4원소임을 제기하였다. 이집트(Egypt)와 메소포타미아(Mesophotamia)인은 세계를 하나의 혼돈의 홍수 속에서 탄생하였다고 보았다. 그러나 인도의 고전인 『리그베다』 속에서는 천신이 자주 수목·산림으로 화신하였다. 동시에 그것은 또 "우주를 낳고 기르는 금태(金胎)이다."라고 하여 금의 속성임을 주장하였다. 세계의 고대 문명은 모두 일찍이 지(地)·수(水)·화(火)·기(氣, 혹은 風)에 대한 숭배 단계를 거치면서 목과 금에 대해서도 어느 정도의 숭배가 있었다. 그것들은 모두 인류의 초급 단계에서의 자연 세계에 대한 인식에 기원한다. 자연숭배에서 우상숭배에 이르기까지 혹은 만물에 신령함[靈]이 있다고 여기는 것에서 물질을 추상으로 분류하는 데 이르기까지, 토·수·화·기 및 목·금 등의 주신에게 제사 지냄으로써 인류가 우주 도식을 인식하는 철학적 맹아가 싹트기 시작하였다. 세계의 각 민족들의 이러한 자연물에 대한 공동 숭배는 인류 발전의 공통적 특징이었음을 반영한다.

물론, 각 민족마다 구체적 상황이 다르기 때문에 그 자연물에 대한 숭배에도 또한 각 민족마다의 개성과 특징이 있다. 고대 희랍인들은 물에 대해 특별히 숭배하였다. 서구에서 철학의 아버지라고 불리는 탈레스(Thales, B.C.624~546)는 물을 만물의 시원으로 제기하였는데 이것은 그들이 지중해 연안에서 생활하는 지리 환경과 깊은 관계가 있다. 중국의 오행에서는 목을 인도 · 희랍에 없던 수준으로 향상시켰는데, 이것은 고대 농업 민족의 수목과 식물에 대한 중국인의 편애를 그대로 반영한 것이다.

2. 오행의 변천 – 오방(五方)과 함께 인식

오행을 함께 배열하고 조합하여 하나의 체계로 제기한 것은 바로 상나라 사람이다. 상나라 사람은 오행을 오방(五方)의 공간 방위와 서로 같은 것으로 인식함으로써 순수한 객관적 공간 방위에 가치 범주와 서로 대립하는 고정된 원형의 의미가 있게 하였다. 『예기』「표기」에서는 다음과 같이 말하였다. "은나라 사람은 신을 존숭하여 백성을 인솔하여 신을 섬겼다."[8] 문명사회의 문턱에 진입한 지 이미 오래된 은나라 사람들은 비교적 많은 땅에 원시적 우상숭배의 풍속을 보유하고 있었다. 그들은 자신의 사신(社神)을 섬겼을 뿐만 아니라 또한 사방의 황제를 모시기도 하였다. 사방의 황제가 은나라 사람에게 이처럼 중요하였던 것은 은나라 사람들이 비교적 발달한 목축업과 자주 이주하는 민족이었기 때문이다. 이주의 방향이 길한지의 여부는 이러한 방향을 주관하는 신령에게 물어야 했다. 은나라 사람이 보기에, 공간 방위는 하나의 실하면서도 허하고 허하면서도 실하여 가깝게는 눈앞에 있으면서 멀게는 하늘 끝에 닿아서 헤아리기가 분명하지 않고 파악하기 어려운 신비한 것이었다. 반드시 각 방향마다 하나의 큰 신이 있어서 그것을 주관한다고 생각하였다. 은나라 사람들은 자신의 감성 경험에 근거하여 그것을 금 · 목 · 수 · 화 · 토와 연결했다.

---

8) 『禮記』, 「表記」. "殷人尊神, 率民以事神."

'동쪽이 가장 밝다' 는 특징은 태양이 떠오르는 곳이기 때문이다. 고대의 신화 전설 속에는, 아득히 먼 동쪽에 탕곡(湯谷)이라고 불리는 곳이 있었다. 거기에 한 그루의 부상(扶桑)[9] 나무가 자라고 있었는데 그것을 약목(若木)이라 불렀다. 열 개의 태양이 모두 이 나무 위에 거주하였는데 하나의 태양이 떠나가서 돌아온 후에 다른 또 하나의 태양이 비로소 출발하기 때문에 이 나무는 죽지 않고 재생하는 신비한 힘을 가지고 있었다. 태양은 동쪽에서 서쪽으로 일정하지 않게 운행하지만 태양이 머무는 약목(若木)은 도리어 동쪽에 고정되어 있기 때문에 '약목' 은 동쪽의 상징이 되었고 또한 은나라 사람들에게 동쪽을 주관하는 큰 신으로 숭배되었다. 태양이 서쪽으로 지는 것은 쇠망(衰亡)을 상징하고 서풍이 불 때면 온갖 나무가 스산해지는데 그것을 금의 형살(刑殺)의 특징과 서로 연결했다. 이에 '금' 은 은나라 사람들에게 서쪽을 주관하는 큰 신이 되었다.

서쪽으로 이주한 은나라 사람들은 남쪽으로 갈수록 기후가 더 더워진다는 사실을 알게 되었고 이에 그들은 남쪽의 끝에는 반드시 화신(火神)이 거주한다고 생각하였다. 그리고 북쪽은 날씨가 몹시 춥고 얼음과 눈으로 뒤덮여 있는데, 얼음과 눈이 원래는 물이기 때문에 은나라 사람들은 북쪽을 주관하는 큰 신이 수신(水神)이라고 생각하였다.

은나라 사람들이 이미 동・서・남・북을 목・금・화・수와 서로 배합하였는데, 이것은 무엇으로 증명하겠는가? 1930~40년대에 출토된 은나라 무정(武丁) 때의 두 개의 갑골을 살펴보면 다음과 같다.

사례 (1), 동쪽을 석(析)이라 하고 봉(鳳)을 구(劦口)라고 하며

9) 중국 고대 신화에서 동해(東海)에 있다고 하는 신목(神木)으로 여기에서 해가 뜬다고 한다.

남쪽을 인(粦)이라고 하고 봉을 올(凷)이라고 한다.

서쪽을 이(夷)라고 하고 봉을 이(彝)라고 한다.

북쪽을 완(宛)이라 하고 봉을 해(陔)라고 한다.

사례 (2), 북쪽에서 제(帝)에게 점쳐 묻는 것을 원(元)이라 하고 봉을 해(陔)라고 하며

남쪽에서 제(帝)에게 점쳐 묻는 것을 올(凷)이라고 하고 봉을 언(言)이라고 하며

동쪽에서 제(帝)에게 점쳐 묻는 것을 석(析)이라고 하고 봉을 구(劦)라고 하며

서쪽에서 제(帝)에게 점쳐 묻는 것을 이(彝)라고 하고 봉을 이(夷)라고 한다.

이것은 은나라 사람들이 사방의 신과 사방의 봉(鳳)에 제사한 갑골인데, 그 가운데 어떠한 방위를 '모(某)'라고 말한 것은 방위의 신명(神名)이고, 봉(鳳)은 풍(風)과 통하니 이것은 사방의 신인 제(帝)의 사자이다.

갑골문자를 고대 문헌에서 증명해 보면, 『상서』「요전」과 『산해경』 속에서도 대체로 서로 같은 명칭이 기재되어 있다. 「요전」을 예로 들면 다음과 같다.

봄에는 그것을 석(析)이라 하고 봉황새가 교미하고, 여름에는 그것을 인(因)이라 하고 봉황새는 털이 듬성해지며, 가을에는 그것을 이(夷)라고 하고 봉황새는 털갈이를 하고, 겨울에는 그것을 오(隩)라고 하고 봉황새는 부드러운 털이 난다.[10)]

여기에서의 '민(民)'은 당연히 '명(名)' 자를 잘못 쓴 것이고 '조수'는 마땅히 봉황새로 해석해야 한다. 「요전」과 『산해경』 속의 이러한 기록은 사실에 근거한 것이다.

한자는 상형(象形)과 회의(會意)의 글자이다. 사람들이 글자를 만들던 초기에는 형성자에 원시적 의미의 정보를 주입하였는데, 이것은 우리에게 갑골문자의 실제적인 뜻을 분석하는 데 도움을 준다. 동쪽의 석(析)은 갑골문자 속에서 '' 혹은 ''로 쓰였다. 한 그루의 나무 옆에 한 사람이 서 있는 것을 상징하고 혹은 나무 위에 도끼가 걸려 있는 것을 상징한다. '석(析)'은 이러한 신이 반드시 수목과 관계가 있다는 것을 나타내었다. 나무와 사람 혹은 도끼가 '석' 자를 구성하였기 때문에 나무는 그 신(神)의 원시 자연의 속성을 가진다. 사람 혹은 도끼는 그것의 인격신의 속성이기 때문에 목신(木神)으로 분석하여 동쪽을 주관하였으니 동쪽은 바로 나무의 가치적인 의미가 있다.

남쪽의 인(粦)은 갑골문자 속에서 ''로 쓰였다. 처음으로 ''의 글자를 '인'으로 해석한 것은 정산(丁山) 선생이다. 이러한 관점은 일부 학자들로부터 인정을 받기도 하였다. 음독(音讀)상에서 말하면 「요전」 속의 '기민인(其民因)'에서의 '인(因)'은 '인(粦)'과 독음이 서로 비슷하고 두 글자의 옛 음이 모두 진부(眞部)에 있기 때문에 「요전」에서는 인(因)으로 잘못 읽었을 수도 있다. 자의(字意)상에서 말하면, 『설문』에서는 '인(粦)' 자를 "죽은 병사나 소와 말의 피가 '인'이 되니 '인'은 도깨비불이다."[11] 라고 해석하였다. 갑골문자상의 ''는 그 형상이 '화(火)'와 '대(大)'로 이루어졌는데 '대(大)'는 사람(人)이다. 또 북(北)으로 이루어졌는데 북은

---

10) 『尙書』, 「堯典」. "春, 厥民析, 鳥獸孳尾, 夏, 厥民因, 鳥獸希革, 秋, 厥民夷, 鳥獸毛毨, 冬, 厥民隩, 鳥獸氄毛."

11) 許愼, 『說文解字』. "兵死及牛馬之血爲粦, 粦, 鬼火也."

배(背)과 같다. 사람이 죽은 것이 배이니 사람이 죽은 불을 나타낸다. 인화(粦火)는 저절로 생기는 불이다. 그래서 야간에만 볼 수 있고 인위적으로는 불을 얻을 수 없는 신비성을 가지기 때문에 불의 신인 화신으로 간주되었다. 글자 모양의 변천에서 보면, 갑골문자에서는 ''로 되어 있고, 주나라 초기의 목공(穆公)의 그릇 속에 '인(粦)' 자가 ''로 되어 있으니 갑골문자와 크게 다르지 않다. 그 초기의 변화는 소전(小篆) 속의 인(粦) 자가 ''로 쓰인 것이 다시 변한 것이다. 옛날의 적(赤) 자인 적염(烾炎)으로 증명하면, 적(赤) 자도 또한 '대(大)'와 '화(火)'로 이루어져서 '' 자의 자형과 서로 비슷한데 모두 불과 유관하다. '대'는 인신(人神)을 나타내고 '화'는 인신의 자연속성을 나타낸다.

서쪽의 이(彝) 혹은 이(夷) 두 글자는 고서 속에서 서로 통용되거나 가차될 수 있었다. 예를 들면 『주례』「춘관」에서는 "술을 따르는 데 닭의 그릇을 썼다."[12]라고 말하였고 『예기』「명당월령」에서는 "술을 따르는 데 하후씨가 닭의 그릇을 사용하였다."[13]라고 말하였다. 『시경』「대아 · 증민」에서는 "백성들이 떳떳한 본성을 가지고 있기 때문에 아름다운 덕을 좋아한다."[14]라고 말하였다. 『맹자』에서는 이 구절을 인용하여 '민지병이(民之秉夷)'라고 쓰고 있다. 갑골문자 속에서는 봉명(鳳名)과 신명(神名)이 서로 다르지만 상대(商代)에는 이 두 글자가 서로 통용되거나 가차될 수 있었다. 비록 그것들이 매우 일찍이 통용되거나 가차될 수 있었지만 두 글자의 원시적인 의미는 결코 같지 않다. 옛날의 '이(彝)' 자는 '계(鷄)' 자와 '정()' 자로 이루어졌으니 (鷄)는 닭의 볏 · 닭의 날개와 닭의 꼬리와 비슷하다. 그것은 '계이(鷄彝)'의 문자 부호인 ''에서 만들어

12) 『周禮』, 「春官」. "灌用鷄彝."

13) 『禮記』, 「明堂月令」. "灌尊, 夏后氏以鷄夷."

14) 『詩經』, 「大雅 · 烝民」. "民之秉彝, 好是懿德."

져 나왔다. 계이(鷄彝)의 외형은 세 개의 발 · 긴 목 · 뾰족한 부리로 마치 목을 길게 빼고 노래하는 수탉과 같다. 왜냐하면 그것은 제사의 예기(禮器)로 사용되었기 때문에 옛사람들은 또한 제사용의 예기를 이기(彝器)라고 부르기도 하였다. 그것이 어째서 '이(夷)' 자와 통용되고 가차될 수 있었는지에 대해서, 어떤 사람은 계이(鷄彝)가 가장 먼저 동쪽에서 발생하였기 때문에 이(夷)라고 불렀다고 해석하였다. '이(夷)' 자의 원형은 '𡗝' 인데 마치 사람이 큰 활을 등에 진 것과 같기 때문에 옛사람들은 동쪽에서 수렵하면서 생활하는 민족을 '동이(東夷)' 라고 불렀다.

이(彝) 혹은 이(夷)를 서쪽을 주관하는 금신(金神)이라 부른 것은 이(彝)와 이(夷)의 각자의 원뜻에서 취한 것이다. 청동기 제작이 초기에는 제사용 예기나 화살촉을 만드는 데 쓰였다. 예기(禮器)는 이미 죽은 것을 제사지내거나 또한 천당에서 재생한 조상 혹은 신으로 그것은 태양이 서쪽으로 졌다가 다시 돌아오는 것과 같은 이치이다. 이(夷)는 큰 활과 활 위의 화살촉이 되어 살상(殺傷)의 뜻이 있으니 서쪽의 숙살(肅殺)의 특징과 서로 같다. 이(彝)와 이(夷)는 금의 한 물건에 대한 두 작용이니, 이러한 작용은 흡사 서쪽의 특징과 서로 같기 때문에 이(彝) 혹은 이(夷)는 서쪽의 금신(金神)이 된다.

북쪽은 완(宛) 혹은 원(元)이라고 하는데 이 두 글자는 독음이 서로 비슷하다. 「요전」에서는 "그 백성을 오(隩)라 한다."[15]라고 말하였고, 『설문』에서는 "오(奧)는 완(宛)이다."[16]라고 말하였으며, 『이아』 「석음」에서는 "오(懊)는 완(忨)이다."[17]라고 말하였다. '오(隩)' 자와 완(宛) · 원(元)의 음이 가지는 뜻이 모두 서로 비슷하다는 것을 알 수 있다. 그렇다면 이

15) 『尙書』, 「堯典」. "厥民曰隩."
16) 許愼, 『說文解字』. "奧, 宛也."
17) 『爾雅』, 「釋音」. "懊, 忨也."

러한 원(元)·완(宛)·오(隩)를 북쪽의 신이라 부른 그 원형은 무엇인가?

그것은 바로 아득한 옛날 용과 함께 불린 자라(黿)이다. 자라의 모양은 거북과 비슷한데 덩치가 거대하고 보기가 드물기 때문에 마땅히 거북의 종류 중에서 매우 큰 거북이었다. 그것은 아주 긴 수명과 보기 드문 신비성 때문에 옛사람들로부터 숭배되었다. 자라는 황제족(黃帝族)의 토템으로 『국어』「주어」에는 "우리 희씨(姬氏)는 천원(天元)에서 나왔다."[18]는 말이 있다. 이러한 말은 고고학의 성과로 검증되었다. 1991년 미국 워싱턴(Washington)의 『국가지리(國家地理)』 10월호 제180권 제4호에 조셉 블루크(Joseph Bruchac)의 논문인 「오차돈가(奧次頓哥)」가 기재되었다. '오차돈가(Otstungo: 1491년 모호크 마을)' 마을의 이로쿠아(Iroguois) 부족이 보존하던 사슴 가죽의 그림인 「헌원유장예천기년도(軒轅酋長禮天祈年圖)」와 「치우풍후귀허부상치야도(蚩尤風后歸墟扶桑值夜圖)」를 소개하였다. 그중의 '헌원유장예천기년도'는 바로 헌원씨의 토템인 천원(天黿)이니 그것의 머리는 서북쪽으로 향하고 꼬리는 동남쪽으로 향하였다. 여기서 가리키는 거북은 은·상대의 갑골문 속에서도 일찍이 출토되었던 것이다. '천원' 아래에는 단비가 내리는데 단비를 맞고 있는 모습이 바로 유명한 영화 <부친(父親)> 속 부친의 형상인 헌원유장(軒轅酋長)과 매우 비슷하다. 그가 쳐든 머리는 천을 향하고 양팔을 높이 들고 곧장 푸른 하늘을 바라보는데 우로(雨露)가 몸을 에워싸고 있었으며 앞가슴의 왼쪽에 세 개의 화살로 수렵을 나타내었다. 오른쪽에 세 개의 배가 있었고 한 번 써레질하고 한 번 낫질하는 것은 농경을 나타내었으며 배는 거북이 배의 갑옷과 같은 형상이니 그것은 그가 '천원'의 원족(黿族)인임을 설명한 것이다.

---

18) 『國語』, 「周語」. "我姬氏出自天元."

그림을 자세히 분석하면, '헌원유장예천기년' 은 기도하는 주요 대상이 천원(天黿)이고 '천원' 의 아래에 빗물이 있으며 '헌원유장' 의 신체 주위에도 빗물이 있다. 이것은 '천원' 이 빗물의 수신을 주관하니 '헌원유장' 이 그것을 향해 기도하는 것은 날씨를 순조롭게 하려는 것임을 알 수 있다. 자라는 바로 몸이 수족(水族)에서 나왔고 또한 수족 중에서도 신기한 인내력을 가진 장수 동물이기 때문에 그것으로 수신을 대표하였으니 또한 마땅하지 않겠는가. 은 · 상대의 갑골을 증명하면, 갑골문자 속의 전(䨓) 자는 마치 '우(雨)' 와 '구(龜)' 자가 합쳐진 것과 같은데 이것은 결코 우연히 일치한 것이 아니라 당시인의 사상 속에서 '구(龜)' 와 '우수(雨水)' 가 긴밀히 연계하였음을 설명한 것이다.

『사기』「천관서」에서는 "헌원(軒轅)[19]의 17개의 별이 천둥과 비를 주관한다."[20]라고 말하였다. 만약 '헌원' 을 17개의 별에 연결하면 그 그림이 은대의 갑골문의 그(𠂤) 자와 매우 비슷하니 실제로 거북신이 천둥과 비를 주관하였다는 말이다. 이러한 견해의 연원은 바로 상고시대의 '천원' 이 유전되어 내려오는 수신이라는 데 있다.

'천원' 이 수신이 된 것은 주대(周代)의 조상이 황제족(黃帝族)의 토템인 동시에 수신이 되어 다른 민족으로부터 숭배의 대상이 되었기 때문이다. 이것은 바로 불이 염제족(炎帝族)의 토템인 동시에 또한 다른 부족들로부터 제사의 대상이 되었던 것과 같다. 고고학에서도 이 방면에 대한 예증을 제공하였다. 세상에 전해지는 청동기 속에는 하나의 계이(鷄彝) 위에 '천민(天黽)' 의 글자가 새겨져 있는데 여기에서 '민(黽)' 은 바로 '원(黿)' 자이다. 일반적으로 계이(鷄彝)는 하나라 문화의 특징이라고 간주하는데

19) 황제(黃帝)의 이름이다. 그가 헌원(軒轅)의 언덕(지금의 河南省 新鄭縣)에서 태어났다고 하여 이름한 것이다.

20) 『史記』, 「天官書」. "軒轅十七星主雷雨."

하나라 사람들도 천원(天黿)을 숭상하였음을 설명한 것이다. '천원'은 바로 수신이고 은·상나라 사람들이 그것을 차가운 물의 특징을 가지고 있는 북쪽으로 존숭하여 북쪽을 주관하는 큰 신이 되었다.

은나라 사람들은 토(土)를 중앙과 서로 배합하였는데 토는 바로 사직(社)이 되어 국가를 상징하였다. 갑골문자 속에서는 토(土) 자가 '⏃'로 쓰였는데 바로 땅 위에서 제단을 세워 예배하는 것을 상징한다. 반경(盤庚)[21]이 은으로 천도한 후에 은나라는 무정(武丁)·제을(帝乙)을 거쳐 상주(商紂)에 이르기까지, 모두 무력으로 동서를 정벌하였으며 "상나라가 번성하고 사방이 최고조에 달하였다"라고 하는 평가를 받을 정도로 상나라를 중심으로 하는 정치 형세를 이루었다. 상나라 사람들은 복사(卜辭) 속에서 자부심을 갖고서 자신을 중상(中商)이라 칭하였다. 토를 중앙에 배합한 것은 은 문화가 토를 숭상하였던 관념을 나타낸 것이다. 은상의 역서(易書)를 고찰해 보면, 은상의 역서를 『귀장(歸藏)』이라고 부른 것은 바로 만물이 토로 돌아가서 숨는다는 뜻이다. 그것은 곤(坤)으로 우두머리를 삼기 때문에 『곤건(坤乾)』이라고도 불렀다. '곤'은 땅이 되고 어머니가 되어 만물이 여기에서 생겨나고 여기에서 자라며 또한 여기로 돌아와서 숨기 때문에 은나라 사람들에게 추숭되어 중앙의 신으로 숭배하였다.

토·목·화·수·금은 백신의 하나로 자연숭배의 단계를 거쳐서 우상숭배로 나아가 일(日)·월(月)·기(氣)·풍(風) 등의 신과 평형을 이루는 주요한 신기(神祇)가 되었다. 후에 또한 은나라 사람들이 그것을 오방(五方)과 함께 인식함에 따라, 결국 여러 신 속에서 독립되어 나와 스스로 체계를 이루어 '오행'이라 불렀다. 최초로 오행을 기록한 비교적 믿을 만한 고대 문헌은 『상서』「홍범」이다. 그것은 은 말의 귀족인 기자(箕子)에 의

21) 상나라의 17대 왕으로 도읍을 박(亳)으로 옮기고 은(殷)이라 칭하였다.

해 서술되었다. 그는 "천이 바로 우에게 홍범구주(洪範九疇)를 내렸다."[22] 라고 말하였는데 그중의 하나가 바로 '오행'이다. 이것은 늦어도 기자 때에 오행의 관념이 이미 분명하게 인식되어졌음을 설명한 것이다. 토·목·화·수·금을 오행이라 칭하는 것은 나진옥(羅振玉)이 최초로 '행'의 의미를 '사방으로 통하는 큰 길'로 해석하였기 때문이다. 갑골문자 속에서는 '행(行)' 자를 '닊'로 쓰고 있으니 바로 '중앙에서 사방에 이른다'는 뜻이다. 이는 동·남·서·북·중의 오방과 함께 목·화·금·수·토의 오신(五神)으로 인식하였음을 나타낸 것이다. 오행의 신, 즉 바람(風)은 기의 흐름을 통괄하여 운행하기 때문에 후기에는 '행'에 운행의 의미가 있게 되었고, 더 이후에는 행렬의 의미가 있기도 하였으나 물론 이는 모두 후대의 말이다.

오행을 오방과 함께 인식한 것은 오행이 자신의 체계를 갖추는 데 하나의 촉진제가 되었으니 그것은 오행의 변천 속에서 하나의 중요한 단계이다.

3. 오행 체계의 형성

무왕은 주(紂)왕을 정벌하고 은나라를 빼앗아 차지하였으며 또 은상 문화를 흡수하는 동시에 그 민족의 문화 전통을 보유하였다. 이전의 주 문화의 원형을 보여 주는 주나라 갑골 속에서는 오행 숭배의 흔적을 발견할 수 없다. 주나라가 국가를 세울 초기에, 그 자연숭배가 이미 스스로 체계를 이루어 오행 숭배로 발전하였는지의 여부에 대해서는 아직 증명할 확실한 자료가 없다. 『상서』「대전」에 "주나라 무왕이 주왕(紂王)을 정벌하

22) 『尙書』, 「洪范」. "天乃錫禹洪范九疇."

고 상나라 교외에 멈추고서 밤에 잠을 잤는데 병사들이 모두 기뻐하여 아침을 기다렸고 앞에서 노래 부르고 뒤에서 춤을 추는 것이 상하에 차이가 없는 것 같았다. 함(咸)에 말하기를, 부지런하고 게으르지 않으니 물과 불은 백성들에게 음식을 먹이는 것이요, 쇠와 나무는 백성들을 번창시키는 것이요, 흙은 만물을 무성하게 자라게 하는 것이다. 이것들은 사람에게 필요한 것이다."[23]라고 말하였다. 이것으로 보면, 주나라 사람들의 오행에 대한 이해는 이미 상당히 깊었으나 『상서』「대전」이 쓰인 연대는 비교적 늦었다. 그 기록이 믿을 만한 것인지의 여부는 다른 자료로 증명할 수 없기 때문에 서주(西周)의 이러한 오행 발전의 상황에 대해서는 여기에서 더 이상 언급하지 않겠다.

동주(東周)로 들어선 후의 문헌 자료 가운데는 오행과 관련된 기록이 점차 많아졌다. 그중에 체계적으로 혹은 산발적으로 주나라 사람들의 오행과 오방(五方)의 신에 대해 서술한 유형의 예를 들면 다음과 같다.

> 그러므로 오행의 관리가 있었는데 이것을 오관(五官)이라 불렀다. 실제로 성씨를 받아 상공(上公)[24]에 봉하고 제사를 지내는 것은 귀한 신이므로 사직(社稷)[25]과 다섯 가지의 제사를 존숭하고 받들었다. '목'을 구망(句芒)이라 하였고 '화'를 축융(祝融)이라 하였으며 '금'을 욕수(蓐收)라 하였고 '수'를 현명(玄冥)이라 하였으며 '토'를 후토(后土)라 하였다.[26]

---

23) 『尚書』,「大傳」. "武王伐紂, 至于商郊, 停止宿夜, 士卒皆歡樂以待旦, 前歌后舞, 假如上下. 咸曰, 孜孜無怠, 火水者, 百姓之所飲食也, 金木者, 百姓之所興生也, 土者, 萬物之所滋生也, 是爲人用."

24) 오등작(五等爵)의 첫째인 공작(公爵)에 대한 존칭이다.

25) 토지의 신과 오곡의 신을 말한다.

26) 『左傳』,「昭公 29年」. "故有五行之官, 是謂五官. 實列受姓氏, 封爲上公, 祀爲貴神, 社稷五祀, 是尊是奉. 木正曰句芒, 火正曰祝融, 金正曰蓐收, 水正曰玄冥, 土正曰后土."

소호씨(少皞氏)에게는 네 명의 숙부가 있었다. 중(重)이라 하고 해(該)라 하며 수(修)라 하고 희(熙)라고 하였으나 실제로는 금 · 목 및 수이다. 중(重)이 구망(句芒)이 되고 해가 욕수(蓐收)가 되며 수(修) 및 희(熙)가 현명(玄冥)이 된다. 세상에 직책을 잃지 않고 점차 궁상스러운 것을 도와주었는데 이것이 그들의 세 제사이다.[27)]

전욱씨(顓頊氏)에게는 려(犁)라는 아들이 있었는데 축융(祝融)이 되었고 공공씨(共工氏)에게도 구룡(句龍)이라는 아들이 있었는데 후토(后土)가 되었으니 이것이 그들의 두 제사이다.[28)]

옛날에 황제씨(黃帝氏)는 구름으로 기원(紀)을 삼았기 때문에 운사(雲師)가 되고 운명(雲名)이 되었으며, 염제씨(炎帝氏)는 불로 기원을 삼았기 때문에 화사(火師)가 되고 화명(火名)이 되었으며, 공공씨(共工氏)는 물로 기원을 삼았기 때문에 수사(水師)가 되고 수명(水名)이 되었다.[29)]

장유(長留)의 산에는 신인 백제소후(白帝少昊)가 살았다.[30)]

위(衛)는 전욱(顓頊)의 별이기 때문에 황구(黃丘)라 하였고 그 별을 대수(大水)라 하였다.[31)]

---

27) 『左傳』, 「昭公 29年」. "少皞氏有四叔, 曰重曰該曰修曰熙, 實能金木及水. 使重爲句芒, 該爲蓐收, 修及熙爲玄冥, 世不失職, 遂濟窮桑, 此其三祀也."

28) 『左傳』, 「昭公 29年」. "顓頊氏有子曰犁, 爲祝融, 共工氏有子曰句龍, 爲后土, 此其二祀也."

29) 『左傳』, 「昭公 17年」. "昔者黃帝氏以雲紀, 故爲雲師而雲名, 炎帝氏以火紀, 故爲火師而火名, 共工氏以水紀, 故爲水師而水名."

30) 『山海經』. "長留之山, 其神白帝少昊居之."

31) 『左傳』, 「昭公 17年」. "衛, 顓頊之虛也, 故爲帝丘, 其星爲大水."

이러한 기록이 『여씨춘추』 때에 이르면, 질서 정연하게 오방(五方) · 오제(五帝) · 오좌신(五佐神)의 패턴으로 정합되고 여기에 다시 사시(四時)의 개념이 더해지게 된다.

봄, 그 상제는 태호(太昊)이고 그 신은 구망(句芒)이다.
여름, 그 상제는 염제(炎帝)이고 그 신은 축융(祝融)이다.
중앙, 그 상제는 황제(黃帝)이고 그 신은 후토(后土)이다.
가을, 그 상제는 소호(少昊)이고 그 신은 욕수(蓐收)이다.
겨울, 그 상제는 전욱(顓頊)이고 그 신은 현명(玄冥)이다.

주대에 형성된 오행(五行) · 오방(五方) · 오제(五帝)의 계통은 그 유형이 은상 시대와 서로 같으나 명칭은 각각 다를 뿐만 아니라 내용상으로도 발전이 있었다. 그 명칭을 대조하면 아래 표와 같다.

	상(商)	주(周)
동	석목(析木) · 구(劦)	태호(太昊) · 구망(句芒)
서	이(彝) · 이(夷)	소호(少昊) · 욕수(蓐收)
남	인(粦) · 올(屼)	염제(炎帝) · 축융(祝融)
북	원(元) · 해(陔)	전욱(顓頊) · 현명(玄冥)

상대 · 주대의 '오제' · '오좌신'의 이름을 자세히 연구해 보면, 주대 사람들의 오방제(五方帝) · 오방신(五方神)의 계통 가운데 상당 부분이 상나라 사람들의 '오방신' 속에서 변천해 나왔음을 어렵지 않게 발견할 수 있다. 일부는 주나라 사람들이 원래 가지고 있던 신기(神祇)이기도 하지만 일부는 『여씨춘추』의 작자가 이러한 오행 · 오방 계통을 종합할 때에 임시로 채워 넣은 숫자에 해당한다.

목신(木神)인 구망(句芒)은 그 원형이 석목(析木) 혹은 약목(若木)이다.

구(句)는 굴(屈)이니 구망(句芒)의 뜻은 수목이 꾸불꾸불하게 자라서 가지가 뻗어나 있는 것이다. 목신인 구망에게도 그 원형에는 죽지 않거나 재생하는 신비한 힘이 있었으니, 선진 시대의 전적 속에 그것은 사람에게 복을 주고 수명을 연장하는 생명의 신이었다. 『묵자』의 기록에 의하면, 그 당시 진 목공(秦穆公)이 한낮에 사당에서 새의 몸에 소복을 입은 신인(神人)이 문을 나와서 왼쪽에 서 있는 것을 보았다. 진 목공이 놀라서 달아나려 하자 신인이 가로막으면서 "두려워하지 마세요. 황제께서 당신의 밝은 덕을 받들어 나를 보내어 당신에게 19년의 수명을 주었으니 당신의 국가가 번창하고 자손이 번성할 것입니다."라고 말하였다. 목공이 연거푸 신인에게 머리를 조아리고 절하면서 신의 이름을 물으니 신은 그에게 "나는 구망(句芒)입니다."라고 대답하였다. 『수소자(隨巢子)』에 나타난 구망은 얼굴은 사람이지만 새의 몸으로 바로 삼묘(三苗)[32]와 전쟁하는 하우(夏禹)[33]에게 복을 내렸던 신인이다. 목신인 구망도 생명의 신이기 때문에 대지에 봄기운이 돌고 새로운 윤회를 시작하는 봄의 특징과 서로 같다. 그래서 그것은 주대에서 봄의 신이 되었다.

바로 구망의 원형은 은 · 상나라 사람들의 동쪽의 목신인 석목(析木)에서 나왔고 은 · 상나라 사람들의 지리적 위치가 또한 주나라 사람들의 동쪽에 있었기 때문에 구망의 조형적 특징에는 상나라 사람들의 토템 형상, 즉 새의 몸 · 소복(素服) · 현순(玄純)을 가지고 있었다. 여기에서 '현순(玄純)'은 '현연(玄燕)'과 같은 것으로 바로 "천명이 제비에게 내려 상나라가 생겨났다"는 제비이다.

그러나 동쪽의 곡의 황제인 태호(太昊)는 임시로 숫자만을 채운 신기

32) 요순(堯舜)시대에 있던 남방의 오랑캐로 사흉(四凶)의 하나이다.
33) 하(夏)나라를 개국한 임금으로 순임금의 선위(禪位)로 천자가 되었다.

(神祇)이다. 『여씨춘추』 이전의 태호는 결코 동쪽 · 봄 · 목과 어떠한 관계도 없었고 다만 그와 상대적인 소호(少昊)가 서방의 금제(金帝)가 되었다. 이 때문에 그가 『여씨춘추』의 작자에 의해 봄의 목신(木神)인 위치에 놓여졌다.

염제(炎帝)가 남쪽 불의 황제의 위치에 놓인 것은 상나라 사람들이 남쪽 패턴의 영향을 받았기 때문이다. 염제를 또한 적제(赤帝)라고도 불렀다. 전체적으로 말하면, '적(赤)'은 '인(粦)'과 글자 모양이 서로 비슷하고 의미가 상통하고 '염(炎)'은 '인(粦)'과 옛 음(音)이 서로 비슷하다. 그러므로 본래는 서쪽 강수(姜水) 유역의 염제족의 지도자와 조상신인 염제가 남쪽의 불의 황제의 위치로 바뀌게 되었다.

물론, 염제족은 확실히 불을 토템으로 삼았다. 『좌전』「애공 9년」에서는 "염제는 화사(火師)가 되었고 강성(姜姓)이 그다음이었다."[34]라고 말하였다. 전설 속의 염제의 머리는 날카로운 모양이었으니 바로 불이 위로 타오르는 형상이었기 때문에 염(炎)으로 이름 하였다. 이것은 불이 위로 타오른다는 뜻이다. 『관자』「경중」편에서는 "염제가 부싯돌을 뚫어 불을 피워서 생선과 고기와 같은 음식을 익히니 백성들이 그것을 먹은 후에 장과 위 등에 병이 없었다. 이로부터 천하 사람들이 모두 불을 사용하여 그것들을 익혀서 먹었다."[35]라고 말하였다. 염제 및 그 부족들이 인공적으로 불을 취하는 방법에서는 다른 부족보다 앞섰다는 것을 알 수 있다. 그러나 염제족은 주나라 사람들의 조상인 황제족과의 관계가 매우 밀접하여 대대로 서로 혼인하였으니 종교 · 심리 · 문화 방면에서 전면적인 융합을 이룸으로써 염제도 황제족의 화신(火神)이 되었다.

---

34) 『左傳』, 「哀公 9年」. "炎帝爲火師, 姜姓其后."

35) 『管子』, 「輕重」. "炎帝鑽燧生火, 煮熟葷臊一類食品, 民衆吃后, 沒有腸胃等病, 從此天下人都用火熟食之."

염제의 보좌신은 축융(祝融: 朱明)인데 선진 시대 문헌상에서 축융에 대한 기록은 비교적 혼란스럽다. 『좌전』에서 말한 축융은 전욱(顓頊)의 아들로 이름은 려(犂)인데 불의 위치를 바르게 하였기 때문에 '축융'이라고 불렀다. 그러나 『국어』「초어」에서는 불을 바르게 하였던 려(黎)는 전욱의 신하였으니 전욱이 파견하여 "땅을 주관하여 백성을 예속시켰다."[36]라고 말하였다. 『국어』「정어」에서는 "려(黎)가 고신씨(高辛氏)가 되어 불을 바르게 하였는데 찬란하고 광대한 빛이 사방을 비추었기 때문에 '축융'이라 명하였는데 그 공이 위대하다."[37]라고 말하였다. 고신씨(高辛氏)는 바로 염제(炎帝)이다. 『산해경』의 「대황서경(大荒西經)」과 「해내경(海內經)」에서 축융은 또한 전욱의 손자와 염제의 네 번째 세손으로 구분하여 인식하였다. 동시에 축융은 남쪽 초나라 사람들의 조상신이었다. 『좌전』「희공 25년」에는 초의 속국인 기국(夔國)이 축융(祝融)과 죽웅(鬻熊)에게 제사를 지내지 않았기 때문에 초나라 사람들에게 책망을 받았다고 기록하고 있다. 축융과 관계있는 기록이 이처럼 혼란스러운 것은 하나의 원인 때문이다. 즉 축융의 이름은 각 부족의 불을 관리하는 영예로운 호칭이었는데, 려(黎)가 불을 잘 관리하여 빛이 사방을 비추어 그 공이 커지자 비로소 축융이라 명명되었다. 려(黎)의 명성이 너무 컸기 때문에 그 후에 축융이라는 호칭을 얻은 사람은 모두 '려'의 명성에 가려져서 그의 이름 밑에 머물게 되었다. 전욱의 땅은 북쪽에 있었고 염제는 멀리 강수(姜水)에 있었으며 초나라 사람들은 남쪽에 살았으나 그들은 모두 축융과 관계가 있다. 그는 이미 수신인 공공(共工)의 대전(大戰)[『산해경』「해내경」의 말에 근거하면, 공공(共工)은 축융의 아들이다]에 참가하였고 또

36) 『國語』, 「楚語」. "司地以屬民."

37) 『國語』, 「鄭語」. "夫黎爲高辛氏火正, 以淳耀敦大, 天明地德, 光照四海, 故命之曰祝融, 其功大矣."

한 천제의 명을 받들어 치수에 전력하지 않고 천제의 늘어나는 땅을 훔친 수신인 곤[鯀, 곤은 하우의 아버지이다]을 죽였다. 또한 축융이 숭산(崇山)에 출현하였기 때문에 하나라의 조정이 홍성하였고, 상나라의 탕왕(湯王)이 하나라의 걸왕(桀王)을 정벌하자 축융은 하나라 도성인 서북 근처에서 불빛을 일으켜서 탕왕을 도와 하나라의 걸왕을 멸망시켰다. 이처럼 축융은 당시에 문화를 뛰어넘는 화신(火神)으로 많은 부족에게 숭배되었음을 알 수 있다. 화신인 염제 · 축융을 남쪽 · 여름과 함께 연결한 것은 화신의 뜨거운 신적인 특징을 시간적으로 가장 뜨거운 계절과 공간적으로 가장 뜨거운 곳을 서로 같은 것으로 인정하였기 때문인데, 그것의 근거는 사람들의 감각적 경험에 의한 것이다.

서쪽의 제소호(帝少昊)는 원래 동방 민족의 조상신인데 소호족은 새를 토템으로 삼았기 때문에 소호는 조사(鳥師)가 되었다. 『좌전』「정공 4년」에 주나라 성왕(成王)이 백금(伯禽, 노나라의 개국공신)을 소호(少皞, 즉 少昊를 말한다)의 터에 봉하여 상엄(商奄)의 백성들을 관리하였다고 기록하고 있다. 『시자』「군치」에서는 "소호인 금천씨(金天氏)가 궁상(窮桑)에다 도읍을 정하였다."[38]라고 말하였는데 여기에서 '궁상'은 그 땅이 동쪽에 있다. 어째서 동방 부족의 조상신인 소호가 서방을 주관하는 대제(大帝)가 되었는가. 고대의 신화 전설 속에서, 소호의 어머니인 황아(皇娥)는 밤에는 옥으로 장식한 아름다운 궁전에서 옷감을 짜고 낮에는 항상 배를 타고 곳곳을 유람하였다. '궁상'의 강어귀에서 미모의 청년을 만났는데 이 청년이 바로 서방 백제(白帝)의 아들인 태백(太白)이었다. 두 사람이 바다에 뛰어들어 사랑을 나누었고 후에 황아가 소호를 낳았다. 동방의 궁상에서 태어났기 때문에 궁상씨(窮桑氏)라고 불렀고 또한 아버지가 태백의

38) 『尸子』, 「君治」. "少昊金天氏, 邑于窮桑."

금성(金星)이기 때문에 금천씨(金天氏)라고도 불렀다. 이러한 신화는 소호가 무엇 때문에 동방과 서방의 두 곳에 머물렀는지에 대한 해석을 시도한 것이다. 태호를 금천씨(金天氏)라고 부르는 까닭은 그가 원시 신화 속에서 서쪽으로 해가 지는 신을 주관하였고 "은나라 사람들은 서쪽이 금에 속한다"는 사상적 영향을 받았기 때문에 그가 금천씨로 칭해졌다. 이(彝) 혹은 이(夷)를 대신하여 서방의 금제(金帝)가 되었다.

소호의 보좌신인 욕수(蓐收)는 매우 일찍이 주나라 사람들에게 금신(金神), 즉 금정(金正)으로 존숭되었다. 그 원인은 욕수 및 그 부족들이 동(銅)을 제련하는 방면에서 탁월한 공헌을 하였기 때문이다.『산해경』속에서 금신인 욕수는 유산(泑山) 위에 살았는데 항상 사람의 얼굴·호랑이의 발톱·흰색의 꼬리를 하고 있었으며 손에는 큰 도끼를 잡고 있었다. 이것은 바로 동을 제련하는 사람들이 산속에서 광석을 채굴하여 제련하는 것을 묘사하였는데, 불이 활활 타오르는 용광로에서 동을 제련하는 사람들이 흰 천을 반대로 몸 뒤에 묶으면 흰 꼬리로 묘사되며 손에 들고 있던 동을 만드는 도구는 호랑이 발톱이 되었음을 설명한 것이다. 또 하나의 원인은 원시 신화 속에서 욕수는 소호의 아들로 '해가 지는 것'을 주관하였기 때문에 서쪽 금의 보좌신이 되었다. 은나라 사람들의 오방 관념 속에서 이(夷)는 형살(刑殺)의 특징을 가지는 금신인데 주나라 사람들은 이러한 관념을 계승하였다. 이러한 욕수는 또한 '천의 형벌을 주관하는 신'이 되어 손에 동으로 만든 도끼를 잡고 있었는데, 이것은 백성들을 위로하고 죄를 지은 통치자를 징벌하는 것을 상징한다.『국어』「진어」에 다음과 같은 고사가 실려 있다. 괵국(虢國)[39]의 국가 공신이 일찍이 꿈을 꾸었는데 꿈속에서 자기의 사당 안에 한 신인이 흰 털·호랑이 손톱을 하고 도끼를 잡

39) 주대(周代)의 나라 이름이다.

고서 서쪽에 서 있는 것을 보았다. 괵국의 공신이 놀라서 달아나려 하자, 신이 "도망가지 마라. 천제가 명하여 진나라를 당신에게 세습시키려 함이다."[40]라고 말하였다. 괵국의 공신이 신에게 절하였다. 꿈에서 깨어난 후에 괵국의 공신은 사효(史嚚)를 불러서 꿈을 점치게 하였다. 사효는 "이 신이 천의 형벌을 주관하는 신인 욕수입니다."라고 대답하였다. 6년 후에 괵국은 과연 진(晋)나라에게 멸망되었다. 이러한 고사 속에서, 욕수는 바로 형살을 주관하는 신의 배역으로 출현하였다. 가을은 만물이 말라죽는 계절이기 때문에 가을은 점차 서쪽 · 금제(金帝) · 금신(金神)과 연결되었다.

현명(玄冥)은 북쪽 수제(水帝)의 보좌신으로 그것은 은나라 사람들의 북방 신인 원(元)에서 나왔다. '원(元)'과 '현(玄)'은 상고시대에 통용되었기 때문에 '원'이 바로 '현'이고 '현'이 바로 '원'인 상황이 매우 많았다. '현'의 상징은 '자라'이기 때문에 '현명'을 또한 현무(玄武)라고 불렀는데, '무(武)'와 '명(冥)'은 상고시대에 음이 상통하였다. 현무는 사상(四象) 속에서 하나의 신귀(神龜)이니 공영달은 『예기』「곡례」 속에서 현무라는 말을 다음과 같이 해석하였다. "현무에서 '무(武)'라고 하는 것은 거북에 껍질이 있어서 방어할 수 있다는 말이다."[41] '무'의 용맹스러운 의미를 '현명'의 신화에 끌어들였는데 이러한 해석은 후인들에게 받아들여졌다. 송대 고사손(高似孫, 1158~1231)의 『위략(緯略)』에서는 다음과 같이 말하였다. "거북이는 물의 종족이다. 물은 북에 속하고 그 색이 검기 때문에 '현(玄)'이라고 하였고 거북에는 껍질이 있어서 방어할 수 있기 때문에 '무(武)'라고 하였다."[42] '현명' 혹은 '현무'는 글자의 음이나 뜻에서 신의 형상에 이르기까지 모두 은나라 사람들의 북방신인 원(元)의 원

40) 『國語』, 「晋語」. "不要走, 天帝命令說, 使晋襲你于門."

41) 『禮記』, 「曲禮」, 注. "玄武名武者, 龜有甲, 能御侮."

42) 『緯略』. "龜, 水族也, 水屬北, 其色黑, 故曰玄, 龜有甲能捍御, 故曰武."

형적인 의미가 있다.

전욱(顓頊)은 주나라 사람들의 북방신이다. 『국어』「주어」에서는 "예전에 무왕이 은나라를 정벌하자 해가 순화(鶉火)에 있었고, 달은 천사(天駟)에 있었으며, 해는 석목(析木)의 나루터에 있었고, 별은 두병(斗柄)에 있었으며, 별은 천원(天黿)에 있었고, 별과 일신의 위치가 모두 북유(北維)에 있었는데 전욱이 세운 것이다."[43]라고 말하였다. 『좌전』「소공 8년」에는 "진은 전욱의 부족이다. 해가 순화에 있었기 때문에 마침내 멸망하였다. …… 지금 석목(析木)의 나루터에 있는 것은 장차 다시 부활하려는 것이다."[44]라고 기록하고 있다. 이러한 기록은 주나라 사람들의 눈에 전욱이 북방의 신임을 설명한 것이다. 고서에 기록된 상고시대의 전설 속에 전욱은 용맹하고 웅장한 모습으로 죽었다가 다시 살아나는 기이한 능력을 가지고 있었다. 그는 중원의 각 부족들이 다른 수신인 공공(共工)과 전쟁을 지도하고 승리를 얻어 한때 천하의 주인이 되어 민중의 지지를 받았다. 서쪽의 기후가 몹시 춥기 때문에 북방신인 전욱은 보좌신인 '현명'과 그리고 사계절 중에서 날씨가 가장 추운 겨울과 같이 인식되었다.

은나라 사람들의 오행·오방 관념은 주나라 사람들의 충실한 정합 과정을 거치면서 전체적인 체계가 이미 완성되었기 때문에 이러한 오행·오방의 도식은 진한시대의 저작인 『회남자』 속에서 완전하게 드러날 수 있었다.

> 동쪽의 목은 그 신이 태호(太昊)이고 그 보좌신이 구망(句芒)으로 법도를 잡고서 봄을 다스렸다. 남쪽의 화는 그 신이 염제(炎帝)이고 그 보좌신은 주명(朱

---

43) 『國語』, 「周語」. "昔武王伐殷, 歲在鶉火, 月在天駟, 日在析木之津, 辰在斗柄, 星在天黿, 星與日辰之位, 皆在北維, 顓頊之所建也."

44) 『左傳』, 「昭公8年」. "陳, 顓頊之族也. 歲在鶉火, 是以卒滅, …… 今在析木之津, 猶將復由."

明)으로 저울을 잡아서 여름을 다스렸다. 중앙의 토는 그 신이 황제(黃帝)이고 그 보좌신은 후토(后土)로 밧줄을 잡고서 사방을 다스렸다. 서쪽의 금은 그 신이 소호(少昊)이고 그 보좌신은 현명(玄冥)으로 저울추를 잡고서 겨울을 다스렸다.[45]

4. 오행과 명당 제도

명당 제도의 기원은 은상 시대로 소급해 갈 수 있다. 갑골문의 기록에 근거하면, 은왕의 궁실은 구침(宂寢)·동침(東寢)·인실(盅室)·남실(南室)로 나누어졌다. 상나라 왕이 봄에는 '동침'에 거처하였고 여름에는 '남실'에 거처하였으며 가을에는 '인실'에서 거처하였고 겨울에는 '구침'에서 나왔다. 계절의 변화에 따라 거실이 바뀌었다. 주나라는 은나라의 제도를 계승하였기 때문에 주나라 사람들의 명당 제도는 바로 여기에 근거한다. 『주서』「명당」에서는 다음과 같이 말하였다.

명당은 사방이 112척이고 방 안이 60척으로 동쪽은 응문(應門)이고 남쪽은 고문(庫門)이며 서쪽은 천문(泉門)이고 북쪽은 치문(雉門)이다. 동쪽을 청양(靑陽)이라 하였고 남쪽을 명당(明堂)이라 하였으며 서쪽을 총장(總章)이라 하였고 북쪽을 현당(玄堂)이라 하였으며 중앙을 대묘(大廟)라 하였다. 왼쪽에 있는 것을 좌개(左個)라 하였고 오른쪽에 있는 것을 우개(右個)라 하였다.[46]

45) 『淮南子』. "東方木, 其帝太昊, 其佐句芒, 執規而治春. 南方火, 其帝炎帝, 其佐朱明, 執衡而治夏. 中央土, 其帝黃帝, 其佐后土, 執繩而治四方. 西方金, 其帝少昊, 其佐玄冥, 執權而治冬."

46) 『周書』, 「明堂」. "明堂方一百一十二尺, 室中方六十尺, 東應門, 南庫門, 西泉門, 北雉門. 東

은상 문화보다 후에 발전한 주 문화는 '문채가 찬란하였는데'[47] 특히 문과 질이 조화를 이루었기 때문에 명당 제도는 완벽하였다고 칭해진다. 그러나 춘추 말년 전국 시기에 이르면서 예악이 붕괴되고 명당 제도가 충격을 받아 점차 사라졌다. 이 때문에 한 무제가 문수(汶水) 가에다 명당을 세울 때에는 이미 고대 명당의 확실한 조형을 알 수 없었다. 다만 자료를 방사의 그림에서 취하였을 뿐이다.

이처럼 명당의 건축 조형의 설계도는 실전(失傳)되었으나 명당의 오행 제도는 도리어 오행설이 성숙함에 따라 날로 발전하여 전국 말년의 『여씨춘추』에 이르러서는 명당 제도를 상세하게 기록할 수 있었고 『예기』「월령」에서도 한층 더 보충을 할 수 있었다. 「월령」에서는 다음과 같이 말하였다.

봄의 3개월은 천자가 푸른 옷을 입고 푸른 옥을 차며 보리와 양고기를 먹고 태호(太昊)와 구망(句芒)에게 제사 지냈다. 또한 천자가 봄에 거처하는 동당(東堂)의 왼쪽 곁채에서 큰 사당, 오른쪽 곁채로 돌아가면서 거주하였다. 입춘이 되는 날은 왕성한 덕이 목에 있고 봄에 있으니, 천자가 정치를 행하는 근본정신도 생명을 소중히 여기고 아끼는 데 있었다. 때문에 그는 여러 신하들을 이끌고 동쪽 교외에 이르러 봄을 맞았는데, 전례(田禮)를 행하고 백성에게 은혜를 베풀어 어린아이나 고아를 돌보고 형벌이나 소송을 줄였다. 동시에 그는 대뢰(大牢)[48]의 예로써 생식신인 고매(高禖)[49]에게 제사를 지냈는데, 고매의 앞에서 천자의 뒤를 따르던 빈첩이 술로서 천자의 처첩 중에 잉태하고 있는 자를 공경하였고 아울러 활과 화살

方曰青陽, 南方曰明堂, 西方曰總章, 北方曰玄堂, 中央曰大廟, 以左爲左個, 右爲右個也."

47) 『論語』, 「八佾」. "郁郁乎文哉."

48) 소 · 양 · 돼지의 세 가지 희생(犧牲)을 갖춘 제수를 말한다.

49) 아들을 낳게 한다는 신이거나 또는 그 신에게 제사 지내는 일을 말한다.

을 던져서 아들 얻기를 희망하였다.

여름의 3개월은 천자가 붉은 옷을 입고 붉은 옥을 차며 콩과 닭고기를 먹고 염제(炎帝)와 축융(祝融)에게 제사 지냈다. 또한 명당의 왼쪽 곁채에서 명당의 큰 사당, 명당의 오른쪽 곁채로 교대로 거처하였다. 입하가 되는 날은 왕성한 덕이 화(火)에 있기 때문에 천자는 여러 대신들을 이끌고 남쪽 교외에서 여름을 맞았다. 여름은 만물이 무성하고 번창하는 계절이기 때문에 천자가 정치를 행하는 근본정신도 농작물의 생장을 중시하는 데 있었으니, 토공을 일으키고 제후들을 연합하여 군대를 출병시켜서 농사철을 방해하지 않은 데 있었다.

늦은 여름(음력 6월)은 중앙의 토가 철에 맞는 날이니 이때의 주신은 황제(黃帝)와 후토(后土)이다. 천자는 누런 옷을 입고 누런 옥을 차며 메기장과 소고기를 먹었다. 큰 사당과 큰 집에서 거주하였고 토의 성질은 고요하기 때문에 고요함을 주로 하였다.

가을의 3개월은 천자가 흰옷을 입고 흰 옥을 차며 깨와 개고기를 먹고 소호(少昊)와 욕수(蓐收)에게 제사 지냈다. 또한 총장(總章)[50]의 왼쪽 곁채에서 총장의 대묘(大廟), 총장의 오른쪽 곁채로 교대로 거주하였다. 입추가 되는 날은 왕성한 덕이 금(金)에 있으니 천자는 여러 대신들을 이끌고 서쪽의 교외에서 가을을 맞았다. 가을의 특징이 형살(刑殺)이기 때문에 천자가 정치를 행하는 총체적인 정신도 장수를 임명하고 훈련된 병사를 선발하여 불의를 정벌하는 데 있었다. 때문에 이때에는 법제를 정돈하고 소송을 결단하여 죽이는 것을 타당하게 여겼다.

겨울의 3개월은 천자가 검은 옷을 입고 검은 옥을 차며 기장과 돼지고기를 먹고 전욱(顓頊)과 현명(玄冥)에게 제사 지냈다. 또한 현당(玄堂)의

---

50) 대침(大寢)의 서당(西堂)의 남쪽이다.

왼쪽 곁채에서 현당의 대묘, 현당의 오른쪽 곁채로 교대로 거주하였다. 입동이 되는 날은 왕성한 덕이 수(水)에 있으니 천자는 여러 대신들을 이끌고 북쪽 교외에서 겨울을 맞았다. 물의 성질은 엄숙하고 냉담하여 겨울에 천지의 기운이 막히기 때문에 천자가 정치를 행하는 정신도 조심하고 삼가하며 완전하게 보수하는 데 있었다. 마을 어귀를 경계하고 관문을 수선하며 호색을 제거하고 기욕(嗜慾)을 금지하며 정기를 기르고 쌓아서 다가오는 농사철을 준비하였다.

『월령』에 기록된 명당 제도는 물론 당시인의 윤색을 거친 것으로, 주나라 초기의 명당 제도에 이처럼 완전한 연구가 있었다고는 할 수 없다. 그렇지만 명당 제도가 은상 시대의 오방(五方)·오제(五帝)·오행(五行) 계통과 밀접히 연결되거나 또 그것을 일정 부분 계승한 것은 매우 분명하다. 주목할 것은, 명당 제도가 종교 속의 오행을 정치 영역으로 끌어들여 오행의 특성을 행정과 연결시켰다는 데 있다. 즉 인간 정치를 자연계의 오행 요소나 종교 속의 오행신과 서로 결합시켜서 사람·자연·천의를 통일함으로써 군주의 행위를 천의(天意)에 부합시켰고 자연의 해석에 일치시켜서 신성시하였다는 것이다. 오행 사상은 명당 제도 속에서 진일보한 발전을 이루었다.

이후의 오랜 세월 속에서, 명당 제도는 꾸준히 계속되었으나 그것은 오행이 계절에 순응하는 취지에 근거하여 동한(東漢)을 기점으로 하여 역대 봉건 제왕들에게 꾸준히 계승되었다. 동한의 광무제(光武帝)인 유수(劉秀)는 왕망(王莽)의 뒤를 이어서 낙양(洛陽)에다 명당을 세웠다. 한 명제(漢明帝)는 조서를 내려 광무제의 명당을 오제(五帝)에 배합시켰다. 『월령』의 말에 따라 절기를 공포하고 사계절의 다섯 기운, 즉 동·서·남·북·중앙의 기운을 맞아 오방신(五方神)에게 제사 지냈다. 한 장제(漢章帝)가 원화(元和) 3년 봄 중춘(仲春, 음력 2월)에 중산(中山)에 가서 특별히 다음과 같은 조서를 내렸다. "지금은 바야흐로 봄이니 지나간 곳은 벌채해서는 안 된다. 천자가 비록 존귀할지라도 적당하지 않은 때에 초목을 베면 하늘을 따른다고 할 수 없으니 이것은 바로 불효에 해당한다. 순행할 때에 수레가 피할 수 있는 것이면 피해야 한다."[51] 봄은 살생을 꺼리고 생성(生成)을 관례로 하기 때문에 범인을 처단하는 것은 일반적으로 모두 가을 · 겨울에 진행하였다. 서한(西漢)의 가혹한 관리인 왕온서(王溫舒)가 황하 이북의 태수(太守)로 승진되어 9월에 군에 이르러 군 내의 교활한 관리를 모두 죽였는데 유혈이 10여 리에 이르렀다. 12월이 되자 군 내에는 이미 도적이 없었고 남은 도적들도 모두 다른 군으로 도망갔다. 왕온서가 명을 내려 추격하였는데 때마침 봄이었기 때문에 왕온서는 발을 동동 구르면서 "아! 만약 겨울이 1개월만 더 연장되었더라도 나의 일을 완전히 끝낼 수 있었을 것인데."라고 탄식하였다.

당이 나라를 세운 뒤에 태종(太宗)이나 고종(高宗)은 여러 차례 명당을 세울 것을 논의하였지만 모든 유생(儒生)들의 의견이 분분하여 절충을 보지 못하고 그만두었다. 무측천(武則天)에 이르러 다만 북문(北門)의 학사들하고만 명당 제도를 논의하고 유생들에게는 묻지 않았다. 마침내 원건원전(原乾元殿)의 옛터 위에 명당을 만들어 자기의 측근자인 가정부(加情夫) · 설회의(薛懷義)를 임명하여 이 일을 책임지게 하였는데, 부역에 쓰인 인원만도 수만 명에 달하였다. 명당은 높이가 294척이고 사방이 300척이며 위는 둥글고 아래는 정방형이며 상하 3층으로 옥이나 황금으로 장식하였다. 명당이라는 이름이 붙은 것은 만상의 신궁(神宮)이기 때문이다. 태후(太后)[52]는 이러한 만상의 신궁 안에서 천제의 조상에게 제사 지

51) 『月令』. "現在方春季節, 所過地方不得有所砍伐. 天子雖尊貴, 但在不適當的時候砍去一株草木, 就不算順天, 也就是不孝. 巡行之際, 凡車馬可以避開的, 便要避開."

52) 황제의 적모(嫡母)이다.

내거나 행정 업무를 처리하였다. 명당의 북쪽에는 또한 천당(天堂)을 세우고 천당 안에 거대한 불상을 세웠는데, 그 불상의 작은 손가락 안에만도 수천 명의 사람을 수용할 수 있었다. 비용은 수억이 들었고 모든 재정을 다 써 버렸다. 그런데 이러한 일을 책임진 설회의(薛懷義)는 무측천이 어의인 심남구(沈南璆)를 총애하는 것을 보고 마음에 질투심을 느끼고 천당에 불을 질렀다. 불꽃이 명당에까지 미쳤는데, 이에 성안이 화염에 의해 불빛이 대낮같이 밝았다. 명당이 불에 의해 소실됨에 따라 군신들의 논의가 분분해지자, 무측천은 다만 명당의 불을 사당에 고하고 의견을 구하도록 명을 내렸다. 후에 무측천은 또한 새로운 명당을 세울 것을 명하였는데 그것을 통천궁(通天宮)이라고 불렀다. 천하에 특사를 내리고 만세통천(萬歲通天)으로 연호를 바꾸었다. 명당이 옛사람들의 마음속에서 얼마나 중요하였는지를 충분히 알 수 있다.

명당 제도에 관하여 고힐강(顧頡剛)은 다음과 같이 간단명료하게 소개하였다.

> 천자는 마땅히 특별한 집에서 거주해야 하였으니 이러한 집의 총괄적인 명칭을 명당이라 불렀다. 동 · 남 · 서 · 북에 각각 하나의 대청이 있었고 또한 각각 두 개의 곁채가 있었다. 천자는 매 1개월마다 돌아가면서 한곳에 머무르면서 그달에 입어야 하는 옷을 입었고, 그달에 먹어야 하는 음식을 먹었으며, 그달에 들어야 하는 음악을 들었고, 그달에 지내야 하는 제사를 신에게 지냈으며, 그달에 시행해야 하는 업무를 처리하였다. 만 12개월이 되면 이러한 도리가 바뀌었다. 이러한 큰 정원의 중간에는 또한 큰 방이 있었으니 천자가 늦은 여름에 거주하는 곳이다. 또 다른 일설이 있다. 매 계절마다 18천[53]을 뽑아내

53) 삼십삼천(三十三千)의 색계(色界)에 있는 열여덟의 하늘을 말한다.

어 머문다는 것이다. 이러한 방향의 동·남·중·서·북을 계절의 춘·하·사계(四季)·추·동과 서로 배합시켜서 천자로 하여금 목·화·토·금·수의 운행에 따라 '천인상응(天人相應)'의 일을 하게 하였으니 참으로 오행 사상의 가장 구체적인 표현이다.

명당이 비록 황실에 의해 세워진 것이지만, 보다 중요한 것은 그것의 제도가 바로 전통문화의 뼈대인 오행 사상의 구체적인 체현이라는 것을 알 수 있다.

제2장

오행의 철학 사상

1. 『홍범』 속의 오행 철학

오행 사상은 원시 종교숭배에 기원하지만, 은 왕조 말년에 이르면서 두 개의 다른 방향으로 발전해 나갔다. 하나는 그것이 원래 가지고 있던 종교 관념이 진일보 발전함으로써 자기의 종교사상 체계를 형성하였다는 것이고, 다른 하나는 그것이 원시 종교관념의 모체와 분리됨으로써 철학 사유 노선으로 나아갔다는 것이다.

중국 상고시대의 문헌 중에서 가장 먼저 오행을 말한 것은 『상서』 속의 「감서」와 「홍범」이다. 『사기』 「하본기」에 근거하면, 하(夏)나라의 계(啓)가 천자의 자리에 있을 때 유호씨(有扈氏)가 복종하지 않자 계(啓)가 병사를 일으켜서 유호씨를 토벌하였는데, 감(甘) 땅에서 대전할 때 「감서(甘誓)」를 지어 군인들과 맹세하였다. 「감서」 속에서는 "유호씨가 오행을 경멸하고 삼정(三正)을 태만히 하여 하늘이 그 명을 끊었기 때문에 하나라의 계가 천명을 받들어 유호씨를 토벌하였다."[1]라고 말하였다. 그러나 「감서」의 문자가 분명하고 매끄러워서 경학자들은 결코 하나라 시대의 문자가 아니고 후인들의 회상에서 나온 것이라고 고증하였다.

『상서』 「홍범」편은 은나라 말기의 귀족인 기자에게서 나온 것이다. 기

1) 『尙書』, 「甘誓」. "有扈氏威侮五行, 怠棄三正, 天用勦絶其命. 今予, 惟恭行天之罰."

자는 왕족 출신으로 상나라 주왕(紂王)의 숙부라고도 하고 그의 서모에게서 난 형이라고도 한다. 상나라 주왕이 상도(常道)에서 벗어나자 기자가 주왕을 설득하였으나 받아들이지 않았다. 어떤 사람이 기자에게 이 땅을 빨리 떠날 것을 권유하자, 기자는 "신하가 되어 군주의 잘잘못을 지적하다가 받아들여지지 않으면 군주를 떠나가는 것은 군주의 악덕(惡德)을 분명하게 드러내는 것이고 스스로 민심에 영합하는 것이니 나는 이렇게 하기를 원하지 않는다."라고 말하였다. 이에 그는 머리를 풀어헤치고 정신병을 가장하여 스스로 노비가 되었다. 주나라 무왕이 은나라를 점령한 후에 기자를 찾아내어 그를 호경(鎬京)으로 데리고 와서 그에게 나라를 안정시키는 대법(大法)을 물었다. 이에 기자는 그에게 「홍범」을 진술해 주었는데 무왕이 듣고 매우 만족해하였다. 그리고 바로 기자를 조선(朝鮮)에 봉하였다. 기자는 무왕에게 9조목의 치국 강령을 제시하였는데 그중에 주요한 한 조목이 바로 오행이다. 기자는 다음과 같이 말하였다.

> 내가 들으니, 옛날에 곤(鯀)이 홍수를 막으면서 오행을 어지럽게 진열하자 황제가 진노하여 홍범구주를 내려 주지 않아 이륜(彝倫: 사람이 지켜야 할 도리)이 무너지게 되었다. 곤이 형벌로 귀양을 가서 죽자 우(禹)가 바로 뒤를 이어 일어났다. 하늘이 우에게 홍범구주를 내려 주시니 이륜이 널리 펴지게 되었다. 그 첫 번째가 오행이다.[2)]

이 말의 뜻은 다음과 같다. 즉 내가 듣기에, 이전에 곤이 둑을 막는 방법을 취하여 홍수를 다스렸기 때문에 천제가 만든 오행의 규율을 어지럽

2) 『尙書』, 「洪范」. "我聞在昔鯀陻洪水, 汨陳其五行, 帝乃震怒, 不畀洪范九疇, 彝倫攸斁. 鯀則殛死, 禹乃嗣興. 天乃錫禹洪范九疇, 彝倫攸敘. 初一曰五行."

혔다. 이에 천제가 크게 진노하여 아홉 가지의 대법(大法)을 그에게 주지 않았다. 이에 나라를 다스리고 백성을 편안하게 하는 상리(常理)가 파괴되었고 곤도 유배 도중에 죽었다. 우(禹)가 이에 그의 부친의 사업을 계승하여 계속 홍수를 다스리자 천제가 아홉 가지의 대법을 위대한 우에게 전수해 주었기 때문에 우는 이 아홉 가지의 대법을 운용하여 나라를 다스리거나 백성을 편안하게 하는 상리(常理)를 회복시켰다. 아홉 가지 대법의 첫 번째 조목이 바로 오행이다.

기자의 이 말 속에 나타나는 사상은 객관 사물에는 그 내재적 규율이 있는데 이러한 규율은 사람이 발견 · 파악 · 이용할 수만 있고 사람이 저항하거나 위배할 수 없다는 것이다. 곤은 물과 흙의 특성을 알지 못하고 흙으로 물을 막아서 치수 사업이 실패하였다. 하나라 우는 막는 것을 이끄는 것으로 바꾸어 물이 아래로 흐르는 규율에 따라 홍수를 소통시키자 큰물이 육지로 바뀌게 되어 성공을 거두었다. 여기에서 대자연이 천제로 인격화된 것은 대체로 자연 규율에 따라 일을 처리하지 않으면 자연의 징벌을 받을 수 있다는 것이다. 앞에서 언급한 「감서」와 연결하면, 유후씨는 오행을 경멸하였고 오행의 변화 운동의 규율에 따라 일을 처리하지 않았기 때문에 하나라의 계(啓)가 하늘의 징계를 받들어서 그를 토벌하였다는 것이다. 옛사람들의 마음속에서 오행의 운행 규율은 천과 인간의 매개체이니 천 혹은 천제는 이미 객관세계의 자연법칙을 나타낼 뿐만 아니라 또한 인간의 주관 세계의 도덕적 가치 경향을 표현하였다는 것을 알 수 있다. 그러나 「홍범」 안에서 객관적 자연법칙은 더 주도적으로 작용하였으니, 곤이 오행 운행의 객관 규율에 따라 일을 처리하지 않았기 때문에 나라를 다스리는 상리(常理)를 혼란시켰다는 것이다.

기자는 연이어 오행을 다음과 같이 말하였다.

> 1을 '수'라 하고 2를 '화'라 하며 3을 '목'이라 하고 4를 '금'이라고 하며 5를 '토'라고 한다. 수는 '아래로 흐른다'고 하고, 화는 '위로 타오른다'고 하며 목은 '굽거나 곧다'고 하고, 금은 '따르고 바뀐다'고 하며, 토는 '곡식을 심고 거둔다'고 한다. '아래로 흐른다'는 것은 짠 것이 되고, '위로 타오른다'고 하는 것은 쓴 것이 되며, '굽거나 곧다'는 것은 신 것이 되고, '쇠의 성질을 따른다'는 것은 매운 것이 되며, '곡식을 심고 거둔다'는 것은 단 것이 된다.[3)]

기자가 수 · 화 · 금 · 목 · 토를 합하여 오행이라고 칭한 것은 명확한 추상적 개괄의 의미를 가지는데, 그는 이러한 다섯 가지 물질을 서로 연결하여 고찰하고 비교하는 일을 통해 그들 간의 다른 속성과 공능을 분별하였다. 마치 물이 아래로 흐르고, 불이 위로 타오르며, 나무가 굽거나 곧으며, 쇠는 제련하여 변형할 수 있으며, 흙은 곡식을 심을 수 있는 것처럼, 오행의 속성은 운동 속에서 나타날 수 있다는 것이다. 그는 이처럼 사물 간의 관계와 다양성 속으로 깊이 들어가서 오행 방법을 인식함으로써 오행의 본질을 진일보 인식하는 길을 개척하였던 것이다.

오행의 속성을 분석한 후에, 기자는 또한 오행의 속성이 어떤 방면에서는 서로 관계가 있기 때문에 감각적으로 서로 비슷한 사물과 오행을 연관시킴으로써 오행을 중심으로 하여 다섯 방위로 확산되는 큰 체계를 만들어 내었다. 예를 들면 오미(五味) · 오사(五事) · 오기(五紀) · 오서징(五庶徵) · 오복(五福) 등에서 오행을 중심으로 만물의 구성 체계를 포용할 것을 시도하였는데, 여기에서 이미 그 단서를 드러내었다.

주의할 것은, 『홍범』 속에서의 오행은 더 이상 신의 모습으로 나타나

---

3) 『尙書』, 「洪范」. "一曰水, 二曰火, 三曰木, 四曰金, 五曰土. 水曰潤下, 火曰炎上, 木曰曲直, 金曰從革, 土爰稼穡 潤下作咸, 炎上作苦, 曲直作酸, 從革作辛, 稼穡作甘."

지 않고 다섯 가지 물질적 공능으로 사람들 앞에 나타났다는 것이다. 오행은 원래 조상들의 생활과 밀접한 관계가 있는 자연물이었으나 자연숭배 단계에서 신격화되어 오랜 기간의 신비한 변천 단계를 거쳐 왔다. 그러다가 기자 시대에 이르면서 『홍범』을 발단으로 삼아 새로운 사유 차원에서 신격화된 오행이 그 본래 모습으로 바뀌어 그것의 물질적 공능을 새로이 긍정하였으니, 이것은 오행의 건전한 발전 방향에 지극히 중요한 의미가 있다.

『홍범』 속에서 오행에 관한 서술이 비록 세계 물질 구성의 문제를 언급한 적이 없지만 그것은 원시 오행설 속의 과학 요소를 종교 · 신화와 분리시킴으로써 오행에 철학적 의미를 부여하였다. 이것은 오행 사상이 신앙과 환상에서 점차 승화되어 자연철학 수준의 단계에 이르렀다는 것을 의미한다.

2. 오행과 오기(五氣)

『홍범』을 기점으로 하여 오행은 철학 사유의 단계로 진입하였는데, 서주(西周) 말년에 이르면서 혼란한 사회 상황이 사람들의 사상을 더 깊은 경지로 발전하게 하였다. 사백(史伯)의 '오행이 서로 섞이어 만물을 이룬다'는 명제는 이러한 시기에 제기된 것이다.

사백은 주나라 유왕(幽王)의 사관이다. 당시, 정 환공(鄭桓公)은 주나라 유왕의 사도(司徒)[4]로 임명되어 서주와 수도 호경(鎬京)의 교외 동쪽 땅

4) 사도(司徒)는 옛날의 관직 이름이다. 주대의 육경(六卿)이나 한대의 삼공(三公)의 하나이다.

백성들에게 크게 환영받았다. 서주의 위기가 곳곳에 숨어 있는 것을 보고 사백에게 난을 피할 수 있는 좋은 계책을 가르쳐 주기를 청하자, 사백은 정 환공을 위하여 다음과 같이 지적하였다. "주나라 조정은 이미 쇠망에 근접하였습니다. 왜냐하면 주왕은 현인들과 공동으로 협력하지 않고 나쁜 사람들과 수단과 방법을 가리지 않기 때문입니다." 사백이 연이어 말하기를,

> 무릇 조화를 이루어야 실제로 만물이 자라나지 부화뇌동하는 것은 발전해 나아갈 수가 없습니다. 서로 다른 사물끼리 서로를 보충하여 평형을 이루는 것을 '조화를 이룬다'고 말하기 때문에 오랫동안 만물이 돌아갈 수 있었습니다. 만약 같은 것으로 같은 것을 도우면 결국 배척하게 됩니다. 그러므로 선왕들은 토를 금 · 목 · 수 · 화와 섞어서 만물을 이루었습니다.[5)]

사백의 이 말의 뜻은 다음과 같다. 즉 같은 선으로 서로 도우면 만물을 살릴 수 있으나 같은 악으로 서로 구제하면 발전하지 못한다는 것이다. 일물(一物)로 다른 일물을 균등하게 고르는 것을 '조화를 이룬다'고 하기 때문에 풍부하게 발전하여 만물을 통일시킬 수 있다. 만약 서로 같은 것으로 서로 같은 것을 도우면 쓰임이 다한 뒤에야 없어질 수 있다. 때문에 선왕들은 토를 금 · 목 · 화 · 수와 서로 섞어서 만물을 생성하였다.

사백의 이러한 말을 분석하여 『홍범』 속의 오행 사상과 서로 비교하면, 이 시기의 오행 사상에 큰 발전이 있었다는 것을 알 수 있다. 먼저, 사백은 세계의 물질 구성 문제를 소박하게 대답하였고 오행이 자연계의 만물을

---

5) 『國語』, 卷16, 「鄭語」. "夫和實生物, 同則不繼. 以它平它謂之和, 故能豊長而物歸之. 若以同裨同, 盡乃棄矣. 故先王以土與金木水火雜, 以成百物."

구성하는 기본 원소임을 지적하였다. 『홍범』에서의 사물의 다양성에 대한 인식을 타파하여 세계 물질의 기원과 구성을 탐구하는 철학 수준으로 향상시켰고 물질의 내재적 관계를 통하여 물질의 질적인 규정성을 파악하여 오행 학설로 하여 중요한 철학적 의미를 갖게 하였다. 다음으로, 『홍범』의 오행설이 수 · 화 · 목 · 금 · 토의 다섯 가지 물질의 고유한 성질과 공능을 설명하였다면, 사백은 진일보하여 어떤 특수한 것 속에서 세계의 무한한 다양성의 통일을 찾으려고 하였다. 이러한 자연계 현상의 무한한 다양성에 대한 통일이 바로 다섯 가지 성질의 물질적 결합체인 '실(實)'이라는 것이다.

『홍범』 안에서 오행은 '수(水)'를 선두로 하였다. 사백이 '토'를 오행 속에서 제기하여 중점적으로 강조하였다면, 『관자』에서는 '수'의 지위가 또한 현격히 격상되었다. 『관자』「수지」편에서는 '수'가 만물의 본원이라는 사상을 제기하였다. "물은 무엇인가. 만물의 본원이다."[6] 이것은 중국 역사상 처음으로 일종의 물질을 만물의 본원으로 삼는 사상을 제기한 것이다.

그렇다면 『관자』에서 물과 오행의 관계는 어떠한가? 「수지」편에서는 "물은 재료이다."[7]라고 말하였다. 여사면(呂思勉, 1884~1957)의 해석에 따르면, 여기서의 재(材)는 바로 『좌전』「양공 27년」의 "천이 다섯 가지 재료를 낳았다."[8]에서의 '재'이다. '물이 재료가 된다'는 것은 바로 물이 나머지 사행(四行)인 화 · 목 · 금 · 토의 원시 형태임을 말한 것이다. 수가 화 · 목 · 금 · 토를 낳은 후에 서로 섞여서 만물을 이루었다. 예를 들면 "물은 땅의 혈기이니 피가 힘줄과 혈맥을 통하여 흐르는 것과 같다."[9]는

6) 『管子』, 「水地」. "水者, 何也. 萬物之本原也."

7) 『管子』, 「水地」. "水, 具材也."

8) 『左傳』, 「襄公 27年」. "天生五材."

것이다. 물이 땅에 대해서는 인체의 혈기나 근육과 같으니, 물을 떠나서는 토지가 활력을 갖지 못한다. "물이 초목에 모여서 뿌리가 그 알맞은 한도를 얻으면 꽃이 그 수(數)를 얻고 열매가 그 양(量)을 얻는다."[10] 초목의 생장은 촉촉이 적셔 주는 물에 의지하니 초목의 뿌리는 물에 의지하여 자라나고 꽃은 물에 의지하여야 비로소 무성해지며 열매도 물에 의지하여야 비로소 풍성해질 수 있다. 사람에 이르러도 물에 의해 성장한다. "사람은 물이니 남녀의 정기가 합하면 물이 흘러 형체를 이룬다."[11] "물이 응결하여 사람이 되니 아홉 구멍과 다섯 가지 생각이 나온다."[12] 사람은 물이 응취하여 형체와 정신을 이룬다는 것이다.

전통적 사유 노선에 따라, 마찬가지로 『관자』「수지」편도 또한 자연에서 시작하여 인륜으로 돌아가니 물은 세계의 물질적 본원일 뿐만 아니라 동시에 그것은 정신 도덕의 모체이다. 「수지」편에서는 다음과 같이 말하였다. "물은 모든 생명의 종실로 아름답고 추함, 어질고 불초함, 어리석고 뛰어난 인물을 낳는다."[13] 물은 모든 생명의 시조이니 아름답고 추함, 어질고 불초함, 어리석고 뛰어난 각종의 도덕 품성이 생겨나는 곳이다. 또한 「수지」편에서는 제(齊)·초(楚)·월(越)·진(秦)·진(晋)·송(宋) 등 여러 국가들의 수질이 다르기 때문에 그 백성들이 나타내는 품격도 다르다고 보았다. 때문에 성인이 세상의 도를 교화하는 그 근본적인 해결은 수질을 바꾸는 데 있다고 하였다. 관자의 결론은 조잡함을 벗어나지 못하였으니 비록 수질이 사람의 성정과 생활 방식에 대해 약간의 영향을 미쳤을

9) 『管子』, 「水地」. "水者, 地之血氣, 如筋脈之通流者也."
10) 『管子』, 「水地」. "集于草木, 根得其度, 華得其數, 實得其量."
11) 『管子』, 「水地」. "人, 水也. 男女精氣合, 而水流形."
12) 『管子』, 「水地」. "水, 凝蹇而爲人, 而九竅五慮出焉."
13) 『管子』, 「水地」. "諸生之宗室也, 美惡賢不肖愚俊之所產也."

지라도 결국 근본적인 원인일 수는 없다.

3. 음양과 오행의 합류

전통문화 속에서 음양과 오행은 물과 젖처럼 서로 잘 융화되어 혼연한 일체를 이루었으나, 그것이 발생하는 초기 단계에서는 둘이 독자적으로 발전하여 스스로 자신의 체계를 이루었다.

음양의 경우, 처음에는 다만 구체적인 사물의 형상(物象)을 나타내는 어휘로서 햇빛을 등지거나 향하는 것을 음양이라 칭하였다. 이러한 개념에 철학적인 의미를 부여한 것이 서주 말년의 백양보(伯陽父)이다. 학자들의 고증에 따르면, 이러한 음양을 말한 백양보는 바로 앞에서 언급한 사백(史伯), 즉 '오행이 서로 섞여서 만물을 이룬다'는 명제를 제기한 자이다. 주나라 유왕(幽王) 3년에 서주의 삼천(三川)에 지진이 발생하였는데, 백양보는 지진의 원인이 "천지의 기가 질서를 잃고서 양으로 하여금 엎드려 나오지 못하게 하고 음으로 하여금 억눌러서 증발하지 못하게 하여 지진이 생겼다"고 해석하였다. 백양보의 지진에 대한 해석은 『역경』의 진괘(震卦)와 분명한 혈연관계가 있다. 『역경』에서 진괘의 괘상은 두 개의 음효(陰爻)가 위에 있고 하나의 양효(陽爻)가 아래에 있으니 양이 아래에 엎드려 있고 음이 위에서 억누르고 있어서 양의 기운이 증발하여 올라가지 못하기 때문에 진동이 일어난다고 설명하였다. 백양보가 『역경』의 관점보다 더 진일보한 것은 그가 이미 분명하게 천지의 기를 음양이라 하였다는 데 있다. 그러나 음양에 익숙하고 오행에 밝은 백양보였지만 음양과 오행은 여전히 각자 독립하여 음양은 하나의 음양이고 오행은 하나의 오행으로 봄으로써, 그들 상호 간의 관계에 대해서는 어떠한 것도 언급하지 못하였다.

"문밖에 나가지 않고 …… 창밖을 엿보지 않는다."[14]는 노자에 이르면, 음과 양은 만물을 화생하는 근본 원소가 된다. 노자는 "도는 하나를 낳고 하나는 둘을 낳으며 둘은 셋을 낳고 셋은 만물을 낳는다. 만물은 음을 지고 양을 안아 충만한 기운으로 조화를 이룬다."[15]라고 말하였다. 도는 우주의 본원이다. 그것이 음양을 파생시켰으니 음양이 서로 합하여 만물을 화생한다는 것이다. 이것은 오행 밖에서 발전해 나온 다른 우주구성 도식이다.

춘추시대 사람들 앞에 드러난 우주물질 구성에 관한 대답에는 두 가지가 있으니, 즉 음양과 오행이다. 두 가지 대답의 모순을 해소하기 위하여 춘추시기에는 '육기(六氣)'와 '오행(五行)'이라는 중요한 철학 범주가 출현하였다. '육기'는 바로 음 · 양 · 바람 · 비 · 어둠(밤) · 밝음(낮)이다. 육기는 '천을 날실로 짜고' 오행은 '땅을 씨실로 짜니' 육기는 천에 속하고 오행은 땅에 속하는 것으로 하늘과 땅의 물질적인 본원을 분별하였다.

전국 연간에 이르면서 기(氣)를 세계 만물의 기본 원소로 간주하는 사상이 우세해지자, 오행이 '기'로 바뀌게 된다. 『관자』「사시」편에는 다음과 같이 말하였다.

> 동쪽을 별이라 하고 그 때를 봄이라 하며 그 기를 바람이라 하니 바람이 목(木)과 골(骨)을 낳는다. …… 남쪽을 해라 하고 그 때를 여름이라 하며 그 기를 양이라 하니 양이 화(火)와 기(氣)를 낳는다. …… 중앙을 토라 하고 토의 덕이 실제로 사시의 출입을 도와 바람과 비로 절제하여 토가 더욱 왕성해지니 토가

14) 『老子』, 第47章. "不出戶 …… 不窺牖."

15) 『老子』, 第42章. "道生一, 一生二, 二生三, 三生萬物, 萬物負陰而抱陽, 冲氣以爲和."

근육과 피부를 낳는다. …… 서쪽을 북극성(辰)이라 하고 그 때를 가을이라 하며 그 기를 음이라 하니 음은 금(金)과 갑(甲)을 낳는다. …… 북쪽을 달이라 하고 그 때를 겨울이라 하며 그 기를 차갑다(寒)고 하니 차가운 것이 수(水)와 혈(血)을 낳는다.[16)]

이러한 기와 오행이 서로 결합하는 우주 도식 속에서는 오행이 기에서 생겨났다는 것을 명확히 제기하였다. 『관자』「치미」편에서는 "천지의 정기에는 다섯 가지가 있으니 막아서는 안 된다."[17)]라고 말하였다. 여기에서 천지의 정기는 바로 오행의 정기이니 오행이 다섯 가지의 정기로 바뀐 것이다.

진한시대로 진입한 이후에 오행의 오기(五氣)는 진일보하여 이기(二氣)로 발전하였다. 서한의 동중서는 다음과 같이 말하였다. "천지의 기가 합하여 하나가 되고, 나누어져 음양이 되며, 사시로 갈라지고, 오행으로 열거된다."[18)] 오행은 바로 음양의 두 기에서 생겨나니 오행은 음양이라는 두 기의 물질적 형질이다. 오행은 음양을 내포하고 음양은 오행을 통하여 나타난다. 『운급칠첨(云芨七籤)』의 견해에 따르면, 음양이 오행을 생성하니 소양(少陽)이 '목'이 되고 노양(老陽)이 '화'가 되며 소음(少陰)이 '금'이 되고, 노음(老陰)이 '수'가 된다. 화의 성질은 증발하고, 목의 성질은 강직하며, 금의 성질은 견고하고, 수의 성질은 솟아오르니, 이것으로 체내에 나타나는 음양의 본성을 분별하였다.

16) 『管子』, 「四時」. "東方曰星, 其時曰春, 其氣曰風, 風生木與骨. …… 南方曰日, 其時曰夏, 其氣曰陽, 陰生火與氣. …… 中央曰土, 土德實輔四時入出, 以風雨節土益力, 土生皮肌膚. …… 西方曰辰, 其時曰秋, 其氣曰陰, 生金與甲. …… 北方曰月, 其時曰冬, 其氣曰寒, 寒生水與血."

17) 『管子』, 「侈靡」. "天地精氣有爲, 不必爲沮."

18) 『春秋繁露』, 「五行相生」. "天地之氣, 合而爲一, 分爲陰陽, 判爲四時, 列爲五行."

오행 범주가 기와 음양의 범주로 진입함에 따라, 우리가 구성한 우주 도식은 음양 이기가 오행을 화생하고 오행이 세계의 만물을 구성한다는 것이다. 당나라 때의 이감(李鑒)의 말을 인용하면 다음과 같다. "천지는 음양 이기(二氣)이지만 기 안에도 자식이 있으니 오행이라고 한다. 오행은 천지 음양의 작용이니 만물이 따라서 발생한다. 때문에 만물은 오행의 자식이다."[19] 오행과 음양의 합류는 세계의 물질적 본원에 관한 두 가지의 서로 다른 학설의 모순을 원만히 해결함으로써 원래 각자 가지고 있던 단편적인 이론을 충실히 하여 하나의 안정된 구조를 형성하였다.

음양 학설이 이미 오행 학설과 합류하였으나 오행 학설 속에도 음양의 관념이 침투되었다. "한 번 음하고 한 번 양하는 것을 도라 한다."[20]라고 하였으니, 음양인 도의 중점은 끊임없이 낳고 낳아 그치지 않는 데 있다. 끊임없이 낳고 낳아 그치지 않고 생성되는 원인은 바로 사물이 가지는 음양이라는 두 방면의 운동에 있다는 것이다. 음양이 운동하여 가득 차 있는 기가 조화를 이루어야 비로소 만물을 화생할 수 있기 때문에 음양의 정도는 음양이 화해하는 곳, 즉 '음양합덕(陰陽合德)'에 있다. 오행이 이미 음양 이기에 의해 화생되니, 이 때문에 오행이 만물을 구성할 때에도 오행의 화합을 강조하고, 오행 가운데 어떠한 일행(一行)이 너무 왕성하여 천지가 조화를 잃는 데까지 이르지 못하게 하였다. 오행은 혹 상생하거나 상극하여 최종적으로 오행 간에 상호 보충하거나 상호 의존하여 동태적 균형의 구조를 이루는 것을 목적으로 한다.

---

19) 李鑒. "天地則陰陽二氣, 氣中有子, 名曰五行. 五行者, 天地陰陽之用也, 萬物從而生焉. 萬物則五行之子."

20) 『周易』, 「繫辭」. "一陰一陽之謂道."

4. 오행생극 이론의 발생

오행생극 학설은 춘추 연간에 발생하여 전국시대 중・후기에 성숙하였다. 그것은 사람들의 오행에 대한 인식이 이미 표면 단계에서 그것의 내부 구조로 깊이 침투되어 어떤 특정의 원칙이나 메커니즘에 근거하여 오행 간의 상호 의존 혹은 배척 관계를 탐구하려 하였음을 나타낸다.

오행상생상극설의 영감은 사람들의 생산 활동과 객관세계에 대한 관찰에서 유래했다. 예를 들면 사람들이 황무지를 개간할 때에는 먼저 불을 사용하여 산이나 들에 불을 지르고 나서, 나무가 불타거나 불이 지나간 후에 잿더미가 경작하기에 적당한 비옥한 땅이 되는 것과 같다. 광석의 흙에서 금속을 정제하고 금속이 물로 용해되며 물은 수목을 촉촉이 적셔준다. 이 때문에 오행상생의 순환이 발생하였다. 즉,

"수→목→화→토→금→수……"

오행상생 외에도 사람들은 또한 오행상극의 공능을 관찰하였다. 예를 들면 물이 불을 없앨 수 있고, 불이 쇠를 녹일 수 있으며, 쇠는 나무를 벨 수 있고, 나무는 흙을 개간할 수 있으며, 흙은 물을 막을 수 있는 등이다. 이 때문에 오행상극의 순환이 출현하였다. 즉,

"수→화→금→목→토→수……"

물론 '오행상생상극' 학설이 비록 사람들의 생활 경험에서 비롯되었지만 그것을 체계적으로 총괄되는 데는 상당히 긴 역사적 단계를 거쳤다. 춘추의 역사적 사실을 반영한 『좌전』에는 언제나 '오행생극' 사상이 빛

을 발하였지만 흩어져 있어 체계를 이루지는 못하였다. 『좌전』「소공 31년」에 진(晋)나라에서 신해(辛亥)의 날에 일식이 생겼는데, 공교롭게도 그 날 밤에 조간자(趙簡子)가 꿈에서 작은 남자아이가 발가벗고 음악에 맞춰 춤을 추는 것을 보았다. 이에 조간자는 사묵(史墨)에게 해몽해 주기를 청하였는데, 사묵은 일식의 원인을 이렇게 해석하였다. "6년 후의 이달에 오(吳)나라의 군대가 초(楚)나라의 수도 영(郢)에 진입하지만 결국은 초나라를 점령하지 못한다. 왜냐하면 경오(庚午)의 날은 해에 운기(雲氣)가 있기 시작하니 화가 금을 이기기 때문에 오나라가 이기지 못한다."[21]는 것이다. 6년 후의 경오년에 오나라가 과연 백거(柏擧)에서 초나라를 물리치고 초나라의 수도로 공격해 들어왔다. 이때 오자서(伍子胥)가 무덤을 파헤쳐 시신을 때리고 진(秦)나라의 조정에서 신포서(申包胥)가 울었다는 고사가 생겨났다.[22] 『좌전』「애공 9년」에 정무자(鄭武子)의 간신인 허하(許瑕)가 그에게 봉읍(封邑)을 줄 것을 요구하였으나 정무자는 더 이상 줄 땅이 없다고 말하였다. 이에 허하가 군대를 출병하여 다른 나라에서 토지를 빼앗을 것을 요구하자, 정무자가 그의 요구에 응하여 군대를 파병하여 송(宋)나라의 유구(維丘)를 빼앗으려 하였다. 그러나 결국은 송나라의 군대가 정나라의 군대를 포위하여 정나라의 군대를 전부 섬멸시켰고 아울러 군대를 움직여서 정나라를 토벌하였다. 이때 진(晋)나라의 조앙(趙鞅)이 정나라를 구해야 하는지의 여부를 사묵에게 물었는데, 사묵은 이러한 괘상(卦象)을 다음과 같이 해석하였다. "염제(炎帝)는 불로 익혀 먹는 것을 가르쳤었고 강(姜)씨 성은 염제의 후손이다. 물이 불을 이기니 강씨 성을 정벌하는 것이 옳다." 다시 말하면, 이러한 괘상은 강씨 성의 국가를 정

21) 『左傳』,「昭公 31年」. "庚午之日, 日始有謫, 火勝金, 故弗克."
22) 『左傳』,「定公 4年」.

벌할 수 있지만 자씨(子) 성의 송나라를 정벌할 수 없다는 것을 암시하였다. 점이 이와 같았기 때문에 진나라는 정나라를 구하러 출병하지 않았다. 사묵의 이러한 두 일에 대한 분석에는 모두 오행생극의 사상을 응용하였으니 예를 들면 '화가 금을 이긴다' 거나 '수가 화를 이긴다' 는 등이다.

조금 뒤 『손자』 『묵경』에 이르면서 오행생극의 사상은 더욱 부각되었다. 『손자』 「허실」편에서 "오행이 항상 이길 수 없다."[23]라고 말한 것은 바로 오행이 생극이라는 전환의 운동 속에 있음을 말한 것이다. 『묵경』에서는 다음과 같이 말하였다. "오행에서 항상 이길 수 없다는 설이 많이 있다['의(宜)'는 마땅히 '다(多)' 자로 되어야 한다]."[24] "오행이 서로 합하니 수가 화에 거처하고, 화가 나무에 붙어 탄다. 화가 금을 녹이면 화가 많아지고 금에 숯이 없으면 금이 많아진다. 부고(府庫)의 수에 합해지면 목은 목을 떠나가게 된다."[25] 오행은 태어나서 죽을 때까지 쉬지 않고 운동하여 서로 생극하지만, 양적인 정도만을 볼 뿐이고, 화가 왕성하면 금을 이기거나 수가 왕성하면 화를 이기는 것은 물질 운동 · 변화의 사상을 나타낸다.

『묵자』 「귀의」편에서도 이러한 고사를 말하였다. 묵자가 제나라를 떠나 북쪽으로 여행을 가다가 길에서 점술가를 만났다. 점술가는 "황제가 오늘 북쪽에서 흑룡을 죽였기 때문에 선생의 안색이 어두우니 북쪽으로 가서는 안 된다."라고 말하였다. 묵자는 점술가의 말을 듣지 않고 계속 북쪽으로 가다가 치수(淄水)에 이르러 건너지 못하고 돌아왔다. 점술가가 묵자를 보고 "내가 선생께 북쪽으로 가서는 안 된다고 하지 않았는가?"라고 하였다. 이에 묵자는 다음과 같이 대답하였다. "남쪽의 사람은 북쪽으로 가지 못하고 북쪽의 사람은 남쪽으로 가지 못하게 저지당한 사람 중에

23) 『孫子』, 「虛實」. "故五行無常勝."
24) 『墨經』. "五行毋常勝, 說在宜."
25) 『墨經』. "合水土火, 火離然. 火鑠金, 火多也. 金靡炭, 金多也. 合之府水, 木離木."

어떤 사람의 안색은 검고 어떤 사람의 안색은 흰데, 어째서 모두 갈 수 없겠는가. 황제는 갑을(甲乙)일에는 동쪽에서 청룡(青龍)을 죽였고, 병정(丙丁)일에는 남쪽에서 적룡(赤龍)을 죽였으며, 무기(戊己)일에는 중앙에서 황룡(黃龍)을 죽였고, [원문에는 이 구절이 없지만, 아마도 이 구절이 빠졌을 것이라는 학자들의 고증에 근거하여 첨가하였다] 경신(庚辛)일에는 서쪽에서 백룡(白龍)을 죽였으며, 임계(壬癸)일에는 북쪽에서 흑룡(黑龍)을 죽였으니, 만약 선생의 말을 듣는다면 천하의 여행 중인 사람을 모두 막는 것이 된다. 이것은 마음에 어긋나고 이치를 해치는 말이니 선생의 말은 들을 수 없다."

묵자의 이러한 달 속에서, 우리는 묵자 때에 오행상생의 서열이 이미 완성되어 동쪽의 목이 남쪽의 '화'를 낳고 남쪽의 화가 중앙의 '토'를 낳으며 중앙의 토가 서쪽의 '금'을 낳고 서쪽의 금이 북쪽의 '수'를 낳는다는 것을 확인할 수 있다. 묵자는 오행을 말하는 것을 좋아하였고 오행에 대해서도 어느 정도의 연구가 있었기 때문에 오행생극설의 형성에 중요한 공헌을 하였다.

묵자의 뒤를 이은 추연(鄒衍)은 오행상생의 이론을 역사의 영역으로 끌어들여 정치와 결합했으니, 원래 속성과 본질을 나타내던 오행의 덕을 천도(天道)의 필연적 천명 혹은 규율로 변화시켰다. "우(虞)나라는 토이고 하(夏)나라는 목이며 은(殷)나라는 금이고 주(周)나라는 화이다." 화 뒤를 이은 것이 바로 수덕(水德)이다. 역사는 오행상생의 순서에 근거하여 순환적으로 발전하였으니, 이것이 바로 추연의 오덕종시설(五德終始說)이다.

'오덕종시설'은 고정되지 않고 변동하며 순환하고 반복하는 형식인데 이러한 형식은 자연현상에서 취하였다. 인류는 수천만 년의 노동 생활 속에서 대자연의 규율을 파악하였다. 이러한 사유형식의 기초는 봄에 꽃이 피고 가을에 열매를 맺으며 사계절이 순환하고 반복하며 끊임없이 낳고 낳아 그치지 않는다는 데 있으니, 이러한 자연법칙은 분명히 사람들의 사회법칙에 대한 사고에 영향을 미쳤다. 특히, 우리와 같은 농업 민족은 계절과 식물의 순환이 사람들에게 이처럼 깊은 인상을 주었는데, 그것과 비슷한 주기성 변화의 특징을 갖는 오덕종시설이 일단 세상에 나오자 사람들은 그것을 믿어 의심치 않았다.

5. 오행의 대응 체계

전국 시기에 사상 · 문화 · 학술상의 활발한 분위기는 오행 학설의 발전에 좋은 기회를 제공함으로써 오행 관념은 점차 사회생활의 각 방면으로 확대 · 발전하였다. 사람들은 경험에 근거하거나 '사물의 모양을 보고 종류를 따라 취하는[觀象取類]' 방법으로 객관세계와 인류 사회의 복잡한 내용을 오행으로 정리하고 파악하여 오행의 큰 체계를 세웠다. 그중에서 『여씨춘추』의 서술이 가장 전형적이다.

『여씨춘추』에는 오행과 서로 대응하는 천간 · 오제 · 오신 · 오방 · 오색 · 오음 등이 있으니 아래의 도식과 같다.

오행 / 대응물	목	화	토	금	수
천간(天干)	갑을(甲乙)	병정(丙丁)	무기(戊己)	경신(庚辛)	임계(壬癸)
오제(五帝)	태호(太昊)	염제(炎帝)	황제(黃帝)	소호(少昊)	전욱(顓頊)
오신(五神)	구망(句芒)	축융(祝融)	후토(后土)	욕수(蓐收)	현명(玄冥)
오방(五方)	동쪽	남쪽	중앙	서쪽	북쪽
오색(五色)	청(靑)	적(赤)	황(黃)	백(白)	흑(黑)
오음(五音)	각(角)	치(徵)	궁(宮)	상(商)	우(羽)
오충(五蟲)	인(鱗)	우(羽)	라(倮)	모(毛)	개(介)
오미(五味)	신맛	쓴맛	단맛	매운맛	짠맛

오취(五臭)	누린내(羶)	탄내(焦)	향내(香)	비린내(腥)	썩은 내(朽)
오수(五數)	8	7	5	9	6
오사(五祀)	방(戶)	부엌(竈)	방의 중앙(中霤)	문(門)	길(行)
오장(五臟)	비장	폐장	심장	간장	신장
계절(季節)	봄	여름	늦여름	가을	겨울

도표 속에서, 『여씨춘추』에서 대응 관계를 갖는 여러 항목들은 결코 순수한 인식 이론을 기초로 하는 것이 아니기 때문에 주관적인 억측이나 형이상학적 억지에 빠지기 쉽다는 것을 볼 수 있다. 그렇지만 그것이 제공하는 전체성 · 체계성 · 대응성 · 보완성의 철학 사상은 오늘에 이르기까지 여전히 생명력을 가진다.

이외에, 『여씨춘추』에 있는 오행의 대응 체계 속에서는 또한 합리적인 요소가 없지 않다. 예를 들면 다음과 같다. 목은 봄이 되니, 농사철이 시작되면 왕이 농사일을 선포하고 만물이 자생하며 나무를 베거나 짐승을 함부로 죽이는 것을 금지하였으며 전쟁으로 농사일을 방해하지 않았다. 화는 여름이 되니, 오곡이 무성하고 농사철로 바쁘며 정부는 토목공사를 일으키거나 군대를 출병시키지 않고 농사에 힘쓰게 하였고 백성들을 권면하여 농사철을 잃지 않게 한다. 금은 가을이 되니, 오곡을 수확하기 때문에 국가에서는 창고를 수선하고 성벽이나 성곽을 보수할 것을 명하였고 땔나무를 베고 보리를 파종할 것을 권하였다. 수는 겨울이 되니, 혹독한 추위가 이르기 때문에 물고기를 잡고 나무를 베며 농기구를 정비하고 무기를 준비하며 변방을 수비하고 요새를 견고하게 하였다. 이러한 계절에 따라 실시하는 정령(政令)은 동식물의 생장 규율, 즉 봄에는 씨앗을 뿌리고 여름에는 생장하며 가을에는 거두어들이고 겨울에는 저장하는 규율에 부합한다. 이러한 규율에 근거하여 국가의 정령을 제정하여 농사철을 방해하지 않고 포획하거나 남벌하지 않았으며 때에 따라 움직여서 질서가 정연하였다. 사람들은 장기간의 생활 경험을 오행 체계로 끌어들여 그것을 규범화하거나 일원화하였으니 그 실용적인 의미는 말하지 않아도 알 수 있다.

진한 시기에는 오행 체계에 또한 새로운 발전이 있었다. 자연 사회에서 본받는 것에서 가까이 자기 몸에서 취하는 것으로 바뀌었으니, 즉 인체의 각 부분의 기관 · 심리 정감 · 생리 기능을 오행과 대응시켰다. 그 전형적인 서술이 『황제내경』 속에 있으니, 구체적으로 아래의 표와 같다.

오행 대응물	목	화	토	금	수
오기(五氣)	풍(風)	서(暑)	습(濕)	조(燥)	한(寒)
오시(五時)	평단(平旦)	일중(日中)	일서(日西)	일입(日入)	야반(夜半)
오응(五應)	생(生)	장(長)	화(化)	수(收)	장(藏)
오장(五臟)	간(肝)	심(心)	비(脾)	폐(肺)	신(腎)
오부(五腑)	담(膽)	소장(小腸)	위(胃)	대장(大腸)	방광(膀胱)
오체(五體)	근(筋)	맥(脈)	육(肉)	피모(皮毛)	골(骨)
오관(五官)	눈	혀	입	코	귀
오지(五志)	노(怒)	희(喜)	구(懼)	비(悲)	공(恐)
오맥(五脈)	현(弦)	홍(洪)	유(濡)	부(浮)	침(沉)
오성(五聲)	호(呼)	소(笑)	가(歌)	곡(哭)	신(呻)
오곡(五谷)	맥(麥)	숙(菽)	직(稷)	마(麻)	서(黍)

표에서 보는 것처럼, 오행과 인체의 각 부분을 서로 대응시킨 것은 일리가 있다고 말할 수 없다. 어째서 반드시 목은 간이고 화는 심장이며 토는 비장이고 금은 폐이며 수는 신장으로만 배치되어야 하고 다른 것이면 안 된다는 것인가. 그렇지만 이러한 배치가 주관적인 억측이기도 하지만 그것은 조상들의 의학이 사람들에 대한 관찰과 치료 과정에서 나온 것이기 때문에 검증을 통한 결론이라는 의미도 가진다. 오행과 인체의 대응은

이질적인 사물이 그조가 서로 같음에 따라 상호 영향을 미칠 수 있다는 기초 위에 세워진 것이다. 공능이 서로 비슷하거나 유사한 원칙에 따라 하나의 체계 안에서 조합되고 동시에 이러한 구조의 운동 메커니즘, 즉 오행의 생극이 운동 조절을 진행함에 따라 인체의 동태적 균형에 도달하게 된다. 이 때문에 『황제내경』이 내포하고 있는 직관적 이성은 또한 우리가 긍정할 만한 가치가 있다.

6. 오행과 천인감응

'천인감응'의 학설을 제창한 저명한 서한(西漢)의 유학자인 동중서(董仲舒, B.C.179~104)는 오행 학설을 신학(神學)으로 이끌었다. 동중서는 '천'이 만물을 창조하는 최고의 신으로 여겼는데, 음양오행이라는 기의 변화를 통하여 자기의 뜻을 구현하려 하였다. 이에 소박한 유물주의의 오행 학설에 귀의하였을 뿐만 아니라 또한 신학 사상의 체계로 들어섰다. 동중서는 다음과 같이 말하였다.

> 천의 뜻은 보기도 어렵고 그 도는 이해하기도 어렵다. 이렇기 때문에 음양의 나가고 들어가고 허하고 실한 곳을 밝혀서 천의 뜻을 보고 오행이 본래 순응하거나 거역하고 크거나 작으며 넓거나 좁은 것을 분별하여 천도를 살핀다.[26]

음양에 밝아서 천의 뜻을 살피고 오행을 분별하여 천도를 관찰한다는

26) 『春秋繁露』, 卷17, 「威德所生」. "天意難見也, 其道難理. 是故明陰陽入出實虛之處, 所以觀天之志. 辨五行之本來順逆, 小大廣狹, 所以觀天道也."

것은 인간의 통치자가 음양오행을 세심하게 살펴서 천의 뜻을 파악해야 한다는 것이다. 동중서는 진일보하여 오행에 도덕적 의미를 부여하였으니 그는 다음과 같이 말하였다.

> 천에는 오행이 있다. …… 목은 오행의 시작이고 수는 오행의 끝이며 토는 오행의 중앙이다. 이것이 천의 순서이다. 목이 화를 낳고 화가 토를 낳으며 토가 금을 낳고 금이 수를 낳으며 수가 목을 낳으니 이것이 부자(父子)이다. 목은 왼쪽에 있고 금은 오른쪽에 있으며 화는 앞에 있고 수는 뒤에 있으며 토는 중앙에 있으니 이것은 부자의 순서이다. …… 항상 그 부모에 인하여 그 자식을 부리는 것이 천의 도이다. …… 그러므로 오행은 바로 효자 · 충신의 행위이다.[27]

동중서는 오행을 자연 · 인사의 대응에서 도덕의식의 구조와 연결함으로써 충효 · 도덕의 의미가 있게 하였는데, 이러한 구조는 결코 오행 자체의 객관 법칙이 재현되고 연계된 것이 아니라 오행의 위에 있는 '신'의 의지를 강요한 것이다. 신의 뜻과 오행의 자연법칙이 서로 결합하여 충효와 같은 도덕관념이 신성함이나 천연(天然)함에 의지하게 됨으로써 그 이론적 근거를 찾았다.

동한의 참위 신학(讖緯神學)은 동중서의 오행 이론을 진일보 발전시켰다. 『백호통』「오행」편에서는 오행생극의 원리를 상세히 해석하였을 뿐만 아니라 또한 오행의 '휴왕(休王)설'을 제기하여 왕조 교체와 역사 발전의 순환 규율로 간주하였다. 동시에 매우 윤리화 · 도덕화된 오행 관계

27) 『春秋繁露』, 卷11, 「五行之義」. "天有五行. …… 木, 五行之始也, 水, 五行之終也, 土, 五行之中也. 此其天次之序也. 木生火, 火生土, 土生金, 金生水, 水生木, 此其父子也. 木居左, 金居右, 火居前, 水居后, 土居中央, 此其父子之序. …… 常因其父以使其子, 天之道也, …… 故五行者, 乃孝子忠臣之行也."

를 군존신비(君尊臣卑) · 부존처비(夫尊妻卑)의 등급 관계로 진일보 발전시켰다.

> 오행은 무엇을 말하는가. 금 · 목 · 수 · 화 · 토를 말한다. 오행을 말하는 것은 천이 기를 행하는 뜻을 말하려는 것이다. 땅이 하늘을 받드는 것은 아내가 남편을 섬기는 것과 같고 신하가 임금을 섬기는 것과 같다.[28)]

군주의 명과 부모의 명이 충돌하였을 때에 신하는 부모의 명을 버리고 군주의 명에 복종해야 하는데, 그 이론적 근거가 바로 오행의 '천지의 성(性)' 이다. 즉,

> 부모의 명으로 왕명을 폐기할 수 없는 것은 무엇 때문인가? 금은 토를 두려워하지 않지만 화를 두려워하기 때문이다.[29)]

금은 토에서 생겨나는데, 토가 금의 부모라면 화는 금의 군주이기 때문에 금은 화를 두려워하고 토를 두려워하지 않는다. 『백호통』은 동중서의 오행 이론의 기초 위에서 더욱 정미하게 충(忠) · 효(孝)의 경중을 구분하였다. 충 · 효가 둘 다 온전하지 못한 상황에서는 마땅히 '효'를 버리고 '충'을 실천해야 한다는 것이다.

위진남북조 시기의 사상계는 전통에 위배되는 것을 그 특징으로 한다. 현학자들이 한대의 참위 신학의 사풍(邪風)을 일소시키고 새로운 주장을 내세워서 철학 사변의 기풍을 열자 한유들에 의해 고정화되었던 오행 학

28) 『白虎通』, 「五行」. "五行者何謂也. 謂金木水火土也. 言行者, 欲言爲天行氣之義也. 地之承天, 猶妻之事夫, 臣之事君也."

29) 『白虎通』, 「五行」. "不以父命廢王命, 何法. 法金不畏土, 而畏火."

설은 냉대를 받았다. 오행 학설이 여전히 왕조 교체 때에 작용하였고 도교의 전적과 실용적인 과학 속에서 응용 · 발전하였지만, 전체 사조에서 말하면 이미 분명히 침체되었다.

수당 시대의 문화는 위로 한대를 계승하여 정치 문화가 번창하였으나 철학 사변의 방면에서는 도리어 어떠한 두드러진 작용도 없었다. 오행 학설이 비록 한대의 주석 속에서 언급되었지만 주석의 구습(舊習)에 얽매여서 여전히 이전의 해설을 답습하는 것에서 벗어나지 못하였기 때문에 나아지는 기색이 없었다.

7. 오행과 리기(理氣)

위진현학의 신묘하고 황당한 것에 비해, 양송(兩宋) 시대의 리학(理學)은 장엄한 실제를 드러냈으니 그것은 사유의 초점을 다시 인생(人生)으로 전환시켰기 때문이다. 오행은 천리와 만물의 매개체가 되어 다시 인간의 삶에서 중시되었다.

『송사』「오행지」에서는 송나라 사람들의 오행 관념을 다음과 같이 서술하고 있다.

> 천이 음양오행으로 만물을 화생하니 천지의 사이에 가득 찬 것은 오행의 신묘한 작용이 아님이 없다. 사람은 음양오행의 기를 얻어서 형체를 이루니 형체가 생겨나고 정신이 지각하여 오성(五性)이 움직이고 오성이 움직여서 만사(萬事)가 나오며 만사가 나와서 길흉이 생겨난다. 기가 조화로우면 상서롭게 되고 기가 어긋나면 괴이하게 되니 오행에서 보이지 않은 것이 없다. …… 그러므로 한대 이래로 역사를 저술하는 자들은 모두 오행에 뜻을 두었기 때문에

임금에게 깊이 경계하도록 하였다. 송나라 유학자 주돈이의 「태극도설」이 세상에 유행하면서 유자들이 말한 오행은 리(理)에 근원하여 성(誠)을 궁구하였다.[30]

음양오행이 만물을 화생하니 천지간의 만물은 모두 오행의 신묘한 작용이다. 비유하면, 사람은 오행의 기를 얻어서 형체가 있고 정신이 있으며 다섯 가지의 정감이 있어서 각종의 사건을 불러일으키니 바로 화와 복이다. 오행의 기가 조화를 이루면 상서롭고 기가 어긋나면 변고가 생긴다. 오행을 오기(五氣), 즉 다섯 가지 물질 원소로 간주하여 오행의 기가 조화를 이루거나 어긋나는 것으로 상서롭거나 변고가 생긴다는 것을 논하였는데, 여기에는 확실히 유물주의 사상적 요소가 내포되어 있다.

송명리학의 선도자인 주돈이(周敦頤, 1017~1073)는 양이 변하고 음이 합하여 오행이 생겨나고 오행의 기가 순조롭게 분포되면 사계절의 운행이 있다고 보았다. 음양의 두 기와 오행이 교감하고 응결하여 천지간의 만물을 화생한다는 것이다. 주돈이의 '우주생성론'과 '만물화생론' 사상은 도교에서 유래했다. 주돈이 이후에 오행의 관점에서 만물 만사를 드러내 밝힌 사람이 바로 왕안석(王安石, 1021~1086)이다. 왕안석도 음양의 두 기가 변화하여 오행이 생겨난다고 보았다. 즉 음이 극에 이르면 추위가 생기는데 추위는 수를 낳고, 양이 극에 이르면 더위가 생기는데 더위는 화를 낳으며, 양이 움직여서 흩어지면 바람이 생기는데 바람은 목을 낳고, 음이 그쳐서 거두어들이면 건조함이 생기는데 건조함은 금을 낳으

30) 『宋史』, 「五行志」. "天以陰陽五行化生萬物, 盈天地之間, 無非五行之妙用. 人得陰陽五行之氣以爲形, 形生神知而五性動, 五性動而萬事出, 萬事出而休咎生. 和氣致祥, 乖氣致異, 莫不于五行見之. …… 故由漢以來, 作史者皆志五行, 所以示人君之戒深矣. 自宋儒周敦頤太極圖說行世, 儒者之言五行, 原于理而究于誠."

며, 음양이 교제하면 습기가 생기는데 습기는 토를 낳는다. 이러한 다섯 가지 물질 원소가 서로 작용하고 천만 가지로 변화하여 세계 만물을 구성한다는 것이다.

리학의 집대성자인 주자에게 있어서도 오행은 여전히 그 물질성을 가진다. 주자는 다음과 같이 말하였다. "음양은 기(氣)이고 오행은 질(質)이다. 이 질이 있기 때문에 사물이 만들어져 나올 수 있다."[31] "천지가 만물을 낳음에 오행이 유독 우선한다. …… 무슨 일인들 오행이 아니겠는가? 음양오행의 일곱 가지가 합해지는 것이 바로 사물을 낳는 재료이다."[32] 오행이 이미 생물의 재료라면 그 생물의 과정은 다음과 같다.

> 천지가 처음에 혼돈되고 나누어지지 않았을 때에는 다만 물과 불 두 가지가 있을 뿐이었고 물의 찌꺼기가 땅이 된다고 생각하였다. 지금 높은 곳에 올라가서 바라보면, 여러 산들이 모두 파도 상태를 이루는데 물이 범람하는 것이 이와 같다. …… 그렇지만 물이 지극히 탁하면 땅이 되고 불이 지극히 맑으면 바람 · 번개 · 천둥 · 해와 별들의 무리가 된다.[33]

천체지질이 오행에 의해 생성되니, 사람도 마찬가지로 음양오행의 기의 작품이다. "정미한 것은 사람이 되고 찌꺼기는 물이 된다."[34] 사람의 정신은 품수받는 음양오행의 기질에 의해 결정된다. 음양이 조화를 이루

31) 『朱子語類』, 卷1. "陰陽是氣, 五行是質. 有這質, 所以做得物事出來."

32) 『朱子語類』, 卷94. "天地生物, 五行獨先, …… 何事而非五行, 五行陰陽七者滾合, 便是生物底材料."

33) 『朱子語類』, 卷1. "天地始初, 混沌未分時, 想只有水火二者, 水之滓脚便成地. 今登高而望, 群山皆爲波浪之狀, 便是水泛如此. …… 然水之極濁便成地, 火之極淸便成風霆雷電日星之屬."

34) 『朱子語類』, 卷14. "精英者爲人, 渣滓者爲物."

고 오기(五氣)가 온전히 갖추어진 것이 바로 성인이다. 치우치고 온전하지 못하면 정신상에도 치우침이 있게 된다. 이러한 기질은 사람의 성정과 자질 및 사회의 지위 · 수명의 장단 등에 영향을 미친다. 주자의 이러한 견해는 점성술이나 술수 등에 이론적인 근거를 제공하였다.

주자의 오행 학설이 비록 오행의 물질성을 긍정하였지만 그에게는 또한 물질세계 외에 물질세계에 의지하지 않고 독립적으로 영원히 존재하는 '리(理)'가 있었는데, 그것이 바로 물질계의 근원이라고 생각하였다. 오행은 리에 종속되어 리를 드러낸다. 이 때문에 주자의 오행 학설은 결국 객관유심주의 체계로 들어서게 된다. 인체의 음양오행의 기질이 일생의 운명을 결정한다는 그의 견해에 이르러서는 주관적인 억측의 감이 없지 않다.

주관적인 억측으로 향하던 오행관이 명청 시기에 이르면서 왕정상(王廷相, 1474~1544)과 왕부지(王夫之, 1619~1692) 등에 의해 새롭게 정리된다. 왕정상이 가한 비판의 초점은 오행생극과 오행 대응의 구조가 갖는 비이성적 요소에 있었다. '금과 목의 기가 사람을 낳는다'는 관점에 대해 왕정상은 다음과 같이 말하였다. "내가 생각하기에, 천지간에는 기로 이루어지지 않은 것이 없다. 그러므로 사람에는 사람의 기가 있고 사물에는 사물의 기가 있으며 사람에는 사람의 종자가 있고 사물에는 사물의 종자가 있으니, 이것은 마치 다섯 가지 금속[금 · 은 · 동 · 석 · 철]에는 다섯 가지 금속의 종자가 있고 초목에는 초목의 종자가 있어서 각각 갖추어져 있어 서로 침범할 수도 없고 서로 빌릴 수도 없는 것과 같다."[35] 왕정상이 여기에서 지적한 것은 사람과 사물[금 · 목]의 물질 구성은 서로 상관이 없

35) 王廷相. "僕嘗謂天地之間無非氣之所成. 故人有人之氣, 物有物之氣, 則人有人之種, 物有物之種, 如五金有五金之種, 草木有草木之種, 各各具足, 不相淩犯, 不相假借."

는 일이기 때문에 '금과 목이 사람을 낳는다'는 설은 일리가 없다는 것이다. 오행을 사계절에 배합시키는 데 이르러서는 더욱 황당한 논리로 간주하고 왕정상은 다음과 같이 질문하였다. "봄이 다만 목이라면 수 · 화 · 토 · 금의 기는 누가 없앴는가? 가을이 금이라면 수 · 화 · 토 · 목의 기는 어디에 있는가?"[36] 오행과 사계절의 배치는 원래 주관적인 추론의 산물이니, 결국 그것들 사이에 어떠한 관계가 있는지에 대해서는 오행가들도 대답하기 어려운 문제였다.

왕부지는 왕정상보다 한층 더 오행설 중의 신비 술수(神秘術數)의 색채를 비판한 후에 다음과 같이 지적하였다. "오행은 바로 다섯 가지의 물질 원소이나 그것들은 서로 의지하여 작용함으로써 각각 그 공용과 이로움이 있다."[37] "목이 있은 후에 수레가 있고 토가 있은 후에 그릇이 있으니 수레와 그릇은 목과 토에서 생겨나지만 생겨난 수레와 그릇은 그 사물의 처음이 된다."[38] 그러나 오행만 있는 것으로는 만물을 화생하기에 부족하다. 비유하면 새 · 짐승 · 벌레 · 물고기와 같은 것은 모두 화와 금에 의지하지 않기 때문에 오행이 만물을 화생할 때에도 그 한계성을 가진다.

상술한 것을 종합하면, 오행은 송대 이후의 철학 사상에서 시종 그것의 물질적 속성을 유지하였지만, 송명리학에 의해 유심주의 체계로 들어섬으로써 '리'의 산물로 간주되어 '리'의 주재를 받았다. 그렇지만 명청 시기에 이르면서 사상가들의 논증이 진보함에 따라, 오행설은 비로소 자기의 본래 면목을 회복하게 된다.

---

36) 王廷相. "春止爲木, 則水火土金之氣孰絶滅之乎. 秋止爲金, 則水火土木之氣孰停留之乎."
37) 王夫之. "五行就是五種物質元素, 它們相資爲用, 各有其功利."
38) 王夫之. "有木而後有車, 有土而後有器, 車器生于木土, 爲所生者爲之始."

제3장

오행의 원리

1. 오행의 생극(生剋) · 제화(制化) · 억부(抑扶)

학설 체계로서의 오행 철학은 그 자체로서 체계적인 원리를 갖추고 있다. 이러한 원리는 이미 수천 년간에 걸쳐 봉건 정치와 사상 · 문화에 중대한 영향을 주었고 동시에 전통 과학과 전통 신학술수에 이론적 기초를 제공하였다. 전통 과학과 신비 술수가 발전하는 속에 상호 침투하거나 상호 영향을 미쳤는데, 이 때문에 옛사람들은 서로를 구별하지 않고 총칭하여 술수(術數)라고 불렀다.

오행 원리 중에서 가장 기본적인 것은 '오행생극학(五行生克學)' 이다. 오행이 상생하는 순서를 자세히 분석할 경우, 우리는 '오행의 상생이 하나를 사이에 두고 상극이 된다' 는 규율을 어렵지 않게 발견할 수 있다. 도표로 나타내면 다음과 같다.

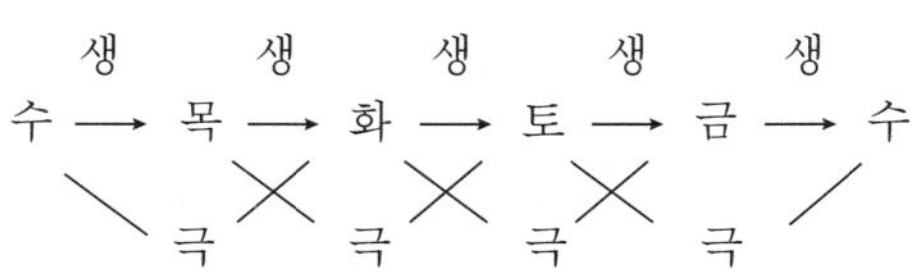

오행생극을 원형으로 배열하면 다음과 같다.

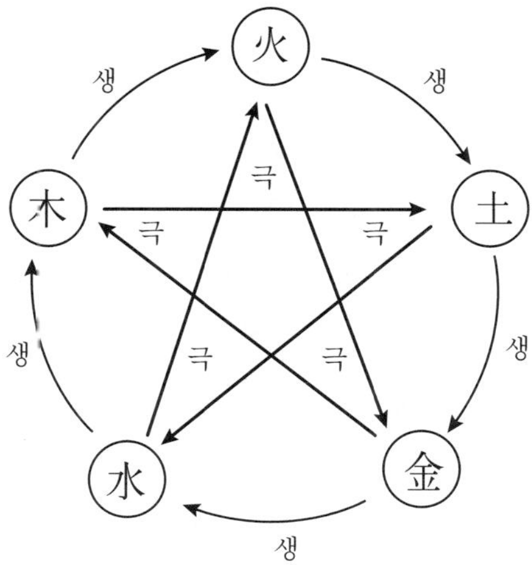

위의 그림에서 볼 수 있는 것처럼, 오행생극을 직선으로 배열한 것은 평행 혹은 안정된 형식인 반면, 원형으로 배열한 것에서는 생(生)이 처음도 없고 끝도 없는 순환이고 극(克)은 부단히 반복되는 오성(五星)의 운행 노선이 된다.

오행생극설을 기초로 해서 다시 깊이 있게 살펴보면, 우리는 오행 사이에 상제상화(相制相化)의 상호작용이 존재한다는 것을 발견하게 된다. '상제(相制)'라는 것은 상생을 통하여 나의 상대를 극복하는 것이다. 예를 들면 금은 목을 이길 수 있지만 목은 화를 낳아서 금을 제약할 수 있으며, 화는 금을 이길 수 있지만 금은 수를 낳아서 화를 극복할 수 있으며, 수는 화를 이길 수 있지만 화는 토를 낳아서 수를 제약할 수 있으며, 토는 수를 이길 수 있지만 수는 목을 낳아서 토를 극복할 수 있으며, 목은 토를 이길 수 있지만 토는 금을 낳아서 목을 제약할 수 있다. 이것은 하나의 극복과 반(反)극복의 순환이고 상호 제약하거나 상호 의존하는 사슬 관계이다. '상화(相化)'라는 것은 상생(相生)의 존재를 통하여 상극(相克)하는 존재의 모순을 해소하는 것이다. 예를 들면 금이 목을 이기는 것은 모순이지만 금이 수를 낳기 때문에 수가 목을 낳아서 금과 목의 대립적 입장을 해결할 수 있다. 수는 화를 이기지만 수가 목을 낳을 수 있고 목이 화를 낳을 수 있기 때문에 목은 수와 화의 대립을 해소할 수 있다. 목이 토를 이기지만 목이 화를 낳을 수 있고 화가 토를 낳을 수 있기 때문에 화는 목과 토 사이의 중재자가 될 수 있다. 화가 금을 이길 수 있지만 화가 토를 낳을 수 있고 토가 금을 낳을 수 있으니 토는 바로 화와 금의 모순을 해소할 수 있다. 토는 수를 이길 수 있지만 토가 금을 낳을 수 있고 금이 수를 낳을 수 있기 때문에 금은 또한 토와 수 사이의 모순을 해소할 수 있다. 이것은 바로 내가 이긴 것이 실제로 내가 낳은 자식이기 때문에 '나'와 '내가 이긴 것'이 또한 일종의 간접적 의존관계에 있다는 것이다.

상제상화(相制相化) 외에, 옛사람들은 또한 오행의 상생을 모자(母子) 관계에 비유하였다. 예를 들면 토가 금을 낳으면 토는 금의 부모이고 금은 토의 자식이 된다. 봉건의 인륜 관계에 따라 자식은 부모에 대해 효도하고 순종할 의무가 있고 부모는 자식을 교육하고 훈도할 권리가 있기 때문에 상대적으로 자식의 행위는 부모의 행위를 만나면 억압당하는 위치에 처한다. 오행 속에서 상생도 서로 억압하니, 목은 화를 누르고 화는 토를 누르며 토는 금을 누르고 금은 수를 누르며 수는 목을 누른다. 반대로 만약 부모의 행위가 자식의 행위를 만나면, 자식의 도움을 받을 수 있다. 수가 목을 낳으면 목은 수를 돕고, 금이 수를 낳으면 수는 금을 도우며, 토가 금을 낳으면 금은 토를 돕고, 화가 토를 낳으면 토가 화를 도우며, 목이 화를 낳으면 화가 목을 돕는다. 돕는 것은 길하고 억누르는 것은 흉하다. 물론 봉건 윤리에서는 부모의 사랑과 자식의 효도를 중시하였지만 부모의 자식에 대한 훈도의 경우에는 비록 억누르게 될지라도 해가 없다. 그러므로 부모의 행위가 왕상(王相)의 계절에 처하면, 부모는 오히려 건재하고 자식에 대한 억압적인 훈도가 또한 정도(正道)가 되고 해가 없다. 그렇지만 만약 부모의 행위가 수사(囚死)의 계절에 처하면 부모는 귀신이 되고 만다. 귀신은 숭배해야 하지만 가까이하면 해가 된다.

깊이 탐구해 들어가면, 오행 사이에도 더 복잡한 관계를 찾을 수 있다. 비유하면 수가 화를 이기고 화가 금을 이기지만 금을 수와 화 사이에 두면 서로 돕게 되고, 목이 토를 이기고 토가 수를 이기지만 목을 수와 토 사이에 심으면 서로 의지한다. 화는 목에서 생겨나지만 목을 태우고, 금은 토에서 생겨나지만 토의 기운을 빼 주고, 목은 토를 이기지만 토는 목을 길러 주고, 토가 수를 이기지만 수는 토를 윤택하게 한다. 이처럼 상생 속에 상극이 있고 상극 속에 서로 의지함이 있음을 알 수 있다. 금이 비록 화에게 지지만 금은 화가 없으면 달구어서 그릇을 만들 수 없다. 이 때문에 사람들은 금과 화를 상호 의존하는 부부에 비유하였다. 남편은 주장하고 아내는 순종하는 것처럼, 금은 순종하고 화는 제압하기 때문에 화가 금의 남편이 된다. 마찬가지로, 목이 금에게 베어지지만 목은 금이 벌목하여 제조하지 않으면 재료가 만들어질 수 없다. 이 때문에 목이 금을 만나면 비록 제압되지만 또한 나쁜 일로 볼 수 없다.

오행 간의 복잡한 관계는 객관세계(만물)의 대립 통일과 상호 의존이라는 지극히 복잡한 온갖 변화의 운동 과정을 반영하였다. 왕충(王充, 27~97?)은 일찍이 『논형』에서 다음과 같이 말하였다. "오행의 기가 만물을 낳고 사람은 만물을 사용하거나 만사(萬事)를 만드는데, 만약 오행 사이에 서로 제압하지 못하면 서로 부릴 수 없고 서로 이기지 못하면 쓸 수 없다. 마치 금이 목을 베지 못하여 목이 도구를 만들 수 없게 되거나 화가 금을 달구지 못하여 금이 그릇을 만들 수 없게 되는 것과 같다."[1] 그러므로

---

1) 『論衡』, 「物勢」. "五行之氣生萬物, 人用萬物做萬事, 如果五行之間不能相制, 則不能相使, 不相克則不能爲用, 就像金不伐木木不成用, 火不鍛金金不成器一樣."

모든 사물 간에는 서로 해치기도 하고 서로 이롭게 하기도 하며, 동물 간에는 서로 이기기도 하고 서로 잡아먹히기도 하는데, 이 모두는 오행의 기에서 작용한 것이다. 천이 만물을 낳은 것은 바로 만물을 서로 쓰이게 하려는 것이기 때문에 서로 극(克)하거나 서로 해(害)하지 않을 수 없다. 왕충의 이 말은 오행 간의 상호 의존 · 촉진 · 배척 · 억제하는 관계를 지적한 것이다. 바로 이러한 관계가 협조하고 결합해야 비로소 우주 만물을 항상 균형 상태에 처하게 하고 인류 사회를 위해 봉사할 수 있게 한다.

오행의 '생극(生克) · 제화(制化)' 사상은 객관세계의 물질성과 운동성을 긍정함으로써 소박한 유물주의 사상이 빛을 발하게 하였다. 물론 그것이 제공한 '만물 발생론'과 '우주 변화론' 등은 경험을 기초로 하여 많은 비이성적 요소를 포함하였다. 때문에 그것이 일단 유심주의 · 신비주의에 이용되면 그 변증법적 유물주의 사상의 빛은 신비라는 안개에 가려져서 도리어 신비 술수의 이론적 지주가 되고 만다.

오행의 '생극' · '제화' 사상은 수천 년간 끊임없이 전해져 내려오는 가운데 이미 옛사람들의 사상 속에 깊이 스며들었다. 옛사람들은 그것으로 자연 · 사회 · 역사 현상을 해석하였을 뿐만 아니라 또한 많은 구체적 사물 속에 운용하여 사람들의 일상생활 속으로 침투하였다. 소설 『홍루몽(紅樓夢)』이 바로 그 전형적인 예이다. 가보옥(賈寶玉)은 본래 하늘을 떠받치다가 이루지 못한 바위가 되었으니 오행의 속성상 금에 속한다. 임대옥(林黛玉)은 신령한 강가의 삼생석(三生石) 부근의 붉은 신선초였다. 매우 가냘프고 사랑스러웠기 때문에 보옥이 날마다 이슬로 물을 주어 마침내 초목에서 탈태하여 사람의 모습으로 변화하였다. 이 때문에 대옥의 본성은 오행상 목에 속한다. 설보채(薛寶釵)는 이름이 보채이니 채(비녀)는 금에 속한다. 동시에 그녀에게도 도사가 옥석을 보내 주었으니, 이 때문에 설보채와 보옥은 모두 금이 된다. 오행의 속성에서 보면, 가보옥과 임대옥은 금이 목을 이기기 때문에 반드시 가족이 될 수 없는 운명으로 정해졌다. 그렇지만 가보옥과 설보채는 오행의 속성이 서로 같기 때문에 어깨를 나란히 하는 동류가 될 수 있었다. 비록 결합할 수 있을지라도 결국은 서로 배척하는 일면을 피할 수 없기 때문에 어울리기는 어렵다. 작가가 가보옥 · 임대옥 · 설보채의 운명을 배치할 때에 분명히 오행생극의 원리를 참조하여 배치함으로써 그들 사이의 사랑싸움은 실제로 이미 명이 정해졌다는 사실을 알게 해 준다.

옛사람들은 또한 오행상생으로 이름을 지었다. 예를 들면 명대의 황제들은, 명나라 성조(成祖)인 주체(朱棣)에서 명나라 사종(思宗)인 주유검(朱由檢)에 이르기까지 11대가 오행의 편방부수(偏旁部首)에 따라 이름을 지었다.

> 주체(朱棣, 목) – 주고치(朱高熾, 화) – 주첨기(朱瞻基, 토) – 주기진(朱祁鎭, 금) – 주견심(朱見深, 수) – 주우당(朱祐樘, 목) – 주후총(朱厚熜, 화) – 주재구(朱載垢, 토) – 주익균(朱翊鈞, 금) – 주상락(朱常洛, 수) – 주유검(朱由檢, 목)

주씨 황제의 이름을 통해 그들의 속마음을 드러냈으니, 그들은 오행의 상생을 빌어서 주씨 집안의 황위가 대대로 전해지고 번창하여 만세에 이르기를 희망하였다. 황제의 집안이 이와 같다면 민간에서도 마찬가지이다. 송대 리학가인 주희의 조부모와 손자인 5대도 엄격히 오행상생의 뜻에 따라 이름을 지었다.

> 주송(朱松, 목) – 주희(朱熹, 화) – 주숙(朱塾, 토) – 주감(朱鑒, 금) – 주잠(朱潛, 수)

오행상생으로 이름을 짓는 것은 바로 자기의 후대가 끊임없이 이어지고 번창하기를 희망하는 것을 암시한다. 그것은 '오행생극' 사상이 이미 일종의 문화적 심리 상태를 이루어 사람들의 사유 방식과 사상 문화의 의식 속으로 깊이 파고들었음을 나타낸다.

2. 오행의 생수와 성수

오행의 생수(生數)와 성수(成數)는 하도(河圖) · 낙서(洛書)를 근거로 한 것이다. 하도 · 낙서는 줄곧 옛사람들이 신서(神書)로 간주하였었으며 천포(天苞) · 지부(地符)라고 불렀다. 그것의 그림은 수의 이치에 따라 상당히 수준이 높고 깊었으니, 하도를 예로 들면 다음과 같다.

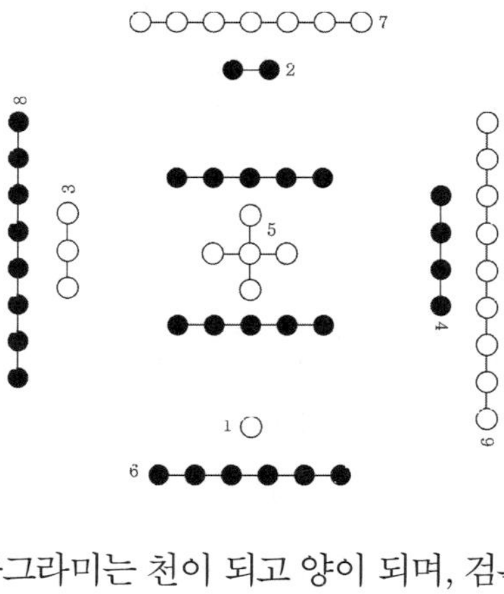

그림 속의 흰 동그라미는 천이 되고 양이 되며, 검은 점은 땅이 되고 음이 된다. 흰 동그라미와 검은 점의 숫자인 기수(奇數, 홀수)와 우수(偶數, 짝수)가 배합하는데, 그 분포는 다음과 같다.

1과 6은 모든 근본이 되어 아래에 있으니 북쪽이 된다. 천1이 수를 낳음에 따라 지6이 그것을 이룬다.

2와 7은 친구가 되어 위에 있으니 남쪽이 된다. 지2가 화를 낳음에 따라 천7이 그것을 이룬다.

3과 8은 친구가 되어 왼쪽에 있으니 동쪽이 된다. 천3이 목을 낳음에 따라 지8이 그것을 이룬다.

4와 9는 같은 길로 오른쪽에 있으니 서쪽이 된다. 지4가 금을 낳음에 따라 천9가 그것을 이룬다.

5와 10은 서로 지켜 주면서 중앙에 있다. 천5가 토를 낳음에 따라 지10이 그것을 이룬다.

하도의 1·2·3·4·5를 오행의 생수(生數)라고 불렀다. 다섯 수의 기초 위에서, 천만 가지의 수가 생겨나 올 수 있기 때문에 '생수'는 주로 그림 안에 있다. 생수가 음양과 짝하여 오행의 성수(成數)를 도출해 낸다. 그 방식은 생수에 중앙의 수인 5를 더하면 성수가 되므로 성수는 생수의 짝이 되어 그림 밖에 있게 된다. 토의 생수는 5이고 중앙에 있어서 주인이 된다. 오행은 모두 중앙의 5인 토를 얻어서 만물을 생성한다. 그러므로 토는 중궁(中宮)에 있으면서 태극이 사방에 이르는 것을 상징한다. 1은 북쪽의 수이고 양기가 처음으로 발생하는 곳이다. 생수 1에 중앙의 5를 더하면 성수 6이 된다. 생명이 있으면 반드시 이루어지니 '천1이 수를 낳고 지6이 그것을 이룬다'는 것이다. 이러한 수(水) 속에는 이미 양수(陽數) 1이 있을 뿐만 아니라 또한 음수(陰數) 6이 있으니 이것은 음양의 기우(奇偶)가 배합하여 '수'가 바로 음양의 두 기가 교감하여 이루어졌다는 것을 나타낸다. 2는 남쪽의 화이고 음기가 처음으로 일어나는 곳이다. 생수 2에 중앙의 5가 더해지면 성수 7이 되니 이것도 음양이 배합하여 이루어진 것이다. 즉 '지2가 화를 낳고 천7이 그것을 이룬다'는 것이다. 3은 동쪽의 목이니 해가 뜨는 곳이다. 여기서는 양기가 점차 증가함으로 생수 3에 중앙의 5를 더하여 성수 8이 되니 이것도 음양이 배합하여 목이 된다. 즉 '천3이 목을 낳고 지8이 그것을 이룬다'는 것이다. 4는 서쪽의 금이니 해가 지는 곳이다. 여기서는 음기가 점차 자라서 생수 4에 중앙의 5를 더하여 성수 9가 된다. 금 속에도 음양의 두 기를 포함하니 즉 '지4가 금을 낳고 천9가 그것을 이룬다'는 것이다. 중앙의 토인 생수에 중앙의 5를 더하여 성수 10이 되니, 즉 '천5가 토를 낳고 지10이 그것을 이룬다'는 것이다.

오행의 생수·성수는 숫자를 사용하여 우주의 형성과 생명의 발생이 생(生)과 성(成)의 두 과정을 겪었음을 나타낸다. 기수(奇數)로 대표되는 것은 하늘이고 양이며 우수(偶數)로 대표되는 것은 땅이고 음이다. 천지가 인온하고 음양이 화합하여 만물을 생성한다. 오행의 생수와 성수를 서로 더하면 천수(天數, 기수)는 25이고 음수(陰數, 우수)는 30이니 천지의 수를 합하면 55이다. 55의 수는 천지자연의 수를 포괄하며 천지 만물이 그 속에서 다하게 된다. 낙서가 나타내는 오행의 생수·성수 또한 하도와 마찬가지이다. 다만 방위상에서의 설정에 조금 차이가 있을 뿐이며 여기에서는 서술하지 않는다.

3. 오행과 천간지지

오행과 간지(干支)의 관계는 매우 밀접하기 때문에 옛사람들은 매우 일찍부터 오행과 간지를 서로 배합하여 간지로 하여 오행과 서로 같은 속성을 갖게 하였다. 간(干)은 원래 옛사람들이 해를 기록하는 단위로 사용하였고 지(支)는 옛사람들이 달을 기록하는 데이터로 사용하였다. 해는 양이고 달은 음이며 하늘은 양이고 땅은 음이기 때문에 간지는 또한 천간

(天干)과 지지(地支)로 구분하여 불렀다.

천간은 10개가 있으니, 즉 갑(甲) · 을(乙) · 병(丙) · 정(丁) · 무(戊) · 기(己) · 경(庚) · 신(辛) · 임(壬) · 계(癸)이다. 지지는 12개가 있으니, 즉 자(子) · 축(丑) · 인(寅) · 묘(卯) · 진(辰) · 사(巳) · 오(午) · 미(未) · 신(申) · 유(酉) · 술(戌) · 해(亥)이다.

옛사람들은 10개의 천간과 12개의 지지를 서로 배합하여 60을 하나의 주기로 간주하고 이것을 60갑자(六十甲子)라고 칭하였다.

갑자(甲子) · 을축(乙丑) · 병인(丙寅) · 정묘(丁卯) · 무진(戊辰) ·
기사(己巳) · 경오(庚午) · 신미(辛未) · 임신(壬申) · 계유(癸酉) ·
갑술(甲戌) · 을해(乙亥) · 병자(丙子) · 정축(丁丑) · 무인(戊寅) ·
기묘(己卯) · 경진(庚辰) · 신사(辛巳) · 임오(壬午) · 계미(癸未) ·
갑신(甲申) · 을유(乙酉) · 병술(丙戌) · 정해(丁亥) · 무자(戊子) ·
기축(己丑) · 경인(庚寅) · 신묘(辛卯) · 임진(壬辰) · 계사(癸巳) ·
갑오(甲午) · 을미(乙未) · 병신(丙申) · 정유(丁酉) · 무술(戊戌) ·
기해(己亥) · 경자(庚子) · 신축(辛丑) · 임인(壬寅) · 계묘(癸卯) ·
갑진(甲辰) · 을사(乙巳) · 병오(丙午) · 정미(丁未) · 무신(戊申) ·
기유(己酉) · 경술(庚戌) · 신해(辛亥) · 임자(壬子) · 계축(癸丑) ·
갑인(甲寅) · 을묘(乙卯) · 병진(丙辰) · 정사(丁巳) · 무오(戊午) ·
기미(己未) · 경신(庚申) · 신유(辛酉) · 임술(壬戌) · 계해(癸亥).

60갑자가 한 바퀴 돌고 나면 다시 시작하니 순환 · 반복이 끝이 없다. 간지를 조합하여 해를 기록하는 방법은 상대(商代)에 이미 완성되었다. 이후에 사람들은 그것을 사용하여 연대를 기록하였다. 60년을 하나의 순환으로 하여 줄곧 사용되다가 청대(淸代)에 이르러 없어졌다.

지지(地支)는 달을 기록하거나 시간을 기록하는 데 사용하였다. 달을 기록하는 데 쓰이면 동지가 있는 달을 자월(子月, 음력 11월)로 삼았다. 이를 미루어 음력과 대조하여 12지지를 월에 배속시켰다. 12지지의 달을 다음과 같이 분별하였다.

월분	정월	2월	3월	4월	5월	6월	7월	8월	9월	10월	11월	12월
지지	인	묘	진	사	오	미	신	유	술	해	자	축

지지가 시간을 기록할 경우, 하루를 12시진(時辰)[2]으로 나누었는데 1시진은 오늘날의 2시간에 해당한다. 옛사람들은 반 시진을 '소시진(小時辰)' 이라고 불렀는데 이것이 바로 오늘날의 1시간에 해당한다. 자시(子時)는 밤 23시에서 시작하여 다음날 1시까지이니, 이것에 따라 유추해 보면 다음과 같다.

12시진	자	축	인	묘	진	사	오	미	신	유	술	해
오늘날 시간	23-1	1-3	3-5	5-7	7-9	9-11	11-13	13-15	15-17	17-19	19-21	21-23

옛사람들은 식물 생장의 서로 다른 단계를 사용하여 천간 · 지지의 이름을 해석하였다. 간(干)이란 것은 바로 나무의 줄기로서 주도적인 지위를 가진다. 10천간 중에 갑(甲)은 새싹이 껍질을 깨고 땅속에서 나오는 것을 상징하고, 을(乙)은 갓 돋아나온 새싹의 유연한 것을 상징하며, 병(丙)은 햇빛이 충만한 것을 상징하고, 정(丁)은 나무가 장대하게 성장한 것을 상징하며, 무(戊)는 초목이 무성한 것을 상징한다. 기(己)는 과일이 익는 것이고, 경(庚)은 과실을 이미 수확하여 다시 내년을 기다리는 것이며, 신

2) 옛날의 시간 단위이다. 하루를 12시진으로 나누었으며 1시진은 지금의 2시간에 해당한다.

(辛)은 새로운 생기가 처음으로 배태되는 것이고, 임(壬)은 새로운 생명이 잉태하는 것이며, 계(癸)는 뿌리가 나거나 새싹이 이미 돋아나서 형체를 이룬 것이다.

지(支)라는 것은 나무의 가지와 같은 것으로 보조적인 지위를 가진다. 자(子)는 생명의 발아를 의미하고, 축(丑)은 새싹이 지면으로 머리를 내미는 것이며, 인(寅)은 생기가 만연한 것이고, 묘(卯)는 생장이 점차 무성한 것이며, 진(辰)은 열매가 풍성하여 이미 양기가 왕성한 상태이다. 오(午)는 음양이 서로 교제하여 과실을 낳는 것이고, 미(未)는 과실이 처음으로 생긴 것이며, 신(申)은 수확하는 것이고, 유(酉)는 음이 왕성하고 양이 쇠퇴하여 만물이 쇠락하는 것이며, 술(戌)은 생물을 모두 거두어들이는 것이고, 해(亥)는 음이 밖에서 왕성하고 양이 안에 숨는 것이다. 이처럼 간지는 시간을 기록하는 추상 단위뿐만 아니라 또한 우주 만물이 화생하는 질서와 과정을 의미하는 것이다.

천간과 오행을 배합하면 그것들의 대응 관계는 다음과 같다.

목	화	토	금	수
갑을(甲乙)	병정(丙丁)	무기(戊己)	경신(庚辛)	임계(壬癸)

여기에 다시 음양의 개념을 더하여 기수가 양이 되고 우수가 음이 되면 다음과 같다. 즉 갑(甲)은 양의 목이 되고 을(乙)은 음의 목이 되며, 병(丙)은 양의 화가 되고 정(丁)은 음의 화가 되며, 무(戊)는 양의 토가 되고 기(己)는 음의 토가 되며, 경(庚)은 양의 금이 되고 신(辛)은 음의 금이 되며, 임(壬)은 양의 수가 되고 계(癸)는 음의 수가 된다. 오행은 천간상에서 음양(陰陽)·강유(剛柔)가 다르기 때문에 옛사람들은 다음과 같이 구별하였다.

갑목(甲木, 양) - 棟梁之木(마룻대나 대들보와 같은 나무)

을목(乙木, 음) - 花果之木(꽃이나 과실의 나무)

병화(丙火, 양) - 太陽之火(태양의 불)

정화(丁火, 음) - 燈燭之火(등불의 불)

무토(戊土, 양) - 城墻之土(성벽의 흙)

기토(己土, 음) - 田園之土(전원의 흙)

경금(庚金, 양) - 斧鉞之金(도끼의 쇠)

신금(辛金, 음) - 首飾之金(장신구의 쇠)

임수(壬水, 양) - 江河之水(강이나 바다의 물)

계수(癸水, 음) - 雨露之水(비나 이슬의 물)

지지(地支)와 오행의 배합에는 두 방식이 있으니, 첫 번째 배합 방식은 다음과 같다.

목	화	금	수	토
인묘(寅卯)	사오(巳午)	신유(申酉)	해자(亥子)	진술축미(辰戌丑未)

이러한 대응 방식은 지지의 순서에 따라 배열하지 않았기 때문에 지지에 따라 달을 계산하는 방식도 완전하지 않다. 우리는 옛사람들이 왜 이렇게 배열하였는지를 알지 못한다. 지지에도 마찬가지로 기우(奇偶)나 음양(陰陽)의 구분이 있다. 그중에 자(子)·인(寅)·진(辰)·오(午)·신(申)·술(戌)은 양에 속하기 때문에 양지(陽支)이고, 축(丑)·묘(卯)·사(巳)·미(未)·유(酉)·해(亥)는 음에 속하기 때문에 음지(陰支)이다.

지지의 두 번째 배합 방식은 다음과 같다.

목	화	금	수	토
인묘진	사오미	신유술	해자축	진술축미

여기에서 인(寅)은 막 자란 나무이고, 묘(卯)는 매우 왕성한 나무이며, 진(辰)은 점차 약해지는 나무이다. 사(巳)는 막 생겨난 불이고, 오(午)는 매우 왕성한 불이며, 미(未)는 점차 약해지는 불이다. 신(申)은 처음 생겨난 금이고, 유(酉)는 매우 왕성한 금이고, 술(戌)은 점차 약해지는 금이다. 해(亥)는 처음 생겨난 물이고, 자(子)는 매우 왕성한 물이며, 축(丑)은 점차 약해지는 물이다. 진(辰)·술(戌)·축(丑)·미(未) 네 가지는 쇠퇴하는 나무·쇠퇴하는 금·쇠퇴하는 물·쇠약해지는 불에 속할 뿐만 아니라 동시에 토에 속하기 때문에 네 개의 창고(庫)가 된다. 축(丑)은 본래 쇠퇴하는 수이지만 수가 금에서 생겨나기 때문에 '축'은 또한 금의 창고가 되어 해자(亥子, 수)를 낳고 인묘(寅卯, 목)를 이긴다. 진(辰)은 수의 창고가 되어 인묘(寅卯, 목)를 낳고 사오(巳午, 화)를 이긴다. 미(未)는 목의 창고가 되어 사오(巳午, 화)를 낳고 신유(申酉, 금)를 이긴다. 술(戌)은 화의 창고가 되어 신유(申酉, 금)를 이기지만 해자(亥子, 수)의 제압을 받는다. 이 때문에 진(辰)·술(戌)·축(丑)·미(未)는 또한 잡기(雜氣)로 불리기도 한다.

여기서 주의해야 할 것은, 12지지 속에서 매 지지는 또한 그것과 서로 대응하는 천간의 기인 본기(本氣)를 내포한다는 것이다. 어떤 것은 그것과 상생·상극하는 천간의 기를 포함하는데 예를 들면 다음과 같다. 즉 축토(丑土)의 경우, 본기인 기토(己土) 이외에는 토가 금을 낳아서 토가 수를 이기기 때문에 '축토' 속에는 또한 신금(辛金)과 계수(癸水)를 포함한다. 인목(寅木) 속에는 본기인 갑목(甲木) 외에도 또한 목이 낳은 병화(丙火)와 목이 이기는 무토(戊土)가 있다. 지지에 감추어진 본기(本氣)와 기타의 천간에 대하여 다음과 같은 글귀가 있다.

자궁계수재기중(子宮癸水在其中), 축계신금기토동(丑癸辛金己土同).

인궁갑목병병무(寅宮甲木秉丙戊), 묘궁을목독상봉(卯宮乙木獨相逢).

진장을무삼분계(辰藏乙戊三分癸), 사중경금병무총(巳中庚金丙戊叢).
오궁정화병기토(午宮丁火丙己土), 미궁을기정공종(未宮乙己丁共宗).
신위경금임수무(申位庚金壬水戊), 유궁신자독풍융(酉宮辛字獨豐隆).
술궁신금급정무(戌宮辛金及丁戊), 해장임갑시진종(亥藏壬甲是眞踪).

글귀를 도표로 바꾸면 보기가 더욱 분명하다.

지지	**자**	**축**	**인**	**묘**	**진**	**사**	**오**	**미**	**신**	**유**	**술**	**해**
본기	계수	기토	갑목	을목	무토	병화	정화	기토	경금	신금	무토	임수
기타 천간의 기		신금	병화		을목	무토	기토	정화	무기토		정화	갑목
	임수	계수	무토	갑목	계수	경금	병화	을목	임수	경금	신금	무토

지지가 오행과 서로 배합한 두 계통은 분별되어 다른 술수에 사용되었다.

천간지지와 오행이 서로 배합하여 간지(干支)에 오행의 공능을 부여하여 오행이 가지고 있는 속성을 간지도 모두 갖게 되었으니, 이러한 천간지지와 오행의 정식 배합을 '정오행(正五行)'이라고 부른다.

4. 오행과 사시 · 오방 · 오색

오행과 사계절의 배합에도 두 가지의 배합 방법이 있다. 그 하나는, 여름 뒤에 늦여름(季夏)[3]을 첨가하여 목이 봄을 주관하고 화가 여름을 주관

3) 계하(季夏)는 음력 6월로 늦여름을 말한다.

하며 토가 늦여름을 주관하고 금이 가을을 주관하며 수가 겨울을 주관하는 대응 관계를 형성한다는 것이다. 다른 하나는, 춘 · 하 · 추 · 동 사계절 말기의 18일(즉 입춘 · 입하 · 입추 · 입동 앞의 각 18일)을 토에 배속시킴으로써 1년 360일을 5등분으로 나누어 오행이 각각 72일을 주관한다는 것이다.

오행은 자기가 주관하는 시간 안에서 왕(旺)의 상태에 처하지만 다른 시간 안에서는 분별되어 상(相) · 휴(休) · 수(囚) · 사(死)의 상태에 처하는데, 이것이 바로 오행의 '왕 · 상 · 휴 · 수 · 사' 이다.

왕 · 상 · 휴 · 수 · 사는 무엇인가. '왕' 은 왕성한 상태에 있고, '상' 은 다음으로 왕성한 상태에 있으며, '휴' 는 끝나서 일이 없으니 물러나서 쉬는 것이고, '수' 는 쇠락하여 갇히는 것이며, '사' 는 억제되어 생기가 전혀 없는 것이다.

오행과 사계절에는 두 가지의 배치 방법이 있기 때문에 그것의 왕 · 상 · 휴 · 수 · 사의 대응도 각기 다르다. 아래의 두 가지 방법으로 분별하여 나타낸다.

첫 번째,

	목	화	토	금	수
봄	왕(旺)	상(相)	사(死)	수(囚)	휴(休)
여름	휴	왕	상	사	수
늦여름	스	휴	왕	상	사
가을	사	수	휴	왕	상
겨울	상	사	수	휴	왕

두 번째,

	목	화	토	금	수
봄	왕	상	사	수	휴
여름	휴	왕	상	사	수
가을	사	수	휴	왕	상
겨울	상	사	수	휴	왕
사계절	수	휴	왕	상	사

도표 속에서 늦여름이 바로 여름의 마지막 달(음력 6월)이라면 사계절은 네 계절의 끝의 18일을 나타낸다. 위의 이러한 방식이 물론 약간의 차이가 있을지라도 그것들은 하나의 공통된 규율을 가진다. 즉 철(계절)에 맞는 것은 '왕'이고, 내가 낳는 것은 '상'이며, 나를 낳는 것은 '휴'이고, 나를 이기는 것은 '수'이며, 내가 이기는 것은 '사'이다. 나무를 예로 들면 다음과 같다. 봄은 나무가 철에 맞는 계절이기 때문에 목이 '왕'이 되고, 목이 화를 낳기 때문에 화가 '상'이 되며, 목은 수에서 생겨나기 때문에 수가 '휴'이다. 금이 목을 이기지만 목이 바로 왕성한 기세에 있으니, 금은 이미 이길 힘이 없기 때문에 금을 한쪽에 가두어 둔다. 목이 토를 이기니 토는 강한 적 앞에서는 다만 죽음의 길만이 있을 뿐이다. 다른 것도 모두 순서에 따라 유추해 나간다.

간지(干支)에도 오행의 공능이 있기 때문에 간지의 사계절 속에도 왕·상·휴·수·사가 있다. 그 상황은 아래의 표와 같다.

	왕	상	휴	수	사
봄	甲乙寅卯	丙丁巳午	壬癸亥子	庚辛申酉	戊己辰戌丑未
여름	丙丁巳午	戊己辰戌丑未	甲乙寅卯	壬癸亥子	庚辛申酉
늦여름	戊己辰戌丑未	庚辛申酉	丙丁巳午	甲乙寅卯	壬癸亥子
가을	庚辛申酉	壬癸亥子	戊己辰戌丑未	丙丁巳午	甲乙寅卯
겨울	壬癸亥子	甲乙寅卯	庚辛申酉	戊己辰戌丑未	丙丁巳午

오행과 오방(五方)·오색(五色)과의 대응 관계는 다음과 같다. 봄의 목

은 동쪽이다. 봄은 온갖 나무들이 다투어 무성하고 날로 푸르기 때문에 목의 색은 청색이다. 태양이 동쪽에서 떠올라 따뜻함이 이로부터 나오기 때문에 목의 성질은 따뜻하다. 여름의 화는 남쪽이다. 남쪽은 날씨가 덥고 뙤약볕이 비치기 때문에 화의 색은 적색이고 화의 성질은 덥다. 가을의 금은 서쪽이다. 서쪽은 태양이 서쪽으로 기울고 음기가 처음으로 생겨나며 온갖 나무들은 서리를 맞기 때문에 금의 색은 흰색이며 그 성질은 서늘하다. 겨울의 수는 북쪽이다. 차가운 기운이 북쪽에서 와서 수는 혹독하고 모질기 때문에 수의 색은 검고 수의 성질은 차다. 오행 중에서 토는 중앙에 위치하면서 사계절이나 사방을 통솔하여 지위가 가장 존귀하다. 토의 색은 황색이고 그 성질은 온화하다.

오행의 계절 · 방위 · 색과의 배합은 신비 술수에서 중요한 의미가 있는데, 이후에 구체적인 술수 문제에서 언급하였다. 이외에도, 이러한 배합은 중국의 민속에서도 매우 큰 영향을 미쳤다. 예를 들면 토는 오행 속에서 존귀하기 때문에 토의 황색은 황제의 전용 의복 색으로 사용되었다. 여름은 만물의 생장이 무성하고 왕성하기 때문에 홍색은 기쁨의 길복(吉服)[4]이 되었다. 가을과 겨울은 만물이 쇠약하고 사망하는 계절이기 때문에 민간의 상복은 흰색이나 흑색을 따랐다. 봄의 녹색이 생명을 상징하는데 이르러서는 그 의미를 말하지 않아도 알 수 있다.

5. 오행의 기생12궁

'오행의 기생12궁(寄生十二宮)'이란 실제로 천간의 오행을 12지지의 달

---

4) 길복(吉服)은 혼인 때에 신랑 · 신부가 입는 옷이다.

에 놓고서 개개의 구체적 오행을 12개월에 배열하여 생장에서 사망에 이르는 과정을 보는 것으로, 이러한 과정이 12단계로 나누어졌기 때문에 12궁(十二宮)이라고 부른다. 즉,

① 절(絶) : 수기(受氣) 혹은 포(胞)라고 부른다. 만물이 땅속에 있어서 아직 그 형상이 있지 않으니 마치 엄마의 배 속이 텅 비어 있고 아직 어떠한 물(형체)도 있지 않은 것과 같다.

② 태(胎) : 바로 수태이다. 천지의 기가 교제하고 인온하여 만물을 이루는데 그 물이 땅속에서 싹이 터서 처음으로 기가 있게 되는 것이다. 마치 사람이 부모의 기를 받은 것과 같다.

③ 양(養) : 형체를 이루는 것이다. 만물이 땅속에서 형체를 이루는 것이 사람이 부모의 배 속에서 형체를 이루는 것과 같다.

④ 장생(長生) : 성장하는 것이다. 만물이 번성하는 것이 마치 사람이 막 태어나서 성장하는 것과 같다.

⑤ 목욕(沐浴) : 패(敗)라고도 부른다. 만물이 막 생겨났을 때에는 형체가 연약하기 때문에 쉽게 손상된다.

⑥ 관대(冠帶) : 사람 혹은 물이 비로소 성장하기 시작한 것을 비유한다. 만물이 점차 번성하는 것이 마치 사람이 이미 갓을 쓰고 띠를 매어 성인의 예를 행하는 것과 같다.

⑦ 임관(臨官) : 사람 혹은 물이 사업을 막 시작하여 쓰이는 단계에 있는 것이 마치 임관한 사람이 벼슬길에 들어서는 것과 같다.

⑧ 제왕(帝旺) : 영화나 부귀가 정점에 도달하는 것이다. 만물이 성숙한 것이 마치 사람이 왕성한 것과 같다.

⑨ 쇠(衰) : 아래로 미끄러지기 시작하는 것이다. 만물의 형체가 쇠퇴하는 것이 사람의 기가 쇠약해지는 것과 같다.

⑩ 병(病) : 쇠약하여 병에 이르는 것이다. 만물이 병드는 것이 마치 사

람이 병드는 것과 같다.

⑪ 사(死) : 끝나는 것이다. 만물이 죽는 것이 마치 사람이 죽는 것과 같다.

⑫ 묘(墓) : 창고에 저장되는 것이다. 만물이 완성되어 창고에 저장되는 것이 마치 사람이 죽어 무덤으로 들어가는 것과 같다.

갑목(甲木)을 예로 들면 다음과 같다. 그것은 해(亥)의 달에 막 생겨나기 때문에 장생궁(長生宮)에 기거한다. 자(子)의 달에는 목욕궁(沐浴宮)이 쉽게 손상을 입고, 축(丑)의 달에는 점차 번성하며, 인(寅)의 달에는 임관궁(臨官宮)에 이르러 더욱 성숙하니 갑목의 가장 좋은 시절이다. 묘월(卯月)에는 갑목이 은행하여 제왕(帝旺)에 이르는데, 이것은 왕성함에서 쇠퇴함으로 바뀌는 전환점이다. 이로부터 갑목은 차례대로 쇠(衰) · 병(病) · 사(死) · 묘(墓) · 절(絶) · 태(胎) · 양(養)의 각 궁으로 진입한 연후에 순차적으로 윤회한다.

'오행 기생12궁'의 구체적 상황은 아래 표를 참조하면 많은 도움이 된다.

干 / 支 / 十二宮	**오양간 순행(五陽干順行)**					**오음간 역행(五陰干逆行)**				
	甲木	丙火	戊土	庚金	壬水	乙木	丁火	己土	辛金	癸水
장생	亥	寅	寅	巳	申	午	酉	酉	子	卯
목욕	子	卯	卯	午	酉	巳	申	申	亥	寅
관대	丑	辰	辰	未	戌	辰	未	未	戌	丑
임관	寅	巳	巳	申	亥	卯	午	午	酉	子
제왕	卯	午	午	酉	子	寅	巳	巳	申	亥
쇠	辰	未	未	戌	丑	丑	辰	辰	未	戌
병	巳	申	申	亥	寅	子	卯	卯	午	酉
사	午	酉	酉	子	卯	亥	寅	寅	巳	申
묘	未	戌	戌	丑	辰	戌	丑	丑	辰	未
절	申	亥	亥	寅	巳	酉	子	子	卯	午
태	酉	子	子	卯	午	申	亥	亥	寅	巳
양	戌	丑	丑	辰	未	未	戌	戌	丑	辰

옛사람들은 사사물물이 극단으로 치닫는 것을 꺼렸다. 왜냐하면 왕성함이 다하면 쇠퇴하기 때문이다. 12궁 중에서 가장 발전 전망이 있고 크게 번성할 수 있는 것이 '임관궁'인데, 천간의 오행이 임관에 이르는 것을 좌록(坐祿)이라 불렀다. 그러나 왕성함이 정점에 처한 '제왕궁'은 도리어 왕성함에서 쇠퇴함으로 전환함에 따라 상서롭지 못한 곳이 된다.

6. 천간지지의 형 · 충 · 해 · 화 · 합

앞에서 이미 말하였듯이 천간지지와 오행이 서로 배합하면 오행의 공능을 갖게 된다. 오행은 천만 가지로 변화하여 서로의 관계가 매우 복잡해진다. 게다가 고대의 술사들은 그 술책이 매우 깊었기 때문에 또한 천간지지 속에서 형(刑) · 충(冲) · 해(害) · 화(化) · 합(合)을 만들어 내어 오행의 변천을 더욱 복잡하게 하였다.

'형(刑)'은 바로 서로 방해하고 양보하지 않는 것이다. 그것은 주로 12지지 속에서 발생하는데 12지지에는 모두 3형, 즉 자묘상형(子卯相刑), 인사신상형(寅巳申相刑), 축미술상형(丑未戌相刑)이 있다. 자수(子水) · 묘목(卯木)은 마땅히 상생해야 하는데 어째서 서로 방해하는가? 인목(寅木) · 사화(巳火) · 신금(申金)과 축토(丑土) · 미토(未土) · 술토(戌土) 사이는 어째서 서로 조화를 잃게 되는가? 우리도 그 속의 원인을 분명히 알 수 없다. 그렇지만 '형'이 반드시 불길한 징조만은 아니다. 산명술에서는 군자가 '형'을 얻어서 길하고 소인은 '형'을 얻어서 흉하다고 하였다. 이른바 "군자는 '형'이 아니면 결코 일을 벌이지 않고 만약 벼슬길에 있다면 대부분 출세하며 소인이 여기에 이르면 반드시 재앙이 생기고 그렇지 않다고 하더라도 관청으로부터 채찍질을 당한다"는 것이다.

'충(冲)'은 두 기가 대립 · 충돌하여 서로 침범하는 것이다. 그것은 동시에 천간지지 속에서 발생한다. 천간이 서로 충돌하는 것에는 갑경(甲庚) · 을신(乙辛) · 임병(壬丙) · 계정(癸丁)의 네 가지가 있다. 그것들이 서로 충돌하는 것에는 세 가지의 이유가 있다. 첫째, 그것들의 오행이 상극한다. 즉 갑목(甲木)이 경금(庚金)에게 지고, 을목(乙木)이 신금(辛金)에게 지며, 임수(壬水)가 병화(丙火)에 의해 지고, 계수(癸水)가 정화(丁火)에 의해 지게 된다. 둘째, 그것들은 방향상으로 서로 대립한다. 즉 동갑서경(東甲西庚) · 동을서신(東乙西辛) · 북임남병(北壬南丙) · 북계남정(北癸南丁)으로 방향이 대립하고 성질이 분명히 상반되기 때문에 대립 · 충돌한다. 그러나 천간 중에 병경(丙庚) · 정신(丁辛)은 비록 서로가 상극 관계에 있으나 병(丙)이 남쪽에 있고 경(庚)이 서쪽에 있으며 정(丁)이 남쪽에 있고 신(辛)이 서쪽에 있어서 방향이 서로 충돌하지 않기 때문에 다만 이길 뿐이고 충돌하지 않는다. 셋째, 그것들은 같은 성질로 서로 배척한다. 즉 갑목(甲木) · 경금(庚金)은 모두 양에 속하고 을목(乙木) · 신금(辛金)은 모두 음에 속하며 임수(壬水) · 병화(丙火)는 모두 양에 속하고 계수(癸水) · 정화(丁火)는 모두 음에 속하여 음양이 각자 서로 양보하지 않는다. 갑기(甲己) · 을경(乙庚) · 병신(丙辛) · 정임(丁壬) · 무계(戊癸)와는 달리, 비록 상극할지라도 이길 뿐이고 충돌하지 않으니 이것은 화합하여 부부가 될 수 있다.

12지지가 서로 충돌하는 것에는 여섯 가지가 있으니, 즉 자오충(子午冲) · 축미충(丑未冲) · 인신충(寅申冲) · 묘유충(卯酉冲) · 진술충(辰戌冲) · 사해충(巳亥冲)이다. 대립 · 충돌의 배열 규율은 여섯 자리씩을 띄우고 서로 충돌한다. 그러므로 6충(六冲)이라고도 부른다. 6충의 원리에는 두 가지의 다른 견해가 있다. 하나는 12지지를 두고 앞의 6지는 양에 속하고 뒤의 6지는 음에 속하게 나누어 음양이 서로 충돌한다는 것이다. 즉,

양지(陽支) : 자　축　인　묘　진　사
대립 충돌(對沖)
음지(陰支) : 오　미　신　유　술　해

다른 하나의 견해는 6충이 방위상에서 서로 마주하고 있다는 것이다. 아래의 방위도를 보면 다음과 같다.

그러나 6충의 오행은 상극(相克)이 아니고 바로 상중(相重)의 관계이다. 예를 들면 자수(子水)가 오화(午火)를 이기지만 인목(寅木)이 신금(申金)에게 지고 묘목(卯木)이 유금(酉金)에게 지며 사화(巳火)가 해수(亥水)에게 지니, 축토(丑土)와 미토(未土)가 중요하고 진토(辰土)와 술토(戌土)가 중요하다. '상극'은 물론 좋지 않지만 '상중'도 불균형에 빠진다. 6충의 음양 속성에서 보아, 기수가 양이고 우수가 음이라면, 자오(子午)는 모두 양이고 축미(丑未)는 모두 음인데 같은 성질은 서로서로 배척하기 때문에 충돌이 발생한다.

'해(害)'는 서로 해치는 것이다. 12지 중에서 서로 해치는 것에도 여섯 가지가 있다. 자미상해(子未相害) · 축오상해(丑午相害) · 인사상해(寅巳相害) · 묘진상해(卯辰相害) · 신해상해(申亥相害) · 유술상해(酉戌相害)이다.

6해(六害)와 인륜 가운데의 6친(六親, 부 · 모 · 형 · 제 · 처 · 자)을 서로 비교하면, 6친 상에 손해가 있다. 진묘(辰卯)를 예로 들면 다음과 같다. '진'은 오행 중에서 토가 되고 '묘'는 목이 되는데 목이 화를 낳고 토로 변하니 그것들은 6친 가운데에서의 인륜 관계가 부부이다. 그러나 12지 중에서는 술(戌)도 토에 속한다. 술은 세 번째로 참여하여 '묘'와 짝하여 애인이 되기 때문에 '진'과 '묘'는 반목하여 원수가 되는데 이것은 부인이 다른 남자와 간통하는 것을 상징한다. 인(寅)과 사(巳)는 무엇 때문에 서로 해치는가. '인'은 목이 되고 '사'는 화가 되어 목이 화를 낳으니 '인'과 '사'는 모자(母子)가 된다. 그러나 화는 금의 남편이지만 화의 '사'와 금의 '신'이 결혼한 후에는 금의 '신'이 '인'의 목을 이기게 된다. 이것은 며느리가 시어머니를 이기는 하극상의 상징으로 간주된다. 미(未)와 자(子)가 서로 해를 주는데, '미'는 토에 속하고 '자'는 수에 속하여 토가 수를 이길 수 있으니 군주가 신하를 제압할 수 있다. 옛사람들은 오행 12지가 서로 해를 주는 해석에 대해서 비록 견강부회하였지만 그것에도 약간의 도리를 설명하였다. 즉 오행의 화생 속에서 항상 상생(相生)한다고 해서 반드시 생하는 것만도 아니고 상해(相害)한다고 하여 반드시 해롭기만 하는 것이 아니니, 상생이 도리어 상해하고 상해가 반대로 상생하여 통일과 대립이 항상 부단히 전환하고 있다는 것이다.

'화(化)'는 바로 모순을 해소하고 모두 화합하여 공존하는 것이다. '화'는 주로 10천간 중에서 발생하는데 천간이 서로 변화하는 데는 다섯 가지의 정황이 있다. 즉 갑기화토(甲己化土) · 을경화금(乙庚化金) · 병신화수(丙辛化水) · 정임화목(丁壬化木) · 무계화토(戊癸化土)이다. 이러한 다섯 가지는 천간 속의 오행이 모두 상극되지만 그것들은 조화를 통하여 화해의 부부로 바뀐다. 을경(乙庚)이 금으로 변하는 것을 예로 들면 다음과 같다. 동쪽의 갑을(甲乙)의 목은 서쪽의 경신(庚辛)의 금을 가장 두려워하기 때문에 갑목(甲木)의 형은 을목(乙木)의 누이동생을 경금(庚金)에게 시집보내어 부인으로 삼게 한다. 그런데 이와 같으면 창과 방패가 옥과 비단으로 바뀌고 원수가 친척으로 바뀌게 된다. 이는 적대 관계가 우호 관계로 바뀌게 됨을 의미한다. '화'의 조건은 바로 화합이다. 대립하는 것이 하나로 합쳐져서 통일적인 장을 결성하게 되면 변하여 화해의 목적에 도달하게 한다.

'합(合)'은 음양의 두 기가 서로 조화를 이루는 것이다. 그것은 12지지 속에 존재하며 12지지에는 6합(六合)과 3합(三合)이 있다. 6합은 자축(子丑)이 합해지면 토가 되고, 인해(寅亥)가 합해지면 목(木)이 되고, 묘술(卯戌)이 합해지면 화(火)가 되고, 진유(辰酉)가 합해지면 금(金)이 되고, 사신(巳申)이 합해지면 수(水)가 되고, 오미(午未)는 태양과 태음이 된다. 12지지의 음양이 서로 합하여 토・목・금・화・수와 태양・태음의 새로운 계열을 조성한다. '3합'은 신자진(申子辰)이 수국(水局)이 되고, 해묘미(亥卯未)가 목국(木局)이 되고 인오술(寅午戌)이 화국(火局)이 되고, 사유축(巳酉丑)이 금국(金局)이 됨을 말한다. 3합의 오행 속에는 토가 없다. 왜냐하면 수・목・화・금 사행이 모두 토에 의지하여야 비로소 국(局)을 형성할 수 있기 때문이다. 3합의 매 조에는 모두 하나의 토가 있다. 예를 들면 진・미・술・축이 토의 국(局)을 이루어서 수・목・화・금으로 하여 모두 토로 돌아가게 한다.

간지오행의 변화로 생긴 이 같은 많은 규칙은 사람들의 생각을 혼란스럽게 하였다. 또한 그것은 사람들을 충분히 믿게 할 만한 이치를 말하지 않았기 때문에 고금의 술사들에게는 많은 다양한 의견이 있었던 것이다.

7. 납음오행

신비 술수 중에서 간지오행[또한 '정오행(正五行)'이라 칭한다]을 제외하고 비교적 많이 쓰이는 것으로 납음오행(納音五行: 소리를 오행에 끌어들인다)이 있다. 여기서의 '음'은 바로 오음(五音)이니, 즉 궁(宮)·상(商)·각(角)·치(徵)·우(羽)이다. 오행과 서로 배합하면 토는 '궁'이 되고 화는 '치'가 되며 수는 '우'가 되고 금은 '상'이 되며 목은 '각'이 된다. 옛사람들은 음(音)이 사람의 마음에서 느껴져서 나오기 때문에 그 소리를 들으면 그 음을 알고, 그 음을 알면 좋아하고 싫어하는 것을 알며, 그 좋아하고 싫어하는 것을 알면 그 정치의 치란(治亂)을 알 수 있다고 생각하였다. '궁'은 군주이니 궁의 소리가 어지러우면 군주가 방탕 무도하며, '상'은 신하이니 상의 소리가 혼란스러우면 신하의 도리가 무너지며, '치'는 정사(政事)이니 치의 소리가 혼란스러우면 정치가 어지럽고, '우'의 소리는 재물을 상징하니 우가 혼란스러우면 재력이 결핍하며, '각'은 백성이니 각이 혼란스러우면 백성들이 원망한다. 오음이 혼란스럽지 않으면 천하가 화평해진다.

옛사람들은 술수 중에 '정오행'의 부족을 보충하기 위하여 오음과 육십갑자(六十甲子)를 서로 배합하여 새로운 오행 체계을 만들어 '납음오행'이라 불렀다. 그 배합 방법은 '육십갑자'와 '오음 12율'을 결합시키고 그중에 1율이 오음을 함유하니 총수는 60이 된다. 그러나 이러한 방법은 비교적 복잡하다. 비교적 간단한 배합 방법으로는 금·화·목·수·토의 순서에 따라 반복적으로 배열하여 3글자마다 사이의 1글자를 삭제하는 것이다. 예를 들면 금화목(수)토, 금화(목)수토, 금(화)목수토, (금)화목수(토), ……이다. 그런 연후에 60갑자와 배합하여 매 글자를 두 개의 간지에 배속시킨다. 즉 갑자을축금(甲子乙丑金)·병인정묘화(丙寅丁卯火)·무진기사목(戊辰己巳木)·경오신미토(庚午辛未土) ……이다. 오행 속에 간지가 각각 나누어져 있는데 '간'이 그 기(氣)에 머물러 있고 '지'는 그 위치(位)에 머물러 있어서 기의 시(始)·장(壯)·성(盛)·쇠(衰)가 다르고 위치의 생(生)·양(養)·사(死)·절(絶)이 같지 않기 때문에 60갑자 속에는 바로 다른 정도와 품위의 금·목·수·화·토가 있다. 이에 대해 옛사람들은 운문을 지어 다음과 같이 구별하였다.

갑자을축(甲子乙丑)은 바닷속의 금이고
병인정묘(丙寅丁卯)는 용광로 속의 불이며
무진기사(戊辰己巳)는 숲 속의 나무이고
경오신미(庚午辛未)는 길가의 흙이며
임신계유(壬申癸酉)는 칼날의 쇠이고
갑술을해(甲戌乙亥)는 산봉우리의 불이며
병자정축(丙子丁丑)은 골짜기에 흐르는 물이고
무인기묘(戊寅己卯)는 성벽의 흙이며
경진신사(庚辰辛巳)는 납의 쇠이고
임오계미(壬午癸未)는 버드나무와 같은 나무이며
갑신을유(甲申乙酉)는 샘 속의 물이고
병술정해(丙戌丁亥)는 지붕 위의 흙이며
무자기축(戊子己丑)은 벼락의 불이고
경인신묘(庚寅辛卯)는 소나무와 측백나무와 같은 나무이며
임진계사(壬辰癸巳)는 장구하게 흐르는 물이고
갑오을미(甲午乙未)는 모래 속의 금이며
병신정유(丙申丁酉)는 산 아래의 불이고
무술기해(戊戌己亥)는 평지의 나무이며

경자신축(庚子辛丑)은 벽 위의 흙이고

임인계묘(壬寅癸卯)는 금박의 쇠이며

갑진을사(甲辰乙巳)는 가려진 등불의 불이고

병오정미(丙午丁未)는 은하수의 물이며

무신기유(戊申己酉)는 역참의 흙이고

경술신해(庚戌辛亥)는 비녀와 팔찌와 같은 쇠이며

임자계축(壬子癸丑)은 뽕나무와 산뽕나무와 같은 나무이고

갑인을묘(甲寅乙卯)는 큰 시냇물의 물이며

병진정사(丙辰丁巳)는 모래 속의 흙이고

무오기미(戊午己未)는 하늘 위의 불이며

경신신유(庚申辛酉)는 석류나무와 같은 나무이고

임술계해(壬戌癸亥)는 큰 바다의 물이다.

납음오행을 어째서 이렇게 배합하는지에 대해 옛사람들은 다음과 같이 해석하였다.

갑자을축해중금(甲子乙丑海中金)

자(子)는 수에 속하니 또한 호수가 된다. '수'가 왕성한 곳에 '금'을 더하면 자(子)에서 죽고 축(丑)에서 장사 지낸다. '수'가 왕성하면 '금'이 죽기 때문에 '바닷속의 금이다.'

병인정묘로중화(丙寅丁卯爐中火)

인(寅)은 세 번째 양이고 묘(卯)는 네 번째 음이다. '화'가 이미 자리를

얻었고 또한 인묘(寅卯)가 '목'을 얻어서 생겨난다. 이때에 천지가 용광로를 열면 만물이 비로소 발생하기 때문에 '용광로 속의 불'이라고 불렀다.

무진기사대림목(戊辰己巳大林木)

진(辰)은 평야이고 사(巳)는 여섯 번째의 양이다. '목'이 여섯 번째 양에 이르면 가지와 잎이 무성하게 되며 무성한 숲이 평야의 사이에서 생겨나기 때문에 '큰 숲의 나무'라고 칭하였다.

경오신미로방토(庚午辛未路旁土)

미(未) 속의 목이 오미(午未)의 화를 낳으니 화가 왕성하면 토가 이에 형벌을 받는다. 토가 생해서 스스로 금(金)이 되지 못하는 것이 길가의 흙과 같다.

임신계유검봉금(壬申癸酉劍鋒金)

신(申)·유(酉)의 금이 자리를 바로잡아 임관의 신(申)과 제왕의 유(酉)를 겸한다. 금이 왕성해지면 진실로 강하고, 강한 것으로는 칼날보다 더한 것이 없기 때문에 '칼날의 금'이라고 불렀다.

갑술을해산두화(甲戌乙亥山頭火)

술해(戌亥)는 하늘로 들어가는 천문(天門)이다. '화'가 천문을 비추면 그 빛이 매우 높기 때문에 '산꼭대기의 불'이라고 불렀다.

병자정축간하수(丙子丁丑澗下水)

수는 자(子)에서 왕성하고 축(丑)에서 쇠약해진다. 왕성했다가 쇠약해지면 강이나 바다를 이루기 어렵다. 때문에 '골짜기에 흐르는 물'이라고 칭하였다.

무인기묘성두토(戊寅己卯城頭土)

천간에서 무(戊)·기(己)가 토에 속하니 인(寅)은 간괘의 산이 된다. 흙이 쌓여서 산이 되기 때문에 '성벽의 흙'이 된다.

경진신사백납금(庚辰辛巳百臘金)

금은 진(辰)에서 땅을 비옥하게 하고 사(巳)에서 장생(長生)한다. 그 형질이 막 갖추기 시작하여 아직 견고하지 못하기 때문에 '납의 금'이라고 칭하였다.

임오계미양류목(壬午癸未楊柳木)

목은 오(午)에서 죽고 미(未)에서 묻히게 된다. 갑(甲)의 목이 이미 죽어 묻혔으니 비록 천간 임계(壬癸)의 수가 목(木)을 생하더라도 다만 유약한 나무에 불과하기 때문에 '버드나무와 같은 나무'라고 말하였다.

갑신을유천중수(甲申乙酉泉中水)

금은 신(申)에서 임관이 되고 유(酉)에서 제왕이 된다. 금이 왕성한 땅에 세워지면 수가 자연히 생겨난다. 그러나 수가 막 생겨날 때에는 일시적으로 또한 그 세력이 크지 않기 때문에 '샘 속의 물' 이라고 칭하였다.

병술정해옥상토(丙戌丁亥屋上土)

병정(丙丁)은 화에 속하고 술해(戌亥)는 하늘로 들어가는 천문(天門)이 된다. 화가 이미 위로 타오르면 토가 위에서 생겨나기 때문에 '지붕 위의 흙' 이라고 불렀다.

무자기축벽력화(戊子己丑霹靂火)

자(子)는 수에 속하고 축(丑)은 토이다. 수가 바른 자리에 있지만 납음오행 속에서 그것들은 또한 화와 서로 배합하기 때문에 수 가운데 화가 된다. 이것은 용신(龍神)의 손아귀에 있는 '벼락불' 이다.

경인신묘송백목(庚寅辛卯松柏木)

목의 임관은 인(寅)에 있고 제왕은 묘(卯)에 있어서 목의 기운이 왕성하기 때문에 '소나무와 측백나무와 같은 나무' 라고 불렀다.

임진계사장류수(壬辰癸巳長流水)

진(辰)은 저수지가 되고 사(巳)는 금이 장생하는 곳이다. 금이 수를 낳을 수 있으나 또한 저수지를 만나면 샘의 근원이 끊어지지 않기 때문에

'장구하게 흐르는 물' 이라고 칭하였다.

갑오을미사중금(甲午乙未沙中金)

오(午)는 화가 왕성한 곳이니 화가 왕성해지면 금이 쇠약해진다. 미(未)는 화가 쇠약하게 되는 곳이다. 화가 쇠약해지면 금(金)이 관대가 되지만, 그 금은 이미 화에 의해 손상을 입었으므로 금이 관대(冠帶)에 있을지라도 금의 힘이 부족하여 다만 '모래 속의 금' 이 될 뿐이다.

병신정유산하화(丙申丁酉山下火)

신(申)은 땅의 문이고 유(酉)는 해가 들어가는 문이다. 태양의 불이 여기에 이르면 빛을 거두어들이기 때문에 '산 아래의 불' 이라고 불렀다.

무술기해평지목(戊戌己亥平地木)

무(戊)는 평야이고 해(亥)는 나무가 생하는 곳이다. 큰 나무가 평야에서 생겨나니 '평지의 나무' 라고 칭하였다.

경자신축벽상토(庚子辛丑壁上土)

축(丑)이 비록 토 집안의 바른 자리이지만 자(子)는 여전히 수가 왕성한 곳이니 토가 수를 만나는 일이 많으면 흘러간다. 때문에 '벽 위의 흙' 이라고 칭하였다.

임인계묘금박금(壬寅癸卯金箔金)

인묘(寅卯)는 목이 왕성한 곳이다. 목이 왕성하면 금은 쇠약해지는데, 그것은 금이 인(寅)에서 죽고 묘(卯)에서 태어나기 때문이다. 이때의 금의 기운은 무력하게 되므로 '금박의 금'이 된다.

갑진을사복등화(甲辰乙巳覆燈火)

진(辰)은 사람들이 식사를 하는 때이고 사(巳)는 정오가 될 무렵[오전 9시에서 11시 사이]이다. 해가 정오가 되면 양의 세력이 천하에 빛나기 때문에 '가려진 등불'에 비유하였다. 또 다른 해석은 진(辰)의 토가 해를 가리기 때문에 가려진 등불이라고 불렀다.

병오정미천하수(丙午丁未天河水)

병정(丙丁)은 화에 속하고 오(午)는 화가 왕성한 곳이다. 그러나 수가 화에서 나오고 음양의 뿌리가 되는데 은하수가 아니면 이와 같을 수 없기 때문에 '은하수'라고 불렀다.

무신기유대역토(戊申己酉大驛土)

신(申)은 8괘에서 곤(坤)이 되고 '곤'은 토가 된다. 유(酉)는 8괘에서 태(兌)가 되고 '태'는 연못이 된다. 무기(戊己)의 토를 곤괘·태괘의 위에 더하여 부박한 토가 되고 말았다. 그것을 가지고 같은 날을 판단할 수 없기 때문에 '큰 역참의 토'라고 불렀다. 또 다른 해석으로는 무(戊)의 토가 신

(申)에서 병이 들고 기(己) 토가 유(酉)에서 장생하는데 모두 휴식하는 곳이기 때문에 '큰 역참의 토'라고 불렀다.

경술신해차천금(庚戌辛亥釵釧金)

금이 술(戌)을 만나면 쇠약해지고 해(亥)에 이르면 병이 든다. 금이 이미 쇠약하고 병들었다면 당연히 유약한 금이 되기 때문에 '비녀와 팔찌의 금'이라고 불렀다.

임자계축상자목(壬子癸丑桑柘木)

자(子)는 수에 속하고 축(丑)은 금의 고장지이다. 수가 갓 목을 생하였는데 도끼로 그것을 베는 것은 마치 뽕나무가 막 생기자마자 그것을 베는 것과 같기 때문에 '뽕나무와 같은 나무'라고 불렀다.

갑인을묘대계수(甲寅乙卯大溪水)

인(寅)은 동쪽이고 묘(卯)는 동쪽의 바른 자리이다. 시냇물이 서쪽에서 동쪽으로 흐르기 때문에 '큰 시냇물'이라고 불렀다.

병진정사사중토(丙辰丁巳沙中土)

병화는 진(辰)에서 관대(冠帶)가 되고, 정화는 쇠가 된다. 그리고 병화는 사(巳)에서 임관(臨官)이 되지만 정화는 제왕이 된다. 화가 와서 토를 생하고 있으나 오히려 크게 왕성하지 못하기 때문에 '모래 속의 흙'이라고 말하였다.

무오기미천상화(戊午己未天上火)

오(午)는 화가 왕성한 곳이고 미(未) 속에서도 화가 다시 생겨난다. 화의 성질은 위로 타오르고 또한 목의 창고를 만나서 도움을 받기 때문에 '천상의 불' 에 비유하였다.

경신신유석류목(庚申辛酉石榴木)

신(申)은 7월이고 유(酉)는 8월인데, 이때는 목의 기운이 이미 다하였다. 다만 석류나무의 과실만이 달려 있기 때문에 '석류나무와 같은 목' 이라고 불렀다.

임술계해대해수(壬戌癸亥大海水)

수가 술(戌)에서 관대(冠帶)가 되고 해(亥)에서 임관(臨官)이 되어 수의 힘이 충분하기 때문에 '큰 바다의 물' 이라고 칭하였다.

상술한 해석 속에서 다음과 같은 사실을 알 수 있다. 즉 납음오행의 오행과 60갑자의 배열 조합은 결코 어떠한 근거도 없거니와 그것의 해석에 대해서도 견강부회함이 많다는 것이다. 그러므로 『성리회통(性理會通)』에서는 납음오행에는 어떠한 하나의 이치도 없다고 하면서 "아마도 말세 술가들의 옹졸한 소행일 뿐이다."[5]라고 말하였던 것이다. 다만 납음오행

5) 『性理會通』. "疑末世術家猥瑣之所爲也."

은 그것을 직접 60갑자와 서로 배합하면 갑자마다의 오행 속성이 매우 분명하게 드러나는 점은 있다. 여기에서 술수가들이 납음오행을 임기응변에 따라 하나의 방편으로 사용하였기 때문에 그것은 신비 술수 속에서 매우 광범위하게 응용되었다.

제4장

오행과 정치

1. 오행과 재이

오행과 재이를 연결시킨 그 매개체가 바로 '천인감응(天人感應)' 사상이다. 옛사람들은 목·금·화·수·토의 오행을 군주의 모(貌)·언(言)·시(視)·청(聽)·사(思)의 다섯 가지 일과 서로 연결했다. 무릇 군주가 다섯 가지 일 가운데 잘못이 있어서 오행이 상응하여 조화를 잃으면 하늘이 재이(災異)를 내려 질책한다는 것이다.

『한서』「오행지」를 예로 들면 다음과 같다. 『한서』「오행지」는 임금의 용모가 공손하지 않으면 목의 기운을 손상하는데, 목의 성질인 곡직(曲直)이 규구(規矩: 컴퍼스와 곱자)가 될 수 있는 것처럼 군주의 외모에도 마땅히 절도가 있어야 한다고 생각하였다. 임금의 용모에 위엄이 없으면 위로는 위엄이 없어지고 아래로는 공경함이 없게 되니, 신하가 군주를 공경하지 않으면 음기가 이기고 목의 기운이 손상을 입으면 목을 낳는 수가 지나치게 된다. 그러면 하늘은 장기간 비를 내려서 징벌을 나타낼 수 있는데, 장기간 비가 내리고 굶주림이나 추위가 이르면 백성들의 마음은 안정되지 못한다. 이에 닭이나 거북이의 재앙이 출현함으로써 사회 풍조에 변화가 발생할 수 있다.

『한서』「오행지」에서는 또 다른 예를 들어 다음과 같이 설명하였다. 노나라 환공(桓公) 13년에 초나라가 대장인 굴하(屈瑕)를 파견하여 나국(羅

國)을 토벌하러 가는데 대부인 두백비(斗伯比)가 그를 전송하였다. 두백비는 돌아오는 길에 마부에게 "굴하가 지금 가면 반드시 패배하는데, 왜냐하면 그의 행동거지가 가볍고 마음이 침착하지 못하기 때문이다."라고 말하였다. 두백비가 즉시 수레를 몰아 초나라의 군주를 뵙고 그에게 이러한 상황을 고하였다. 초나라의 군주가 사람을 보내어 굴하를 쫓아갔으나 따라잡지 못하였다. 결국 굴하는 적을 얕잡아 보고 대비하지 않았기 때문에 나국의 군대에게 패배하고 자신도 스스로 목매어 죽었다. 두백비의 분석은 옳았다. 그것은 굴하가 출병하기 전에 지나치게 의기양양해하고 적을 얕잡아 보는 마음을 가지고 있었기 때문이다. 그래서 '병력의 수와 힘만을 믿는 교만한 군대는 반드시 패배한다'는 것이다. 한대의 반고(班固)에 이르면서 오행은 '용모가 공경스럽지 않으면 목을 손상시킨다'는 신비한 의식과 연결되었다. 이는 오행에 대한 본래의 객관적인 분석과 판단을 벗어나게 하여 사람들로 하여금 유심 사상으로 구축된 오행·오사의 인과적 도식 속으로 빠져들게 만든 원인이 되었다.

'용모가 공경스럽지 않으면 목을 손상시킨다'는 징조는 항상 비가 내리는 기상 현상으로 나타났다. 춘추 때에 노나라 은공(隱公)은 노나라 환공(桓公)이 나이가 어렸기 때문에 대리 섭정을 하였다. 귀족의 자제인 휘(翬)는 은공이 재위에 머문 지가 이미 오래되었다고 보고 그에게 정식으로 군왕의 자리에 나아가기를 권고하였다. 은공이 허락하지 않자 휘는 계책을 바꾸어 마침내 환공과 공모하여 은공을 살해하였다. 마침 3년 전 정월에 큰비가 내리고 천둥과 번개가 쳤다. 그러므로 유향(劉向)은 이것이 바로 하늘이 노나라 은공에게 내린 예시였으나 은공은 깨닫지 못하였고 결국 2년 후에 피살되었다고 생각하였다.

사람들의 불경(不敬)이 오행 속의 목을 손상해서 기후 이변이 일어나는 이외에, 동물에 있어서도 이에 상응하는 괴이함이 나타났다. 먼저 동쪽의 목과 같다고 인정하는 닭에 괴상한 일이 발생하였다. 예를 들면 수탉이 스스로 그의 꼬리를 자르고 암탉이 수탉으로 바뀌는 등과 같은 것은 인사(人事)상에서 간신이 정권을 잡거나 황후가 권력을 독점하는 경우이다. 이외에도 쥐의 이변이 있었다. 한나라 소제(昭帝) 원봉(元鳳) 원년 9월에, 연나라에 쥐가 자기의 꼬리를 입에 물고 궁궐의 정문에서 돌고 있었다. 연나라의 왕인 유단(劉旦)이 가서 그것을 보니 마치 쥐가 춤추는 것과 같았다. 유단이 명을 내려 술과 마른고기를 공손히 바치고 제사를 지냈으나 쥐는 여전히 쉬지 않고 춤을 추다가 하루 만에 죽었다. 그달에 연왕인 유단은 모반죄로 벌을 받았다. 이 두 건의 일은 본래 연결되지 않는 일이었으나 반고에 의해 함께 연결되었다. 연왕인 유단은 아랫사람으로 윗사람을 도모하여 크게 불경하여 목을 손상하는 상이었기 때문에 하늘은 쥐의 재해로써 경고하였다고 생각하였다.

대체로 큰 집이 무너지고 성문이 저절로 기울어지며 큰 배가 저절로 뒤집히는 등과 같은 현상은 『한서』 「오행지」에서 모두 금이 목을 손상해서 목이 변동을 일으킨 결과로 간주되었고 그것이 일어난 원인은 그대로 인사 문제로 드러난다. 「오행지」 속에서는 다음과 같이 기록하고 있다.

경제(景帝) 3년 12월에 오나라의 두 성문이 저절로 무너지고 큰 배가 저절로 뒤집혔다. 유향(劉向)은 금이 목을 손상해서 목이 변동을 일으킨 것이라고 보았다. 먼저, 오나라 왕인 비(濞)는 태자가 한나라에서 죽자, 질병을 핑계로 조정에 나아가지 않고 은밀히 초왕인 무(戊)와 역모를 도모하였다. 성은 나라와 같으니 그 하나의 문을 초문(楚門)이라고 하였고 또 하나의 문을 어문(魚門)이라고 하였다. 오나라 땅은 배를 집으로 삼고 고기를 식량으로 하였기 때문이다. 하늘은 만약 초나라와 도모하면 나라가 망한다고 경계하였다. 오왕이 깨닫지 못하고 정월에 초나라와 함께 군대를 일으켰다가 몸은 죽고 나라는 망하였다.[1)]

옛사람들의 견강부회나 상상력이 참으로 뛰어나서 오늘날 우리들이 논의할 수 있는 바는 아니지만 그들은 '천인감응'이나 '오행 재이' 사상으로 문제를 보았고, 결국은 매우 자연스럽게 원래 서로 상관없는 일을 기묘하게 한곳에 끌어 놓았으니 비록 일리는 없더라도 자기의 학설을 그럴듯하게 둘러댈 수는 있었다.

『한서』「오행지」에서는 말을 듣지 않는 것은 금의 기운이 병들었다고 생각하였다. 금이 종혁(從革)의 성질을 가지고 있어 쇠를 달구어 기물을 만들 수 있는 것처럼 신하는 임금에게도 간언할 수 있어야 하고, 또 임금은 선을 행하는 것이 물 흐르듯이 해서 아무리 비판적인 의견도 들을 수 있어야 한다. 군주가 만약 고집이 세어 남의 말을 듣지 않고 자기 생각대로 하면 민심을 잃어서 정치상의 법도와 규칙이 행해지지 않는다. 오행에서 금의 기운이 손상을 입으면 음기가 순응하지 않고 양기가 지나치게 왕성하기 때문에 온갖 곡식들이 훼손되고 메뚜기로 인한 병충해가 있으며 개의 재앙이나 구설의 병 등이 있다.

금의 기운이 병드는 징조는 항상 볕만 쨍쨍하고 날씨가 크게 가물게 된다. 노나라 소공(昭公) 16년에 소공의 모친인 귀씨(歸氏)가 죽었는데 소공이 슬퍼하는 기색이 없고 또한 비포(比蒲)에서 크게 사냥하였다. 진나라의 대부인 숙향(叔向)이 "노나라에는 큰 상이 있는데도 사냥하는 것을 폐하지 않고 나라에서 상을 슬퍼하지 않으며 군주가 슬퍼하는 기색이 없고 부모를 돌아보지 않으니 아마도 나라를 잃을 것이다."라고 비난하였다. 그해 9월에 날씨가 크게 가물었는데, 이에 반고는 이것이 하늘의 노나라

---

1) 『漢書』, 「五行志」. "景帝三年十二月, 吳二城門自傾, 大船自覆. 劉向以爲近金沴木, 木動也. 先是, 吳王濞以太子死于漢, 稱疾不朝, 陰與楚王戊謀爲逆亂. 城猶國也, 其一門名曰楚門, 一門曰魚門. 吳地以船爲家, 以魚爲食. 天戒若曰, 與楚所謀, 傾國覆家. 吳王不恪寤, 正月, 與楚俱起兵, 身死國亡."

에 대한 징벌이라고 생각하였다.

금의 손상이 가축의 몸에 나타난 것이 바로 개의 재앙이다. 노나라 양공(襄公) 17년 11월에 송나라 사람이 미친개를 쫓아갔는데 미친개가 화신(華臣)씨의 집으로 도망쳐 들어갔고 그 사람도 화신네 집으로 따라 들어갔다. 화신의 형인 화열(華閱)이 송나라의 고위 관리였으나 화열이 죽은 후에 화신이 화열의 가족을 죽이고 형수를 차지하였다. 송나라 평공(平公)이 이 말을 들은 후에 화신을 쫓아낼 준비를 하였는데, 좌사(左師)인 향계(向戒)가 "대신들이 따르지 않는 것은 국가의 수치이니 덮어 두는 것만 못합니다."라고 충고하였다. 이에 송나라 평공이 그만두었다. 화신은 이로부터 안절부절못하고 불안해하였는데, 이때 한 무리의 병사들이 그의 집으로 갑자기 들어가는 것을 보고 놀라서 황급히 진나라로 도망갔다. 「오행지」에서는 "화신이 포악하여 도리를 저버려 속으로 편안하지 못하였기 때문에 개의 재앙이 이르자 도망갔다."[2]라고 말하였다.

금이 상해를 입으면 사물에서는 옥석에 이변이 생긴다. 한나라 소제(昭帝) 원풍(元風) 3년 정월에 태산(泰山)의 내무산(萊蕪山) 남쪽에서 흉흉한 수천의 사람 소리가 났다. 사람들이 그것을 보니, 큰 바위가 저절로 서 있었는데 높이가 5척이고 둘레가 48아름이며 땅속의 깊이가 8척이나 되는 세 개의 바위가 자리를 잡고 있었다. 바위가 선 곳에는 백조 수천 마리가 그 주위를 날고 있었다. 이때 천인감응을 말하기 좋아하는 휴맹(眭孟)이라는 사람이 있었는데, 이것은 바로 서민이 천자가 되는 상징이라고 말하였다가 결국 정부에 의해 피살되었다. 소제가 죽은 후에 왕위를 계승하여 황제가 된 한나라 선제(宣帝)는 일찍이 민간에서 유랑도 하고 평민으로 전락한 적도 있었던 인물이다. 금이 속하는 기물이 저절로 훼손되거나 진

---

2) 『漢書』, 「五行志」. "華臣炕暴失義, 內不自安, 故犬禍至, 以奔亡."

동하는 데 이르면 「오행지」에서는 목이 금을 손상해서 목의 기운이 금의 기운을 이긴 결과로 간주하였다.

보는 것이 분명하지 않은 것은 화의 기운이 병든 것이다. 화의 성질은 위로 타오르고 불빛이 사람을 비추니 군주는 간신과 현인을 분명히 판별해야 한다. 만약 군주가 어리석고 우매하여 눈은 있으나 눈동자가 없으면, 즉 눈뜬장님처럼 판별력이 없으면 화의 기운이 손상된 것이다. 자연계에서는 겨울의 기온이 지나치게 따뜻하고 여름은 날씨가 더워서 초목의 생장이 너무 지나치게 되고 이에 상응하여 벌레의 재앙 · 양(羊)의 재앙 · 눈병 등이 나타난다.

「오행지」 속에는 춘추에서 서한에 이르기까지 겨울철에 얼음이 얼지 않은 해를 열거하고 아울러 그것을 인사(人事)와 서로 연결했다. 화 기운이 왕성하여 풀이 요사스러우면 수목이나 식물들이 이상 현상을 나타낼 수 있다. 「오행지」에서는 다음과 같이 열거하였다. 한나라 소제(昭帝) 때에 상림원(上林苑) 속의 큰 버드나무 한 그루가 원래 꺾여서 땅에 넘어져 있었는데, 어느 날 저절로 일어서서 다시 가지와 잎이 나고 벌레가 나뭇잎에 '공손(公孫)의 병이 이미 깊었다'라는 글자 모양으로 갉아먹었다. 한나라 소제는 그 이후에 한창때의 나이에 세상을 떠났는데, 그 후 왕위 계승에 곡절이 많았다. 한나라 소제의 형인 창읍왕(昌邑王) 박(髆)의 아들 하(賀)를 제위에 앉혔다가 폐위했고, 위태자 유거(劉据)의 손자인 유순(劉詢)이 왕위를 계승하여 한나라의 선제(宣帝)가 되었다. 이외에 「오행지」에서는 또한 하늘에서 풀이 내리는 이상 현상을 기재하고, 그것을 보는 것이 밝지 않으면 화의 기운이 손상되었다는 천인감응의 현상으로 간주하였다.

듣는 것이 밝지 않은 것은 수의 기운이 병든 것이다. 수의 성질은 아래로 흐르니 군주는 마땅히 민심을 자세히 살펴야 한다. 만약 한쪽의 말만 듣거나 한쪽의 말만 믿어서 민심이 막히게 되면 수의 기운을 손상시킬 수 있다. 그러면 자연계에서는 날씨가 추워서 온갖 곡식들이 자라지 않고 돼지의 재앙이나 귓병 등이 있을 수 있다.

「오행지」에서는 진나라를 거론하여 증명하였다. 진시황이 즉위할 때는 나이가 아직 어려서 태후에게 정치를 위임하였는데 태후가 여불위(呂不韋)와 로독(嫪毒)에 현혹되어 로독을 장신후(長信侯)로 봉하고 국사에 참여시켰다. 진시황이 친정(親政)을 대관한 후에, 로독이 난을 일으키자 진시황이 반란을 평정하고 수백 인을 참수하였다. 대신(大臣) 20인을 모두 혹형에 처하고 종족을 멸하였으며 4천여 집이 방릉(房陵)으로 이주하였다. 이해 4월에 눈이 내리고 날씨가 춥고 땅이 얼어 백성들 중에 얼어 죽은 자가 많았는데, 이것은 바로 듣는 것이 밝지 않으면 수의 기운이 병든다는 하늘의 현상이다.

수의 기운이 손상되면 돼지의 재앙이 생긴다. 춘추 때에 제나라 양공(襄公)이 누이동생인 노나라 환공(桓公)의 부인과 간통하면서 귀족 자제인 팽생(彭生)을 보내어 노나라 환공을 죽이고 또한 노나라 도겸(道歉)을 시켜서 팽생마저 죽였다. 후에 제나라 양공이 패구(貝丘)에서 사냥하다가 산돼지 한 마리를 보았다. 따르던 자가 팽생의 화신이라고 말하자, 이에 제나라 양공이 분노하여 활을 쏘아 죽였다. 산돼지는 마치 사람처럼 몸을 세워 큰 소리로 울부짖자 제나라 양공이 깜짝 놀라 수레 위에서 떨어졌는데 발목 부위에 상처를 입고 신발도 빠뜨렸다. 오래지 않아 공손무지(公孫無知)가 제나라 양공에게 원한을 품은 사람들을 이끌고 제나라 양공을 공격하였다. 제나라 양공이 문 뒤에 숨어 있다가 발이 문 아래로 드러나 사람들에게 발견되어 피살되었다. 제나라 양공이 음란 무도하여 죽음으로 마땅히 벌을 받게 된 것이다. 그러나 그것을 수의 기운이 손상된 돼지의 재앙과 연결하는 것은 일리가 없다.

생각[思]은 다섯 가지 일의 주인이니 오행의 주인인 토와 서로 배합하면, 토는 만물을 내쉬고 들이마셔 만물이 토로 돌아가니 이에 상응하여 군주의 생각도 넓은 도량으로 신하를 포용해야 한다. 만약 군주가 편협하고 각박하면 토의 기운이 병든다. 자연계에서는 큰바람이 불어 꽃의 재앙이 있고 소의 재앙이 있으며 마음의 병이 있을 수 있다.

노나라 희공(僖公) 16년 정월에 송나라에 큰바람이 불었는데 6마리 거위가 바람에 날려 송나라 수도를 지나갔다. 「오행지」에서는 이러한 현상이 송나라 양공(襄公) 때문에 나타났다고 생각하였다. 송나라 양공이 고집스럽게 자기만 옳다고 믿고 사마자어(司馬子魚)의 권고를 듣지 않고 초나라와 패주(霸主)[3]의 지위를 쟁탈하였다. 이후 6년에 송나라와 초나라의 큰 전쟁 중에 초나라의 군대에 포로가 되었다. 6마리 거위의 수는 6년의 수와 딱 들어맞는다. 「오행지」의 견강부회하는 연상은 사람들을 감탄시키기도 한다.

진나라 문혜왕(文惠王) 초기에 수도인 함양(咸陽)에다 궁실을 증축하였는데 남쪽으로는 위수(渭水)가 내려다보이고 북쪽으로는 경하(涇河)에 이르렀고, '마음이 생각을 잃어 토의 기운을 거슬렀다.' 이에 진나라 효문왕(孝文王) 5년에 이르러 어떤 사람이 다리가 다섯인 소를 바쳤다. 유향은 이것이 바로 소의 재앙이라고 생각하였다. "다리는 그침을 상징하며 진나라가 증축하는 사치를 멈출 것을 경계하였으니 그렇지 않으면 장차 망할 것이다." 그러나 진나라는 결코 멈추지 않고 함양을 지었고 후에 또한 아방궁(阿房宮)을 수선하여 거대한 재력과 인력을 낭비하였으니 마침내 백성들의 원성이 도처에 자자하여 저항이 일어났다. 소에 다섯 다리가 생긴 것은 동물의 이상 현상으로 현대의 생물 과학으로도 해석할 수 있는 것이

3) 패주(혹은 盟主)는 춘추시대에 세력이 가장 크고 수령의 지위를 차지한 제후를 말한다.

고 그것이 오사(五事) 속의 '생각'이나 오행 속의 '토'와는 어떠한 필연적인 관계도 없다.

반고의 「오행지」에서는 '천인감응'이나 '오행 재이'를 말한 세 사람의 말, 즉 동중서(董仲舒)·경방(京房)·유향(劉向) 부자의 말을 종합적으로 기록하였다. 세 사람 중에서 반고는 동중서의 관점을 비교적 숭상하였다. 그러나 동중서의 『춘추번로(春秋繁露)』 속의 말은 『한서』「오행지」와 약간의 차이가 있다. 『춘추번로』에서는 다음과 같이 말하였다. 즉 임금이 신하에 대해 무례하고 용모가 공경하지 않으면 나무가 곡직(曲直) 성질을 잃어버리고 목의 기운이 바람을 일으켜 여름에 폭풍이 많다. 왕의 말이 복종을 끌어내지 않으면 금이 종혁(從革)의 성질을 잃어버려 금의 기운이 모여 벼락으로 바뀌기 때문에 가을에는 벼락이 많다. 왕이 보는 것이 밝지 않으면 화가 염상(炎上)의 성질을 잃어버려 화의 기운이 모여서 전기가 되기 때문에 가을에는 번개가 많다. 왕이 듣는 것이 뚜렷하지 않으면 물이 윤하(潤下)의 성질을 잃어버려 수의 기운이 비가 되기 때문에 봄과 여름에는 폭우가 많다. 왕이 마음이 너그럽지 못하면 토가 가색(稼穡)의 성질을 잃어버려 토의 기운이 손상되기 때문에 가을에는 우레가 많다.

옛사람들의 임금 → 오행 → 자연계의 재이에 대한 인식은 일종의 '현상을 보고 유추하는' 기초 위에 근거한 것이니 이미 비과학적일 뿐만 아니라 또한 비경험적인 것으로 완전히 일종의 형이상학의 주관적 억측에 불과하다. 예를 들면 오행 속의 '금'과 오사 속의 '말'을 서로 배합하고 또한 다섯 가축 중의 '개'와 서로 상응시켰으니, 임금이 말을 듣지 않으면 금이 종혁하지 않아 개의 재앙이 생겨날 수 있다는 것이다. 금·말·개의 사이에 표면적으로는 옳은 것 같지만 그른 관계가 있다는 것 이외에도, 그것들이 내재적으로 결국 어떠한 관계가 있고 무엇 때문에 상응하여 변화가 생겨날 수 있는지에 대해서는, 옛사람들이 깊이 연구하지 않았으며 실제로 깊이 연구할 방법이 없었다.

2. 정치 · 법률 · 문화 속의 오행

중국인의 사상 규율로서의 오행은 매우 일찍이 중국의 정치 · 법률 · 문화 속으로 침투하였다. 『상서』 속의 하서인 「감서」에는 "유호씨(有扈氏)가 오행을 무시하고 삼정(三正)을 소홀히 하였기 때문에 하늘이 그 명을 끊었다."[4]라고 말하였다. 오행에 어긋났기 때문에 천벌을 받았다. 『상서』「홍범」에서는 오행을 아홉 조목의 국가를 편안하게 하는 대법(大法) 중의 최고로 간주하였다. 이러한 것들은 오행 문화가 매우 일찍부터 농후한 정치 · 법률의 색채를 가지고 있었음을 나타낸다.

춘추에서부터 진한 시기는 중국의 법률 문화가 음양오행화하는 중요한 시기로 오행 이론이 이미 법제(法制)를 해석하는 것과 같은 기본 문제에 사용되었다. 『여씨춘추』에서는 "형벌은 국가에서 중지할 수 없고 매질은 가정에서 폐기할 수 없다."[5]라고 말하였다. 국가에는 형벌이 없을 수 없고 가정에는 꾸짖거나 매질이 없을 수 없다. "오형(五刑)의 부류가 3천이나 되는데 오행에 근본하지 않은 것이 없다."[6] 오행에 근거하여 제정한 형벌이 바로 오형(五刑)이다. 「주서」에 "오행이 상극하기 때문에 오형이 된다."[7]라고 말하였다. 즉 묵(墨: 이마에 문신하는 형벌) · 의(劓: 코를 베는 형벌) · 월(刖: 발꿈치를 베는 형벌) · 궁(宮: 생식기를 없애는 형벌) ·

---

4) 『尙書』, 「夏書 · 甘誓」. "有扈氏威侮五行, 怠棄三正, 天用勦絶其命."

5) 『呂氏春秋』. "刑罰不可偃于國, 笞怒不可廢于家."

6) 『呂氏春秋』. "故五刑之屬三千, 莫不本乎五行."

7) 『尙書』, 「周書」. "医五行相克, 而作五刑."

대벽(大辟: 사형) 등이다. 오형과 오행의 관계에 대해 『오행대의』에서는 다음과 같이 해석하였다.

> 화는 금의 색을 변화시킬 수 있기 때문에 문신하는 형벌로써 그 피부를 바꾼다. 금은 목을 이길 수 있기 때문에 발꿈치를 베는 형벌로써 그 골절을 없앤다. 목은 토를 이길 수 있기 때문에 코를 베는 형벌로써 그 코를 제거한다. 토는 수를 막을 수 있기 때문에 생식기를 제거하는 형벌로써 그 음란한 짓을 하는 것을 절단한다. 수는 화를 없앨 수 있기 때문에 사형의 형벌로써 그 생명을 끊는다.[8)]

오형과 오행의 생극 이론을 서로 비교하는 것은 상고시대의 잔혹한 형벌을 만드는 이론적 근거를 제공한다. 시대와 법률의 발전에 따라, 한나라 문제(文帝)를 시작으로 하여 점차 몸에 상처를 내는 형벌, 즉 월형(刖刑)·의형(劓刑)·궁형(宮刑) 등의 형벌을 없애고 볼기를 치는 형벌로 대신하였다. 그러나 묵형(墨刑)과 대벽(大辟)은 유전되었다. 『수호지(水滸誌)』에서의 무송(武松)은 얼굴에 문신이 새겨져서 창주(滄州)로 유배되었는데, 장단연(張團練)의 모함을 받아 원앙루(鴛鴦樓)에서 피를 보지 않을 수 없었고, 장도감(張都監)·장단연(張團練)·장문신(蔣門神) 등의 일당을 죽인 후에 달아났다. 오공령(蜈蚣嶺)에서 장청(張靑) 부부를 우연히 만났는데 장청 부부는 술과 음식을 마련하여 무송에게 보내 주고 이룡산(二龍山) 보주사(寶珠寺)로 들어가서 천민이 되게 하였는데, 출발하기 전에 손이랑(孫二娘)이 무송으로 변장하였다.

---

8)『五行大義』. "火能變金色, 故墨以變其肉. 金能克木, 故刖以去其骨節. 木能克土, 故劓以去其鼻. 土能塞水, 故宮以斷其淫泆. 水能滅火, 故大辟以絶其生命."

손이랑이 말하였다. "아숙(阿叔)! 지금 관가마다 모두 문서가 있으니, 3천 냥의 배상금과 형상을 그린 그림이 곳곳에 걸려 있다. 아숙의 얼굴 위에 분명히 두 줄의 금색 도장이 찍혀 있으니 길을 가려면 수염으로 덮어 가려야 한다."[9)]

이에 장청이 무송의 얼굴 위에 두 개의 고약을 붙여서 금색 자국을 가릴 것을 건의하였는데 이 방법은 약간의 눈 가리고 아웅하는 데 불과하였다. 손이랑의 계책에 따라 행각승[10)]으로 가장하여 머리를 자르고 옷을 걸쳐서 얼굴 위에 금색 도장이 찍힌 것을 가리지 않을 수 없었다. 대벽(大辟), 즉 사형도 지금까지 계속 사용되고 있으니 다만 형벌을 행하는 방법이 점차 문명화되는 데 불과할 뿐이다.

진한 때에 이르러, 중국의 고대 법률은 이미 봄과 여름에 감옥을 줄이거나 형벌을 없애고 가을과 겨울에 죄인에게 사형을 처하거나 형벌을 엄단하는 규정을 확정하여 가을과 겨울에 사형을 집행하는 제도를 실행하였다. 이러한 제도는 오행의 사계절과 비교하여 생겨난 것이다. 봄과 여름에는 만물이 생장하여 살생을 꺼린다. 가을과 겨울에는 거두어 저장하는데, 금의 성질은 베어 죽이고 수의 성질은 가혹하고 모질어 바로 형벌의 뜻과 상통한다. 가을과 겨울에 사형을 집행하는 것에 대해, 당대에 쓰여진 「당률(唐律)」에는 "입춘(立春) 후와 추분(秋分) 전에는 사형을 결정하지 않는다."고 구정하였는데 이러한 정신은 당 이후의 봉건 왕조에 그대로 계승되었다.

오행 이론을 정치 · 법률의 영역으로 끌어들이면서 법률 문화의 정치성과 계급성을 약화시켰다. 더 정확하게 말하면, 봉건사회 법률의 정치

9) 『水滸誌』. "孫二娘道, 阿叔, 如今官司遍處都有文書, 出三千貫倍賞錢, 畵影圖形, 明寫鄕貫年甲, 到處張挂, 阿叔臉上, 見今明明地兩行金印, 走到前路, 須賴不過."

10) 행각승(行脚僧)은 여러 곳으로 돌아다니며 수행하는 중을 말한다.

목적과 계급 이익을 감추고서 천도(天道)라는 외투를 걸치기 위한 것이었다. 동중서의 『춘추번로』 속에서는 다음과 같이 말하였다.

옛날에 글을 만드는 자는 가로로 3획을 긋고 그 가운데를 이어서 그것을 왕(王)이라고 하였다. 3획은 하늘과 땅 그리고 사람이다. 그 가운데를 이은 것은 그 도가 통하게 한다는 것이다.[11)]

그러므로 왕자는 오직 하늘이 베푸는 것이며, 그 때에 베풀어서 성취하고, 그 명을 본받아서 모든 사람을 따르게 하는 것이다.[12)]

다시 말하면, 왕의 정치나 국가의 법률은 모두 천도를 본받고 음양오행의 특성에 근거하여 제정된 것이다. 그것은 상천의 의지를 대표하고 자연의 규율에 부합하기 때문에 반드시 사람들이 준수해야 하는 것이고, 그것에 대항하면 천의(天意)·자연(自然)과 서로 어긋나서 법률의 처벌을 받는다. 이것은 천지가 부여한 인과응보이니 어떠한 원망 없이 감당해야 하는 것이다. 오행 학설이 정치와 법률에 개입되면 피통치 계급이 통치 계급에 대하여 갖는 불만의 시선을 바뀌게 함으로써 봉건 통치를 수호하는 작용을 한다.

봉건 통치자가 구체적인 계획 혹은 책략을 실시할 때에는 항상 오행 술수를 이용하여 자신의 여론 수단으로 삼았다. 북위의 효문제(孝文帝)는 남하하여 중원(中原)으로 수도를 옮기는 계획을 실현하기 위하여 고위 고관을 청휘당(淸徽堂)으로 소집하고 그들에게 남쪽으로 내려가서 제나라를 정벌할 계획을 선포하였다. 그러면서 동시에 "근래에 방술사들이 모두

11) 『春秋繁露』, 卷11, 「王道通」. "古之造文者, 三畫而連其中, 謂之王. 三畫者, 天地與人也. 而連其中者, 通其道也."

12) 『春秋繁露』, 卷11, 「王道通」. "故王者唯天之施, 施其時而成之, 法其命而循之諸人."

말하기를, 지금 정벌하러 가면 반드시 승리를 얻을 수 있다."라고 말하였다. 술수의 힘을 빌려서 북위의 효문제는 결국 남하의 목적을 달성하였다. 북위의 효문제 이전에 북위의 척발도(拓跋燾) 때에, 남쪽의 변방을 지키던 장수가 병력을 증강해서 남쪽 유송(劉宋) 부대의 공격에 대항할 것을 요구하는 상소를 올렸다. 척발도는 이러한 요구를 허락할 것을 준비하였는데 그의 최측근 신하인 최호(崔浩)가 그만두게 말렸다. 최호는 천상(天象)을 분석하여 다음과 같이 말하였다.

지금 기운을 해치는 것으로는 양주(揚州)에 있는 것이 하나이요, 경오년에 저절로 형벌을 받는 것이 둘이요, 일식으로 낮이 어둡고 28수 중에서 북두성과 견우성이 만나는 것이 셋이요, 화성이 28수 중의 두 별인 익(翼) · 진(軫)에 있어 혼란과 상(喪)을 주관하는 것이 넷이요, 흰 깃발을 들지 않았는데 출병하여 패하는 것이 다섯이다. 무릇 국가를 흥성시키는 일은 먼저 인사를 닦고 다음으로 지리(地利)를 다한 후에 천시(天時)를 살핀다. 그러므로 만 가지를 거론하여도 만 가지가 온전하다. 지금 유의륭(劉義隆)이 새로 만든 국가는 인사가 화합하지 못하여 재이가 자주 나타나니 천시가 돕지 않으며 배가 다니는데 물이 마르니 지리가 다하지 않는다. 셋은 하나라도 없어서는 안 되니 의륭이 가면 반드시 패한다는 것은 의심할 수 없을 것이다.[13)]

효문제와 최호는 여기에서 모두 오행 술수의 속이는 말을 끌어다가 자신들의 의도를 위해 확대 포장하였다. 이때는 오행 사상이 중국의 민중

13) 『魏書』, 卷35, 「崔浩列傳」. "今玆害氣在揚州, 一也, 庚午自刑, 二也, 日食晝晦, 宿値斗牛, 三也, 熒惑伏于翼軫, 主亂及喪, 四也, 大白未出, 進兵者敗, 五也. 夫興國之事, 先修人事, 次盡地利, 后觀天時, 故萬擧萬全. 今劉義隆新造之國, 人事未洽, 災變屢現, 天時不協, 舟行水涸, 地利不盡. 三者無一可, 而義隆行之, 必敗無疑."

사상 속에 깊이깊이 뿌리내린 시대였고 그것은 확실히 사람들의 마음을 빼앗는 작용을 하였다. 이것은 심리 전술이 정치상에서 교묘히 활용된 것이며 또한 사람들의 오행에 대한 보편적인 신앙 심리를 이용한 것이기도 하다.

봉건 왕조가 전복된 후에 세워진 신해혁명(辛亥革命, 1911) 정부에서는 오색의 기를 채용하여 국기를 만들었는데 이것은 바로 중국인이 오행을 보편적으로 신앙한다는 것에 대한 완강한 표현이다. 1912년 1월 10일 신해혁명 후에 창립된 임시 참의원에서는 홍색 · 황색 · 남색 · 백색 · 흑색의 오색의 기로 국기를 만들 것을 결의하였는데, 오색은 바로 오행의 색과 부합한다. 이에 대해 다음과 같이 설명하였다. 오색기를 사용한 까닭은 "중국의 관습에 '오색'이라는 두 글자가 이미 대중의 마음속에 깊이 관철되어 있기 때문이다."라는 것이다. 같은 해 6월에, 중화민국의 대통령에 취임한 원세개(袁世凱)는 오색기가 정식으로 중화민국의 국기로 확정되었음을 공포하였다. 때문에 양계초(梁啓超, 1873~1929)는 『음양오행설의 내력』이라는 글 속에서 "중화민국의 국기는 실제로 이러한 관념(음양오행의 관념)이 가장 잘 드러난 표상이다."라고 말하였다.

이론적 도구로서의 오행 학설은 이미 봉건 통치를 위해 일할 수 있었을 뿐만 아니라 또한 그 통치에 반대하는 자들에게도 이용될 수도 있었다. 오행 학설 자체가 가지고 있는 신비성과 모호성은 사람들에게 임의로 자연과 사회현상을 해석할 여지를 제공하였다. 그것은 민중 속에서 보편적 신앙이 되었고 또한 그것으로 하여 지대한 호소력을 가지게 하였다. 대립하는 쌍방에서는 모두 그것을 이용하여 상대방을 공격함으로써 자신들을 격상시켰다. 오행 학설은 분명히 통치자에게 불리한 일면을 갖는다. 왜냐하면 자신들을 위해 그것을 써야 할 뿐만 아니라 또한 그것이 창끝을 돌려 일격을 가하는 것을 방지해야 하였기 때문이다. 중국의 고대 통치자들은 오행 학설을 일정한 범위 안에 규제하고, 오행 학설을 이용하여 반정부 활동의 행위를 하는 것에 대해 가차 없이 엄벌에 처하였다. 동한(東漢)의 정부는 미신 참의의 정부였지만 그것이 정부에 불리한 예언을 하는 것에 대해서는 조금도 용서하지 않고 철저히 제거하였다. 북위(北魏) 때에는 백성들이 '참위(讖緯)를 몸에 지니거나 음양(陰陽)·하도(河圖)·위서(緯書)·방술(方術) 등의 책을 기록하는 것'을 금지하는 규정을 여러 차례 반포하였고 어기는 자는 사형으로 다스렸다. 『당률(唐律)』에서는 통치자에게 불리한 음양오행의 말이나 서적을 요사스러운 말이나 요사스러운 책이라고 칭하고 그것을 퍼뜨리거나 만드는 자에 대해 교(絞: 목매어 죽이는 형벌)·도(徒: 징역을 살게 하는 형벌)·장(杖: 몽둥이로 때리는 형벌) 등의 형벌로 다스렸다. 『대명률(大明律)』과 『대청률(大清律)』의 경우에도 「형률」 속에 '요사스러운 책이나 요사스러운 말을 만든 죄' 혹은 '참위와 같은 요사스러운 말과 요사스러운 책을 만들거나 사용하여 대중을 현혹시킨 자는 모두 참형에 처한다'는 것을 따로 구분 지어 시행하였다. 이것은 바로 오행 학설의 부정적인 효과에 대하여는 국가적으로 엄격한 방범의 조치를 취하였음을 의미한다.

3. 자사와 맹자의 오행설

공자의 유학은 자사(子思)·맹자(孟子)에게 전해지면서 일찍이 '안왕구조설(案往舊造說: 지나간 옛것을 상고하여 설을 만듦)'이라는 자신들의 오행설을 세웠는데, 이 오행설은 순자의 맹렬한 비판을 받았다. 순자는 「비십이자」 속에서 자사와 맹자의 오행을 다음과 같이 말하였다.

> 심히 치우치고 어긋나서 비슷한 부류가 없고 심원하고 은밀하여 말할 수 없으며 뜻이 깊이 닫혀 있고 감추어져 있어 해석할 수도 없다. 언사를 수식하고 공경하여 말하기를, "이것이 참으로 옛 군자의 말이다." 자사가 제창하고 맹자가 호응하여 세속의 어리석고 몽매한 유자들이 떠들어 대면서도 그 잘못을 모르다가 마침내 이것이 전수되어 공자와 자유가 이 때문에 후세에 우대받게 되었다고 생각하니, 이것은 바로 자사와 맹자의 죄이다.[14]

자사와 맹자의 오행설의 구체적인 내용이 무엇인지를 순자는 여기에서 언급하지 않았고 더욱 유감스러운 것은 자사와 맹자가 언급한 오행의 저작이 베껴 옮기는 과정에서 점차 유실되었다는 것이다. 천 년 후의 당대에 이르러 양경(楊倞)이 『순자』를 주석할 때에 자사와 맹자의 오행에 대해 간단히 주석을 해야겠다고 생각하였는데, 즉 "오행-오상은 인·의·예·지·신이 이것이다."는 것이다. 어쩌면 그 당시에도 약간의 문제가 있었기 때문에 양경이 더 많은 설명을 하지 않았는지도 모른다.

역사의 수레바퀴가 다시 천 년을 지나서 오늘날에 진입하면서, 자사와 맹자의 오행설이 재차 사람들의 주목을 받게 되었다. 저명한 학자인 장태염(章太炎)과 양계초(梁啓超)는 자사와 맹자의 오행설이 간단하게 오상만이 아니라 군신·부자 등 오륜의 내용을 함유한다고 생각하였다. 유절(劉節)과 고힐강(顧頡剛)은 자사·맹자와 오행설의 관계를 근본적으로 부정하고 순자가 제멋대로 추연의 오행을 맹자의 학설로 잘못 간주하였다고 비판하였고 또한 맹자도 자사의 문인에게서 수업을 받았기 때문에 자사와 연루되어 누명을 쓰게 되었다고 생각하였다. 곽말약(郭沫若, 1892~

---

14) 『荀子』, 「非十二子」. "甚僻違而無類, 幽隱而無說, 閉約而無解. 案飾其辭而祗敬之曰, 此眞先王君子之言也. 子思唱之, 孟軻和之, 世俗之溝猶瞀儒, 嚾嚾然不知其所非也, 遂受而傳之, 以爲仲尼子游爲茲厚於後世. 是則子思孟軻之罪也."

1978)은 앞의 두 견해에 동의하지 않았다. 그는 "자사와 맹자의 책에는 비록 금 · 목 · 수 · 화 · 토라는 오행의 글자가 없지만 오행 계통의 발전은 확실히 존재한다"라고 생각하였다. 자사 · 맹자의 오행설은 바로 인 · 의 · 예 · 지 · 성(誠)이다.

이상 여러 철학자들의 말에 일리는 있지만 증명할 자료가 부족하고 사람마다 의견이 달라서 일치된 결론을 내릴 수 없다. 자사와 맹자의 오행설의 수수께끼에 관해 결국 누가 더 진상에 접근한 것인가?

1973년 12월에, 장사(長沙)[15] 마왕퇴(馬王堆) 3호인 한나라 묘지에서 출토한 백서(帛書)는 이러한 연구를 진일보 촉진하는 데 많은 자료를 제공하였다. 갑본(甲本) 『노자』 후권(後卷)의 일서(逸書) 속에서 사행과 오행의 문제를 언급하였다. 사행은 인 · 의 · 예 · 지이고 오행은 인 · 의 · 예 · 지 · 성(聖)이다. 일서 속의 인 · 의 · 예 · 지 · 성과 한대 유학자들이 제창한 인 · 의 · 예 · 지 · 신은 차이가 있다. 그렇지만 학자들의 고증에 근거하면, 일서 속의 '성'은 확실히 『맹자』에서 나온 것이니 자사 · 맹자의 오행설은 바로 인 · 의 · 예 · 지 · 성이다. 여기서 '성'의 함의는 군자의 인품과 덕성으로 결코 초인의 의미를 갖지 않는다.

그러나 '성'자에 점차 '초인'의 의미가 부여됨에 따라 '성'을 도덕적 고조로 간주하여 일반인들에게 요구하였는데, 분명히 시의(時宜)에 맞지 않는 것이다. 그러서 한대의 유생들은 그것을 인 · 의 · 예 · 지 · 신으로 바꾸고 '신(信)'으로 '성(聖)'을 대신하였다. 오직 유술(儒術)만이 존숭되던 한나라 무제(武帝) 때에 동중서는 인 · 의 · 예 · 지 · 신을 오상으로 간주함으로써 봉건 정부가 제창하는 도덕규범이 되었다. 동중서의 오상설(五常說)의 본체가 바로 자사와 맹자의 오행설임을 알 수 있다.

---

15) 장사는 지금의 호남성(湖南省) 장사현(長沙縣)의 고을 이름이다.

자사와 맹자의 오행설은 금 · 목 · 수 · 화 · 토의 오행과 어떤 관계가 있는가? 어떤 학자들은 그것이 원시술수 관념 속의 '오성소덕(五聲昭德: 다섯 가지 소리가 덕을 밝힐 수 있어야 한다)'의 설을 참고하거나 개조하였다고 생각하였다. '예악이 인의에서 생겨난다'는 새로운 관점을 사용하여 서주(西周)의 사상 · 문화의 유산을 계승하거나 개조하였다. 금 · 목 · 수 · 화 · 토의 오행이 오음(五音)이나 자사 · 맹자의 오행설을 통하여 관계를 수립하였다. 이러한 관점은 물론 한 학파의 학설이 될 수 있다.

비록 그렇지만 자사 · 맹자의 오행설과 금 · 목 · 수 · 화 · 토의 관계는 자료가 한정되어 오히려 미해결로 남겨 두어야 했다. 그러나 그것의 후계자인 동중서의 삼강오상(三綱五常)과 오행의 관계는 확실히 탁상공론에 불과하다. 그는 오행으로 삼강을 다음과 같이 논하였다.

> 천에는 오행이 있다. …… 그것을 준 자는 모두 부모이고 그것을 받은 자는 모두 자식이다. 항상 그 부모에 근거하여 그 자식을 부리는 것은 천의 도이다. 이 때문에 목이 이미 생겨나면 화가 그것을 기른다. …… 토가 하늘을 섬기는데 그 충성을 다하기 때문에 오행은 바로 효자 · 충신의 소행이다.[16)]

동중서는 『춘추번로』 「오행상생」에서, 목 · 화 · 토 · 금 · 수와 인 · 지 · 신 · 의 · 예를 서로 배합하고 인 · 지 · 신 · 의 · 예를 목 · 화 · 토 · 금 · 수의 고유한 성품이라고 말하였다. 동중서가 이렇게 한 것은 물론 삼강오상의 '천경지의(天經地義: 변치 않는 진리)' 한 성질을 증명하기 위한 것이었다. 통치 계급의 윤리도덕 규범이 이미 신비화된 오행의 우주구성

16) 『春秋繁露』, 「五行之義」. "天有五行. …… 諸授之者皆其父也, 受之者皆其子也. 常因其父以使其子, 天之道也. 是故木已生而火養之, …… 土之事天竭其忠, 故五行者, 乃孝子忠臣之行也."

도식과 서로 통일된 이상, 그러한 도덕관은 바로 우주관과 불가분의 통일 체계를 결성하였다. 이러한 도덕관을 부인하는 것은 바로 천도(天道)를 부인하는 것이다.

동중서의 오상설이 확립된 후 자사와 맹자의 오행설은 대체되어 점차 사람들에게서 잊혔으나 후인들이 자사·맹자의 오행설을 해석할 때에 이르러서는 직접 오상을 사용하여 주해하였다. 예를 들어 동한의 정현(鄭玄)이 맹자의 『중용』을 주석할 때에 "목신은 인이고 금신은 의이며 화신은 예이고 수신은 신이며 토신은 지이다."[17]라고 말하였다. 이것으로 자사와 맹자의 오행설을 암시하였으나 실제로 자사·맹자의 오행설에 대해 왜곡된 바가 있다.

---

17) 鄭玄, 『禮記注疏』, 卷52, 「中庸」. "木神則仁, 金神則義, 火神則禮, 水神則信, 土神則智."

제5장

오덕종시설

1. 추연의 오덕종시설

자사 · 맹자의 오행설을 계승한 이후에 추연(鄒衍)은 맹자의 "500년마다 반드시 왕자가 나온다"[1]는 역사 순환관에 음양오행의 내용을 더하여 오덕종시설(五德終始說)을 완성하였다. 그것은 일종의 정치철학 · 역사관념인 동시에 신비한 색채를 가진 정치 술수였다.

추연은 전국 말기의 제(齊)나라 사람이다. 원래는 유가 학설로 세상에 쓰일 것을 희망하였지만 채용되지 않았을 뿐만 아니라 또한 집권자의 공격을 받았다. 그래서 추연이 20~30세 때에 제나라를 떠나 연혜왕(燕惠王)의 신하가 되어 몸과 마음을 다하였으나 도리어 연혜왕 측근 사람들로부터 모함을 받아 연혜왕의 명으로 감옥에 감금되었다. 전해지는 말에 의하면, 추연이 당시에 하늘을 우러러보고 울자 오뉴월 하늘에서 서리가 내렸다고 한다. 추연은 벼슬길에서 뜻을 얻지 못하고 마침내 제나라로 돌아왔다.

제나라에서 추연은 직하학궁(稷下學宮)의 일원이 되었다. 중원의 다른 국가와 비교하면 제나라의 학술은 자신만의 특색을 가진다. 제나라는 원래 은(殷) 민족의 옛 땅으로 주나라가 은나라를 멸망시킨 뒤에 강태공(姜

1) 『孟子』, 「公孫丑(下)」. "五百年, 必有王者興."

太公)을 봉하여 제나라를 다스렸다. 강태공은 은나라 백성들에 대해 "군신의 예를 간소화하고 풍속을 따른다"는 정책을 취하여 은나라 사람들의 오행 사상을 계승하고 발전시켰다. 동시에 제나라의 학문이 발전하는 과정에서 남방의 도가 사상을 대량으로 받아들여 도술(道術)을 닦고 어질고 지혜로운 자를 존숭하였다. 따라서 도가의 음양 관념이 제나라의 학문에 쓰여 추연 때에 이르면 직하학궁의 음양오행 학설은 이미 제나라 학문의 중요한 내용이 되었다.

추연은 유학으로 세상에 영합하는 것에서 타격을 받자, 바꾸어 직하의 음양오행 학설을 받아들여 그것을 자사 · 맹자 학설의 천인합일의 유심 세계관과 순환론적 발전관을 서로 결합해서 독자적인 특색을 가진 음양오행 학파를 형성하였다. 그 주요 내용은 다음과 같다.

첫째, 오행상승의 계통을 완전하게 제기하고 아울러 그것으로 사회 역사의 발전 과정을 설명하였다. 그는 오행의 기를 다섯 가지의 덕성이라고 말하였다. 오덕(五德)이 오행상극의 순서에 따라 순환 · 왕복하니 왕조의 교체는 바로 천의(天意)의 작용하에서 이러한 순환 운행에 따른 것이다. 추연은 사람의 각 활동이 모두 오행과 상호감응하고 상호 영향을 주기 때문에 왕조의 통치자는 반드시 오행 속의 하나의 덕에 머물러야 하고 아울러 상천이 나타내는 화복(禍福)에 부응해야 한다고 생각하였다. 그가 머문 덕이 쇠퇴하면 그 덕을 이긴 다른 한 덕에 머물러 그것을 대신할 수 있다. 역사의 왕조 교체나 세대교체는 바로 이러한 오행상승의 순서와 순환에 따라 유전해 가는 것이다. 오행의 오덕으로의 전이는 왕조 교체에 이론적인 기점을 제공하였다. 스스로 오덕종시설의 정확성을 인증하기 위하여, 추연은 이전의 역사에 대해 오행상승의 순서에 따라 새롭게 편성하고 해석하였다. "오덕은 이기지 못하는 것을 따르니 즉, 우나라의 토, 하나라의 목, 은나라의 금, 주나라의 화이다."[2] 추연의 후학들은 추연의 이러한 말에 대해 구체적인 해명을 하였는데 『여씨춘추』, 「응동」편에서는 다음과 같이 말하였다. 황제 때에 큰 지렁이가 나타났는데 지렁이는 땅속에서 생겨났으니 황색이다. 이것은 토의 덕이 왕성한 것을 상징하기 때문에 황제의 조정은 토덕(土德)으로 황색을 숭상하였고 문물제도가 토의 덕성에 따라 제정하였다. 하나라 우왕이 군주로 천하에 임할 때에 하늘이 내린 길한 조짐은 초목이 가을과 겨울에 죽지 않았는데 이것은 목의 기운이 왕성한 것을 나타낸다. 초목의 색이 푸르기 때문에 하나라 우왕은 청색을 숭상하였으며 문물제도가 목의 덕성에 따라 제정되었다. 상나라 탕왕은 하나라 걸왕의 자리를 빼앗아 대신하였다. 천이 먼저 금을 나타내었는데 이것은 금의 기운이 왕성한 것을 표시한다. 금의 색은 흰색이기 때문에 상의 왕조는 흰색을 숭상하였고 문물제도가 금의 특징에 따라 제정되었다. 상나라와 주나라의 교체기에 이르러서는 천이 먼저 화를 드러내었다. 붉은 새가 붉은 책을 입에 물고 주나라의 사직에 날아들었는데 이것은 화의 기운이 왕성하는 징조이기 때문에 주나라 문왕(文王)은 붉은색을 숭상하였으며 문물제도가 화의 덕성에 따라 제정되었다. 오덕의 기화(氣化)가 상극하는 이론을 정치 흥망에 이용함에 따라, 추연은 여러 제후들 앞에서 스스로 정치 예언가의 지위를 확립하였다.

둘째, 추연은 '음양의 소식(消息)'을 깊이 관찰하였다. 고대 천문학 속의 관찰 · 검증의 방법에 근거하여 음양오행을 천도 · 사시와 서로 배합하여 자연계에 나타나는 모든 재이 현상과 인간사에서 왕조 교체의 직접적인 관계를 강조하였다. 이른바 "목화토금수 오덕이 순서대로 전이하는데, 거기에 적합한 치세가 각각 성립하며 역사는 이렇게 부합하고 대응한다"[3]는 것이다. 추연의 학설은 항상 먼저 작은 사물에서 징험하여 미루어

2) 鄒衍. "五德從所不勝, 虞土夏木殷金周火."

서 확대해 가는 방법에 따라 인간들의 이상 현상과 정치 치란・천도 사시를 함께 끌어들여 신비하고 원대함을 나타내었기 때문에 제나라 사람들은 그를 '담천연(談天衍)' 이라고 칭하였다.

셋째, 오덕종시설과 서로 배합하여 추연은 '대구주설(大九州說)' 을 제기하고 유자들이 말한 중국은 천하의 1/81에 불과하다고 생각하였다. 분명히 추연은 대일통(大一統)을 위한 정치 이상에 이론적인 근거를 제공하였다.

추연의 위와 같은 이론이 가지는 실용적 가치에 의하여 이미 왕조가 오덕 순환에 따라 유전된다면 주나라의 화덕(火德)을 계승한 후에는 반드시 하나의 수덕(水德)이 그 자리를 대신해야 하였다. 전국시대 제후들 중에서 누가 수덕의 정치 제도를 응용할 수 있고 누가 천하를 통일할 수 있었겠는가. 이러한 이론은 전국 말년에 통일 추세가 날로 명확해지는 상황에서, 당시 통치자들의 이익만을 좇는 허상과 영합하였는데 이 때문에 추연도 시간의 운행에 따라 각국 제후들의 예우를 받았다. 제나라에서 제왕이 그를 훌륭히 여겨서 여러 곳으로 통하는 큰길을 열어 주고 큰 집을 지어 주면서 그를 높이 대우하였다. 양나라에 가자, 양혜왕(梁惠王)이 친히 교외에 이르러 영접하고 손님의 예를 행하였다. 조나라에 가자, 평원군(平原君)이 경의를 표하기 위하여 정면을 피하고 한쪽으로 걸으면서 동행하였다. 연나라에 이르자, 연소왕(燕昭王)이 친히 손에 빗자루를 들고 그를 위하여 길을 청소하였고 제자들의 자리에서 수업을 받기를 청하였으며 호화로운 석궁을 건축하여 추연을 스승으로 숭배하였다.

그러나 본질적으로 말한다면, 오덕종시 이론은 다만 일종의 정치 술수일 뿐이었고 나라를 다스려 편안히 하는 근본적인 해결 방책이 아니라는

3) 司馬遷, 『史記』, 「孟子荀卿列傳」. "五德轉移, 治各有宜, 而符應者玆."

것이다. 그것이 비록 어떠한 예언을 제기할 수는 있었을지라도 당면한 실제 문제를 해결할 수는 없었다. 이것은 당시 강국이 약국을 병합하여 천하를 통일하는 데 바빴고 소국은 자신을 보존하는 데 바빴으니, 즉 그 틈새 속에서 생존을 구하는 상황하에 정치의 중심은 오직 천하를 얻는 데 있었고, 천하를 얻기 위한 정치적 명분에는 관심이 없었기 때문이다. 그러므로 추연은 생전에 비록 예우를 받았지만 그 이론은 결코 제후들에게 쓰이지 못하였다. "왕공 · 대인이 처음에 그 술책을 보고 대단한 충격을 받고 감화되는 듯했으나 그 후에는 그것을 실행하지 못하였다."[4] 이에 대해 『여씨춘추』에서는 일찍이 추연의 술책에 대해 "소를 담는 솥은 닭을 삶는 데 쓰지 못한다"고 함축적으로 말하기도 하였다.

추연의 오덕종시설은 후세에 깊은 영향을 주었다. 첫째, 진나라에서 시작되어 역대 왕조의 건립은 모두 오덕종시설 속에서 이론적 근거를 찾았으며 그 문물제도도 각자가 의거하는 덕행에 근거하여 제정하였다. 오덕이 하늘의 뜻에서 나왔기 때문에 자기의 군권(君權)이 하늘로부터 부여받은 것임을 설명하기 위하여 통치자들은 오덕 · 오행을 견강부회하여 하나의 황당한 희극을 연출하였다. 명대 이후에 이르러서야 비로소 이러한 현상이 조금 달라졌다.

둘째, 추연의 오덕종시설은 유가 사상에 결합되고 흡수되어 한대의 '천인합일'과 '참위설'을 형성하였다. 『한서』「오행지」에서는 다음과 같이 말하였다. "동중서가 『공양춘추』를 연구하는 데 처음으로 음양으로 추산함으로써 유자의 종지가 되었다."[5] 그의 '천인삼책(天人三策)'은 '천인감응(天人感應)' · '천인합일(天人合一)' · '재이견고(災異譴告)'를 내용으

4) 司馬遷, 『史記』, 「孟子荀卿列傳」. "王公大人初見其術, 懼然顧化, 其后不能行之."

5) 『漢書』, 「五行志」. "董仲舒治公羊春秋, 始推陰陽, 爲儒者宗."

로 하는데 그 원시 형식은 바로 추연의 상천이 나타내는 화복에 부응해야 한다는 사상이다. 군권신수(君權神授)를 설명하는 외에도, 동중서는 천의 의지를 이용하여 자연계 혹은 인간의 재이를 통하여 군왕에 대한 경계를 나타내었으니 지고무상한 전제군주에 제약을 가하였다. 동중서의 학설은 유학과 음양오행 학설의 전면적인 결합을 완성하였고 유학을 신비화 혹은 참위화의 방향으로 발전하도록 추진시켰다. 원래 이성주의의 광채를 가지고 있던 유가 학파는 이때에 이르러 신비주의적 먼지로 뒤덮이게 되었다. 이후에 유학자들은 대체로 모두 화복을 관찰하거나 성기(星氣)를 살피는 데 열중하였으며 천상의 변화에 근거하여 황제에게 행정 의견을 제기하였다. 서한의 성제(成帝) 수화(綏和) 2년에 화성이 심수(心宿)[6]에서 배회하고 떠나가지 않았다. 이러한 성상(星象)은 고대 점성술 속에서 황제가 장차 사망할 재이가 있을 징조였다. 재상부(宰相府)에서는 조이심(曹李尋)과 상의하여 재상인 적방진(翟方進)에게 글을 올려 그가 대신 희생하여 나쁜 운수를 바꿀 것을 요구하였다. 궁궐의 금위관(禁衛官)인 분려(賁麗)는 천문(天文)과 성상(星象)에 정통하였는데, 그는 대신이 황제를 대신하면 몸에 큰 화를 입을 것이라고 말하였다. 그리하여 한나라 성제는 적방진을 불러서 그에게 자살할 것을 요구하였다. 적방진이 관청으로 돌아간 후에도 행동에 결단을 내리지 못하자, 성제는 또한 책과 술을 하사하여 그가 즉시 자결할 것을 독촉하였다. 적방진은 이때 죽음의 외길 외에는 달리 물러설 여지가 없었다. 실제로 한대에 이러한 비극이 있었을 뿐만 아니라 한 이후의 각 왕조에도 유사한 비극이 실제로 정극(正劇)이 되어 부단히 상연되었다.

6) 심수(心宿)는 28수의 하나이다. 창룡칠수(蒼龍七宿)의 다섯째 성수(星宿)로서 별 셋으로 구성되었다.

셋째, 추연의 학설이 지나치게 허황하고 신비적인 특징을 갖기 때문에 그것이 민간에 유입되어 방사(方士)·무도(巫道)·술수(術數)에 쓰이게 되었다. 추연 본인마저도 후인들의 안중에는 신비한 법술(法術)을 가진 초인이 되었다. 『열자』「탕문」편에 장담(張湛)의 주석 속에서는 다음과 같이 말하였다. "북방에 땅이 있었는데 비옥했지만 추워서 오곡이 자라지 않았다. 추연이 입김을 불어서 따뜻하게 하자 벼가 자라났다."[7] 추연이 입김을 불면 대지가 회춘할 수 있었다고 하니, 이러한 추연은 분명히 역사상에서 실제로 존재하는 추연이 아니고 신비화된 이후의 추연이다. 『사기』「봉선서」에서는 다음과 같이 말하였다.

> 추연은 음양의 주요한 운행을 제후들에게 보여 주었으나 연나라와 제나라 해상의 방사들이 그 술책을 전수하는데 능통하지 못하였다. 아첨하고 내통하는 무리들이 이로부터 일어나 헤아릴 수가 없었다.[8]

추연의 뒤에 연나라와 제나라의 방사들이 방술로써 세상에 영합하고 인간들의 부귀를 찾았으니 진시황이나 한 무제와 같은 재주가 뛰어나고 지략이 원대한 군주도 이에 대해 높이 대우하였다. 진시황은 여러 차례 방사들을 파견하여 신선을 구하도록 바다로 내보냈으며 한 무제는 처음에 이소군(李少君)·문성(文成) 등의 방사를 총애하였다. 나중에는 또한 방사인 난대(欒大)를 총애하여 그에게 식읍(食邑) 2천 호를 봉하고 그에게 훌륭한 저택·노비 1천 명·금 10만 근을 하사하고 오리장군(五利將軍)에 임명하였으며 또한 위장(衛長) 공주를 그에게 시집보내어 아내로 삼게 하

---

7) 『列子』, 「湯問」. "北方有地, 美而寒, 不生五穀, 鄒子吹律暖之, 而禾黍滋也."

8) 『史記』, 「封禪書」. "鄒衍以陰陽主運顯于諸侯, 而燕齊海上之方士傳其術不能通, 然則怪遇阿諂苟合之徒自此興, 不可勝數也."

였다. 또한 한 무제는 친히 오리장군의 집을 방문하였다. 난대는 몇 개월 사이에 몸에 여섯 개의 도장을 차고 천하를 뒤흔들었다. 그러나 신선은 결국 일종의 허황된 것이었음에도 진시황과 한 무제는 신선을 찾는 데 엄청난 재물을 소비하였으니 결과적으로 그들 모두는 방사들에게 속임을 당한 것이다. 오리장군이 비록 한때 매우 지위가 높은 신하였고 방술은 많았지만 효과가 없음에 따라 한 무제에게 모함의 죄명으로 허리가 잘려 죽었다. 신선 · 방술이 음양오행에 견강부회하여 중국에서 2천여 년 동안 유전되었기 때문에 양계초는 그것을 '2천 년간 미신의 본진'이라고 말하였으니 일리가 없는 것이 아니다.

한대의 유학은 추연의 오덕종시 학설을 흡수하고 아울러 그의 '부응(符應)' · '천인감응'의 사상에 대해 이론상으로 세밀하게 체계화하고 완전하게 하여 이후에 유학의 신학화와 정통화에 합류시킴으로써 봉건 전제주의의 정신적 지주가 되었다. 그의 오덕이 유전된다는 관점은 더욱 왕조 교체의 이론적 근거가 되었다.

2. 진한시대의 오덕종시설

추연이 죽은 후에 진시황은 결국 통일의 대업을 완성하였다. 진시황이 전제주의의 중앙집권을 세울 것에 착수하였을 때에 오덕종시설은 좋은 용도로 사용되었다. 추연의 예언에 따라 주나라의 화덕(火德)을 대신한 것이 수이고 진나라는 수덕(水德)으로 자처하였다. 이것은 그가 천하를 통일한 것이 완전히 천의를 따른 것임을 의미하였다. 진 왕조의 수덕의 길조를 찾기 위하여, 사람들은 진시황으로부터 2백여 년 전의 진 문공(秦文公)으로 소급해 갔다. 진 문공이 한번은 사냥을 나갔다가 검은 용을 잡았다. 검은 것은 수이니 이것이 바로 진나라에서 수덕의 상징이 되었다. 이 때문에 진시황은 즉위 후 첫 번째 일로 황제의 호칭을 토론하고 문물 제도를 바꾸었다. 그는 황하를 덕수(德水)로 이름을 바꾸었으며 수덕이 10월에 왕성하기 때문에 진 왕조의 역법은 10월을 연초로 하였다. 수의 색은 검은색이니 진나라는 검은색을 숭상하였으며 의복 · 깃발과 같은 것에도 순전히 검은색을 사용하였다. 수의 성수(成數)가 6이니 진나라의 부신(符信)[9] · 법관(法冠)[10] 등은 모두 길이와 높이가 6촌이었고 수레의 폭이 6척이었으며 수레를 끄는 데 여섯 마리의 말을 사용하였고 6척을 1보로 하였다. 더욱 중요한 것은 수의 기운이 음이니 형벌로 죽이는 것을 주관하였고 수덕의 성질은 강하고 괴팍하였다. 진나라가 이미 수를 덕으로 삼았으니 그 정치는 혹독한 형벌과 가혹한 법률을 특징으로 하였다. 진나라 법률 중에는 길에 재(담뱃재)를 버리면 손을 자르는 형벌에 처하였는데, 형법이 지나치게 가혹하여 진 왕조로 하여 "홍갈색 죄수의 옷이 길거리의 반을 차지하게 하였다." 홍갈색의 죄수복을 입은 죄수들이 길거리의 반을 차지하였으니 온 국가가 실제로 하나의 큰 감옥이나 다름없었다. 진시황이 사람들의 반대에 부딪힌 것도 필연적이다.

진시황 36년에, 화성의 운행이 심수(心宿)에 이르러 배회하고 나아가지 않았다. 이때 때마침 유성이 동쪽 군(郡)에 떨어졌는데, 백성들 중에 어떤 사람이 돌 위에다 "비로소 황제가 죽으니 땅이 갈라진다."라는 문구를 새겼다. 진시황이 이 사실을 안 뒤에 어사를 파견하여 이 일을 조사하였으나 사람들이 자백하지 않자, 운석 주위에 살던 사람들을 모두 죽였다. 이

9) 부신(符信)은 목편(木片)이나 죽편(竹片)에 글을 쓰고 증인(證印)을 찍은 후에 두 쪽으로 쪼개어 한 조각은 상대방에게 주고 다른 한 조각은 자기가 보관하였다가 후일에 서로 맞추어 증거로 삼는 것이다.

10) 법관(法冠)은 법관이 쓰는 관의 일종이다.

해 가을에 조정의 사신이 관동(關東: 요동 일대)에서 돌아오는 도중, 밤에 화음(華陰)의 평평한 길을 지나는데 어떤 사람이 손에 옥을 쥐고서 사신을 가로막으면서 "나를 대신해서 이 옥을 호지군(滈池君)[11]에게 주기를 청합니다."라고 말하였다. 아울러 진시황이 금년에 죽는다고 예언하였다. 사신이 그 원인을 물으려고 하였는데 그 사람이 갑자기 사라졌다. 호지군은 본래 수신(水神)의 이름인데 진시황이 수덕(水德)으로 자처하였기 때문에 수신이라 칭하였다. 사신은 옥을 진시황에게 주자, 진시황이 어부(御府)[12]의 사람을 파견하여 이러한 옥의 내력을 조사하게 하였다. 알고 보니 그것은 진시황이 이전에 강을 건널 때에 빠뜨린 옥이었다. 다음 해에 진시황이 유람을 나왔다가 길에서 죽었다. 진나라 조정도 오래지 않아 무너졌다.

장기적인 정권 쟁탈을 통하여 한 왕조는 결국 진나라 조정의 폐허 속에서 세워졌다. 유한(劉漢) 정권이 세워진 전후에 유방(劉邦)은 자기가 자처하는 덕운(德運)에 대해 자못 주저하다가 기미를 나타내었다. 유방은 한때 화덕(火德)으로 자처하였는데 그것은 원래 유방 자신의 신화에서 유래하였다.

『사기』「고조본기(高祖本紀)」에는 다음과 같이 기록하고 있다. 유방의 탄생은 보통 사람과 달랐다. 그의 모친인 유온(劉媼)이 일찍이 큰 연못가에서 잠깐 쉬다가 꿈을 꾸었는데 꿈속에서 신을 만났다. 이때 천둥이 치고 날이 어두워져서 유방의 부친이 유온을 찾으러 나갔는데 교룡(蛟龍)[13]이 그 위에 누워 있는 것을 보았다. 이렇게 유온이 잉태를 하여 유방을 낳

11) 함양(咸陽) 부근에 있는 호지(滈池)의 신이다.

12) 어부(御府)는 임금이 쓰는 물품을 넣어 두는 곳집이다.

13) 교룡(蛟龍)은 용의 일종으로 모양이 뱀 같고 길이가 한 길이 넘으며 큰물을 일으킨다고 한다.

았다. 후에 유방이 장성하여 죄수들을 압송하여 여산(驪山)[14]으로 갔다. 가는 도중에 죄수들이 대부분 죽고 유방 혼자 여산에 이르렀다. 그 후에 죄수들도 거의 도망치지 않았고 그는 아예 죄수들을 풀어 주고 자신도 그곳에서 은거하였다. 무리 중에 10여 명의 장사가 유방을 따르기를 원하였다. 밤에 유방의 일행이 큰 연못가의 좁을 길을 가는데 앞에 먼저 가던 사람이 돌아와서 "앞에 큰 뱀이 길을 막고 있으니 돌아가는 것이 낫겠다"고 보고하였다. 유방이 취중에 검을 뽑아 앞으로 가서 큰 뱀을 베었다. 몇 리를 가다가 유방이 술에 취해 쉬고 있을 때에 뒤에 오던 사람이 유방이 뱀을 벤 곳에 갔다가 한 노파가 밤에 우는 것을 보았다. 그 원인을 물으니 노파가 "나의 아들은 백제(白帝)[15]의 아들인데 뱀으로 변하여 길을 막고 있었는데 오늘 적제(赤帝)[16]의 아들에 의해 목이 베어져 죽었다."라고 말하였다. 이와 같은 유방의 출생이나 그의 화신(化身)과 유관한 신화는 유방을 신격화하여 그가 대중에게 호소하는 데 유리하였기 때문에 유방 자신도 그렇게 하기를 원하였다. 그가 패공(沛公)[17]이 된 후에 치우(蚩尤)[18]에게 희생의 피를 바른 북과 깃발을 바쳐 제사를 지냈다. 한나라의 왕이 된 후에는 10월을 연초로 하고 적색(赤色)을 숭상하였다. 치우(蚩尤)에게 제사를 지냈는데 학자들의 고증에 근거하면, 치우는 바로 염제(炎帝)[19]이고 불의 신이다. 때문에 깃발은 적색을 숭상하였으니 또한 화덕(火德)을 나

14) 여산(驪山)은 섬서성(陝西省) 임동현(臨潼縣)의 동남인 옛날의 장안(長安) 부근의 산 이름이다.

15) 백제(白帝)는 오제(五帝)의 하나로 가을을 맡은 서쪽의 신이다.

16) 적제(赤帝)는 여름을 맡은 신이다.

17) 패공(沛公)은 한고조(漢高祖)가 제위에 오르기 전의 칭호이다.

18) 치우(蚩尤)는 고대 제후의 이름이다. 전란을 좋아하였기 때문에 황제에게 죽임을 당하였다.

19) 염제(炎帝)는 여름을 맡은 신이다.

타낸다. 그러나 10월을 연초로 한 것은 진나라 수덕(水德)의 자취를 계승한 것이다. 이러한 모순된 견해는 유방이 자기가 자처한 덕운에 대해 망설이는 심정을 나타내었다. 유방의 출신 신화에 따르면, 한나라는 물론 화덕(火德)에 자처하기를 좋아하였지만 화덕은 진나라의 수덕이나 주나라의 화덕과 오덕 상승의 체인 속에서 연결되지 못하여 오덕종시설의 견해에 부합하지 않았다.

그래서 2년 후에, 유방은 또한 자기가 흑제수신(黑帝水神)이라 공언하였는데 『사기』 「봉선서」에서는 다음과 같이 말하였다.

> 2년에 동쪽의 항적(項籍)[20]을 치고 돌아오면서 관문에 들어와 진나라 때 천자는 무슨 천제에게 제사 지냈는지를 물었다. 대답하기를, '사제(四帝)이니 백제(白帝) · 청제(青帝) · 황제(黃帝) · 적제(赤帝)의 사당이 있습니다.' 고조가 말하기를, '나는 하늘에 오제(五帝)가 있다고 들었는데 네 가지가 있는 것은 무엇 때문인가?' 그 말을 모르겠습니다. 이에 고조가 말하기를, '내가 그것을 알고 있으니 바로 나를 기다려서 오제가 된다는 것이다. 만방에 흑제(黑帝)의 사당을 세우고 명하여 북주(北疇)라고 하였다.[21]

그래서 한나라의 덕운이 또한 수덕으로 바뀌었다. 수덕은 검은색을 숭상하기 때문에 한대의 예복은 일반적으로 모두 검은색이고 신혼인 신랑

---

20) 항적(項籍)은 진나라 말기의 하상(下相) 사람이다. 자는 우(羽)이다. 진나라 말기에 진승(陳勝)과 오광(吳廣)이 군대를 일으키자, 숙부인 양(梁)과 오중(吳中)에서 군대를 일으켜 진나라 군대를 격파하고 스스로 서초(西楚)의 패왕이라고 칭하였다. 한고조와 천하를 다투다가 해하(垓下)에서 죽었다.

21) 『史記』, 「封禪書」. "二年, 東擊項籍而還, 入關, 問故秦時上帝祠何帝也, 對曰四帝, 有白青黃赤帝之祠. 高祖曰, 吾聞天有五帝, 而有四, 何也, 莫知其說. 于是高祖曰, 吾知之矣, 乃待我而具五也. 萬立黑帝祠, 命曰北疇."

도 수놓은 검은색 치마를 입었다. 한나라는 수덕으로 결정하고 나서 주 왕조의 화덕을 직접 계승하였다고 자처하고 진 왕조의 정통을 부인하였다.

한나라 문제(文帝) 때에 어떤 사람이 한나라의 덕운에 대해 의문을 제기하였다. 노나라 사람인 공손신(公孫臣)이 글을 올려 "진나라가 수덕을 얻었고 한나라는 진나라를 계승하여 일어났으니 처음과 끝을 미루어 헤아려 보면 한나라는 마땅히 토덕(土德)이 되어야 한다."고 하였다. 그러나 공손신의 상소는 당시의 승상인 장창(張蒼)에 의해 기각되었다. 장창은 율력을 좋아하였고 한나라가 바로 수덕이라고 생각하였다. 그는 황하의 아주 튼튼한 제방이 터진 것이 바로 그 징조라고 여겼다. 3년이 지나서 황룡(黃龍)이 성기(成紀)에 나타났는데 한씨 집안의 토덕의 상징으로 해석되었다. 한 무제는 마침내 공손신을 불러 박사로 임명하고 그에게 덕운을 바꾸는 일을 주관하고 연구하게 하였고, 장창은 스스로 물러나 사직하지 않을 수 없었다.

문제의 영도로 덕운을 바꾸는 일이 순조롭게 진행될 즈음에, 방사인 신원평(新垣平)이 옥잔을 손에 든 사람에게 궁문 밖에서 공물을 바치라고 지시하고 신원평은 궁 안에서 아주 그럴듯하게 한 문제에게 궁문 밖에 보옥의 기운이 있다고 말하였다. 문제가 사람을 파견하여 조사해 보니 과연 옥잔을 바치는 자가 있었다. 잔 위에 "임금은 장수한다."는 문구가 새겨져 있었다. 신원평은 또한 오래지 않아, 장차 해가 서쪽으로 기운 후에 다시 한낮의 위치로 돌아오는 천상이 나타날 것이라고 말하였다. 후에 과연 그 말과 같았다. 그래서 문제는 명을 내려 연호를 고치고 천하의 사람들과 연회를 베풀고 축하하였다. 오래지 않아 어떤 사람이 상소를 올려 신원평이 말한 기신(氣神)의 일이 모두 거짓임을 폭로하였다. 이에 신원평을 하옥하고 죽였다. 이후에 한 문제는 덕운을 고치는 일에 태만하였다. 그리하여 한의 덕운 문제는 방치되었다.

한 무제 때에 정식으로 한의 토덕(土德) 제도를 확립하였다. 덕운의 개조는 실제로 한 왕조 통치 제도의 개조를 의미하였다. 한 무제 이전에, 한 왕조의 통치 사상은 황로(黃老)의 학문으로 백성들과 휴식하면서 무위(無爲)의 다스림을 하였다. 한 무제가 즉위할 즈음에 한 왕조는 이미 60여 년간이나 통치하여 천하가 안정되었기 때문에 문신과 유사들은 천자의 풍부한 정치 · 경제의 실력에 근거하여 나라를 다스리고, 황로의 청정무위(淸靜無爲)를 유학의 적극적이고 진취적인 지도 사상으로 바꾸어 어진 인재를 등용하며 봉선(封禪)[22]하고 덕운을 고치기를 희망하였다. 그러나 한 무제는 이때에 또한 두 태후(竇太后)에게 제약을 받았는데 두 태후는 황로의 학문을 좋아하고 유술을 싫어하였다. 그래서 대신인 조관(趙綰) · 왕장(王臧) 등은 한 무제가 두 태후의 제압에서 벗어나게 선동하였다. 두 태후가 사람을 파견하여 몰래 조관 등의 잘못을 조사하고 조관 · 왕장 등이 자살하게 강요하였다. 이에 그들이 홍미를 갖던 것도 모두 폐기되었다. 6년 후에 두 태후가 세상을 떠나자 비로소 한 무제는 실제로 대권을 장악하여 점차 한 왕조의 통치 사상을 유학으로 전환하였다. 그는 동중서의 신유학을 받아들여 그것을 한 왕조의 국가 정치의 법전으로 간주하였다.

유학이 황로의 학문과 구별되는 것은 그것의 정치에 대한 적극적인 태도에 있으며 유학이 법가와 구별되는 것은 그것이 왕도 덕치(王道德治)를 고취하였다는 데 있다. 반면 동중서의 신유학은 신학(神學)의 내용을 가미하였다. 그는 추연의 음양오행의 자연관과 오덕종시설의 정치관을 전반적으로 흡수하고 천인감응을 이용하여 군권신수(君權神授)를 증명하였으며, 또한 재이견고(災異譴告: 하늘이 재앙을 내려 꾸짖어 알림)를 이용하여 군주가 방자하고 함부로 행동하는 것을 제한하였다. 왕조마다 군주

22) 옛날 제왕이 태산(泰山)에 가서 천지에 제사 지내는 전례이다.

가 시행한 정치는 모두 천의(天意)를 나타내어야 하였는데 그 구체적 표현이 "덕운의 자리를 바르게 하고 달력을 고치며 복색을 바꾼다." 즉 덕운이 상응하는 정치제도와 천문역법을 제정해 내는 것이었다.

보충 설명이 필요한 것은 '달력'의 문제이다. 매년의 첫째 달이 정월(正月)인데 상고시대의 하·상·주 삼대에서는 각기 다른 달을 첫째 달로 하였다. 하나라 시대의 역법은 오늘날 음력의 정월을 연초로 하였고 상나라 시대의 역법은 오늘날 음력의 12월을 연초로 하였으며 주나라 시대의 역법은 오늘날 음력의 11월을 연초로 하였다. 삭(朔), 즉 삭일은 음력의 매월 초하루이다. 삭일에는 평단(平旦)·계명(鷄鳴)·야반(夜半)에서 시작하는 세 가지 계산 방법이 있다. 하·상·주가 각각 다른 역법을 사용하였기 때문에 옛사람들은 그것을 '삼정(三正)'[23]이라고 칭하였다. 동중서는 '삼정'을 삼통(三通)으로 고쳤다. 음력 정월을 연초로 한 것이 하나라 시대의 역법이기 때문에 흑통(黑統)이라고 칭하였고, 하나라 역법을 채용한 새로운 왕조는 마땅히 검은색을 숭상해야 하였다. 마찬가지로 음력 12월을 연초로 하는 것이 은나라 시대의 역법이기 때문에 백통(白統)이라 칭하였고 새로운 왕조에서는 마땅히 백색을 숭상해야 하였다. 음력 11월을 연초로 하는 것이 주나라 시대의 역법이기 때문에 적통(赤統)이라 칭하였고 주나라 역법을 채용한 새로운 왕조에서는 마땅히 적색을 숭상해야 하였다. 이것이 바로 '정삼통(正三統)'이다. 동중서는 '삼통설'과 '오덕종시설'을 서로 배합하여 새로운 왕조가 출현할 때마다 반드시 자기의 덕운을 확정하여 새로운 역법으로 고치고 복색을 바꾸어 천명에 응해야 한다고 생각하였다. 유감스러운 것은 역법과 생산 활동이 긴밀히 연관되어 있기 때문에 쉽게 바꾸거나 고치는 것은 좋지 않다는 것이다. 하

23) 삼정(三正)은 하·은·주 삼대의 달력이다.

나라 시대의 역법이 비교적 농시(農時)에 부합하였기 때문에 일부 왕조에서 일찍이 주나라 시대의 역법 혹은 은나라 시대의 역법을 채용한 것을 제외하면 중국 역사상 대부분의 왕조가 사용한 것은 하나라 시대의 역법이니 이른바 달력을 고친다는 것은 다만 빈말이었다. 기껏해야 하나라 시대의 역법을 조정하거나 혹은 역법의 명칭을 바꾸는 데 불과하였다.

기원전 104년, 즉 태초 원년에 한 무제는 『태초역(太初曆)』[24]을 반포하였다. 이는 하나라 시대의 역법인 정월을 연초로 하여 황색을 숭상하였으며 수는 5를 기율(토의 생수와 성수가 모두 5이다)로 하였으며 황실의 도장을 모두 다섯 글자로 제한하였다. 다음 해에, 한 무제는 토신인 후토(后土)에게 제사 지내는 의식을 거행하면서 천하의 성대한 잔치를 5일로 제한하는 명을 내렸다. 한나라의 토덕이 정식으로 확립되었다. 토덕은 어질고 후덕하기 때문에 한 무제는 왕도 덕치를 존숭하는 유가를 기치로 삼았다.

그렇지만 한 왕가의 화덕설은 전과 다름없이 사람에게 잊히지 않았으며 또한 수시로 사람들에게 제기되었다. 한 무제가 죽은 후에, 나이가 겨우 8세인 태자 유불능(劉弗陵)이 즉위하여 소제(昭帝)가 되었고 곽광(霍光)이 섭정하였다. 기원전 78년에, 태산 아래에 누워 있던 바위가 갑자기 일어섰고 상림원(上林苑)의 마른 버드나무에 생기가 돌았으며 벌레가 버드나무 잎사귀에 '공손의 병이 이미 생겼다."라는 문구대로 갉아먹었다. 부절령(符節令)[25]인 휴홍(眭弘)이 글을 올려 다음과 같이 말하였다. "큰 바위가 저절로 일어서고 죽은 버드나무에 다시 생기가 도는 것은 마땅히 서인이 천자가 되는 것이다. 고목이 생명을 회복하였기 때문에 폐가인 공손

24) 태초역(太初曆)은 한 무제의 태초 원년에 굉등평(閎鄧平)이 만든 역법이다.
25) 옛날의 벼슬 이름이다.

씨(公孫氏)가 마땅히 부흥할 것이다. 한씨 집안이 당요(唐堯)를 계승한 후에 대대로 전해지는 국운이 있으니 마땅히 현인을 구하여 제위를 선양하고 물러나 자신을 100리 밖의 영지에 봉하고 천명에 순응해야 한다." 휴홍의 생각은 다음과 같았다. 즉 이미 이처럼 많은 자연의 이상 현상이 있는 것은 황제가 평민 속에서 일어난다는 것을 나타낸 것이다. 한 왕조의 유씨(劉氏)는 당요의 후예이고 당요가 화덕(火德)에 처하였기 때문에 한씨 집안도 화덕에 처한다면 마땅히 당요가 우순(虞舜)에게 제위를 주었던 것처럼 제위를 현인에게 선양해 주고 자기는 작은 봉지(封地) 안으로 물러나서 천명에 순응해야 한다는 것이다. 이러한 건의는 분명히 유씨 왕조에게 받아들여지지 않았으며 휴홍은 "요사스러운 말로 대중을 현혹했다"는 죄명으로 피살되었다. 5년 후에 소제(昭帝)가 한창 때 세상을 떠났는데 후사가 없어 여러 차례 우여곡절을 겪었다. 곽광(霍光) 등이 민간에 유랑하여 평민이 된 한 무제의 증손자이고 유거(劉据)의 손자인 유순(劉詢)을 찾아내어 한 선제(宣帝)로 즉위시켰다.

선제 후에, 한 성제(成帝)는 주색에 빠졌다. 기원전 18년에 한 성제는 몰래 궁에서 나와 양아(陽阿) 공주의 집을 지나다가 무희인 조비연(趙飛燕)의 유연한 미모를 보고 그녀를 궁궐로 데리고 와서 매우 총애하였다. 조비연은 또한 자신의 여동생인 조합덕(趙合德)을 한 성제에게 추천하였다. 조합덕이 처음 궁궐에 들어올 때에 용모와 성품이 순수하였고 미모가 빼어났으며 순결하고 티가 없어 좌우의 시종들이 그녀를 보고 모두 칭찬하였다. 한 선제 때의 궁궐의 궁녀인 뇨방성(淖方成)이 당시에 한 성제의 뒤에 서 있었는데, 그녀가 침을 뱉으면서 "그녀는 재앙의 수이니 반드시 화를 없앨 수 있다."라고 말하였다. 뇨방성이 조합덕을 수에 비유한 것은 바로 한나라의 덕운인 화의 기초 위에 근거한 것이다.

대체로 소제와 선제 연간에, 큰 사슴이 사람이 다니는 길에서 느릿느릿

거닐자 천문 역수에 근거하여 다음과 같이 예언하였다. 한은 3과 7 사이에 액을 당한다. 다시 말하면, 한 왕조의 액운이 3(×)7의 210년의 사이에 있다는 말이다. 원제·성제 세대에는 이러한 예언이 '적액37(赤厄三七)' 이라는 유명한 참언(讖言)으로 바뀌었다. 적(赤)은 화(火)이니 뜻은 바로 한 왕조의 화덕이 210년 전후에 액운을 당한다는 것이다. 이것이 비록 천을 빌려 입언한 것이지만 한 왕조가 이미 왕성함에서 쇠퇴함으로 바뀌어 위기가 나타났음을 반영한 것이다. 한 선제는 평민 출신으로 즉위 후에 하층 민중의 고통을 이해하려고 노력하였다. 이에 한 왕조에 중흥의 국면이 출현하였으나 그 후에 자손이 불초하여 즉위하는 황제마다 더욱 우매하였다. 한 성제는 조합덕(趙合德)과 남총 장방(張放)을 총애하여 매일 향연과 음주에 빠져서 이성을 잃고 미쳐 날뛰다가 자기의 친자식마저도 용서하지 않았다. 후궁인 조궁(曹宮)이 임신한 후에 비난을 받자, 중궁전에서 사내아이를 낳은 후에 성제는 독약을 주어 조궁을 자살하게 명하였고 막 태어난 지 11일 되는 아들이 성제에 의해 살해되었다. 허미인(許美人)이 임신하여 사내아이를 낳자, 성제는 명을 내려 아이를 안고 조합덕의 거처에 이르게 하고서, 데리고 있던 시종들을 물리치고 자기가 친히 관문을 닫고 그곳에서 아이를 죽였다. 후에 한 성제는 또한 춘약(春葯)[26]으로 죽었다. 한 애제(哀帝) 유흔(劉欣)은 남자를 총애하는 버릇이 있었다. 나이가 어리고 용모가 아름다운 동현(董賢)을 총애하여 그에게 높은 벼슬과 후한 봉록을 주고 그를 위하여 호화로운 집을 지었으며 그에게 검 중에서 가장 예리한 검과 황제가 쓰던 세상에 보기 드문 신기한 보물을 하사하였다. 황실의 일류 귀중한 물품들이 모두 동씨 집안에 모였으니 유흔 자신이 쓴 것은 실제로 이류의 물품에 불과하였다. 유흔은 능력과는 상관없이

26) 춘약(春藥)은 남녀의 정욕을 도와주는 약제이다.

자기와 가까운 사람을 임용하여 아첨하는 말만 좋아하고 충간을 싫어하였으니 정치는 더욱 어두워졌다. 이 때문에 성제와 애제의 세대에는 "천에서 명을 받는다"는 견해가 다시 방사들에 의해 제기되었다.

한 성제(成帝) 때에, 제나라 사람인 방충가(方忠可)는 『천관력(天官曆)』·『포원태평경(包元太平經)』 등의 책을 위조하여 "한 왕조가 천지의 종말을 만났으니 마땅히 다시 천에서 명을 받아야 한다"고 예언하였다. 중루교위(中壘校尉)인 유향(劉向)이 방충가가 귀신을 구실로 하여 윗사람을 속이고 대중을 현혹했다고 고발하였는데, 방충가는 하옥되어 병으로 죽었다. 한 애제 때에 이르러 방충가의 제자인 하하량(夏賀良)이 "다시 명을 받아야 한다"는 견해를 재차 제기하고, 한 왕조가 연호를 고쳐서 한 왕조의 덕운이 쇠퇴하는 국면을 만회할 것을 건의하였다. 한 애제는 하하량의 제의를 받아들여 기원전 5년에 조서를 내려 다음과 같이 말하였다.

> 한이 일어난 지 2백 년에 역수가 개원하였다. 황실에 비재(非材)의 도움이 내려 한나라가 다시 명을 받는 부절을 얻었으니 짐의 부덕이 어찌 감히 통하지 않겠는가.[27]

이에 태초원장(太初元將)을 원년(元年)으로 연호를 고치고 '진성유태평황제(陳聖劉太平皇帝)'라고 불렀다. 연호를 고치는 것으로 덕운을 바꾸는 것에 대체하였다. 황제의 칭호를 고쳐서 하나의 진씨(陳氏) 성을 더하여 다시 천명을 받았다는 것을 나타내었다. 이것이 옛사람들의 주문 술수이고 실제로 진짜 국수주의의 '정신 승리법'이다. 그러나 이러한 정신 승리

---

27) 『前漢書』, 卷11, 「哀帝紀」. "漢興二百載, 曆數開元. 皇家降非材之佑, 漢國再獲受命之符, 朕之不德, 曷敢不通."

법은 결국 예상한 바의 결과를 얻지 못하였을 뿐만 아니라 하하량 등도 "도에 어긋나고 대중을 현혹하는 간악한 태도는 마땅히 추궁해야 한다"는 죄명으로 하옥되어 죽임을 당하였다.

한 애제가 죽은 뒤에 왕망(王莽)이 정권을 장악하였다. 그는 별의별 궁리를 다 하여 왕위에 가까이 접근하였는데, 그가 이용한 무기가 바로 '참위'와 '덕운'의 설이다. 기원전 5년, 즉 한이 나라를 세운 지 214년이 되던 해는 왕망이 한을 찬탈하는 조건이 이미 성숙하였다. 그의 의도로 날조한 참위와 부명(符命)[28]이 여기저기서 번갈아 일어났다. 어떤 사람이 다음과 같이 보고하였다. "우물을 쳐내다가 위는 둥글고 아래는 평평한 흰 돌을 발견하였는데 돌 위에 붉은색의 큰 여덟 글자가 있었다. '한의 왕망이 황제가 된다.'고 하였다. 이에 왕망은 천명에 응하여 '가짜 황제'가 되었다."[29]

왕망은 3년의 대리 황제를 하면서 진짜 황제가 되고 싶었다. 이에 그는 또한 태후인 왕정근(王政君)에게 다음과 같이 아뢰었다.

> 폐하께서는 한나라의 12대로 37의 액을 만나 천의 범할 수 없는 명을 계승하여 신하인 왕망에게 섭정할 것을 명하였습니다. 광요후(廣饒候)인 유경(劉京)이 상서를 올려 말하기를, "7월 중에 제나라 고을 임치현(臨淄縣)[30]의 창홍(昌興)에서 역참의 장인 신당(辛當)이 하루 저녁에 여러 번 꿈을 꾸었는데 '나는 천자의 사신이다. 천자가 나를 시켜서 역참의 장에게 말하게 하였는데 황제를 대리하는 것은 반드시 진짜가 되어야 한다. 만약 나를 믿지 못하면 이 역참 안에 새로운 우물이 있을 것이다.'라고 하였습니다. 정장이 아침에 일어나 역

28) 부명(符命)은 하늘이 제왕이 될 사람에게 주는 징표이다.
29) 『前漢書』, 卷99, 「三莽傳」 참조.
30) 임치현(臨淄縣)은 산동성(山東省)에 있는 현 이름으로 제나라의 도읍지이다.

참 안을 보니 참으로 새로운 우물이 있었는데 깊이가 또한 100척이었습니다.[31]

왕망이 한나라 37의 액을 구실로 삼아 왕조를 바꾸어야 하는 참언(讖言)과 부명(符命)으로 왕정군(王政君)에게 황제가 되어야 하는 요구를 제기하였으니 왕망의 야심이 마침내 드러났다. 평소에 행실이 나쁘고 큰소리치기를 좋아하던 재동(梓潼)의 사람인 애장(哀章)이 투기할 기회를 엿보다가 부명(符命)을 날조하였다. 그는 하나의 동궤(銅匱)와 두 개의 도첨(圖籤)을 만들고 그 하나의 위에 "천제가 금궤의 그림에 옥새를 찍었다."라고 썼고 다른 하나의 위에는 "적제(赤帝)[32]인 유방이 황제 금책서(金策書)를 전해 주었다."라고 썼다. 책 속에서는 왕망이 진짜 천자가 되었으니 유씨 왕조의 황태후는 마땅히 천명을 따라야 한다고 말하였다. 그림과 책 속에는 모두 왕망의 정치를 보좌하려는 대신의 성명이 쓰여 있었다. 왕망의 신변에서 매우 신임하고 예전부터 섬기던 신하 8명 외에도 듣기에 그럴듯한 이름인 왕흥(王興)·왕성(王盛)을 조작하여 자기의 이름 위에 다시 보태었으니 모두 11명이었다. 해 질 녘을 틈타서 애장(哀章)은 황색 옷을 몸에 걸치고 동궤(銅匱)를 고조의 사당에 보냈다. 왕망이 이 기회를 빌려 천하에 조서를 내려 천명을 이어받았음을 말하였다. 즉 한의 적제(화덕)가 황제(토덕)에게 제위를 선양하였으니 자기는 천명을 경외하여 부득불 받아들이지 않을 수 없었다는 것이다. 마침내 달력을 고치고 복색을 바꾸었으며 황색을 깃발로 삼아 '신(新)' 왕조를 건립하였다. 왕망은 한

---

31) 『前漢書』, 卷99, 「王莽傳」. "陛下遇漢十二世三七之厄, 承天威命, 詔臣莽居攝. 廣饒候劉京上書言, 七月中, 齊郡臨淄縣昌興亭長辛當一暮數夢 曰吾天公使也. 天公使我告亭長, 攝皇帝當爲眞, 卽不信我, 此亭中當有新井. 亭長晨起視亭中, 誠有新井, 入地且百尺."

32) 적제(赤帝)는 한나라 고조(高祖)를 말한다. 한나라는 화덕(火德)으로 적색을 숭상하였기 때문이다.

왕조의 원래 황제인 유영(劉嬰)을 정안공(定安公)으로 봉하였는데, 책봉하던 날에 왕망은 유영의 손을 잡고 눈물을 흘리면서 탄식하기를, 자기가 하늘의 어길 수 없는 명이 절박하여 부득이 이와 같지 않을 수 없었다고 말하였다.

천명에 순응하였음을 나타내기 위하여, 왕망은 또한 금궤의 도서에 따라 보좌하는 신하를 제후로 봉하고 원래 신임하던 8명에게 관직을 승격시켰다. 이외에도 또한 이름이 왕흥 · 왕성이라고 불리는 자 10여 명을 찾아내고 그중에서 용모가 점이나 관상에 부합하는, 떡을 파는 왕성과 성문을 지키던 왕흥을 선택하여 고관에 봉하였다. 애장도 나라의 장군으로 임명되어 상공(上公)[33]에 배열되었다.

왕망의 딸은 원래 한 평제(平帝)의 황후였으나 왕망이 한을 대리한 후에 딸을 황(黃) 황실의 공주로 개명하였다. 여기에서 '황'은 토이니 바로 토덕 황제의 재실 딸을 의미한다. 이것은 한나라와의 관계가 단절되었으니 딸을 새로이 시집보내고자 하였음을 나타낸다. 왕망이 손건(孫建)의 아들에게 화려한 옷차림으로 황(黃) 황실의 공주를 찾아가 보게 하였는데 황 황실의 공주가 부친의 뜻을 알고 크게 분노하여 그 옆에서 시중드는 시종을 채찍으로 때리자 왕망이 그만두었다. 왕망의 심복이자 부명(符命)에 의지하여 집안을 일으켜 세운 견풍(甄豐)이 애장과 동렬의 지위에 있는 것에 만족하지 않았고, 그의 아들 견심(甄尋)은 또한 부명(符命)을 지어 황 황실의 공주는 마땅히 견심의 처자가 되어야 한다고 말하였다. 이에 왕망이 분노하여 "황 황실의 공주는 천하의 어머니인데 이것이 무슨 짓인가."라고 말하고 명을 내려 견심을 체포하려 하였다. 이에 견풍은 자살하고 견심은 방사를 따라 화산(華山)[34]으로 도망갔다. 1년 남짓 되어서야 비

33) 상공(上公)은 오등작(五等爵)의 첫째인 공작(公爵)에 대한 존칭이다.

로소 체포되어 사건이 해결되었는데 자백 내용에 연루되어 수백 명이 비명에 죽었다.

왕망의 황제 자리는 한나라의 선양에서 얻었는데 이 때문에 덕운의 교체 속에서 상승으로 해석할 수 없고 마땅히 상생에 따라 배열해야 한다. 왕망의 의도하에서, 그의 어용 문인인 유흠(劉歆)은 이전의 오덕 상승에 따라 편성한 고사(古史) 계통을 오덕 상생의 새로운 계열로 바꾸었다. 즉 태호(太昊)는 목덕(木德)이고 염제(炎帝)는 화덕(火德)이니 화로 목을 이어받은 것이다. 황제(黃帝)는 토덕(土德)이니 화가 토를 낳은 것이고 소호(少昊)는 금덕(金德)이니 토가 금을 낳은 것이다. 금이 수를 낳기 때문에 전욱(顓頊)은 수덕(水德)이 된다. 제곡(帝嚳)는 목덕이니 수가 목을 낳은 것이고, 당요(唐堯)는 화덕이니 목이 화를 낳은 것이며, 우순(虞舜)은 토덕이니 화가 토를 낳은 것이고, 하우(夏禹)는 금덕이니 토가 금을 낳은 것이다. 금이 수를 낳기 때문에 상탕(商湯)은 수덕이다. 주나라가 은나라를 대신하여 세워졌기 때문에 주나라는 목덕이고 주나라 이후에 한나라는 목이 화를 낳기 때문에 한나라는 화덕이 되고 왕망의 신왕조가 한의 선양을 얻었으니 말하지 않고도 토덕이라는 것을 알 수 있다. 공공(共工)[35]이나 진 왕조에 이르러, 비록 모두 수덕이 있었지만 정통에 속하지 않고 다만 정통이 아닌 윤통(閏統: 비정통)으로 간주되었기 때문에 집어넣을 수 없다.

자기가 천명을 얻었다는 것을 나타내기 위하여, 왕망은 또한 방사인 소악(蘇樂)의 건의를 받아들여 만금의 돈을 소모하여 8풍대(八風臺)[36]를

---

34) 화산(華山)은 섬서성(陝西省) 화음현(華陰縣)에 있는 산 이름으로 오악(五嶽)의 하나이다.

35) 공공(共工)은 상고시대에 물을 다스린 벼슬이다.

36) 8풍(八風)은 팔방의 바람이다. 즉 염풍(炎風, 東北)・조풍(條風, 東方)・경풍(景風, 東南)・거풍(巨風, 南方)・양풍(凉風, 西南)・요풍(飂風, 西方)・여풍(麗風, 西北)・한풍(寒風, 北方)이다.

세웠고, 궁전 안에 오색의 곡식을 심어 자기가 오덕(五德)에 정신과 노력을 기울였음을 나타내었다. 왕망 이후에 오색의 조짐은 천명의 상징이 되었다.

왕망이 자신의 정권을 어떻게 신격화하였던지간에 상도에 어긋나고 억지로 일을 추진하는 행동이 그를 패망케 하는 운명으로 이끌었다. 천봉(天鳳) 2년(15년)에, 민간에 황룡이 황산궁(黃山宮)에 떨어져 죽었다는 소문이 나자, 백성들이 달려가 구경하는 자가 수만 명에 이르렀다. 왕망이 스스로 토덕(土德)에 명하였으니, 황룡은 바로 토덕의 상징이고 황룡이 떨어져 죽었다는 것은 또한 왕망 통치의 멸망을 예언하였다. 이러한 말들이 나타내는 것은 민중의 염원이다. 오래지 않아 적미(赤眉)[37] · 녹림(綠林)[38]과 같은 농민 봉기가 돌발하였다. 농민군은 한 왕조를 회복할 것을 호소하여 유씨 한나라 왕실의 후예를 황제로 세웠고 적미군(赤眉軍)은 또한 눈썹을 적색으로 칠하였는데 그 잠재적인 의미는 한 왕조의 화덕을 크게 떨치는 데 있었다.

마지막으로, 유씨 한나라의 정통 왕조를 회복하는 일을 완수하여 화덕을 부흥시킨 것은 황족의 후예인 유수(劉秀)이다. 일찍이 서한 말년에 사회상에 『적복부(赤伏符)』의 참언이 유전되었다. 참언에서는 "유수가 출병하여 불도(不道)를 체포하자 사방의 오랑캐가 용두(龍斗)의 교외에 운집하였으니 47의 사이에 화가 주인이 된다."라고 말하였다. 참언에 부합하기 위하여, 왕망의 국사공 유흠(劉歆)은 유수로 이름을 바꾸고 마음속으

37) 적미(赤眉)는 후한(後漢) 초에 산동(山東) 지방에 일어난 도둑 무리의 이름으로 모두 눈썹을 빨갛게 물들였기 때문에 적미라고 하였다.

38) 녹림(綠林)은 호북성(湖北省)에 있는 산 이름이다. 후한(後漢) 말 왕망(王莽) 때에 왕광(王匡) · 왕봉(王鳳) 등이 백성들을 모아 이 산을 근거지로 하여 도둑질하며 관군(官軍)에 대항하였다.

로 자기가 천자가 되기를 희망하였다. 후에 광무제(光武帝)가 된 유수는 비록 황족의 후예였지만 왕망 때에 유씨에게 억압을 많이 받았기 때문에 이미 부유한 농민으로 전락해 있었다. 유수의 형인 유연(劉縯)이 한 왕조의 사직을 회복할 포부를 품고서 농업에는 종사하지 않고 천하의 영웅호걸들과 폭넓게 교제하였다면, 유수는 이름이 세상에 알려지지 않게 농업생산에만 종사하였다. 이 때문에 유연은 항상 유수를 비웃었고 그를 한고조인 유방의 형인 유중(劉仲)에 비유하였다. 한번은 유수와 그의 자형인 등신(鄧晨)이 함께 양인(穰人) 채소공(蔡少公)을 찾아뵈었다. 채소공은 도참(圖讖)에 능통하였는데 "유씨가 당연히 천자가 된다"는 참언을 말하였다. 어떤 사람이 "아마도 국사공(國師公) 유수일 것이다."라고 말하였는데, 유수는 웃으면서 "나는 이 유수가 아니다."라고 말하자 앉아 있던 사람이 모두 크게 웃었다.

후에 유수와 형인 유연은 함께 농민군에 참가하였다. 곤양(昆陽)의 전투에서 유수는 두각을 나타내어 자신의 비범한 정치적 · 군사적 재능을 드러냈는데, 이것을 기점으로 하여 유수는 결국 왕망이 패망한 후에 각축전을 벌이다가 중앙정권의 군웅(群雄)의 하나가 되었다.

건무(建武) 원년(25년)에, 유수는 부대를 이끌고 중원(中原)[39]에서 관중(關中)[40]으로 전진하였는데 도중에 관문을 빼앗고 적군의 장수를 죽여서 자주 개선가를 울렸다. 이에 모든 장수들이 여러 번 유수에게 황제라 칭하기를 제의하였으나 유수는 이를 모두 거절하였다. 호현(鄗縣)에 이르자, 유수가 옛날에 알았던 강화(强華)가 관중에서 '적복부(赤伏符)'를 헌납하였다. 적복부에서는 다음과 같이 예언하였다. "유수가 장차 출병하여

39) 중원(中原)은 한족의 발상지인 황하 유역으로 지금의 북지(北支), 즉 하북(河北) · 하남(河南) · 산동(山東) · 섬서성(陝西省) 지방을 말한다.

40) 관중(關中)은 지금의 섬서성(陝西省)의 위하(渭河) 유역 일대를 말한다.

부도(不道)를 체포하자 군웅들이 용두의 들판에 운집하였으니 47의 사이에 화덕이 장차 천하의 주인이 될 것이다." 4(×)7, 28은 기원전 202년에 유방이 황제라 칭한 지 25년이 되었으니 마침 228년이 된다. 군신들이 다시 상소하여 재차 유수가 '부명'에 따라 등극하여 황제라 칭할 것을 요구하였는데 이에 유수가 호현(鄗縣)의 남쪽에 제단을 세우고 화덕이 왕성한 달인 6월 28일에 성대한 등극식을 거행하고 천에 고할 것을 명하였다. 그 축문의 내용은 다음과 같다.

> 황천의 상제와 후토의 신들이 돌보아 주고 명을 내려 유수가 서민이 되었고, 사람들의 부모가 되는 것을 유수는 감당할 수 없습니다. 그런데 많은 신하들과 제후들이 상의하지도 않고 의견이 일치하여 모두 말하기를, "왕망이 임금의 자리를 찬탈하자 유수가 분노하여 군대를 일으켜 곤양에서 왕심(王尋)·왕읍(王邑)을 물리치고 하북에서 왕랑(王郎)·동마(銅馬)를 죽여서 천하를 평정하니 온 천하가 은혜를 입었습니다. 위로는 천지의 마음에 상당하고 아래로는 백성이 돌아갈 곳이 되었습니다."라고 하였고, 참기(讖記)[41]에서는 "유수가 군대를 파견하여 부도(不道)를 체포하였으니 묘금도(卯金刀)[42]의 덕이 천자가 된다."라고 말하였습니다. 유수가 한사코 사양한 것이 두세 번에 이르렀으나 신하들이 모두 "황천의 큰 명을 오래 머무르게 해서는 안 됩니다."라고 말하였으니 어찌 감히 공경하여 받들지 않겠습니까.[43]

---

41) 참기(讖記)는 미래의 일을 예언한 기록을 말한다.

42) 묘금도(卯金刀)는 '유(劉)' 자를 갈라놓은 글자이다. 한씨(漢氏) 성인 유(劉)의 은어로 쓰인다.

43) 『後漢書』, 卷1, 「光武帝紀」. "皇天上帝, 后土神祇, 眷顧降命, 屬秀黎元, 爲人父母, 秀不敢當. 群下百辟, 不謀同辭, 咸曰, 王莽簒位, 秀發憤興兵, 破王尋王邑于昆陽, 誅王郎銅馬于河北, 平定天下, 海內蒙恩. 上當天地之心, 下爲元元所歸. 讖記曰, 劉秀發兵捕不道, 卯金刀德爲天子. 秀猶固辭, 至于再, 至于三. 群下僉曰, 皇天大命, 不可稽留. 敢不敬承."

묘금도(卯金刀)는 '유(刘)' 자의 번체자(繁體字)[44]이니 '묘금도의 덕이 천자가 된다'는 것은 바로 유씨 집안의 화덕이 황제가 된다는 것이다.

다음 해(26년) 정월에, 유한(劉漢)이 나라를 세운 지 228주년에 유수는 정식으로 낙양(洛陽)에 수도를 세우고 성의 남쪽에 교조(郊兆)[45]를 세워서 오방(五方)·오제(五帝)·오덕(五德)에 제사 지냈다. "비로소 화덕으로 결정하고 적색을 숭상하였다."[46] 여기에서 '결정하였다(正)'는 것은 당나라 장회(章懷) 태자인 이현(李賢)의 주석에 따르면 "한나라 초기에는 토덕(土德)으로 황색을 숭상하였으나 이때에 이르러 비로소 화덕을 밝히고 적색을 숭상하였으며 복색이 이에 바르게 되었다"는 것이다. 서한 초기부터 줄곧 존재하던 한씨 집안의 화덕설이 유수 때에 이르러 비로소 정식 증서로 규정되었다.

유수가 비록 수도를 정하고 황제라 칭하였지만 그의 지반(세력) 주위에는 여전히 크고 작은 할거 세력이 분포하였으니, 예를 들면 서남의 공손술(公孫述)이나 서북의 외효(隗囂) 등이다. 유수가 부명(符命)을 천하에 선포하였지만 유수의 부명을 믿지 않는 자가 있었다. 예를 들면 외효는 유씨가 마땅히 일어나야 한다는 설을 믿지 않고 당시에 저명한 학자인 반표(班彪)와 토론하였는데 반표는 도리어 다음과 같이 말하였다. "유씨가 당요(唐堯)의 기업을 계승하였다. 요가 화덕에 있었는데 한이 그것을 계승하였다. 적제자(赤帝子)의 부신(符信)이 있었기 때문에 귀신도 모두 그를 도와 천하가 모두 그에게로 돌아갔으니 이것이 천명이다." 덕운의 설이 적지 않게 유수를 도왔다는 것을 알 수 있다.

---

44) 번체(繁體)는 간체화되기 이전의 필획이 복잡한 한자이다. 예를 들면 '禮'는 '礼'의 번체자이다.

45) 교조(郊兆)는 교외의 하늘에 제사 지내는 곳을 말한다.

46) 『後漢書』, 卷1, 「光武帝紀」. "始正火德, 色尙赤."

서한과 다른 것은 동한의 화덕은 한 번 확립되어 어떠한 의심이나 변경이 없이 곧바로 동한의 조위(曹魏)에게 선양하는 데 이르렀다는 것이다.

3. 위진남북조시대의 오덕종시설

동한 말년의 부패 정치는 황건적[47]의 봉기를 유발하였다. 황건적이 봉기하여 태평도(太平道)에 호소하였는데 도교 계통의 태평도를 오행 학설에 흡수하여 그 이론적 기초로 삼았으며 아울러 그것을 반한(反漢)의 투쟁 임무와 서로 결합시켰다. 태평도 신앙의 지존무상한 신은 태을(太乙)이며 또한 중황태을(中黃太乙)이라고 칭하였다. 『백호통』에서는 다음과 같이 말하였다.

> 황(黃)은 중화의 색이고 자연의 속성으로 만세토록 바뀌지 않는다. 황제가 비로소 제도를 만드는데 그 중화를 얻어서 만세토록 장존하기 때문에 황제(黃帝)라고 칭하였다.[48]

황제 · 토덕 · 중앙은 오제(五帝) · 오행(五行) · 오방(五方) 속에서 지극히 존귀하지만 오덕의 순환에 따라 한의 화덕 뒤에는 마땅히 토덕이 되어야 한다. 때문에 터평도는 중황태을(中黃太乙)을 신봉하였고 아울러 그들의 봉기 구호 속에 "황천이 마땅히 즉위해야 한다." 즉 토덕이 장차 왕이 된다는 사상을 나타내었다.

---

47) 황건적(黃巾賊)은 후한 말에 일어난 비적으로 황건을 썼으며 수령은 장각(張角)이다.

48) 『白虎通』. "黃者, 中和之色, 自然之性, 萬世不易. 黃帝始作制度, 得其中和, 萬世長存, 故稱黃帝也."

황건적의 봉기가 실패한 후에, 그 잔당들이 각지에서 전투를 지속하였는데 기세가 가장 높았던 것은 청주(靑州)의 황건군이었다. 그들은 청주(靑州)·서주(徐州)·연주(兗州)·예주(豫州)의 네 주를 옮겨 가면서 전투하여 눈부신 전적을 얻었다. 그러나 수장(壽張)에서 조조(曹操)군에 포위되어 전투가 좌절당한 후에, 청주의 황건군은 조조에게 다음과 같은 서신을 보냈다.

> 이전에 제남(濟南)[49]에서 신전을 무너뜨렸으니 그 도가 바로 중황태을(中黃太乙)과 같아서 마치 도를 아는 것 같았으나 지금 다시 미혹되었다. 한의 행보가 이미 다하였으니 황씨 집안이 마땅히 즉위해야 하나 천의 대운은 군주의 재능으로 능히 보존할 수 있는 바가 아니다.[50]

조조가 편지를 보고 여러 차례 질책하고서, 청주의 황건군을 매복하여 공격할 것을 계획하고 마지막으로 제북(濟北)에서 30만의 청주 황건적의 장수와 병사들을 모두 체포하였는데 그들을 '청주병(靑州兵)'이라고 불렀다. 조조의 실력도 이로부터 크게 증강하였다.

청주 황건군의 서신에서는 천의 대운을 조조에 비유하여 말하였다. 조조는 그 당시에 제남의 제상으로 있을 때에 함부로 제사 지내는 것을 금지한다는 명분으로 유(劉) 왕실 성양(成陽)의 경왕인 유장(劉章)의 우상을 숭배하는 것을 금지시켰다. 조조는 청주 황건군과 마찬가지로 유한(劉漢) 왕조에 반대한다는 공통점이 있었는데 이것을 '도'를 안다고 표현하였던 것이다. 한의 화덕의 덕운이 이미 다하였으니 황씨 집안의 토덕이 마땅히

49) 제남(濟南)은 산동성(山東省)의 수도이고 황하에 임한 항구로서 교통의 요지이다.
50) 『續後漢書』, 卷25, 「曹操」. "昔在濟南, 毁壞神壇, 其道乃與中黃太乙同, 似若知道, 今更迷惑. 漢行已盡, 黃家當立, 天之大運, 非君才能所能存也."

서야 하지만 이것은 조조 개인의 재력으로 만회할 수 없는 것이다. 조조가 편지를 보고 비록 질책한 것이 여러 번이었지만 내심으로는 "한의 행보가 이미 다하여 황씨 집안이 마땅히 서야 한다"는 견해에 꼭 동의하지 않았다고 할 수 없다.

건안(建安) 원년(196년)에 조조는 한의 헌제(獻帝)를 자기의 근거지인 허창(許昌)으로 맞아들여 천자를 끼고 제후에게 명하는 지위를 얻었다. 한 헌제는 조조의 울타리에 기대어 조조를 대장군으로 임명하고 무평후(武平侯)에 봉하였다. 시중 태사령인 왕립(王立)이 헌제에게 수차례에 걸쳐 다음과 같이 말하였다.

"천명에는 물러나고 나아감이 있으니 오행이 항상 왕성하지 않습니다. 화를 대신하는 것은 토이고 한나라를 계승한 것은 위나라입니다. 천하를 안정시킬 수 있는 것은 조씨의 성이니 오직 조씨에게 위임할 따름입니다."[51]

조조가 말을 들은 후에 사람을 시켜서 왕립(王立)에게 "공이 조정에 충성하였다는 것을 알지만 천도가 심원하니 쓸데없는 말을 삼가기 바라오."라고 말하였다. 분명히 조조가 왕립의 말을 좋아하였기 때문에 그는 왕립을 "조정에 충성하였다"는 것으로 표현하였지만 군웅들이 병립하는 국면에 직면하여 그는 너무 빨리 '비범한 뜻'을 드러내어 군웅들이 들고 일어나는 것을 바라지는 않았던 것이다.

대체적으로 조조만 못한 원술(袁述)도 스스로가 뭇사람들을 아래에 두기 원하였다. 일찍이 동한 초기에, 참서(讖書)[52] 속에는 "한을 대신하는

51) 『後漢書補逸』, 卷14, 「王立」. "天命有去就, 五行不常盛, 代火者土也, 承漢者魏也, 能安天下者, 曹姓也, 唯委任曹氏而已."

52) 참서(讖書)는 미래의 일을 예언하는 참언을 기록한 책이다.

자는 당연히 도고(涂高)이다."는 예언이 있었는데 공손술(公孫述)이 참언을 곧이듣고 스스로 즉위하여 황제가 되었으나 결국 유수에 의해 실패하였다. 200년 후에 원술은 또한 참언을 곧이듣고 원술의 자(字) 공로(公路)가 당도(當涂, 當途)의 뜻과 암암리에 부합하므로 자기가 바로 한나라를 대신하는 자라고 생각하였다. 또한 원씨 성의 조상의 성이 진(陳)이니 이것은 순제(舜帝)의 후손이고 순제는 토덕이다. 토로써 화를 계승하고 황색으로 적색을 대신한 것은 오행 운행의 필연적인 결과이다. 이에 당연히 황제의 생각이 있었다. 이때 낙양으로 진군하던 손견(孫堅)이 우물 속에서 한나라에 대대로 전해지는 옥새를 얻었는데 원술이 그 말을 들은 후에 손견의 처자를 체포하여 강제로 빼앗았다. 천자로 불리고 싶던 원술은 결국 사방에 적을 만들어 군대가 패하자 피를 토하고 죽었다.

조조가 북방을 통일한 후에 북방 정권의 실제 지도자가 되었으니 한 왕실 황제의 모습은 마치 꼭두각시처럼 다만 그 이름만 있을 뿐이었다. 건안 24년(219년)에 손권(孫權)은 조조에게 상소를 보내어 조조를 황제로 칭할 것을 설득하자, 조조는 손권의 편지를 신하들에게 보여 주면서 "이 손자가 나를 화로 위에 놓고 구우려 한다."라고 말하였다. 시중인 진군(陳群) 등이 임금에게 다음과 같이 아뢰었다. "한나라는 이미 이름은 있으나 실제로 망하였습니다. 그 국운이 오래되어 이미 다하였고 역수가 오래되어 이미 끝났으니 오늘에는 적합하지 않습니다. 이 때문에 환제(桓帝) 연간에 도위(圖緯)[53]에 밝은 자들이 모두 '한에 흐르던 기운이 다하였으니 황씨 집안이 일어나야 하고 전하께서는 마땅히 기다려야 한다'고 말하였습니다. 천하를 10으로 나누어서 그 9를 소유하면서 한나라를 섬기니 백

53) 도위(圖緯)는 하도(河圖)와 위서(緯書)로 모두 미래의 일과 점술에 관하여 기술한 책이다.

성들이 주시하고 사방에서 원망합니다. 이 때문에 손권이 먼 곳에서 신하가 되어 복종하니 이것은 천인이 감응한 것이고 다른 기운에서 같은 소리를 낸 것입니다.” 진군의 상소와 그해 청주 황건군의 서신은 내용이 서로 비슷하지만, 본질적으로는 모두 오덕종시설의 힘을 빌어 자기가 한의 정권을 뒤집고 자리를 빼앗아 그것을 대신할 것을 설명한 것이다. 실제로 천명이 돌아가는 곳에는 자연적인 합리성이 있다.

여하튼 조조는 많은 사람들이 주시를 하고 있고 또 몸에 진 전통의 짐이 너무 무거웠다. 때문에 그는 비록 등극하여 황제로 불리는 것에서 일보 멀어지는 감이 있었지만 쉽게 큰 걸음을 내딛지 않고 그는 진군 등에게 다음과 같이 말하였다. “정사를 펴는 것 또한 정치를 하는 것이니 만약 천명이 나에게 있다면 나는 주나라 문왕이다.”[54] 그는 다만 주 문왕과 마찬가지로, 위(魏)[55]나라를 위하여 기반을 세웠으나 황제로 칭해지는 일에 이르러서는 여전히 아들에게 남겨 주려고 하였다는 것이다.

건안 25년(220년) 정월에, 조조가 세상을 떠나자, 아들 조비는 부친의 유언에 따라 제위를 선양하는 일을 긴밀하게 계획하였다. 신하인 좌중랑장이복(將李伏) · 태사승 어지(許芝)가 솔선하여 상소를 올렸는데 그들은 도참을 인용하여 천명이 돌아가고 오덕이 운행하여 그 덕운이 위나라에 있다고 설명하였다. 그 후에 또한 많은 신하들이 조비에게 상소하여 ‘천인의 염원에 따를 것’을 권고하였는데 그들이 말한 덕운의 내용은 다음과 같다.

54) 출처는 『논어』, 「의정」, 제21장이다.

55) 위(魏)나라는 삼국의 하나로 조조(曹操)의 아들 조비(曹丕)가 후한(後漢)에 대신하여 화북(華北)에 세운 왕조이다. 오주(五主) 46년만에 사마염(司馬炎)에게 양위하여 망하였다.

7월 4일 무인(戊寅)에 황룡이 나타났는데 이것은 제왕이 천명을 받았다는 징조가 가장 분명한 것이다.

붉은 것을 대신하는 것은 위나라의 자제이다.

제왕이 일어나는 데는 하나의 성씨가 영원하지 않다. 태미원(太微垣)[56] 중에 황제(黃帝)의 자리는 항상 분명하고 적제(赤帝)의 자리는 항상 보이지 않는데 황씨 집안이 일어나고 적씨 집안이 쇠퇴하는 흉망(凶亡)의 조짐이다.

당(唐)의 시대가 쇠약해져서 천명이 우(虞)에 있고 우씨의 시대가 쇠약해져서 천명이 하(夏)에 있으니 그렇다면 천지의 신명 · 역수의 운행 · 거취의 부명은 오직 덕에 달려 있다.

순이 토덕으로 요의 화를 계승하였다. 지금 위나라도 토덕으로 한의 화를 계승하니 운행에 있어 요순이 주고받은 순서에 부합한다.

군신들이 경전에 근거하여 조비가 정권을 잡는 데 이론적 근거를 만들었다. 조비는 등등한 기세로 여러 차례 신하들의 상소에 대답하는 글에서 자기가 천명을 받지 않았음을 나타내어 군신들에게 다시 상소하거나 다시 여론을 만들 기회를 남겨 두었다. 이러한 형세에 임박하여 한의 헌제(獻帝)는 제위를 선양하는 외에는 달리 선택할 방법이 없었다. 그해 10월에, 한의 황제는 어사대부 장음(張音)을 지절사(持節使)[57]로 파견하여 옥

56) 동양 천문학에서는 황제가 기거하는 궁궐인 자미원(紫微垣)과 황제와 신하들이 정사를 논하는 곳인 태미원(太微垣), 그리고 백성들이 사는 곳인 천시원(天市垣)이라는 세 영역으로 하늘을 나누어 설명하고 있다.

새와 그 인끈을 위나라에 양위하였다. 원굉(袁宏)의 『한기』에 근거하면, 한 황제의 조서는 다음과 같다.

> 짐이 재위한 지 32년에 천하가 동요하고 전복됨을 당하였으나 다행히 조상의 영령에 의지하여 위태로움으로부터 나라를 도로 보존하였다. 그러나 위로는 천문을 보고 아래로 민심을 살피니 화덕의 수가 이미 끝나고 덕운이 조씨에 있었다. …… 지금 요전(堯典)을 추종하여 위왕에게 선양한다.[58]

한 황제가 조서를 내린 후에도 조비는 여전히 선양을 사양하는 상소를 올렸다. 이에 군신들이 합동으로 상소하여 왕위에 오를 것을 권하자, 한의 황제는 재차 위왕에게 칙서를 내려 그에게 선양을 받아들일 것을 청하였다. 이러한 형세하에서 조비가 비로소 못 이기는 체하면서 위나라 황제의 자리에 올랐다.

떠들썩한 한위(漢魏)의 선양에서 정권을 빼앗는 자는 오덕의 천명을 말하였고 정권을 빼앗기는 자도 오덕의 천명을 말하였다. 즉 전자가 당당하게 천명에 의하여 빼앗아 도리에 어긋나지 않다고 말하였다면, 후자는 작은 소리로 천명에 의하여 그것을 주니 마음에 부끄러움이 없다는 것이었다. 전자는 강자의 논리이고 후자는 약자의 핑계이다. 오덕종시설은 봉건사회의 정권교체 시기에 흥망하는 쌍방 모두에게 받아들일 수 있는 이론적 근거를 제공하였다. 천명이 이와 같이 인력으로 바꿀 수 있는 것이 아니니 천명을 얻는 쪽과 천명을 잃는 쪽이 모두 천의(天意)에 기인하였다는 것이다.

---

57) 지절사(持節使)는 천자로부터 부절(符節)을 받고 파견되는 사신이다.

58) 『後漢紀』, 卷30, 「孝獻皇帝紀」. "朕在位三十有二載, 遭天下蕩覆, 幸賴祖宗之靈, 危而復存. 然仰瞻天文, 俯察民心, 炎精之數既終, 行運在乎曹氏. …… 今其追踵堯典, 禪位于魏王."

『한헌제전(漢獻帝傳)』에 근거하면, 조비는 등극한 처음에 신하에게 조서를 내려 '달력을 고치고 복색을 매우 아름답게 바꾸었으며 도량을 일률적으로 규제하고 토행(土行)을 계승하여 천하에 사면을 베풀었다.' 그러나 실제로 위나라는 연호를 '황초(黃初)'로 바꾸어 황덕(黃德)에 부응하는 외에는 여전히 한의 달력을 시행하였고 아울러 위나라의 덕운으로 고친 것을 명문화하지는 못하였다. 이것은 아마도 정치적인 통일 전선의 고려에서 나온 것으로, 위나라가 한의 선양을 계승하여 바로 한의 옛 제도를 고치면 한 왕조 유신들의 반감을 야기할 수 있기 때문이다. 위나라의 명제(明帝)인 경초(景初) 원년(237년)에 이르러, 산치현(山茌縣)에서 황룡이 나타났다고 보고하였다. 대신인 고당륭(高堂隆)은 "위나라가 토덕을 얻었기 때문에 그 징조로 황룡이 나타났으니 마땅히 달력을 고치고 복색을 바꾸어 신으로 그 정치를 밝히고 백성들의 이목을 바꾸어야 한다"고 생각하였다. 명제가 그들의 건의를 받아들여 조서를 내려 연호를 고치고 은나라 때에 시행하던 달력인 은정(殷正)을 채용하였으며 복색은 황색을 숭상하였고 희생물로는 흰색을 사용하였다.

위나라와 동시대의 촉한(蜀漢)·손오(孫吳)의 정권은 조비가 황제라 칭한 뒤에 오래지 않아 모두 뒤따라 황제라 칭하고 천명의 조짐을 얻었다고 하였다. 유비(劉備)·손권(孫權)이 등극하기 전에 모두 황룡의 출현이 있었다. 이것은 토덕이 마땅히 운행해야 한다는 길조이기 때문에 손권은 황룡을 황제라 칭하고 역법의 연호를 고쳤다. 유비는 한 황실의 후예로서 한 왕조의 정통을 회복할 것을 기치로 삼았기 때문에 유씨 집안의 화덕을 버리지 못하고 동시에 그는 토왕(土王)의 덕운에 응하였다. 이에 촉한의 황룡이 무양(武陽)의 적수(赤水)가에 나타났다가 9일을 머물다가 비로소 떠나갔다. 이러한 징조는 황(토)과 적(화)을 함께 연결하여 유비로 하여금 토덕이 장차 왕이 된다는 천명에 응하게 하였을 뿐만 아니라 또한 조상의 전통을 잃지 않게 하였다. 이것은 촉한의 신하들이 별의별 궁리를 다하여 비로소 생각해 낸 조화의 방법으로 그 속셈이 참으로 눈물겹다.

조위(曹魏)가 나라를 세운 시간은 결코 길지 않다. 239년에 조비의 아들 위나라 명제(明帝)인 조학(曹壑)이 병이 위독해지자 급히 사마의(司馬懿)[59]를 불렀다. 사마의가 급히 조정으로 달려가서 임금을 알현하였다. 조학은 사마의의 손을 잡고 말하기를, "나는 후사를 너에게 부탁한다. 나는 죽지 못하고 너를 기다렸다. 너를 만나 보았으니 나는 죽어도 여한이 없다." 조학은 또한 양아들인 제왕(齊王)·진왕(秦王)을 어전으로 불러서 사마의에게 건네주고 특히 진왕인 조방(曹芳)을 사마의에게 가리키며 "이 아이가 바로 태자이다. 선생은 잘 보살펴 잘못되는 일이 없도록 하라."라고 말하였다. 또한 조방을 어전으로 불러서 사마의의 목을 안게 하였다. 사마의가 머리를 조아리고 눈물을 흘렸다. 그날 조방을 태자로 책봉하고 명제는 곧 세상을 떠났다.

명제가 세상을 떠난 후에, 조방이 아직 어려서 다른 대신이 정치를 보좌하였는데, 위나라 왕실의 조상(曹爽)이 권력을 독점하였다. 사마의가 그들로부터 배척을 당하자, 마침내 병을 빙자하여 조정을 다스리지 않고 또한 늙어서 감당할 수 없음을 보여 주면서 조상의 경계를 느슨하게 하였다. 249년에 사마의는 조상의 무방비를 틈타 정변(政變)을 일으켜서 조상의 형제를 쫓아내고 아울러 조상의 가족 친척을 모조리 죽였으며 출가한 자매들도 요행을 면하지 못하였다. 그러므로 후에 진(晉)의 명제(明帝)와 대신인 왕도(王導)가 한담하던 중에, 왕도는 사마의가 조상의 권력을 빼앗을 때의 옛일을 말하였다. 명제는 책상 위에 머리를 떨구면서 말하기

---

59) 사마의(司馬懿)는 삼국시대 위나라의 명장으로 자는 중달(仲達)이다. 의심이 많고 책략이 뛰어나 촉한(蜀漢)의 제갈량(諸葛亮)의 군대를 잘 막아 냈다. 문제(文帝) 때 승상에 올라 손자 사마염(司馬炎)이 제위를 찬탈할 기초를 닦았다.

를, "만약 참으로 공이 말한 것과 같다면 진 왕조의 국운이 어떻게 장구할 수 있었겠는가." 그 잔인한 정도가 진의 명제조차도 차마 들을 수 없었다.

사마의(司馬懿) · 사마사(司馬師) · 사마염(司馬炎)의 혹독한 통치를 거쳐 사마사 때(265년)에 이르러 위나라 황제는 대세가 이미 지나갔음을 보고 부득불 진(晋)나라에 선양하지 않을 수 없었다. 마침내 조서를 내려 "역수가 실제로 당신의 몸에 있다"는 것을 이유로 황제의 자리를 사양하고 금용성(金墉城)에서 거주하였다.

사마염은 선양을 받아들여 연호를 태시(泰始)로 고쳤다. 또한 위나라가 토덕이고 토가 금을 낳기 때문에 사마염은 즉위 초기에 이미 '진나라는 오행의 순서에 따라 마땅히 금을 숭상해야 할 것'을 분명히 규정하였다. 이에 진나라는 유일(酉日)을 납일(臘日)[60]로 하고 축일(丑日)을 사일(社日)[61]로 하여 제사 의식을 거행하였다. 유(酉)는 금이 왕성한 것이고 축(丑)은 토지(土支)이고 금고(金庫)이다. 납유(臘酉) · 축사(丑社)는 또한 진나라 금덕의 표시이다.

그러나 진 정권이 이미 선양을 얻었으니 외관상으로도 문장을 만들어야 하였다. 예를 들면 위나라가 한에서 선양을 받아들였던 것과 마찬가지로, 여전히 나라를 세운 초기에는 위나라의 달력과 복색을 바꾸지 않고 유지하였다. 태시 2년에 유사들이 다음과 같이 보고하였다.

> 위대한 진나라가 위나라에서 선양을 받았으니 마땅히 전대(前代)의 달력이나 복색을 써야 하는 것이 마치 우(虞)가 당(唐)의 고사를 따르는 것과 같습니다.[62]

---

60) 납일(臘日)은 동지 뒤의 세 번째 술일(戌日)로 납향(臘享)을 한다.

61) 사일(社日)은 입춘과 입추 후 다섯 번째의 무일(戊日)이다.

62) 『資治通鑑』, 卷79, 「晋紀」. "大晋受禪于魏, 宜一用前代正朔服色, 如虞遵唐故事."

이른바 우가 당을 따른 관례라는 것은 우순(虞舜)이 당요(唐堯)에게 자리를 전해 받은 것을 가리키니 우순은 당요의 옛 제도를 따르고 덕운을 고치지 않았다. 진무제(武帝)인 사마염은 겉으로는 유사들의 이러한 건의를 받아들였지만 실제로는 여전히 진의 금덕(金德)을 시행하였다. 『진서 · 악지』에는 진의 궁중 노래가 기록되어 있는데 그중의 한 수가 『금영운(金靈運)』이다.

> 금의 신령한 덕운이 하늘에서 상서로운 징조를 내려 황제의 조짐을 드러내어 일월을 배알하였으니 오직 나 황제만이 신성함을 체득하여 위나라의 선양을 받고 천명에 응하여 황제가 되었다. 신령함에 징조가 있으니 큰 산에 올라가 만승을 부린다.[63]

『진서』 속에 기재된 징조를 보면 흰 용이 많이 출현하고 있다. 태시 원년 12월에, 두 마리의 흰 용이 군국(郡國)[64]에 나타났고 태강(太康) 원년에 흰 용이 세 번이나 영창(永昌)에 나타났다. 금은 흰색이니 흰 용은 바로 진나라 덕운인 금의 징조이다.

그러나 총명하고 이름난 진 초기의 세 사마씨의 뒤에 황위를 계승한 것은 도리어 지능이 좀 모자란 혜제(惠帝)인 사마충(司馬衷)이었다. 이에 황후인 가남풍(賈南風)이 권력을 독점하였다. 가남풍의 부친은 위 황제 고귀향공(高貴鄕公)을 죽인 공신이었다. 진 무제가 태자인 사마충을 장가보낼 때 마음에 든 것은 위관(衛瓘)의 딸이었으나 양 황후(楊皇后)는 도리어 가씨(賈氏)에게 마음을 두었다. 무제는 다음과 같이 말하였다. "위공의 딸

63) 『晋書』, 「樂志」. "金靈運, 天符發, 聖徵見, 參日月, 唯我皇, 體神聖, 受魏禪, 應天命, 皇之興, 靈有徵, 登大麓, 御萬乘."

64) 군국(郡國)은 조정의 직할지인 군과 제후를 봉한 나라를 말한다.

에는 다섯 가지 좋은 점이 있으나 가공의 딸에는 다섯 가지 좋지 않은 점이 있다. 위공의 집안은 현인을 중시하고 자식이 많으며 아름답고 키가 크며 얼굴색이 희지만 가공의 집안은 질투를 중시하고 자식이 적으며 추하고 키고 작고 얼굴색이 검다." 그러나 황후의 거듭되는 고집을 견뎌 내지 못하고 무제는 결국 가남풍을 태자비로 받아들이는 데 동의하였다.

사마충이 왕위를 계승하자 가후(賈后)는 권력을 휘두르기 시작하였으니 당시에 조정을 장악한 것은 무제 양후의 부친인 양준(楊駿)이었다. 가후는 권력을 빼앗는 장애물을 제거하기 위하여 왕명을 사칭하여 초왕(楚王) 등이 서울에 들어오자 양준을 죽였다. 양 태후는 궁 안에 연금되어 내외로 소식을 통하지 못하였다. 겨우 비단에다 글을 써서 그것을 성 밖으로 보낼 수 있었는데 편지 속에 "태부 양준을 구해 주는 자에게 상이 있다."라고 말하였다. 이 서신이 가후의 수중에 떨어지자 가후는 마침내 양 태후를 공범으로 선포하고 양 태후를 금용성(金墉城)에 가두고 태후의 모친인 방씨(龐氏)를 죽였다. 양 태후는 시어머니로서 머리를 자르고 고개를 숙이고 며느리인 가후에게 자신을 그의 종이라 칭하면서 어머니의 목숨을 구해 줄 것을 청하였으나 가후가 아랑곳하지 않자 양태후는 마침내 음식을 끊고 굶어 죽었다.

양준이 비록 죽었지만 여남왕(汝南王) 사마량(司馬亮) 등이 또한 정권을 잡자, 가남풍은 백성들이 도탄에 빠지는 것을 불쌍히 여기지 않고 다시 전쟁을 일으켰다. 또한 초왕 사마위를 서울로 불러 올려 사마량을 죽이게 하고, 그 후에는 사마위가 사마량을 죽였다는 것을 구실로 사마위를 죽였다. 가후가 국정을 독점하는 목적을 성취하자, 장기적으로 국정을 지키기 위하여 태자 사마휼(司馬遹)을 폐위시켰다. 이것을 구실로 조왕(趙王)인 사마윤(司馬倫)은 병사를 이끌고 궁궐로 들어가 왕명을 사칭하여 가후를 서민으로 만들어 버렸다. 가후가 혜제(惠帝)를 불러 말하였다. "폐하께서 사람을 시켜서 나를 폐하는 일은 또한 자신을 폐위시키는 것입니다." 가다가 궁궐의 서쪽에 이르러 부친 가밀(賈謐)의 시체를 보고서야 비로소 일이 만회할 수 없는 상황에 이르렀다는 것을 알고 크게 슬퍼하였다. 조왕인 사마윤이 금설주(金屑酒)로 가후를 독살하고 스스로 황제라 칭하였다. 이에 사마의 황족 사이에는 또한 제위를 놓고 쫓고 쫓기는 장기간의 내전이 시작되었으니 역사에서는 진 황실의 내란을 '팔왕의 난'이라고 칭하였다.

사마의 여러 왕들이 한창 서로 싸우고 죽일 때에 북방의 흉노인 유한(劉漢) 정권이 점차 강대해짐에 따라 311년에 북한[65]의 황제 유총(劉聰)이 낙양(洛陽)을 공격하여 진 황제인 회제(懷帝) 사마치(司馬熾)를 포로로 잡았다. 그를 사로잡아 평양(平陽)에 이르렀는데, 그의 몸에 푸른 옷을 입혀서 북한 조정의 연회에 술을 따르게 하였으나 오래지 않아 그를 죽였다. 5년 후에 유총의 군대가 재차 낙양을 석권하였다. 18세의 진 민제(愍帝)인 업(鄴)은 양이 끄는 수레를 탔는데 번쩍이는 윗옷을 입고 밧줄에 포박되었다. 입에는 옥을 물고 있었고 관을 함께 끌고 왔는데 유총의 대장 유요(劉曜)의 의해 평양에서 끌려왔다. 유총은 사마업(司馬鄴)을 마음껏 모욕하고 희롱하였다. 사냥을 나갈 때에는 그의 몸에 군장을 지니게 하여 창을 잡고 선도하게 하였으며 또한 조정의 연회에서는 도주(倒酒)와 세주(洗酒)의 잔을 명하였다. 이후에 또한 그에게 옷을 바꾸어 입게 하고 유총을 위하여 깃털 우산을 손에 들게 명하였는데, 진의 조정에 있던 대신들은 대부분 자기도 모르게 소리를 내어 울었다. 상서랑(尙書郞) 신빈(辛賓)이 사마업을 안고 소리를 내어 통곡하다가 유총에게 피살되었다. 이후에

65) 북한(北漢)은 오대(五代) 때의 십국(十國)의 하나이다. 후한의 은제(隱帝)가 시해되자 유숭(劉崇)이 산서성(山西省) 진양(晉陽)에서 즉위하여 세운 나라이다. 사주(四主) 29년 만에 송나라에 멸망되었다.

오래지 않아, 사마업도 여전히 죽음을 면하지 못하였으니 유총에 의해 살해되었기 때문이다.

민제인 사마업이 죽고 진의 북방 지역의 절반이나 되는 강산을 거의 다 잃게 되자, 진의 천명은 자연히 남방으로 돌아갔다. 이때에 남방에 있던 랑사왕(琅邪王) 사마예(司馬睿)는 친한 친구인 왕도(王導)의 도움하에서, 남방의 귀족들과 연합하여 정치에 참여하였다. 민제가 죽었다는 소식이 남방에 이르자, 많은 신하들이 등극하도록 권하였고 사마예는 마침내 즉위하여 원제(元帝)가 되었다. 즉위 의식에서 사마예는 왕도에게 그와 함께 임금 자리에 앉을 것을 명하였으나 왕도는 단호히 사양하면서 "만약 태양 아래에 만물이 모두 같다면 백성들이 어찌 우러러보고 의지하겠습니까." 라고 말하였다. 왕도가 비록 원제와 함께 임금 자리에 앉은 적은 없었지만 동진(東晋)의 실권을 장악하였기 때문에 당시 사람들은 "왕도와 사마예가 천하를 공유하였다" 고 말하였다.

그러나 동진은 불행한 왕조로 317년에 건립하여 420년에 멸망하였는데 거의 백 년 사이에 내란이 자주 일어나서 수도인 건강(建康)이 자주 전쟁에 휩싸였다. 왕돈(王敦)을 선두로 하여 소준(蘇峻)과 환온(桓溫)이 청군측(淸君側)이라는 이름의 군대를 이끌고 조정과 전쟁하였다. 내우 외에도, 동진은 또한 심각한 외환(外患)의 압력을 받았다. 이 때문에 동진은 나라를 세운 지 백 년 사이에 기본적으로 매우 불안한 시국에 처하여 안정을 얻지 못하였다.

동진의 강산은 마지막으로 유유(劉裕)에게 넘어갔다. 유유는 미천한 출신으로 가정 형편이 빈궁하였다. 전해지는 말에 의하면 그가 젊었을 때에 항상 서울 어귀의 죽림사(竹林寺)에서 놀았는데 혼자 강당[66] 앞에 누워 있

66) 강당(講堂)은 옛날 사원(학교) 등에서 경서를 강론하던 곳이다.

으면 오색의 용무늬가 그의 몸 위에 나타났다고 한다. 여러 승려들이 그것을 본 후에 놀라서 유유에게 알려 주었는데, 유유는 마음속으로 은근히 좋아하면서 스스로 길조로 생각하였다. 후에 손은(孫恩)·노순(盧循)의 봉기를 진압하던 중에 유유는 자기의 세력을 확장하고 이어서 동진의 실력파 인물인 환현(桓玄)을 소멸시킴으로써 동진의 대권을 자기의 수중에 장악하였다. 원희(元熙) 2년(420년)에 유유의 군대가 수도에 이르러서 진 공제(恭帝)의 선양을 독촉하였다. 신하들이 이미 쓴 선위 조서를 공제에게 주었을 때에, 공제는 흔쾌히 좌우의 시종들에게 "진씨가 이미 잘못된 지 오래되었으니 지금 다시 무엇을 원망하겠는가."라고 말하였다. 그리고 붓을 잡고 붉은 종이 위에 선위 조서를 베껴 썼다. 『송서』「무제기」의 말에 따르면, 유유가 비록 선양을 독촉하였지만 겉으로는 겸양(謙讓)을 나타내었다. 이에 공제가 먼저 선위 조서를 내리고 다시 선위 책문(策文)을 내렸으며 또한 선위 새서(璽書)[67]를 내렸다. 새서 속에는 자연히 천명이 돌아갈 곳이나 오운(五運)이 다하였음을 말하지 않을 수 없었으니, 새서에서는 다음과 같이 말하였다.

> 예전에 토덕(土德)이 나에게 재앙을 알려 주고 복을 전해 주어 진나라가 있었으나 지금은 역운이 바뀌어 영원히 여기에서 끝났으니 또한 금덕(金德)을 송나라에 전한다.[68]

뜻은 조위(曹魏)의 토덕이 다하였기 때문에 나의 진 왕조에 전해졌으나, 지금은 역운이 바뀌어서 진의 덕운이 이미 끝났기 때문에 금덕을 송

67) 새서(璽書)는 천자의 도장을 찍은 문서이다.

68) 『宋書』, 卷2, 「武帝_. "昔土德告沴傳祚于我有晋, 今曆運改卜, 永終于兹, 亦以金德而傳于宋."

나라에 전한다는 것이다. 진 공제가 비록 퇴위하여 황후인 저씨(褚氏)의 보호 속에서 집 안에만 틀어박혀 있고 나가지 않으면서 자신을 지키려 하였지만 유유는 여전히 그를 내버려 두려 하지 않았다. 유유는 저씨의 형을 시켜서 저씨를 만나게 하였다. 이 기회를 틈타 자객이 담을 넘어가서 방 안에서 진 공제를 죽였다. 진 왕조는 피비린내 나게 조위씨(曹魏氏)를 살육함으로써 나라를 세웠고, 또 뒤를 이은 유송(劉宋)에 의해 살육당함으로써 막을 내렸다.

유유가 정권을 탈취한 후에, 유송(劉宋) 왕조를 건립하여 진의 금덕으로 송의 선양을 얻었다. 금이 수를 낳으니 수덕이 된다. 그해에 진의 태시력(泰始曆)을 영초력(永初曆)으로 바꾸었다. 사(社)는 자(子)이고 엽(獵)은 진(辰)이며 자(子)가 수가 되고 진(辰)은 수고(水庫)가 된다. 자사(子社)와 진엽(辰獵)은 바로 유송 정권의 수덕(水德)을 나타낸다. 유송이 이미 수덕이라면 자연히 수덕의 상서로운 징조를 만들어야 하였다. 유송의 문제인 유의륭(劉義隆)이 즉위 전에 서쪽에서 흑룡을 보았는데 오색의 구름이 그것을 따랐고 즉위하러 서울로 가는 길 위에 또한 흑룡이 유의륭이 탄 배 위에 뛰어올랐다. 시종들이 놀라서 얼굴빛이 변하였으나 유의륭은 수행원에게 "이것이 바로 하우(夏禹)가 천명을 받은 까닭이니 내가 무슨 덕으로 그것을 감당하겠는가."라고 말하였다. 겸손하게 자신을 낮추는 중에 자부심과 과시를 드러내었다.

그러나 유송의 자손은 한 세대로 내려가면서 점차 더 불초하여 3세대째인 폐제 유자업(劉子業)의 수중에 이르러서는 형세가 더욱 나빠졌다. 유자업은 즉위하자마자 자신이 태자가 되었을 때 부친이 기뻐하지 않았다고 생각하여 부친의 왕릉을 파내었다. 태사(太史)가 왕릉을 파는 것은 유자업에게 이롭지 못하다고 말하자, 유자업이 비록 왕릉을 파내는 것은 그만두었지만 사람을 시켜서 무덤 위에 똥을 뿌리거나 물을 뿌리게 하고

서 자기의 부친을 '주부코' 라고 함부로 욕하였다. 모친이 병이 깊어서 사람을 보내 유자업을 불렀으나 유자업은 "병자가 사는 집은 많이 음험하여 가기가 두렵다." 라고 말하였다. 태후가 매우 분개하여 시종에게 "칼을 가지고 와서 나의 배를 갈라라. 어디에서 이런 아이를 낳았는지." 라고 말하였다. 유자업이 흉악하여 함부로 사람을 죽였기 때문에 점점 인심을 잃게 되었고 제위는 숙부인 유욱(劉彧)에 의해 찬탈되었다. 유자업이 시종에게 살해되어 죽을 때의 나이가 겨우 17세였다.

유욱이 왕위를 찬탈한 후에 만년에 귀신을 좋아하였는데 기피하는 자가 많았다. 대신들 중에 기피하는 자는 바로 죽였으니 조정의 신하들이 모두 두려워하였다. 게다가 전쟁이 그치지 않아 궁중의 곳간이 텅 비었으니 송의 국력은 이미 기울어졌다. 그러나 유욱의 후계자인 폐제(廢帝)는 또한 부형의 흉악과 음란함을 뛰어넘어 더욱 송을 막다른 골목으로 유도하였다. 이에 송의 대권은 장군인 소도성(蕭道成)의 수중에 떨어졌다.

유송의 순제(順帝) 때는 소도성이 송을 취하여 왕권을 교체하는 조건이 이미 무르익어서 순제의 선양을 강요하였다. 이때 순제는 이미 달리 선택할 방법이 없었으니 다만 '수덕이 바뀐다' 는 것을 이유로 제나라에 선양하였다. 소도성은 선양으로 천하를 얻었으니 오덕 상생의 관례에 따라 수가 목을 낳기 때문에 덕운이 목이 되었다. 소도성은 일부러 겸손하게 사양하는 태도를 취한 뒤에 등극하기를 권하는 군신들의 소리에 따라 제위에 오르고 불을 놓아 하늘에 고하였다. 그는 축문에서 다음과 같이 말하였다.

> 천하는 오직 공공의 천하이니 명이 상주하지 않습니다. 예전에는 우나라(순임금)·하나라(우임금)에서 선양이 있었으며 한나라·위나라에서 중엽까지 선양이 있었으니 모두 여러 방책을 밝혀서 전적에 실려 있습니다. 수덕이 이미

미약하여 아직도 세상에는 변고가 많기 때문에 실제로 구원해 주는 소도성의 공로에 의지하여 널리 그 어려움을 구제해야 합니다.[69]

축문의 뜻은 다음과 같다. 즉 천하는 모두의 천하이니 천명이 한 집안에만 상주하지 않는다. 과거 우순(虞舜) · 하우(夏禹) 때에 선양하는 제도가 있었으며 한 · 위 이래로 더욱 선양으로 왕조를 교체한 것이 전적 속에 기록되어 있다. 지금 유송의 수덕이 이미 쇠약하여 몇 대의 황제들이 모두 세상의 많은 변고에 봉착하여 실제로 소도성의 구원에 의지하고 있다. 그러므로 소도성이 천하를 얻는 것은 공로가 빚어낸 것이고 천명이 돌아가는 곳이다. 이전 왕조의 오덕 교체와 천명 선양의 관례에 따라 소도성이 당연히 황제의 지위에 올라야 한다는 것이다.

소도성이 목덕(木德)으로 천하에 왕 노릇 하였기 때문에 마찬가지로 반드시 목덕의 상서로운 징조가 있었다는 것을 천하 사람들에게 증명해야 하였다. 그래서 소도성의 옛집에서 뽕나무를 찾아내었다. 소도성의 옛집의 남쪽에 뽕나무 한 그루가 있었는데 나무의 높이가 3장이나 되었고 옆으로 네 가지가 났는데 모양이 마치 어가[70] 위에 쓰는 우산과 같았다. 소도성이 어릴 적에 뽕나무 아래에서 놀기를 좋아하자, 그의 종형인 소경종(蕭敬宗)이 "이 나무가 너를 위하여 생겨났다."고 말하였다. 소도성이 17세 때에 또한 꿈에 청룡을 타고 하늘로 올라갔는데 청은 바로 목덕의 색이다. 당시의 참서인 『하락참(河洛讖)』 속에는 이를 다음과 같이 말하였다. 즉 "70년을 거치며 수의 위업이 멸하자 바람과 구름이 함께 일어나 용의 비늘을 몰수하였다." "우수수 풀이 자라니(蕭蕭草成) 도덕이 모두 갖추

---

69) 『南史』, 卷4, 「齊本紀」. "天下唯公, 命不于常, 昔在虞夏, 受終上代, 우自漢魏, 揖讓中葉, 咸煥諸方策, 載在典謨. 水德既微. 仍世多故, 實賴道成匡救之功, 以弘濟于厥艱."

70) 어가(御駕)는 임금이 타던 수레이다.

어졌다(道德盡備).”는 등이다. 송은 수덕으로 나라를 세운 지 66년 만에 망하였다. ‘소(蕭)’ 자는 초(草) 자로 이루어졌고 초목의 덕이 되므로 이것은 소도성이 황제가 된다는 예언의 말이다. 이러한 것들은 모두 소도성 자신 혹은 그의 신하들이 그의 왕권을 신격화하거나 그의 천명을 증명하기 위하여 견강부회로 만들어 낸 것이다.

소제(蕭齊) 왕조가 소도성과 아들 소색(蕭賾)이 통치한 십몇 년간은 민중들이 잠시나마 한숨을 돌릴 기회를 얻었다. 소색이 죽은 후에, 후계자는 모두 어리석고 포악하였는데, 특히 폐제인 동혼후(東昏侯) 소보권(蕭寶卷)은 더 한층 가혹하여 사람의 도리라곤 하나도 없었다. 그는 궁궐을 나와 놀기를 좋아하였고 또한 사람들과 부딪치는 것을 좋아하지 않았다. 그래서 그가 가려는 곳은 미리 백성을 쫓아내고 빈집만을 남겨 두어야 했다. 병이 위중하여 움직일 수 없는 자들까지도 반드시 비켜 주어야 했고 비켜 주지 못한 병자는 길옆으로 기어가다가 관리에게 두들겨 맞았다. 어떤 사람이 도망갈 수가 없자 병자를 냇가에 버렸다. 하급 관리가 감사의 문책을 두려워하여 병자를 물속에 밀어 넣고 그 얼굴을 진흙으로 덮었는데 병자가 순식간에 죽고 말았다. 태수(太守)와 같은 관원들조차도 마찬가지로 쫓겨난 예가 있다. 태수 왕경빈(王敬賓)의 집안에 어떤 사람이 세상을 떠났으나 아직 입관하지도 못한 상태에서 바로 치워졌다. 동혼후 소보권이 놀다가 돌아가기를 기다린 후에 집안사람들이 돌아와 보니 죽은 사람의 두 눈이 모두 쥐에게 먹혀 버렸다. 소보권이 한번은 침공성(沈公城)에서 놀고 있었는데 아이를 가진 임산부가 도망가지 못하였다. 소보권이 그의 집으로 가서 임산부에게 왜 달아나지 않았는지를 묻고 칼로 배를 갈라서 아이를 보았다. 소보권이 이와 같이 방탕하고 잔혹하여 민심을 모두 잃었다. 이 때문에 소제의 장군인 소연(蕭衍)이 병사를 일으켜서 동혼후를 토벌할 때에 백성들 중에 따르기를 원하던 자가 무려 3만 명이나 되었다.

폐제 동혼후의 부대가 패하자, 소보권은 시종에게 살해되고 소연이 소보융(蕭寶融)을 세워 소제의 화제(和帝)로 삼았으니 군정의 대권은 실제로 소연의 수중에 있었다. 1년 후에, 소연은 선양의 형식으로 소제의 수중에서 제위를 탈취하여 소양(蕭梁) 정권을 세웠다. 화제가 강요에 못 이겨 제위를 넘겨주었을 때에 선양 조서 · 선양 책문(策文)과 선양 새서(璽書)를 내렸는데, 새서에서 그는 다음과 같이 말하였다.

> 예전에 수의 운행이 다스려지게 됨을 알려 주었다. 나의 태조는 이미 천명을 받았으나 세대가 끝나 해에서 천록(天祿)이 떨어져 가니 또한 목덕(木德)을 양나라에 전한다.[71]

소연은 전형적인 위선자였다. 한편으로, 그는 의도적으로 선양을 받아들이지 않겠다고 상소를 올리고 나서는 제나라 예장왕(豫章王) 소원림(蕭元琳)을 우두머리로 하는 819명과 양나라 시중인 범운(范雲) 등의 측근인 117명으로 하여 일제히 상소하여 왕위에 오를 것을 권하였다. 태사가 장도수(蔣道秀)에게 천문부록 64조를 진술할 것을 명하여 소연이 마땅히 황제의 천명을 받았다는 것을 증명하자, 소연이 비로소 부득이하여 하늘의 뜻과 사람들의 염원에 따르지 않을 수 없음을 나타내고 등극하여 황제라 칭하였다. 다른 한편으로, 그는 뒤로 음모를 꾸며 이미 선양하였는데도 나이가 겨우 15세인 화제를 내버려 두지 않고 사람을 파견하여 화제에게 금을 삼키고 자살할 것을 강요하였다.[72] 화제는 "나의 죽음에는 금이 필

71) 『梁書』, 卷1, 「武帝」. "昔水行告厭, 我太祖既受命代終, 在日天祿去謝, 亦以木德而傳于梁."
72) 중국에는 금을 삼키고 자살했다는 설화가 많다.

요하지 않고 술이면 족하다." 고 말하였다. 이에 술을 한 되 마시고 사자에 의해 살해되었다.

소연이 생전에 그토록 효도하고 예불을 공경한 것과는 관계없이, 그는 여전히 좋은 결과를 얻지 못하였다. 그가 86세 때에 장군인 후경(侯景)이 모반하여 경성을 포위하고 출로를 막아서 소연을 연금하자 소연은 멀쩡하게 굶어 죽었다. 소연이 죽은 후에 변덕스러운 후경이 잠시 황제에 즉위하였다가 곧 폐위되었으니 양의 조정은 하루도 편할 날이 없었다. 후경을 평정하는 과정 중에 또 다른 장군인 진패선(陳霸先)이 실권을 장악하였다. 양 왕조의 마지막 황제, 즉 16세의 경제(敬帝)는 이미 진패선을 어찌할 수 없어서 다만 진(陳)나라에 자리를 양위하였다. 양 경제는 이전의 몇몇 왕조의 마지막 황제들과 마찬가지로, 선양한 후에 바로 새로 등극한 임금에게 피살되었다. 경제가 진나라에 선양할 때도 마찬가지로 관례에 따라 선양 조서 · 선양 책문 · 선양 새서를 내었다. 새서 속에서 그는 다음과 같이 말하였다.

> 예전에 목의 덕운이 다하여 나의 고조(高祖)가 받았으나 지금 역수가 염정(炎精: 화덕의 신)으로 가고 신이 추뉴(樞紐)로 돌아가니 화덕을 공경하여 진나라에 전한다.[73]

진패선도 이전 사람들의 발자취에 따라 거짓으로 한번 사양한 후에 불을 놓아 하늘에 고하였다. 등극할 때도 마찬가지로 조서를 내려 전 왕조의 양위를 성대하게 대접하고 그를 왕으로 봉하였다. 전 왕조의 달력을

73) 『陳書』, 卷1, 「高祖」. "昔者水運斯盡, 予高祖受焉, 今曆去炎精, 神歸樞紐, 敬以火德, 傳于爾陳."

시행하고 수레의 깃발이나 복색도 모두 선례를 따랐지만 실제로는 그를 사지로 몰아넣었다.

정권을 잡은 후에 진패선은 자신의 천명을 증명하기 위하여 먼저 조서를 내리고 다음으로 새서(璽書)를 내려 오덕종시를 말하였다. 이를테면 "오덕이 다시 운행하는 것은 제왕이 천하를 다스리기 위한 것이다." "오승(五勝)이 서로 미루어 가는 것은 헌원씨(軒轅氏)와 복희씨(伏犧氏)가 마땅히 운행해야 하기 때문이다." "양나라의 덕운이 다스려지지 않으니 짐이 힘이 미약하나 덕운을 일으키는 것은 정당하다."는 등과 같은 것들이 지면을 가득 메웠다. 그 뜻은 백성들에게 양씨 집안의 화덕이 쇠미하였다는 것을 증명하고 오덕이 유전하였으니 나 진씨 집안이 마땅히 천명에 응하여 토덕을 타고 일어나야 한다는 것이다.

위진에서 남조의 송(宋)·제(齊)·양(梁)·진(陳)에 이르기까지, 정권의 교체는 어떠한 예외도 없이 선양의 형식을 취하였으니 신(新)군주는 강권에 의지하여 이전 왕조의 마지막 황제에게 선위를 강요하였다. 그렇지만 신구 군주를 막론하고, 모두 오덕종시의 깃발을 끌어다가 치욕을 감추었으나 치욕을 감춘 뒤에는 바로 강자의 피비린내 나는 학살과 약자의 모욕을 당하는 슬픔이 있었다. 오덕종시가 비록 천명을 빌어서 덕운을 말하였지만 그 진정한 뜻은 '누구에게 실력이 있는지', '누구에게 천명과 덕운이 있는지'를 나타내기 위한 것이었다. 천명이 물론 영구하지 않지만 오직 실력자에게만 주어진다는 것이다. 이른바 오덕의 선양에 따른다는 것은 연극 무대 위의 상투적인 말투에 불과하였다.

동진이 중원을 잃고 강남에 안거하던 때, 북방의 황하 유역은 바로 서로가 밤낮없이 패권을 다투던 혼란의 16국 시기였다. 이 16국은 한(漢, 前趙)·후조(后趙)·전연(前燕)·전진(前秦)·성한(成漢)·후연(后燕)·남연(南燕)·북연(北燕)·후진(后秦)·하(夏)·서진(西秦)·후량(后涼)·남량(南凉)·북량(北凉)·서량(西凉)이다. 그중에서 성한(成漢)[74]은 파촉(巴蜀) 지역의 고파족(古巴族) 이씨가 세운 것이다. 북연·전량·북량·서량은 한인 정권이었고 그 나머지는 모두 흉노(匈奴)·갈(羯)·선비(鮮卑)·저(氐)·강(羌)의 다섯 개의 소수민족에 의해 세워진 정권이었기 때문에 역사에서는 그것을 '5호16국'이라고 불렀다. 실제로 상술한 16국 외에도, 북방에는 또한 유대(有代)·염위(冉魏)·서연(西燕) 등이 정권을 세웠다. 5호16국 130년은 유연(劉淵)의 건국(304년)으로부터 북위가 북방을 통일(439년)하기까지 19개의 정권이 번갈아 일어나거나 병존하였으며 7개의 민족이 서로 싸우고 죽였으니 백성들이 도탄에 빠지고 치국 상태가 매우 혼란하였음을 미루어 짐작할 수 있다.

이상한 것은 이러한 혼란의 시대에 한인이 세운 정권에서는 천명오덕에 대해 입을 다물고 말하지 않았으나 소수민족의 건국자들은 오히려 오덕종시의 틀에 박힌 설을 붙잡고서 그것을 대담하게 제기했다. 그 원인을 궁구해 보면, 한족의 정권은 오덕종시설을 주장할 수 없는 고충이 있었다. 전량(前凉)의 장씨 정권은 원래 서진의 양주(凉州) 자사(刺史)[75]였으나 서진이 멸망하면서 오직 양주만을 보존할 수 있었다. 나라를 세운 초기에는 여전히 동진 조정의 정통을 인정하였으나 그 세력은 자신이 천명에 응하여 무슨 덕을 타고 일어났는지를 분명히 말하지 못하였다. 염위(冉魏) 정권에 이르러, 후조(后趙)의 석씨(石氏)가 그것을 얻어서 겨우 2년을 보존하였으나 또한 2년간 싸움이 그칠 날이 없었기 때문에 자연히 자기의

74) 성한(成漢)은 5호16국의 하나로 서진(西晉) 때에 저족(氐族)의 이웅(李雄)이 촉나라 땅에 나라를 세워 국호를 성(成)이라고 칭하였다가 뒤에 한(漢)이라고 개칭하였으며 사천(四川)의 성도(成都)에 도읍을 정하였다. 성한(成漢) 혹은 후촉(後蜀)이라고도 불렀다.

75) 자사(刺史)는 한당 시대의 주(州)의 장관이다.

덕운을 언급할 겨를이 없었다. 그러나 소수민족의 건국자들은 변방에서 중원에 진입하여 한족 구역을 강탈하였으니, 한편으로는 선진의 한 문물제도에 대한 사모에서 나왔고 다른 한편으로는 정치 책략의 필요에서 나왔다. 즉 중화의 정통을 쟁탈하고 천명의 신성에 부응하여 자기가 중원에 입주한 유일한 정통이고 나머지가 비정통임을 증명하였을 뿐만 아니라 또한 한족의 백성들을 설득시켜서 자기의 지도에 복종시킬 수 있었다는 것이다.

먼저 이러한 오덕을 끌어서 천명의 중요성을 인식한 것은 흉노 정권인 한[前趙]의 통치자 유요(劉曜, ?~328)이다. 유요는 유연(劉淵)의 조카이다. 유연은 흉노 모돈(冒頓)의 후예였으나, 한고조가 왕족의 딸을 모돈에게 시집보내어 계약으로 형제가 되었기 때문에 그 자손은 모두 유씨를 성으로 하였다. 유연은 어려서부터 한족인 최유(崔游)에게서 경전과 사기 · 한서 · 제자 등을 배웠기 때문에 그가 군대를 일으켜서 진(晋)나라에 반대할 때에 자신을 대단우(大單于)라 칭하고 또한 한왕(漢王)이라고 칭하였다. 이에 그는 "내가 바로 한씨의 사위로서 계약으로 형제가 되었다. 그런데 형이 죽고 지금 동생인 내가 계승하였으니 또한 옳지 않겠는가."라고 공언하고 자기가 유한 왕조의 계승자이고 중화의 정통임을 나타내었다. 그러므로 그 뒤에 건국하여 황제라 칭하고 여전히 '한(漢)'을 국호로 하였다. 유연이 죽은 후 9년 만에 한 정권은 바로 유요의 수중에 떨어졌다. 유요는 국호를 고쳐서 '조(趙)'라고 하였으니 조나라는 수덕으로 진의 금덕을 이었으니 희생으로는 흑색을 숭상하였고 깃발은 검은색을 숭상할 것을 분명히 결정하였다. 유요는 이미 천명오덕의 의미를 중시하였기 때문에 그와 유관한 역사에는 신화의 색채가 적지 않았다. 그가 관잠산(管涔山)에 은둔하여 거문고와 책으로 소일하고 있을 때에 두 명의 동자가 들어와 무릎을 꿇고 "관잠의 왕이 소신들로 하여 조(趙) 황제를 알현하고 칼 한

자루를 바치게 하였습니다."라고 말하였다. 말을 마치고 검을 유요 앞에 놓고는 거듭 절하고 떠나갔다. 유요가 촛불 아래에서 검을 보니 검의 길이가 2척이나 되었고 광택이 범상치 않았으며 붉은 옥으로 장식되었는데 칼등 위에는 다음과 같은 글이 새겨져 있었다. "신검을 받들어 군중의 독을 제거하라." 유요가 이 칼을 차자 검이 사계절을 따르고 오색으로 변하였다. 오덕과 오색이 옛사람들의 마음속에서는 바로 천명을 나타내었다.

유요가 황제라 칭한 후에 장안(長安)을 도읍으로 정하고 양씨(羊氏)를 황후로 세웠다. 양씨는 원래 진 혜제(惠帝)의 황후였으나 유요가 대장이 되어 서진의 수도를 점령하였을 때 양씨를 사로잡아 부인으로 삼았다. 유요가 일찍이 양씨에게 "내가 사마의 집안만 못한가?"라고 묻자 이에 양씨가 다음과 같이 대답하였다. "폐하는 개국한 성군이니 저 같은 망국의 암부(暗夫)가 무엇을 말할 수 있겠습니까. 사마는 제왕이 되어 부인과 자식을 두었으나 일찍이 보호하지 못하였습니다. 그대의 첩이 되었을 때에 실제로 살기를 원하지 않았습니다. 세간의 남자들이 모두 그렇다고 생각하였는데 유요에게 수건을 드리고 빗질을 해 주면서부터 비로소 천하에 대장부가 있다는 것을 알았습니다."

비록 유요가 양씨의 안중에서는 지위가 자못 높았으나, 즉 유요는 어리석은 황제인 사마충(司馬衷)보다는 조금 나았지만 여전히 총명한 군주라고는 할 수 없었다. 328년 유요는 군대를 이끌고 후조(后趙) 석륵(石勒, 274~333)의 낙양성(洛陽城)을 공격하였다. 석륵이 병사를 통솔하여 밤낮을 쉬지 않고 길을 재촉하여 오는데도 유요는 도리어 장막 속에서 측근 신하들과 술을 마시며 놀고 있었다. 좌우의 시종들이 의견을 제기하자 요사스러운 말로 간주하고 죽여 버렸다. 그 결과 석륵과의 전투에서 유요는 술을 취하도록 마시고 싸움터로 나갔으나 석륵의 군대에게 패배하였는데 몸에 10여 곳에 상처를 입고 석륵의 부장에게 생포되었다. 오래지 않아 전조(前趙)는 완전히 무너졌다.

석륵은 원래 유연 군대의 장수로 유요와 같은 부류였다. 유한의 내란 때 정권을 유요에게 강탈당하자 석륵은 군대를 이끌고 자립하여 조왕(趙王)이라 칭하였다. 석륵은 한 문화를 매우 사모하여 한족의 선비에게 중요한 직책을 맡기고 사대부나 귀족을 함부로 업신여기지 않았다. 특히 밉살스러운 사람을 '오랑캐'라는 글자로 말하였다. 한번은 술에 취한 '오랑캐'가 말을 타고 느닷없이 문에 뛰어들었다. 석륵이 크게 분노하여 궁문을 지키는 낮은 벼슬아치 풍저(馮翥)를 문책하였다. 풍저가 황공하게 대답하기를, "방금 술에 취한 오랑캐가 있었는데 말을 타고 질주해 들어오니 내가 비록 힘을 다하여 제지하였으나 그는 도무지 규율을 따르지 않았습니다."라고 하였다. 석륵이 웃으면서 말하기를, "오랑캐에게는 참으로 규율을 말해 주기가 어렵다."고 하며 용서하고 풍저를 벌하지 않았다.

석륵이 비록 천자의 의장(儀仗)[76]을 만들었지만 곧바로 황제라 칭하기를 두려워하였다. 328년에 치평(茌平)[77]의 현령[78]이 검은 토끼 한 마리를 잡아서 석륵에게 바치자, 석륵의 부하인 정하(程遐) 등이 이 기회를 틈타 황위에 오를 것을 권하면서 석륵에게 다음과 같이 말하였다. "이것은 석륵이 제위에 오르는 혁명의 징조입니다. 진나라가 수로서 금을 이었으며 토끼는 음정(陰精)의 짐승이고 검은 것은 수의 색이니 이것은 전하께서 마땅히 천인의 원망에 빨리 부합해야 함을 나타낸 것입니다." 석륵은 자기의 정권이 오히려 안정되지 못할 것을 걱정하여 다만 큰 사면과 연호를

76) 의장(儀仗)은 고대의 제왕이나 관리 등이 의식을 갖추어 외출할 때 쓰던 기밧 · 부채 · 우산 · 무기 따위를 말한다.

77) 치평(茌平)은 산동성(山東省)에 있는 현(縣) 이름이다.

78) 현령(縣令)은 현의 장관이다. 한나라 때에 만호(萬戶) 이상의 현에 두었으며 그 이하의 현에는 장(長)을 두었다.

고치는 것으로 수덕의 상서로운 징조에 응하고 제위에 오르는 것에는 급급해하지 않았다. 2년 후에 전조(前趙)의 정권이 망하자, 전조의 대대로 전해지던 옥새(玉璽)·금새(金璽)·태자새(太子璽)가 모두 석륵에게 돌아갔다. 이에 석륵의 군신들이 재차 황위에 오를 것을 권하면서 "석륵의 공적이 이미 성대하고 상서로운 징조가 아울러 모였으니 마땅히 기장을 바꾸어 천지의 원망에 답할 때입니다."라고 말하였다. 이에 석륵의 조카인 석계용(石季龍) 등이 황제의 옥새와 그 인끈을 바치며 상존(上尊)[79]이라 불렀다. 석륵이 이에 '조천왕(趙天王)'이라 칭하고 황제의 일을 집행하였는데, 지위와 이름은 일치하지 않았지만 실제로는 황제였다. 시중인 임파(任播) 등이 조정의 의론에 참여하여 "조나라가 금을 이어서 수덕이 되었으니 깃발은 검은 색을 숭상하고 희생은 흰색을 숭상하여 자사(子社)·축납(丑臘)한다."고 말하였다. 석륵이 신하들의 건의를 받아들여 정식으로 수덕인 후조(后趙)의 깃발을 내걸었다. 후조는 위로 진의 금덕을 계승하였으나 전조에 대해서는 인정하지 않는 태도를 취하여 자일(子日)과 축일(丑日)을 구분하고 사제(社祭)와 납제(臘祭)를 거행하였다. 자(子)는 왕성한 수이고 축(丑)은 수의 창고이니 후조의 수덕과 서로 부합한다. 오래지 않아 석륵은 군신들의 단호한 요청으로 황제에 즉위하였으니 그가 황제 자리로 향하는 마지막 행보를 끝냈다.

석륵 정권은 마지막 왕이 된 조카인 석계룡(石季龍)의 수중에서 잃어버렸다. 석계룡이 왕위를 찬탈한 후에 잔학하여 함부로 사람을 죽였다. 태자인 석선(石宣)은 장수인 왕랑(王朗)에게 원한을 품었는데 때마침 형혹(熒惑)[80]이 심수(心宿)[81]를 지키고 있는 천문 현상을 보고, 석선은 태사령

79) 상존(上尊)은 윗자리에 있어 존귀하다는 뜻이다.

80) 형혹(熒惑)은 화성(火星)의 딴 이름이다. 숨었다 나타났다 하는 것이 일정하지 않아 사람을 현혹한 데서 유래하였다.

조람(趙攬)에게 명하여 석계룡에게 다음과 같이 보고하였다. "방수(房宿)[82]가 배회하고 떠나지 않는 것은 천자에 어려움이 있다는 천문 현상이니 마땅히 존귀한 왕씨 성의 관원으로 하여 황제를 대신하여 이러한 재난을 담당하게 해야 합니다." 석계룡이 누가 담당하는 것이 가장 적합한지를 묻자, 조람은 "가장 존귀한 관원으로는 어떠한 사람도 왕랑을 넘어서지 못합니다."라고 대답하였다. 석계룡은 왕랑을 죽일 수 없었기 때문에 조람에게 다른 사람을 추천할 것을 명하였다. 조람은 조금의 지체도 없이 "그다음으로는 다만 중서감(中書監)[83] 왕파(王波)가 있을 뿐입니다."라고 대답하였다. 이에 석계룡이 제멋대로 구실을 만들어 왕파와 그의 네 아들의 허리를 잘라 죽여서 시체를 장하(漳河)[84]에 던졌다. 왕파와 그의 네 아들이 아무런 이유 없이 억울하게 죽었던 것이다.

석계룡이 사람을 함부로 죽이고 남의 충고를 받아들이지 않는 태도는 그의 양자인 염민(冉閔)에게 기회를 주었다. 염민은 석계룡이 죽은 후에 후조의 정권을 빼앗고 그의 38명의 손자들은 모두 염민에게 피살됨으로써 석씨 집안은 멸망하였다.

연(燕)나라는 선비족(鮮卑族)인 모용부(慕容部)의 정권이다. 16국 시기에 선비족은 모용씨(慕容氏)·우문씨(宇文氏)·단씨(段氏)·걸복씨(乞伏氏)·척발씨(拓跋氏) 등으로 나누어졌다. 삼국 시기에 모용씨는 조나라와 위나라에 의해 요서(遼西)[85]로 이주하였으나 진 선제가 공손씨(公孫氏)를

81) 심수(心宿)는 28수의 하나이다. 청룡칠수(靑龍七宿)의 다섯 번째 별이다.

82) 방수(房宿)는 28수의 하나이다. 창룡칠수(蒼龍七宿)의 넷째 성수(星宿)로서 별 넷으로 이루어졌고 거마(車馬)를 맡았다고 한다.

83) 중서감(中書監)은 궁중에서 천자의 조명(詔命) 등을 맡은 벼슬이다.

84) 장하(漳河)는 산서성(山西省)에서 발원(發源)하여 하남성(河南省)·하북성(河北省)을 거쳐서 운하(運河)로 흘러들어 가는 강이다.

85) 요서(遼西)는 요하(遼河)의 서쪽, 즉 요령성(遼寧省)의 서부 지역을 말한다.

공격하는 도중에 공이 인정되어 관직을 받아 솔의왕(率義王)이 되면서 비로소 정권을 세웠다. 337년에 모용씨는 용성(龍城)에 도읍을 세우고 중원의 유민들을 불러들여 위나라와 진나라의 제도에 근거하여 둔전(屯田)을 시행하고 한 문화를 도입하여 모용부의 봉건화를 가속화하였다. 348년에 모용준(慕容儁, 319~360)은 연나라 왕위에 즉위하였다. 그는 후조가 내란으로 혼란한 틈을 타서 군대를 일으켰고, 352년에는 위나라 수도인 업성(鄴城)을 공격하였다. 이때에 모용휴의 정양전(正陽殿) 서초방(西椒房)의 제비 둥지 속에서는 제비가 세 마리의 새끼를 낳았는데 목 위에 곤두선 털이 있었다. 또한 성안에 어떤 사람이 오색 무늬가 있는 기이한 새를 바쳤다. 모용준이 관료들에게 이것이 무슨 징조인지를 묻자, 관료들이 모두 다음과 같이 대답하였다. "제비 머리 위에 관이 있는 것은 연나라에 용이 일어나는 것으로 통천(通天)[86] · 장보(章甫)[87]를 쓴 상입니다." 그리고 "둥지가 정양전 서초방에 있는 것은 지존하여 왕성한 국가가 임한다는 증거이고 새끼 제비 세 마리는 삼정(三正)의 징조이며 동시에 오색의 신비한 새는 당대가 장차 오행의 순서를 이어서 천하를 통치하는 것을 나타냅니다." 모용준이 상소문을 보고 매우 기뻐하였다. 때마침 그의 장수가 업성 밖에서 승전함에 따라 군신들이 모용준에게 제왕으로 칭하기를 권하였다. 모용은 다음과 같이 대답하였다.

> 나는 본래 활을 쏘아 사냥하던 조용한 시골 출신이고 머리를 풀고 오른쪽 섶을 왼쪽 섶 위로 여미는 풍속을 가진 오랑캐이지만 역수의 예언서에 어찌 이러한 구분이 있겠는가. 경 등이 진실로 서로 찬양하고 천거하여 분에 넘치는 것

86) 통천관(通天冠)은 높이가 9촌인 천자의 관을 말한다.

87) 장보관(章甫冠)은 은나라 때의 관의 이름으로 공자가 이 관을 썼으므로 유학자의 관을 뜻한다.

을 바라지만 실제로 과인의 덕으로 의당 들어야 할 바가 아니다.[88)]

모용준은 자기가 먼 변경 지방의 소수민족이기 때문에 천명의 역수에는 그의 몫이 없을지라도 군신들이 만약 그를 황제로 천거하면 실제로 들어야 한다고 생각하였다. 오래지 않아 전연(前燕)의 군대가 업성을 공격하자 염민(冉閔)은 전투 중에 포로로 잡혔다. 모용준이 염민을 책문하는데 그의 노복인 하재(下才)가 "어찌 감히 함부로 스스로 천자라 칭하는가?"라고 물었다. 이에 염민이 "천하가 크게 혼란하여 당신네 조씨 오랑캐들도 오히려 역모하여 왕위를 찬탈하고자 한다. 나는 지금 영웅이니 어찌 제왕이 될 수 없겠는가."라고 대답하였다. 모용준이 크게 분노하여 그를 채찍으로 300대나 때리고 용성(龍城)으로 압송하였다.

업성을 빼앗고 염민의 처자나 부하들을 포로로 하기 전에, 모용준은 이미 염민의 배신자로부터 대대로 전해지는 옥새를 얻었다. 그렇지만 모용준은 그 사업을 신격화하기 위하여 역운(曆運)이 자기에게 있음을 설명하였다. 이에 염민의 처자에 의해 옥새가 바쳐진 것이라고 사칭하고 아울러 그럴듯하게 그녀에게 '옥새를 바친 군주'라는 칭호를 주었다. 352년에 모용준이 황위에 오르는 조건이 이미 성숙하자, 자기가 "활을 쏘아 사냥하던 시골 출신이며 머리를 풀고 옷을 입을 때에 오른쪽 옷섶을 위로 올리는 오랑캐이기 때문에 마땅히 천명을 들어야 할 사람이 아니다"는 것은 더 이상 언급하지 않고 다급하게 등극으로 향하는 발걸음을 재촉하였다. 관직 임명이 완전히 끝나고 공신들이 각자 제자리에 배치된 후에, 군신들은 다음과 같이 진술하였다.

---

88) 『晉書』, 卷110, 「慕容儁」. "吾本幽漠射獵之鄉, 被髮左衽之俗, 曆數之籙寧有分邪. 卿等苟相褒舉, 以覬非望, 實匪寡德所宜聞也."

위대한 연나라가 천명을 받아서 위로는 밝은 법도와 흑정(黑精)의 군주를 계승하였으니 역운의 전수가 금덕의 뒤를 대신한다. …… 깃발은 흑색을 숭상하고 희생물은 검은색을 숭상한다.[89)]

뜻은 위대한 연나라가 천명을 계승하여 천명역운 속의 흑제(黑帝)인 수덕(水德)을 이었다, 즉 덕운 · 역수의 운행에 따르면 이것은 금덕의 뒤에 있고 금이 수를 낳아 수덕이 되기 때문에 문물제도는 흑색을 숭상하였다는 것이다. 모용준은 군신들의 건의를 받아들여 전연(前燕)의 덕운을 수덕으로 정하고 전 왕조인 조나라나 단명한 염위를 일체 인정하지 않고 직접 위로 서진(西晋)의 금덕을 계승하였다. 이유는 사람들에게 자기가 비로소 중원 정권의 정통이라는 사실을 알리는 데 있었다.

그러나 비록 모용준이 석조(石趙)의 정권을 부인하였지만 그는 오히려 석계룡의 그림자에서 벗어나지 못하였다. 모용준이 만년에 꿈에서 석계룡이 자기의 팔을 무는 것을 보고 깨어난 후에 상서롭지 못하다고 느꼈다. 이에 사람에게 명하여 석계룡의 묘를 파내고 관을 갈라서 시체를 꺼내어 짓밟고 욕설을 퍼붓고는 그것을 장수(漳水)에다 버리게 하였다. 오래지 않아 모용준은 병으로 세상을 떠났다. 모용준이 죽은 후에 아들 모용위(慕容暐, 350~384)가 왕위를 계승하였다. 석조의 정권을 인정해야 하는지의 여부와 자기의 덕운이 마땅히 석조의 수덕에서 내려와 목덕이어야 한다[수가 목을 낳는다]는 문제를 둘러싸고, 전연(前燕)의 군신들은 토론을 전개하였다. 군신들의 의견을 따르면, 연나라는 마땅히 진나라를 이어서 수덕이 되어야 하였지만 한항(韓恒)은 힘써 군신들의 의견을 배제

89) 『晉書』, 卷110, 「慕容儁」. "大燕受命, 上承光紀黑精之君, 運曆傳屬, 代金行之后. …… 旗幟尚黑, 犧牲尚玄."

하고 다음과 같이 말하였다.

> 조나라는 중원에 있어서 인사뿐만 아니라 천이 명한 것에서도 실제로 천이 함께하였으나 사람이 그것을 빼앗았으니 신이 마음속으로 옳지 않다고 생각하였다. 또한 연왕의 자취가 진(震)에서부터 시작되니 『역』에서 '진'은 청룡이 된다. 명을 받은 초기에 용이 도읍의 성에 나타났으니 용이 목덕(木德)이 되고 암암리에 부합한다.[90]

한항의 뜻은 조나라의 정권이 일찍이 중원에 있어서 사람의 역량뿐만 아니라 또한 천명까지도 천이 일찍이 대운을 조나라에 주었으나, 연나라는 도리어 인정하지 않았기 때문에 신이 마음속으로 불가하다고 여겼다는 것이다. 또한 연나라는 동쪽에서 뜻을 이루었으니 『역』에서 동쪽은 오행으로 목이 되고 신령으로는 청룡이 된다. 연나라가 명을 받은 초기에는 용이 도읍에 나타났고 용이 목덕이 되니 이것은 바로 천명이 부응한 것이다. 천문·율력을 주관하는 진율랑(鎭律郎) 곽흠(郭欽)도 연이어 석계룡의 수덕을 이어 목덕임을 주청하였다. 이에 모용위는 그들의 의견을 받아들여 연의 덕운을 목으로 결정하였다.

바로 모용위가 중원에 진입하여 스스로 황제가 되었을 때에 씨족의 우두머리인 부건(苻健)도 전진(前秦) 정권을 세워서 관중(關中)[91]으로 확장해 나갔다. 351년에 부건은 스스로 천왕(天王)이라 칭하고 국호를 진(秦)이라 하고 장안(長安)에 도읍을 정하였다. 후에 진은 부견(苻堅)의 지도로

---

90) 『晉書』, 卷110, 「韓恒」. "趙有中原, 非唯人事, 天所命也, 天實與之, 而人奪之, 臣竊謂不可, 且大燕王迹始自于震, 于易, 震爲青龍. 受命之初, 有龍見于都邑城, 龍爲木德, 幽契之符也."

91) 관중(關中)은 섬서성(陝西省) 위하(渭河) 유역 일대이다.

370년에 전연(前燕)을 공격하여 연의 도읍인 업성(鄴城)을 함락시키고 모용위를 포로로 잡았다. 다음 해에 전량(前凉)과 대국(代國)을 멸하고 북방을 통일하였다. 그러나 전진은 동진과의 비수(淝水)[92] 전쟁에서 패배하면서 북방은 오래지 않아 여러 갈래로 분열되었다. 부견의 장수이자 강족(羌族) 사람인 요장(姚萇)이 진국을 재건하였으니 역사에서는 그것을 후진(后秦)이라고 칭하였다.

역사서에 기재된 상황에 근거하면, 부씨(苻氏) 정권은 자기가 처한 덕운에 대해 그다지 관심이 없는 듯 자기의 덕운을 명문으로 규정하지 않았다. 뜻밖에 후진(后秦)의 건립자인 요장은 386년에 황제에 즉위하였을 때에 다음과 같이 발표하였다. "화덕으로 부씨의 목행(木行)을 계승하였으니 복색은 한씨가 주나라의 선례를 이은 것과 같다."[93] 이를테면 요씨가 말한 것은 전진의 덕운이 목에 속하고 후진의 덕운이 화에 속하니 여전히 오덕 상생의 뜻을 취하였던 것이다.

북방의 두 번째 통일은 북위(北魏)의 손에서 완성되었다. 북위는 선비족의 우두머리 척발부(拓跋部)에 의해 세워졌는데 원래는 국호를 대(代)라고 하였으나 후에 대국을 부견이 정복하였다. 386년에 대국의 왕인 십익건(什翼犍)의 손자 척발규(拓跋珪)가 전진이 분열되는 것을 틈타 성락(盛樂)에서 대국을 재건하고 그해에 국호를 위(魏)로 고쳤다. 그의 뜻은 한곳에 외진 대(代)의 땅에 있지 않고 중원을 호령하여 전 왕조인 위가 북방을 통일하던 사업을 다시 일으키는 데 있었다. 이것은 국호를 바꾸는 가운데에서도 그 점을 분명히 볼 수 있다. 398년에 척발규는 동쪽에서 서쪽을 정벌하는 중에 자기의 세력을 확대하여 마침내 평성(平城)에서 도읍을

92) 비수(淝水)는 안후성(安徽省) 합비현(合肥縣)의 남쪽을 흐르는 회수(淮水)의 지류를 말한다.

93) 『晉書』, 卷116, 「姚萇」. "以火德承苻氏木行, 服色如漢氏承周故事."

세우고 아울러 군신들의 권고에 따라 황제에 즉위하였다. 군신들에게 북위(北魏)가 처한 덕운을 토론하여 결정할 것을 명하자, 상서[94]인 최현백(崔玄伯) 등은 토덕에 따라 복색은 황색을 숭상할 것을 상주하였다. 수는 5를 쓰고 희생물은 흰 것을 사용하였다. 다섯 교외에 기를 세우고 연중행사를 선포하였으며 농사철을 공경하고 하나라의 달력을 시행하였다. 정식으로 북위의 덕운을 토덕으로 확정하였다.

북위의 토덕은 약 백여 년 동안 계속 사용되다가 위의 효문제(孝文帝)의 수중으로 전해졌다. 490년에 정권을 주관하던 문명(文明) 풍(馮) 태후가 세상을 떠나자 위의 효문제가 친히 정사를 주관하였다. 그는 풍 태후의 개혁 정치[예를 들면 균전제(均田制)·삼장제(三長制)·호조제(戶調制) 등]를 계속 추진하는 외에도 낙양(洛陽)으로 천도하거나 풍속을 고치는 일련의 개혁을 주관하였다. 그러나 이러한 개혁이 있기 전에 효문제가 친히 정치를 주관한 뒤에 시행한 첫 번째 개혁은 북위의 덕운을 개정하는 것이었다. 이해 8월에 효문제는 조서를 반포하여 군신들에게 북위의 덕운을 다시 토론할 것을 요구하였는데, 즉 군신 백관들이 그 마땅함을 논의하여 반드시 부합되게 함으로써 만세의 법도가 되기를 희망하였다. 사람들에게 많은 의견을 제시하게 함으로써 만세의 법도가 될 수 있는 결과를 토론해 내었다.

먼저 중서감(中書監) 고려(高閭)가 의견을 제시하였는데 북위가 원래 정한 토덕은 후진의 화덕을 이어서 나왔다고 보았다. 만약 후진의 화덕을 부인하면 바로 전진(前秦)의 목덕에 이르기 때문에 전진 이전의 각국의

94) 상서(尙書)는 상서성(尙書省)의 장관이다. 진나라 때에 천자와 조신(朝臣) 간에 문서의 수수(授受)를 맡았을 뿐이었으나 군명(君命)의 출납(出納)을 맡은 요직이기 때문에 대를 내려오면서 지위가 높아져 당나라 때에 이르러서는 육부(六部)의 장관의 명칭이 되었다.

수덕이 직접 서진(西晋)의 금덕을 이어서 수덕이 되니 역사의 수레바퀴에 약간의 틈이 생길 수 있다는 것이다. 따라서 위의 덕운은 원래의 토덕을 잘 유지하는 편이 비교적 좋다는 것이다. 그러나 비서승(秘書丞)인 이표(李彪)와 저작랑(著作郎)인 최광제(崔光諸) 등은 그의 의견에 동의하지 않았다. 그들은 서진 이후와 북위 이전에는 북방의 어떠한 정권도 정통적 지위를 가지지 못하였으나 다만 북위에 와서 비로소 서진의 금덕을 정통으로 계승하였다고 생각하였다. 이러한 덕운에 관한 논의를 확대하기 위하여, 효문제는 이러한 두 가지 의견에 대해 모두 분명한 태도를 표명하지 않자, 군신들은 그것을 계속 논의해야 하였다.

491년 정월에 시중(侍中)이고 사공(司空)이며 장락왕(長樂王)인 목량(穆亮) 등의 12명이 효문제에게 상소하여, 고려가 북위에 관하여 "원래 토덕을 유지하고 바꾸지 말아야 한다"는 제안을 부결하고 이표의 "마땅히 진을 이어 수덕이 되어야 한다"는 제안을 지지하였다. 효문제는 덕운을 바꿀 것을 지지하는 사람이 다수이기 때문에 조상이 정한 덕운을 바꿀 시기가 이미 성숙하였다고 보았다. 이에 군신들에게 자기의 속사정을 밝히면서 다음과 같은 조서를 내렸다. "가까운 것을 넘어서 먼 것을 이으면 마음이 편안하지 못하지만 순서에 따라 때를 미루어 갈 때는 자못 계승하기가 어렵다. 조정의 군신들이 논의하였으니 어찌 짐이 어길 수 있겠는가. 순서에 따라 수덕이 될 뿐이다."[95]

효문제는 풍속을 고치거나 도읍을 옮기는 대대적인 개혁을 가하기 전에, 먼저 조상이 정한 덕운을 바꾸었다. 이것은 겉으로 보면 매우 무의미한 것 같지만 그 내면의 의도는 도읍을 옮기기 위하여 여론을 조성하려는

95) 『魏書』, 卷108, 「禮四之一」. "越近承遠, 情所未安, 然考次推時, 頗亦難繼. 朝賢所議, 豈朕能有違奪. 便可依次爲水德."

데 있었다. 이미 북위(北魏)가 직접 서진(西晋)의 금덕을 이어 중원의 정통이 된 이상, 서북의 외진 평성(平城)에 거주할 필요 없이 마땅히 진의 옛 도읍인 낙양을 계승하고 중앙에 위치하여 사방을 통솔해야 하였다. 이것이 바로 효문제가 자신의 덕운을 고친 뜻이다. 이표·목량 등은 고려보다 더 황제의 의향을 헤아릴 수 있었던 것이다. 493년에 효문제는 남쪽을 정벌한다는 명분으로 20만의 대군을 이끌고 남하하였다. 낙양에 이른 뒤에 그가 거짓으로 계속 남하하려 하자, 군신들이 말 앞에서 무릎을 꿇고 그만두게 말리니 이에 그는 기회를 엿보아 도읍을 낙양에 정할 것을 선포하였다. 다음 해에 그는 평성으로 돌아와 북방의 군대를 순시한 연후에 정식으로 도읍을 옮겼다.

효문제의 왕성한 사업이 그의 손자인 명제(明帝) 원후(元詡)의 수중에 전해지면서 곧바로 쇠퇴하였다. 원후는 다섯 살에 왕위를 계승하여 정권이 모친인 호 태후(胡太后)의 수중에 떨어졌다. 호 태후는 방탕하고 방종하여 조정을 다스리지 않고 도리어 권력을 휘두르는 것을 탐하였다. 원후가 성장하여 성인이 된 후에 호 태후는 자기의 아들 원후를 독살시키는 대가로 국정을 오랫동안 독점하는 목적에 도달하였다. 또한 명제와 반씨(潘氏)에서 태어난 딸을 황제의 아들이라 사칭하고 그에게 직위를 봉하여 천하의 사람들을 우롱하였다. 일이 조금 평정된 뒤에, 호 태후는 또한 스스로 기만책을 벌이는 외에도 왕가의 아들인 세 살의 원소(元釗)를 세워 황제라 칭하였다. 이주영(爾朱榮)은 이것을 구실 삼아 병사를 이끌고 서울로 진입하여 호 태후와 원소를 함께 황하에 던져 죽였다. 또한 하음(河陰)에서 천에 제사 지내는 것을 이유로 위나라 왕공 대신 2천여 명을 모두 소집해 놓고는, 이주영은 기병을 보내 사면을 포위하게 하고 그들을 모두 죽일 것을 명하였다. 북위의 상층 지도 집단이 이러한 사변 속에서 모두 섬멸되는 타격을 받았기 때문에 북위는 여기에서 다시는 일어나지 못하였다. 오래지 않아, 북위는 둘로 나누어졌으니 동위(東魏)의 실권은 고환(高歡)·고징(高澄)의 부자 수중에 있었고 서위(西魏)의 실권은 우문태(宇文泰)의 수중에 떨어졌다.

동위가 정제(靜帝) 때에 이르면서 황제는 고징의 콧숨 아래에서 생활하였다. 고징은 정제에게 '짐! 짐! 개다리 짐!' 이라고 욕설을 퍼붓고 창피를 주었다. 정제가 모욕을 견디지 못하자, 수하의 측근들은 궁내에서 길이 북성(北城)으로 통하게 땅굴을 팠다. 땅을 파나가다 천추문(千秋門)에 이르렀을 때 문을 지키던 사람이 땅 아래에 이상한 기척을 느끼고 고징에게 보고하였다. 고징이 정제를 함장당(含章堂)에 가두고 그의 측근들을 모두 삶아 죽였다.

이에 고징은 수하의 사람을 시켜서 정제에게 선위할 것을 권유하였다. 원욱(元旭)이 정제에게 다음과 같이 말하였다. "오행이 차례대로 운행하니 처음이 있으면 끝이 있습니다. 고징의 성대한 덕을 존경하여 만백성들이 돌아와 의지하니 폐하께서는 요가 순에게 선위한 것을 배우시기를 바랍니다." 이에 정제는 "이 일은 지체한 지가 이미 오래되었으니 진작에 왕위를 선위하여 양보했어야 하였다."라고 대답하였다. 또한 만약 이와 같다면 조서를 써야 하는지를 묻자, 신하들이 조서는 이미 다 쓰여 있다고 말하였다. 정제가 그것을 손으로 한 번 베껴 쓰자, 동위의 국토는 순순히 북제(北齊) 고징의 수중에 넘어갔다.

서위도 마찬가지로, 강요에 의한 선위를 연출하였다. 우문태가 죽자 그 아들 우문각(宇文覺)은 바로 위나라 공제(恭帝)에게 양위하였다. 새로운 황제가 즉위할 때에 백관들은 다음과 같이 상주하였다.

> 제왕의 홍기에는 달력을 고치지 않음이 없었으니 이는 천에게 받았음을 밝혀서 백성들의 이목을 바꾸려는 것입니다. 공자에 이르러 음양을 고찰하여 하

> 시(夏時)를 시행할 것을 말하자 후대의 왕들이 바꾸지 않았습니다. 지금 위나라의 역수가 종말을 고하였고 주나라의 왕실이 천명을 받아 목이 수를 이었으니 실제로 행록(行錄)에 부합합니다. 하나라 때의 것을 바르게 사용하는 것은 정식으로 성인의 도를 따르는 것입니다.[96)]

이 단락의 뜻은 다음과 같다. 즉 하 · 상 · 주 3대 제왕의 흥기에는 달력을 고치지 않음이 없었으니 이는 군권을 하늘에서 받았음을 분명히 나타내어 민중의 이목을 바꾸려는 것이다. 공자 때에 이르러 음양을 고찰하여 하나라 때의 것을 시행할 것을 말하자 후대의 왕들이 모두 바꾸지 않았다. 지금 위나라의 천명의 역수가 종말을 고하고 주나라 왕실이 천명을 받아 목덕으로 수덕을 이었으니 실제로 오운의 부록에 부합한다. 때문에 주나라는 하나라 때의 것을 채용함으로써 성인의 도를 그대로 실행하였다. 주나라가 위의 선양을 받고 수가 목을 낳기 때문에 주는 목덕이 된다. 위가 하나라 때의 역법을 쓰고 주도 하나라 때의 역법을 써서 달력을 바꾸지 않는 데 이르러서는 모두 공자의 성스러운 도를 따른 것이다.

그러나 우문각의 제위가 안정되지 못하고 궁중에서 정변 도중에 피살되자, 그의 형인 우문육(宇文毓)이 즉위하였다. 우문육은 수명이 길지 못하여 즉위 2년 만에 황천길로 가 버리자, 동생 우문옹(宇文邕)에게 제위가 전해졌다. 북주(北周)의 역사상에서 우문옹은 우문태의 뒤를 계승한 일대의 영재였다. 그의 가장 중요한 개혁 중의 하나는 불교를 폐지하고 국가의 군대와 재정을 증강하는 것이었다. 576년에 주 무제(武帝)는 병사를 이끌고 북제(北齊)를 공격하여 북방을 통일하였다. 이러한 전투 중에 주 무

96) 『周書』, 卷3, 「孝閔帝」. “帝王之興, 罔弗更正朔, 明受之于天, 革民視聽也. 逮于尼父, 稽諸陰陽, 雲行夏之時, 后王所不易, 今魏曆告終, 周室受命, 以木承水, 實當行錄, 正用夏時, 式遵聖道.”

제는 군사들이 도중에 맨발로 행군하는 자가 있는 것을 보면 자기의 신발을 벗어 주었다. 전쟁 중에 그는 또한 친히 진영에 이르러 사병들과 함께 있었다. 연회 때에는 반드시 친히 술잔을 잡고 장수들에게 술을 권하였기 때문에 장수들이 싸울 때에 모두 죽음으로 충성을 다하였으니 이에 북방을 통일하는 군사적 승리를 얻을 수 있었다.

그러나 위대한 사람에게는 또한 자식의 운이 없었으니 주 무제가 죽은 후에 아들 우문윤(宇文贇)이 즉위하여 선제(宣帝)가 되었다. 주 선제는 음탕 무도하였고 그는 동시에 네 명의 왕후를 두고 외출할 때에 네 왕후에게 말머리를 나란히 하여 갈 것을 명하였다. 만약 앞뒤가 가지런하지 않은 상황이 발생하면 마부와 말을 징벌하였는데 길에서 사람과 말을 서로 묶어서 때려 죽었다. 그는 또한 궁궐 밖의 부녀자들이 화장품을 사용하는 것을 금지하였고 사람들에게 고씨(高氏)의 성을 허락하지 않았으며 관직 중에 '상(上)' 혹은 '대(大)'를 칭하는 것을 허락하지 않았다. 신하 및 궁녀에게, 심지어 후비에 이르기까지 걸핏하면 바로 매질하여 안팎으로 두려워하고 불안해하지 않은 자가 없었다. 그러므로 선제 때에는 다음과 같은 기록이 있다. "영주(滎州)에 흑룡과 적룡이 출현하여 두 용이 서로 변수(汴水)[97] 가에서 싸우다가 흑룡이 싸움에서 패하였다. 주나라의 덕은 목이니 목이 화를 낳고 화의 색은 붉기 때문에 적룡은 실제로 주의 목덕과 싸워 이긴다는 징조이다." 그것은 당시 민중들의 주 통치에 대한 불만의 심리 상태를 반영한 것이다.

주 선제가 죽은 후에, 아직 아홉 살이 채 되지 않은 그의 아들 우문연(宇文衍)이 즉위하여 정제(靜帝)가 되었다. 정제의 외조부는 수(隋)나라의 공(公) 양견(楊堅)이다. 선제가 죽으려 할 때에 측근인 유방(劉昉) · 정역

97) 변수(汴水)는 하남성(河南省)을 흘러 황하(黃河)로 들어가는 강이다.

(鄭譯) 등이 조서를 위조하여 수나라의 공 양견으로 하여 정치를 보좌하게 하였다. 이에 대권이 양견의 수중으로 떨어졌다. 주 왕실의 왕이 병사를 일으켜 양견에 반대하였으나 양견의 군대에 진압되었다. 581년에 아홉 살의 우문연은 노련하고 용의주도한 양견을 어찌하지 못하였으니 부득불 선양의 조서를 내리지 않을 수 없었다. 조서에서는 다음과 같이 말하였다.

> 원기가 비로소 열려 군주를 세웠는데 명이 있었으나 영원하지 못하였으니 돕는 것은 오직 덕뿐이다. …… 하물며 목의 운행이 이미 시들고 화의 운행이 이미 흥기하였으니 하도와 낙서가 혁명의 부절을 내었고 성신들이 시대가 끝났다는 징후를 나타내었다. 운무의 색이 변하고 생황이 음을 바꾸니 송사(訟事)가 모두 다스려져 민중이 노래하는 것에 이르렀다. 또한 천지가 덕에 합하고 일월이 밝음을 지키기 때문에 큰 것을 칭하여 '왕'이라 하였으니 빛이 아래의 대지에 이르렀다. 짐이 비록 재주가 적고 우매하여 변통에 이르지 못하였으나 어둡고 밝은 실정은 분명하여 쉽게 알 수 있다. 지금 바로 천명에 따라 별궁에서 나와 수에게 선양하니 당·우·한·위의 선례를 따른다.[98]

수나라 문제인 양견도 관례에 따라 주 정제에게 개국공(介國公)을 봉하였다. 그러나 실제로 9살의 어린아이를 받아들이지 못하고 몰래 그를 살해하였다.

양견이 제위에 즉위한 다음 달에, 고평(高平)에서는 붉은 참새를 잡았

98) 『隋書』, 卷1, 「高祖」. "元氣肇辟, 樹之以君, 有命不恒, 所輔唯德. …… 況木行已謝, 火運既興, 河洛出革命之符, 星辰表代終之象. 烟雲改色, 笙簧變音, 獄訟咸歸, 謳歌盡至. 且天地合德, 日月貞明, 故以稱大爲王, 照臨下土. 朕雖寡昧, 未達變通, 幽顯之情, 皎然易識. 今便祇順天命, 出遜別宮, 禪位于隋, 一依唐漢魏故事."

고 태원(太原)에서는 푸른 새를 잡았으며 장안(長安)에서는 흰 참새를 잡았다. 이러한 것들은 모두 신왕조에 대한 길조를 상징하였다. 이에 581년 6월에, 양견은 다음과 같은 조서를 내렸다. "처음에 천명을 받을 때에 붉은 참새가 길조를 내렸다. 오덕이 상생하니 붉은 것은 불의 색이다. 그 천자가 제사 지내던 교외와 사당은 면류관을 쓰던 의식을 따르고 조회 때의 의복이나 깃발 · 희생물과 같은 것은 모두 적색을 숭상하게 하였으며 군대의 복장을 황색으로 결정하였다."[99] 이에 수(隋)나라가 화덕임을 정식으로 규정하였다.

589년에 수의 군대가 남하하여 남조의 마지막 왕조인 진(陳)을 공격하였다. 이때에 진의 후주(後主)[100]는 오히려 그의 측근 및 문사(文士)들과 뒤뜰에서 연회를 베풀며 놀았다. 시를 읊거나 사장을 지으며 새로운 곡을 작곡하며 군신들과 밤새도록 술을 마시며 노래를 불렀다. 수나라의 수군이 동쪽에 왔다는 전보가 전해졌으나 진의 후주는 오히려 태연자약하게 시종들에게 다음과 같이 말하였다. "왕의 기운이 여기에 있으니 제나라의 군대가 세 번 왔고 주나라의 군대가 다시 왔으나 패하지 않을 수 없을 것이다." 전과 다름없이 음악을 연주하고 술을 마시며 시를 읊조리는 것을 멈추지 않았다. 수의 군대가 남쪽 문에 이르자, 비로소 진 후주는 놀라 허둥대며 도망쳐 숨으려고 하였다. 대신인 원헌(袁憲)이 그에게 의관을 단정히 하고 궁전에 앉아 수의 군대를 만날 것을 권하였으나 진 후주는 듣지 않고 임금 자리에서 뛰어내려 도망치면서 말하기를, "예리한 칼날을

99) 『隋書』, 卷1, 「高祖」. "以初受天命, 赤雀降祥, 五德相生, 赤爲火色. 其郊及社廟, 依服冕之儀, 如朝會之服, 旗幟犧牲, 盡令尙赤, 奪戎服以黃."

100) 진 후주(陳後主)는 남조(南朝) 진의 마지막 황제. 선제(宣帝)의 아들. 유락(遊樂)에 빠져 정사를 태만히 하고 임춘(臨春) · 결기(結綺) · 망선(望仙)의 세 누각을 지어 비빈들과 밤낮으로 즐기다가 수군(隋軍)에게 멸망하였다.

당할 수 없으니 나에게도 계책이 있다."라고 하였다. 진 후주의 계책은 마른 우물로 내려가 몸을 숨기는 것이었다. 원헌이 끈질기게 권유하였고 심지어 몸으로 우물 입구를 저지하였다. 진 후주는 그와 한동안 몸싸움을 하고서야 비로소 우물 속으로 내려갈 수 있었다. 머지않아 수의 군대가 궁궐에 들어왔고 우물 위에서 불렀으나 응답하는 사람이 없었다. 아래로 돌을 던지려 하자 비로소 우물 아래에서 비명이 들렸는데 군사들이 밧줄을 사용하여 그를 우물 밖으로 끌어내었다. 이에 진 후주는 그가 총애하던 장귀비(張貴妃) · 공귀빈(孔貴嬪)과 함께 밧줄에 매달려 죽었다.

진씨 집안의 운이 토덕에 속하였으니 수나라는 화덕으로 자처하였다. 화로써 토를 이기는 것은 오덕종시의 순환 속에서 상생 혹은 상극을 막론하고 모두 적합하지 않지만 수가 이때에 남방을 통일하려 하였기 때문에 어떤 것으로도 설명할 수 없는 것 같다. 남조의 진이 멸망하자, 진 후주가 스스로 믿던 '왕의 기운'도 더 이상 그를 돕지 못하였다.

4. 수대 이후의 오덕종시설

수(隋)가 진(陳)을 멸하고 남방을 통일하면서 지나온 수백 년간의 분열된 전란이 막을 내렸다. 그러나 수는 진(秦) 왕조와 비슷하였으니, 비록 세상에 보기 드문 큰 공을 세웠지만 덕운이 짧아 겨우 30여 년 만에 역사의 무대에서 퇴출당하였다.

수 문제 양견(楊堅)은 무인 출신으로 독서를 좋아하지 않았기 때문에 읽은 책도 많지 않았다. 그렇지만 그의 장점은 문신이나 유사들의 의견을 귀담아듣는다는 데 있었다. 그는 사람들을 제 마음대로 죽였지만 또한 간언을 받아들였다. 그의 형부시랑(刑部侍郎)인 신단(辛亶)은 일찍이 붉은색의 속바지를 입으던 길하다고 생각하였는데 양견은 이것을 주문의 술책으로 여기고 그를 처단하려 하였다. 대리소경(大理少卿) 조작(趙綽)은 신단을 죽여서는 안 된다고 여기고 명령을 받아들이는 것을 거절하였다. 양견이 매우 분노하여 "경은 신단을 아낄 줄 알고 자신은 아낄 줄 모른다."고 말하고 조작을 끌어내어 목을 벨 것을 명하였다. 조작이 말하기를 "폐하께서 차라리 신을 죽일지언정 신단을 죽일 수는 없습니다."라고 하였다. 사형을 집행하려 할 때에 양견이 사람을 파견하여 조작에게 도대체 무엇 때문에 이러는지를 묻자, 조작은 "법을 준수하는 한결같은 마음이니 감히 죽음을 아까워하지 않는다."고 대답하였다. 양견이 화가 나서 옷소매를 뿌리치고 들어가서 오랜 시간이 지나서야 비로소 조작을 놓아주라고 전하였다. 다음 날 조작에게 사과하고 그에게 300필의 비단을 하사하였다.

양견은 원래 양용(楊勇)을 태자로 책봉하였으나 양용은 내성적이어서 자신을 그럴듯하게 꾸밀 줄을 몰랐다. 그의 동생인 양광(楊廣)은 그와 달랐는데, 특히 부친 양견과 황태후의 비위를 잘 맞추었다. 양견과 황태후가 함께 양광의 관청에 이르면, 양광은 데리고 있던 예쁜 계집들을 모두 별실에 숨기고 늙고 못생긴 자만을 남겨 두고 그들에게 무늬가 없는 옷을 입혀서 집안에서 일을 시켰다. 병풍을 비단으로 바꾸고 고의로 악기의 현을 끊었으며 위에 먼지가 가득 쌓이게 하였다. 양견이 그것을 보고 이 아들은 성색(聲色)을 좋아하지 않는다고 생각하고 그를 특별히 좋아하였다. 후에 결국 태자 양용을 폐하고 양광을 태자로 세웠다.

후에 양견이 병이 깊어 태자를 부르자, 양광이 궁전으로 들어가서 성상의 병이 위중한 것을 보고는 서둘러 황권을 장악할 준비를 하였다. 마침내 서신을 써서 측근인 양소(楊素)에게 주고 대책을 토론하였다. 양소의 답장이 궁녀에게 잘못 전해져서 양견의 수중에 이르렀고 양견이 그것을 본 후에 매우 분노하였다. 그가 총애하던 후비인 진 부인(陳夫人)이 새벽녘에 양견의 병실에서 옷을 갈아입고 나오는데 양광이 강제로 간음하려 하였다. 진 부인이 못하게 힘을 다해 뿌리치고는 양견의 병실로 돌아왔는데, 양견이 그녀의 안색이 심상치 않은 것을 보고 그 원인을 물었다. 진 부인이 눈물을 흘리면서 "태자가 무례하다"고 말하자, 양견이 화가 나서 침대에 머리를 박으면서 "짐승 같은 놈에게 어찌 대사를 줄 수 있겠는가." 라고 말하였다. 신하에게 명하여 폐한 태자 양용을 불렀다. 양광 · 양소가 알고 소식을 봉쇄하고 양견의 병실 안에서 후궁과 첩들을 내쫓아 내었다. 얼마 안 있어 양견이 세상을 떠났다는 소식을 전해 주었다. 진 부인과 후궁들이 사변을 듣고 서로 바라보면서 부들부들 떨었다. 해 질 무렵 태자가 사자를 시켜서 작은 금 상자를 진 부인에게 보냈는데 진 부인은 그것을 보고 독약이라고 생각하고 감히 열지 못하였다. 사자가 재촉하자 진 부인은 마지못해 상자를 열었는데 알고 보니 작은 상자 안에 있던 것은 수매동심(數枚同心)이라는 매듭이었다. 그날 밤에 진부인은 양광과 사통하였다.

수 양제(煬帝)인 양광의 방탕한 생활은 널리 알려졌듯이, 그가 통치한 지 몇 년이 되지 않아 천하가 크게 혼란하였고 이에 반란군들이 함께 일어났다. 당시 사회에는 "이씨가 마땅히 천자가 되어야 한다"는 말이 전해졌기 때문에 방사들은 양광에게 국내에서 이씨 성을 가진 자들을 모두 죽일 것을 권하였다. 장작감(將作監)[101] 이민(李敏)이 어릴 때 부르던 이름이 홍아(洪儿)였는데 양광은 그의 이름이 참언에 부합한다고 의심하고 이민에게 직접 자살할 것을 권하였다. 이민이 크게 두려워하여 큰아버지인 이혼(李渾) 등과 상의하였다. 양광이 결국 이혼의 전 가족을 체포하여 모두

101) 장작(將作)은 진나라 때 궁전의 공사(工事)를 맡은 벼슬이다.

죽였다.

오래지 않아 멀리 태원(太原)에서 변방을 지키던 이연(李淵)이 둘째 아들 이세민(李世民)의 책동하에서 군대를 일으켜서 수에 반항할 것을 준비하였다. 그의 책사인 유문정(劉文靜)은 이연이 돌궐(突厥)과 연합하여 그의 군대 세력을 빌릴 것을 권하였다. 이연은 마침내 말을 정중히 하고 예를 후하게 하여 사신을 보내어 돌궐의 시필(始畢) 군주와 우호 관계를 맺었다. 시필 군주는 답장에서 "만약 당공(唐公)인 이연 자신이 천자가 된다면 나는 마땅히 한더위도 피하지 않고 군대로 그를 돕겠지만 만약 그렇지 않는다면 나도 그렇게 하지 않겠다."고 말하였다. 이에 이연은 수양제(煬帝)를 높여 태상황(太上皇)이라 하고 양제의 대를 이을 후왕을 세워 황제라 하였으며 깃발을 바꾸고 홍색과 흰색을 섞어서 사용하였다. 왜냐하면 수나라가 화덕이 되어 깃발에 있어서 적색을 숭상하였으나 지금 홍색과 백색의 두 색을 섞어서 사용한 것은 돌궐 군주에게 수의 덕운이 이미 순수하지 않을 뿐 아니라 당도 이미 수양제를 황제로 인정하지 않는다는 사실을 나타내기 위한 것이다. 이연의 이러한 방법은 이미 돌궐 군주를 구슬릴 수 있었을 뿐 아니라 또한 직접적으로 수와 대립하지도 않았으니 하나의 화살로 두 마리의 새를 잡은 격이 된다.

다음 해에 수 양제의 근위 군관들이 쿠데타를 획책함에 따라 수비 장군인 우문화급(宇文化及)은 스스로 우두머리가 되어 양제 및 그의 세 명의 아들과 아홉 명의 손자를 교살시켰다. 그 뒤를 진(秦) 왕의 양호(楊浩)가 황제가 되었으나 말만 황제일 뿐 실권은 우문화급에 의해 장악되었다.

이해 5월 14일에 수 공제(恭帝)가 선양에 대한 조서를 내렸다. "수의 대운이 떠나갔으니 어진 사람을 등용할 것을 청하고 당에 양위한다"는 것이다. 이연이 일부러 거절하자, 문무 대신 2천여 명이 동시에 상소하여 왕위에 오를 것을 권하면서 다음과 같이 말하였다. "오운이 차례로 흥기하여 모든 왕들이 왕을 교체하였다. 봄에는 난이고 가을에는 국화이니 결코 영원할 수 없습니다." 이연이 천명의 덕운에 순응하여 황제가 되어야 한다는 것이다. 이에 이연은 갑자(甲子)일에 태극전(太極殿)에서 황제에 즉위하고 형부상서(刑部尙書) 소조(蕭造)를 파견하여 남쪽 교외에서 하늘에 보고하였다. 천하에 특사를 내리고 연호를 무덕(武德)으로 바꾸었다. 이는 "오운을 미루어 가면 토덕이 되고 색으로는 황색을 숭상하는 것"에 따른 것이다. 당은 형식상 수의 선양을 받았으니 수의 왕조는 화덕이고 화가 토를 낳기 때문에 당은 토덕이다.

이연은 선양한 황제에게 휴공(酅公)을 봉하고 아울러 조서를 내려 다음과 같이 말하였다. "근세 이래로 시운이 변혁하여 전대의 황제나 종족들이 살해되거나 제거되지 않은 적이 없었다. 그러나 왕조의 연대가 흥망하기 때문이니 어찌 인력이 하는 바에 의지하겠는가. 수 왕조의 채왕(蔡王)인 양지적(楊智積) 등 왕실의 자손들은 모두 유관한 부문에 선택하여 기량을 쓸 것이다." 이연은 이 조서에서 한편으로는 자기가 전 왕조를 남김없이 모두 죽이지 않았음을 나타내었고, 다른 한편으로는 자기가 황제가 된 것이 천명을 얻었고 인력이 하는 바가 아니기 때문에 전 왕조의 잔당들이 설령 반항하려 할지라도 소용이 없다는 것을 보여 주었다. 다음 해 8월에 휴공이 세상을 떠났는데 휴공의 사망 원인은 『수사(隋史)』나 『자치통감(資治通鑒)』을 막론하고 모두 분명히 언급되지 않았다. 그가 이연의 손에 죽었는지의 여부를 막론하고 이것은 이미 영원한 수수께끼가 되었다.

당 고종(高宗) 때에 어떤 사람이 당의 덕운에 대해 문제를 제기하였는데 이 사람이 바로 당 초기 '문단사걸(文壇四杰)' 중의 하나인 왕발(王勃)이다. 왕발은 여섯 살에 문장을 쓸 수 있었고 구상하는 데 막힘이 없었으며 문채가 매우 호탕하였다. 그의 형인 왕거(王)·왕면(王勔)도 문필의 재능이 출중하였기 때문에 그의 부친의 친구인 두역(杜易)이 그들을 '왕씨의 세 나무'라고 약칭하였다. 패왕(沛王) 이현(李賢)이 왕발의 재능과 명성을 듣고 그를 불러 패부수찬(沛府修撰)[102]으로 삼아 몹시 아끼고 존중하였다. 당시의 여러 황제의 아들들이 닭싸움 놀이를 구경하는 것을 좋아하고 제각기 승부를 걸었다. 왕발이 한 편의 「격영왕계(檄英王鷄)」의 문장을 장난삼아 지었는데 당 고종이 그것을 보고 얼굴을 찌푸렸다. 그날 바로 왕발을 패왕부(沛王府)에서 내쫓고 다시는 들어오는 것을 허락하지 않았다. 이후에 왕발의 벼슬길은 줄곧 뜻을 얻지 못하였고 28세 때에 남쪽에 있는 바다를 건너다가 물에 빠져 죽었다. 왕발은 문학적 천재로서 세상에 유명하지만 역법도 연구하였다. 그가 쓴 『대당천세력(大唐千歲曆)』에서 그는 당의 덕운이 위로 어느 집안을 계승하였는지에 대해 자기의 의견을 제기하였다. 그는 다음과 같이 말하였다. "제왕의 경우, 운이 토덕인 제왕은 50대로 1천 년간 지속이 가능하고 운이 금덕인 제왕은 49대로 9백 년간 가능하며 운이 수덕인 제왕은 20대 혹은 10대로 6백 년이 가능하며 운이 목덕인 제왕은 30대로 8백 년이 가능하며 운이 화덕인 제왕은 20대로 7백 년이 가능하다. 이것은 천지의 변하지 않는 기일이고 역법에 부합하는 수이다. 황제(黃帝)에서 한(漢) 왕조에 이르기까지는 진정으로 오덕에 응하여 왕 노릇한 참된 군주이다. 오운이 한 바퀴 순환하면 토덕이 다시 돌아오는데 당의 덕운이 그것을 이었으니 이것은 자연의 이치에 부합하는 것이다. 위진에서 북주(北周)[103]나 수(隋) 왕조에 이르기까지는 모두 정통이 아닌데 이것은 오행의 나쁜 기이기 때문에 그것을 이어서는 안 된다."

왕발의 의견은 당의 토덕이 위로 한의 화덕을 직접 이었음을 인정하였

102) 패부수찬(沛府修撰)은 서책을 편집하여 찬술하는 벼슬이다.

103) 북주(北周)는 북조(北朝)의 하나이다. 선비족 우문각(宇文覺)이 서위(西魏)를 멸하고 세운 나라이다. 후주(後周)라고도 한다. 도읍은 장안(長安)이다. 5주 24년 만에 수(隋)나라에 망하였다.

고 위진을 지나서 수에 이르는 혼란하고 짧은 재위 기간의 역사 시기에 대해서는 그 덕운을 인정하지 않았다. 왕발의 본뜻은 당이 나라를 세운 것이 주(周)·한(漢)과 마찬가지로 천명의 정통을 얻었기 때문에 국운이 장구할 수 있다는 것을 설명하는 데 있었다. 그러나 왕발의 좋은 뜻이 실권자들에 의해 받아들여지지 않았다.

당 고종이 죽은 후에 무측천(武則天)은 자기가 황제가 되고 싶었다. 이때 바람이 부는 것을 보고 노를 젓는 어떤 사람이 상소를 올려서 국호를 주(周)로 바꾸고 황제의 성을 무씨(武氏)로 할 것을 청하였다. 또한 봉황이 명당[104]에서 상양궁(上陽宮)으로 날아들어 좌대(左臺)의 오동나무 위에 모였고 붉은 참새 수만 마리도 조정에 날아들었다. 이에 무측천은 황제 및 군신들의 요구에 동의하여 당(唐)을 주(周)로 고치고 스스로 성신황제(聖神皇帝)라 칭하였다. 오래지 않아 또한 주나라의 역법을 채용하였고 깃발은 적색을 숭상하였다. 이 모든 것은 무측천이 비록 덕운을 고칠 것을 분명히 말하지 않았지만, 그녀가 달력을 고치고 복색을 바꾸는 방법은 이미 사람들에게 무주(武周)가 바로 희주(姬周)[105]의 계승자이고 무주의 덕운이 희주의 화덕을 계승한 것임을 선포하였음을 설명한 것이다.

왜냐하면 무측천이 주나라를 계승하였음을 자처하였기 때문에 그녀가 만년에 젊은 미남자인 장역지(張易之)와 장창종(張昌宗)을 총애하였을 때에, 무삼사(武三思)는 상소를 올려 장창종을 희주의 영왕(靈王)태자인 진(晋)이 다시 태어난 것이라고 말하였다. 태후는 장창종에게 깃털로 만든 옷을 입고 생황을 불며 궁궐 안뜰에서 나무로 만든 학을 타게 하여 전설 속의 신선이었던 태자 진(晋)을 모방하였다. 그리고 태후의 문학 시종들

104) 명당(明堂)은 천자가 정사를 보거나 제후를 만나 보는 궁전이다.
105) 희주(姬周)는 성이 희씨인 삼대(하·은·주)의 주나라이다.

은 모두 계속해서 시를 지어서 이 사람이 '얼굴이 연꽃과 같은' 총애를 받는 신하임을 칭송하였다.

후에 무측천의 병이 중하자, 태자 이현(李顯)이 대신인 장간지(張柬之)·최현위(崔玄暐) 등의 계책하에서 쿠데타를 일으켜서 장씨의 형제를 죽이고 정권을 탈취하여 당(唐)의 국호를 회복하였다. 기타 문물제도는 모두 당 고종 영순(永淳) 연간의 옛 제도를 회복하였으니 또한 당의 덕운이 무주 때의 화덕에서 원래의 토덕으로 돌아왔음은 말하지 않아도 알 수 있다.

당 현종(玄宗) 천보(天寶) 9년(750년)에 이르러서, 최창(崔昌)이라 불리는 처사가 왕발의 아혜(牙慧)를 정리하여 『오행응운력(五行應運曆)』을 현종에게 바치면서 다음과 같이 말하였다. "국가는 마땅히 주나라와 한나라를 이어서 토덕으로 화덕을 대신해야 합니다. 북주나 수나라는 모두 정통이 아니니 자손으로 두 왕후를 섬겨서는 안 됩니다." 현종이 이 일을 고위고관들과 함께 모여 논의하였다. 집현전의 학사인 위포(衛包)가 상소하여 "함께 모여서 논의하기를 밤새도록 하였는데, 네 개의 별이 미수(尾宿)에 모였으니 하늘의 뜻이 분명하다."고 말하였다. 당 현종이 하늘의 뜻에 따라 다음과 같은 결정을 내렸다. 즉 당나라는 한나라를 계승하여 주 무왕·한고조의 사당을 수도에 세웠고 위·후주·수의 세 왕조 후손의 공작(公爵) 작위를 폐지하였다.

다음 해에 당나라 군대는 운남(雲南)[106]을 토벌하고 운남의 왕인 각나풍(閣羅風)과 호천(滬川)에서 전투하다가 대패하였는데, 호천에서 죽은 자가 헤아릴 수 없었다. 싸움에서 이기지 못하자, 당나라 군신들은 자신에게서 원인을 찾지 않고 다만 각 부대의 주홍색의 깃발을 적황색으로 바

106) 운남(雲南)은 중국 서남 변경에 있는 성의 이름이다.

꾸어 토운에 부합할 것을 명하였다. 그렇지만 이러한 조치는 결코 당나라의 쇠퇴해 가는 운명을 만회하지는 못하였다. 5년 후에 당의 왕조는 '안사(安史)의 난'을 만났고 이로부터 당 왕조는 하루가 다르게 쇠퇴하였다.

환관들의 권력 독점과 붕당 싸움 속에서 당 문종(文宗)이 제위에 추대되었다. 당 문종의 조부인 헌종(憲宗)과 형인 경종(敬宗)이 모두 환관들의 손에 죽었으며 그의 부친인 목종(穆宗)과 그 자신도 모두 환관들의 지지로 정권을 잡았다. 문종은 즉위 후에 환관들의 세력을 제거할 것을 결심하였다. 그는 정주(鄭注)와 이훈(李訓)에 의지하여 권력을 장악한 환관들의 세력을 공격하였으나, 이훈이 너무 조급하게 굴었기 때문에 '감로(甘露)의 변' 중에 환관들의 전면적인 반격으로 이훈 · 정주 등이 비명에 죽었다.

좋은 성과를 얻으려고 애쓰던 문종은 오덕종시설을 믿었다. 그는 유명한 왕기(王起)를 태자의 소보(少保)[107]에 임명하고 편전에 그의 초상화를 걸어 놓고 그것을 '이 세상의 공자'라고 불렀다. 그에게 『오운도(五運圖)』를 확대하고 오운의 흥망성쇠를 총괄하게 하여 태자로 하여 고금의 치란(治亂)을 쉽게 알 수 있게 하였다. 그렇지만 태자 이영(李永)은 문종이 총애하던 후비 양씨(楊氏)의 아들이 아니었기 때문에 양씨가 용납하지 않았다. 오래지 않아 애매하게도 갑자기 세상을 떠났다.

'감로의 변'이 문종에게 준 타격은 가히 짐작할 수 있으니 권력을 장악한 환관들을 제거하려던 그의 포부도 이로부터 수포로 돌아갔다. 그의 유일한 아들인 이영(李永)이 비명에 죽은 것은 그의 마음을 더욱 울적하게 하였다. 2년 후에 문종은 마음이 답답하고 울적한 가운데 세상을 떠났다. 아마도 왕기의 오운도설(五運圖說)이 결코 그에게 도움이 되지 못한

107) 소보(少保)는 주대의 관직 명칭으로, 천자의 덕을 보완하는 태보(太保)의 보좌역이다.

것 같다.

당 말에 농민 봉기의 지도자인 황소(黃巢)도 오덕종시설의 신봉자였다. 880년 말에 황소의 봉기군이 중국의 반을 석권하고 이윽고 장안을 공격하였는데 동관(潼關)의 전투에서 황소군의 흰 깃발이 들판에 가득하여 그 틈이 보이지 않았다. 황소는 당시에 이미 자기의 덕운이 금으로 확정되었다고 생각하였기 때문에 깃발로는 흰색을 숭상하였음을 알 수 있다. 장안에 있던 희종(僖宗)이 동관이 함락되었음을 듣고 급히 수레를 타고 미친 듯이 도망쳤는데, 따르던 환관들이 모두 뒤쫓았으나 따라잡지 못하였다. 황소가 이끄는 군대가 장안에 진입하여 "길에서 만난 가난한 백성에게 다투어 먹을 것을 주거나 베풀었다." 12월 13일에 황소가 정식으로 정권을 세우고 스스로 황제라 칭하였으며 국호를 대제(大齊)라 부르고 연호를 금통(金統)이라 하였다. 황소는 망루 위에서 특사를 선포하고 아울러 자신이 천명을 받았음을 다음과 같이 말하였다.

> 당의 황제가 짐이 봉기할 것을 알고 연호를 광명(廣明)으로 고쳤으니 당에는 이미 천의 직분이 없다는 것을 문자로 말하였다. '당(唐)'의 '축(丑)' 자과 '구(口)' 자를 떼어 내어 '황(黃)'에 붙였는데[108] 하늘의 뜻이 황을 당 다음에 두었으니 이에 황씨 집안이 해와 달이다. 토덕이 금을 낳아 금과 옥을 주니 마땅히 연호를 금통(金統)으로 바꾸어야 한다.[109]

황소가 당나라를 대신하여 즉위한 것도 천명에서 나왔기 때문에 군신

---

108) '당(唐)' 자 아래의 '축(丑)' 자와 '구(口)' 자를 가지고 가서 '황(黃)' 자가 만들어졌으니 이것은 바로 하늘의 뜻이라는 것이다.

109) 『舊唐書』, 卷10C, 「黃巢」. "唐帝知朕起義, 改元廣明, 以文字言之, 唐已無天分矣. 唐去丑口, 而安黃, 天意令黃在唐下, 乃黃家日月也. 土德生金, 予以金玉, 宜改年爲金統."

들이 황소에게 올린 제왕의 호칭은 '승천응운계성예문선무황제(承天應運啓聖睿文宣武皇帝)' 이었다. 황소는 뛰어난 농민 혁명의 지도자였을 뿐만 아니라 동시에 한 사람의 봉건 농민이기도 하였으니 그의 봉기와 혁명이 모방한 것은 피혁명자의 통치 방식이었다. 때문에 그가 이루려는 것도 여전히 하나의 봉건 황제였다. 이와 같이 말한다면, 그가 추숭한 오덕종시설 또한 무엇이 다르겠는가. 그는 금덕으로 자처하였으니 국화 시를 읊조리면서 그가 금덕의 이상을 실행할 것을 나타내었다.

> 가을을 기다려 음력 9월 8일에 이르러 우리의 꽃인 국화가 핀 뒤에는 모든 꽃들이 시들어 죽는다. 하늘 높이 오른 향기가 한차례 장안에 스며들고 황금의 갑옷을 입은 것처럼 꽃잎이 성에 가득하다.[110)]

그렇지만 황소의 봉기가 실패하면서 중국 역사상에는 또 한차례의 분열과 동요의 시대가 출현하였으니 5대10국이다. 중원에서 양(梁)·당(唐)·진(晋)·한(漢)·주(周)의 다섯 왕조가 연이어 교체하였는데 그 경과한 시간을 모두 합하면 53년이다. 이것은 다섯 개의 단명의 왕조이고 이전 왕조와 서로 구별하기 위하여 역사상에서는 5대의 명칭 앞에 모두 '후(后)' 자를 덧붙였다.

5대와 병존한 것은 주변의 10국이니, 즉 오(吳)·남당(南唐)·오월(吳越)·초(楚)·민(閩)·남한(南漢)·전촉(前蜀)·후촉(后蜀)·남평(南平)·북한(北漢)이다. 북한이 황하 유역의 태원(太原)에 국가를 세운 외에, 그 나머지 아홉 국가는 모두 남방에 있었다.

---

110)『御定全唐詩』, 卷733,「黃巢」. "待到秋來九月八, 我花開后百花殺. 沖天香陣透長安, 滿城盡帶黃金甲."

양 · 당 · 진 · 한의 네 왕조 중에서, 양이 자기의 덕운을 금덕이라고 명확히 선포하는 이외에 그 나머지 세 왕조는 이것에 대해 모두 상세히 말하지 않았다. 다단 우리는 후주가 군신들의 논의 속에서 후당이 당 왕조를 회복할 것을 서로 호소하였기 때문에 당의 덕운인 토덕을 계속 사용하였고 아울러 후양에서 말한 '금행(金行)'이 왕망(王莽)식의 비정통에 불과하여 인정하지 않았음을 알 수 있다. 후진은 후당의 덕운이 상생하여 금덕이 되었기 때문에 후한은 바로 수덕이다.

앞의 네 왕조와 비교해서 후주는 정치적으로 수립되었을 뿐만 아니라 오덕종시의 덕운 문제 또한 비교적 염두에 두었다. 후주의 건립자인 곽위(郭威)는 군대 시절에 버럭 화를 내거나 싸움하기를 좋아하였다. 상당(上党)[111] 지역의 상점가에 도살자가 있었는데 매우 건장하여 사람들이 그를 두려워하였다. 유독 곽위만이 일부러 업신여기거나 취중에 도살자에게 고기를 자를 것을 명하였는데 조금이라도 마음에 들지 않으면 그를 질책하였다. 도살자가 화가 나서 웃통을 벗고 가슴을 드러내 놓고 곽위에게 "네가 감히 나를 찌르겠는가?"라고 말하자, 곽위가 즉시 그의 배를 갈랐다. 당시가 때마침 전란의 시기였기 때문에 관련 부서의 우두머리가 그를 용감하다고 보고 곽위를 풀어 주고 그의 죄를 처벌하지 않았다. 이후에 곽위는 독서를 좋아하였는데 이경(李瓊)과 의형제를 맺어 그에게 가르침을 청하였고 소매 속에 책을 넣고 다니면서 시간이 날 때마다 항상 읽었다.

곽위가 후에 천자가 되었기 때문에 자연히 그에 관한 신화가 전해진다. 전해지는 말에 의하면, 곽위가 항상 낮잠을 자면 오색의 작은 곤충들이 그이 콧구멍 사이를 드나들었다는 것이다. 여기에서 오색과 오덕은 바로 천명에 대한 상징이다. 그러므로 후한의 은제(隱帝)가 죽은 후에 후한의

111) 상당(上党)은 산서성(山西省) 동남부(東南部) 지역 이름이다.

태후는 어쩔 수 없이 황권을 실권자인 곽위에게 넘겨주었다. 선양을 명하는 조서 속에서도 자연히 천명을 따른다는 옛말을 빼놓을 수 없었다.

곽위는 이미 천명에 부응하여 덕운을 이었기 때문에 사양하거나 겸손함 없이 비교적 솔직하게 그날 바로 황제에 등극하였다. 관련 부서에서는 덕운 문제를 황제에게 다음과 같이 상소하였다.

> 지금 국가가 연호를 세워서 목덕으로 수를 대신하였으니 원칙에 준하고 국가를 본받아 성묘(姓墓)를 납일로 삼으니 미일(未日)에 납향(臘享)하기를 청합니다.[112)]

뜻은 후주가 목덕으로 후한의 수덕을 대신하였으니 마땅히 덕운이 속한 고묘일(庫墓日)을 납일로 하여야 한다는 것이다. 즉 목덕의 고묘일이 미(未)가 되기 때문에 미일(未日)을 납일로 삼을 것을 청하였다는 것이다. 곽위는 이러한 의견을 받아들였다. 우연히 일치하는 것은 오덕 상생의 역사 순환에 따라 희주(姬周)가 목덕이고 우문씨(宇文氏)의 북주도 목덕이었는데 지금의 후주도 목덕으로 천하에 왕 노릇하였다는 것이다. 후주의 신하들은 이러한 우연한 일치에 대해 자못 의기양양해하였다.

주나라 태조 곽위가 죽은 뒤에, 그의 양자인 곽영(郭榮)이 왕위를 계승하여 세종이 되었다. 그는 한차례 개혁을 단행하여 중국의 재통일 사업을 위해 공헌하였으나 애석하게도 세종은 한창때 일찍 죽었기 때문에 그의 원대한 뜻은 실현되지 못하였다.

주나라 세종이 죽은 후에 황위를 계승한 공제(恭帝)는 겨우 여섯 살이

---

112) 『唐五代史』, 「周書 · 太祖紀」. "今國家建號, 以木德代水, 準經法國以姓墓爲臘, 請以未日爲臘."

었다. 960년 봄에, 후주의 금위군 통솔자인 조광윤(趙匡胤)이 북한과 요나라 조정이 군대를 이끌고 남하한다는 허위 보고를 하였다. 이에 그에게 군대를 통솔하여 북상하여 저항할 것을 명하였다. 부대원들이 밤에 개봉(開封)[113] 동북의 진교역(陳橋驛)에서 자고 날이 밝기 전에 반란을 일으킬 것을 계획함에 따라 조광윤을 추대하여 제위에 승격시키고 도성으로 회군하였다. 황제는 다만 추세에 따라 조광윤에게 선위할 것을 명하였다. 주나라 사람이 쓴『구오대사』「주서 · 공제기」에서는 역사의 초고를 쓰는 신하들이 공제를 칭찬하여 다음과 같이 말하였다. "무릇 사계절의 기는 추위가 가면 더위가 오고 오행의 이치는 금이 약해지면 화가 왕성해진다. …… 하물며 공제는 마땅히 화려한 비단에 싸여 있을 어린 나이지만 생황과 종의 바뀌는 소리를 잘 알고 부하들의 은덕을 칭송하는 노래를 들으며 천명의 역수가 있는 곳을 알고 능히 그 지위를 양위하였으니 또한 훌륭하지 않는가."[114] 이러한 어용에 맞장구치던 문인들의 어조는 오운 · 역수의 무리에서 벗어나지 못하고 강자가 힘으로 약자를 기만하였는데도 자기 딴에는 그렇게 당당하다고 말하였던 것이다.

조광윤은 정권을 탈취한 후에, 국호를 송(宋)으로 정하고 나라의 덕운을 화덕으로 결정하였다. 색은 적색을 숭상하였고 납일을 술일(戌日)로 하였다. '술'은 화의 고묘(庫墓)이기 때문에 술일에 납향제를 거행하였다. 그렇지만 송의 덕운 문제에 관하여 태조 조광윤에서 진종 조항(趙恒)에 이르기까지 약 60년간 시종 의견이 일치하지 않았다. 물론 집중적인 토론이 세 차례 있었다. 먼저, 평민인 조수경(趙垂慶)이 송 태종 옹희 원년(986년)에 상소하여 송의 덕운이 금이지 목이 아니라는 것을 제기하였다. 그

113) 개봉(開封)은 하남성(河南省)에 있는 도시 이름이다.

114)『舊五代史』,「周書 · 恭帝紀」. "夫四序之氣, 寒往則暑來. 五行之數, 金銷則火盛. …… 況恭帝當紈綺之冲年, 會笙鏞之變響, 聽謳歌之所屬, 知命歷之有在, 能遜其位, 不亦善乎."

의 이유는 송은 마땅히 5대를 초월해야 하니 위로 당(唐)의 토덕을 이어서 금덕이 되어야 한다는 것이다. 설령 5대를 인정하여 후양의 금덕에서 계산할지라도 차례대로 상생해 가서 송에 이르면 마치 한 차례 순환한 것과 같으니 또한 마땅히 금덕이 되어야 한다는 것이다. 또한 송이 선양을 받은 이래로 상서로운 징조가 그치지 않고 이르렀는데 대체로 흰색을 바친 것도 송이 금덕이라는 조짐이다. 태종은 조수경의 의견을 중요시하여 상서(尙書)를 찾아보고 백관들을 소집하여 토론할 것을 명하였다. 우산기상시(右散騎常侍) 서현(徐鉉) 등은 다른 의견을 제기하였다. 그 이유는 오운이 서로 이어지는 것은 바로 국가의 대사(大事)이기 때문에 송의 화덕은 태조가 국가를 세우는 초기에 이미 명문으로 확정되어 쉽게 바꿀 수 없다, 즉 후양의 주씨는 비정통에 속하여 오운이 유전하는 정상 계열로 받아들여서는 안 된다는 것이다. 후당의 토덕에서 계산할 경우, 후진의 금덕 · 후한의 수덕 · 후주의 목덕을 거쳐서 송 왕조에 이르면 자연히 화덕이 되어야 한다. 하물며 송이 국가를 세운 처음부터 적제(赤帝)에 제사 지냈는데 지금 25년에 이르기까지 나라가 태평하고 백성들이 평안하였으며 오곡이 풍성하였다. 만약 성스러운 통치가 천심이 부합하지 않았다면 어찌 오늘의 태평이 있겠는가. 만약 송이 위로 당의 정통을 계승하여 금덕이라 한다면, 후당 이하 여러 왕조의 정통을 폐기하여 없애 버리는 것이 된다. 그러나 오운이 대대로 변천하고 모두 친히 계승하여 문과 질이 서로 이르렀으니 어찌 보이는데 보지 않고 배제할 수 있겠는가. 이 때문에 서현 등의 의견은 원래의 화덕에서 바뀌지 않는다는 것을 유지하였다. 태종이 이러한 의견을 받아들인 후에 원래의 규정을 따랐다.

송의 진종(眞宗) 연간에 이르면서, 송은 마땅히 금덕이 되어야 한다는 문제가 개봉부(開封府)의 공조참군(功曹參軍) 장군방(張君房)에 의해 다시 제기되었다. 그의 이유는 5대10국 중에서 후당과 남당 이외의 당 왕조의 후대는 정통이 되고 그 나머지 각 왕조나 국가들은 모두 비정통에 속하기 때문에 송은 마땅히 후당의 토덕을 계승하여 금덕이 되어야 한다는 것이다. 그러나 장군방의 상소에는 대답이 없었다. 오래지 않아, 광록시승(光祿寺丞) 사강(謝絳)이 상소하여 송은 마땅히 토덕이 되어야 한다고 말하였다. 송이 금덕임을 견지하던 대리시승(大理寺丞) 동행부(董行父)는 또한 경전에 근거하여 과거의 관점을 거듭 표명하였다. 이에 진종은 여러 군신들에게 논의할 것을 명하였다. 군신들은 위로는 고대 복희씨(伏羲氏)로 소급해 가고 아래로는 지금의 징조를 조사하여 마지막 결론을 내렸는데 여전히 송의 화덕에서 바뀌지 않는다는 것을 유지하였다.

진종 후에 송은 내란과 외환의 근심으로 덕운의 문제에 관하여 일일이 돌볼 겨를이 없었기 때문에 송의 화덕도 천수를 누리게 되었다.

송의 덕운에 관한 토론이 그친 지 백여 년 후에 송과 대치하던 금 왕조의 신하들이 자기의 덕운에 대해 또한 논쟁을 그치지 않았다. 금의 개국황제인 아골타(阿骨打)는 등극하던 초기에 군신들에게 다음과 같이 선포하였다.

> 요나라는 강철을 국호로 삼아 그 견고함을 취하였다. 강철이 비록 견고할지라도 결국에는 또한 변하여 망가지는데 오직 금만이 변하지 않고 망가지지 않는다. 금의 색은 택색이니 완안부(完顔部)에서는 색으로 백색을 숭상한다.[115)]

이에 국호를 대금(大金)이라고 하고 연호를 수국(收國)으로 바꾸었다. 아골타가 본국을 금이라고 이름 지었을 때는 결코 한인들의 오덕종시설

115) 『金史』, 卷2, 「太祖」. "遼以鑌鐵爲號, 取其堅也. 鑌鐵雖堅, 終亦變壞, 唯金不變不壞. 金之色白, 完顔部色尙白."

의 영향을 받지 않았다. 그가 고려한 것은 그 당시에 직면한 적이 거란(契丹)의 요나라였기 때문에 그는 금을 사용하여 거란족이 세운 요나라의 철을 이기려고 하였을 뿐이었다.

금이 요나라를 멸한 후에 직접 송 왕조에 대해 한편으로는 송에 대해 약탈 전쟁을 일으키면서, 다른 한편으로는 송의 문화를 흡수하였다. 한의 오덕종시설에 영향을 받아 금나라 사람들은 자기의 덕운에 대해 의문을 제기하였다. 금의 왕조가 백색을 숭상하여 마땅히 금덕이 되어야 하나 그의 적국인 송나라가 화덕이었다. 오행상승설에 따르면, 화가 금을 이기니 금나라는 덕운 방면에서 불리한 위치에 처하였다. 이 때문에 금이 나라를 세운 지 약 90년 만에 금의 조정에서는 금의 덕운 문제를 토론하였다. 토론한 결과, 금은 멸망한 북송(北宋)의 화덕을 이어서 토덕이 되었다. 당시의 황제인 금의 장종(章宗)은 태화(泰和) 2년(1202년) 11월에 덕운이 토덕으로 정해졌음을 선포하고 여러 신에게 제사 지내는 납일(臘日)을 진일(辰日)로 하였다.

비록 금의 덕운이 금 장종(章宗)에서부터 개정되었으나 분명히 마음에 의심을 갖는 것이 아직도 많이 있었다. 이에 선종 즉위 후 다음 해(1214년)에 또한 특별히 성지(聖旨)를 내려 몇 명의 고위 고관들의 통솔자를 지정하여 장종의 조정에서 이미 토론하였던 덕운 문제를 다시 논의하게 하였으며 아울러 이번에 토론한 글이나 상소문을 편집하여 책을 만들었다. 이것이 바로 『대금덕운도설(大金德運圖說)』이다. 그중에서 금의 덕운이 마땅히 토덕이 되어야 한다는 것을 견지한 자가 4명이었고 마땅히 금덕이 되어야 한다는 것을 견지한 자가 14명이었다. 쌍방에서는 각자의 이유에 근거하여 강력히 논쟁하였는데 논쟁이 매우 격렬하였을 뿐만 아니라 또한 일부로 과격한 말을 하여 남을 놀라게도 하였다.

쌍방의 이유가 모두 나름대로 충분하였기 때문에 금 선종(宣宗)은 누가 옳고 누가 그른지를 판단하기가 매우 곤란하였다. 때문에 이 문제가 그대로 방치되었다. 20년 후에 금 왕조의 황제가 몽골 군대의 말발굽에 의해 짓밟혀 무너지자, 금의 덕운 문제도 마지막 해결을 보지 못하고 흐지부지 끝나 버렸다.

몽골 군대는 개선가를 부르면서 금을 소멸시키고 또한 남송을 멸망시켰다. 그리하여 남북 분열의 국면을 결속시켜서 통일된 중앙정권을 세웠다. 송이 멸망되기 이전에 홀필열(忽必烈, 1215~1294)이 이미 나라를 세워 국호를 '대원(大元)'이라 하였고 아울러 이를 위하여 특별히 조서를 내려 설명하였는데 조서 속에서 다음과 같이 말하였다. "진 · 한은 처음 일어난 지명에서 이름을 얻었고 수 · 당은 봉해진 작읍(爵邑)에서 이름을 얻었다. 그러나 대원은 『역경』의 건원(乾元)에서 뜻을 취하여 이에 서물(庶物)의 형상을 주조하였으니 누가 처음을 취한 공을 알겠는가. 한 사람이 만방에 편안함을 주니 인의 요체를 더욱 절실히 체득하고 옛것을 따르거나 바꾸는 데 종사하면 도가 천인에 일치한다."[116] 원나라 지도자의 창업 공로를 표창하기 위하여, 홀필열은 한유들의 경전에서 뜻을 취하여 나라 이름을 대원(大元)이라 명하였다.

원 왕조는 이름을 지은 것에서 알 수 있듯이 더 이상 천명오덕을 말하지 않고 무엇이 정통이고 비정통인지만을 논쟁하였다. 예전에 비하여, 중원에 들어온 소수민족의 통치자나 원 왕조의 지도자들은 선진의 한(漢)문화에 대하여 전대미문의 건전한 심리 상태를 나타내었다. 그들은 한 문화를 받아들이는 것을 거부하지도 않았지만 그렇다고 자신을 낮추지도 않았다. 멀게는 황제 · 염제를 끌어들이고 가깝게는 오덕종시에 의지하려 하지도 않았다. 그들은 자신을 당연한 통치자로 간주하고 정통이나 비정

116) 『元史』, 卷7, 「世祖」 참조.

통의 관념을 사용하였으니 꾸미거나 분장할 필요도 없었다. 이에 그들은 전대미문의 대통일국가를 세웠다는 것이다.

원 왕조 이후에, 중국 역사상 왕조 교체가 이루어진 것은 명 · 청의 두 시대이다. 명 · 청의 역사책을 펴면, 오덕종시설의 흔적을 찾기가 매우 어렵다. 명의 건립자인 주원장(朱元璋)은 오히려 천명을 배척하지 않았다. 그렇지만 그가 천을 받들고 덕운을 계승한 표시는 덕운에 부응하려는 것이 아니고 천기의 변화일 뿐이라고 생각하였다. 주원장은 등극하기 전에 일찍이 상제에게 고하였는데, 그 기도문의 내용은 다음과 같다.

> 다만 나는 중국 백성의 군주일 뿐이다. 송의 덕운이 종말을 고하면서 천자께서 진인(眞人)에게 사막에서 중국에 들어와 천하의 주인이 될 것을 명하였으니, 그 임금의 부자 및 자손들이 100여 년 만에 운이 또한 끝났다. 천하의 토지나 백성들을 두고 호걸들이 분쟁하였으나 다만 천자께서 영특하고 현명한 사람을 내려보내 신을 보좌하게 하여 마침내 군웅(群雄)들을 평정하고 들판에서 백성을 쉬게 하였다. 지금 땅 둘레가 2만 리로 넓어졌으나 모든 신하들이 "백성은 있으나 주인이 없다"고 말하여 반드시 제왕을 추존하고자 하였다. 신이 감히 사양하지 않았으니 또한 상제인 황기(皇祇)에게 고하지 않을 수 없었다. 이로써 내년 정월 4일에, 종산(鍾山)의 양지에 단을 세우고 의식을 준비하여 제기(帝祇)에게 고하니 오직 제심(帝心)이 있을 뿐이다. 만약 신이 백성들의 주인이 될 수 있다면 제사 지내는 날에 제기(帝祇)가 와서 임하고 날씨가 맑을 것이고, 만약 신이 주인이 될 수 없다면 그날 마땅히 강풍이 일거나 이상기후가 생겨서 신으로 하여 그것을 알게 할 것이다.[117]

117) 『明太祖文集』, 卷17, 「中都告祭天地祝文」. "唯我中國人民之君, 自宋運告終, 帝命眞人于沙漠, 入中國爲天下主, 其君臣父子及孫百有餘年, 今運亦終. 其天下土地人民, 豪杰分爭. 唯帝賜英賢爲臣之輔, 遂戡定群雄, 息民于田野, 今地周圍二萬里廣, 諸臣下皆曰生民

이 축문에서 주원장은 상제에게 그가 다음 해 정월 4일에 등극 의식을 거행할 것이라고 고하면서, 상제께서 만약 그가 만백성의 주인이 되는 것에 동의한다면 '쾌청한 날씨'를 보여 줄 것이고 만약 동의하지 않는다면 '강풍과 돌발 상황'을 나타낼 것이라고 말하였다.

물론 주원장은 '예측할 수 없는 바람과 구름'의 날씨로 그의 등극 여부를 도박하지 않았으니, 즉 사전에 그는 날씨를 예측하는 유기(劉基)로 하여 정월 초4일이 매우 맑다는 것을 계산하게 하였다. 우리는 그해에 유기가 손에 땀을 쥐지 않을 수 없었다는 것을 말하지 않아도 알 수 있다. 만약 날씨에 대해 예측이 불확실하여 주원장이 순조롭게 '천명'을 받아들이지 못하였다면 어찌 목이 날아가지 않았겠는가.

명을 이어서 세운 청 왕조는 마치 오덕종시설에 대해서 별 관심이 없는 것 같았다. 청 초기 황제의 조서 속에는 모두 청 왕조가 마땅히 무슨 덕운으로 해야 할지를 언급하지 않았다. 청 왕조의 문인이나 유사들 중에서 많은 사람들이 오덕·오행에 대해 모두 부정적인 태도를 견지하였다. 『사고전서총목(四庫全書總目)』에서 「대금덕운도설(大金德運圖說)」을 주석할 때에도 "오덕의 운을 말한 것은 결코 유가의 경전에서 나온 것이 아니다. 후대에 그 설에 구속되어 오행이 차례로 전해지는 이유를 호언장담하여 억지로 끌어다가 영합하고 부회하였으니 또한 끝내 감당할 수 없는 것이다."라고 생각하였다. 식견이 좁은 『대금덕운도설』을 수록한 이유도 천하 후세 사람들로 하여 추연 이하는 모두 망령된 억측이라는 사실을 분명히 알게 하여 왜곡된 설의 의혹을 떨쳐 버리게 하는 데 있었다. 청나라 사람이 편찬한 『명사(明史)』「오행지(五行志)」의 서문 속에서는 오행의 감응

無主, 必欲推尊帝號, 臣不敢辭, 亦不敢不告上帝皇祇. 是用明年正月四日于鍾山之陽, 設壇備儀, 昭告帝祇, 唯簡在帝心, 如臣可爲生民主, 告祭之日, 帝祇來臨, 天朗氣清. 如臣不可, 至日當烈風異景, 使臣知之."

학설을 다음과 같이 비평하였다. "천도는 멀고 인도는 가깝다." "저 유동(劉董)의 제유들의 학문이 자못 술수나 기상(禨祥)에 가까우니 족히 말할 가치가 없다." 『사고전서총목』과 『명사』는 모두 관직에 종사하는 신하들이 손수 쓴 필적이니 나타내는 것도 집권자들의 의견임이 분명하다.

어떤 견해는 명 왕조의 국호가 '명(明)'인 것은 화덕의 밝음을 나타내었고 청 왕조의 국호가 '청(淸)'인 것은 수덕의 맑은 것을 표시하였다고 생각하였다. 청은 수덕으로 명의 화덕을 이겼다. 실제로 명을 명이라고 하는 것은 결코 주원장이 응한 덕운에서 나온 것이 아니고 원 말의 농민 봉기 때에 신봉하던 명교(明教), 즉 미륵교(彌勒教)에서 나왔다. 원 말 농민 봉기의 지도자인 한산동(韓山童)은 스스로 명왕(明王)이라고 칭하였는데 그가 죽은 뒤에 아들 한림아(韓林儿)가 계승하여 소명왕(小明王)이라고 칭하였다. 주원장 및 그 부대원들이 한림아 · 유복통(劉福通)의 휘하에 소속되면서 자연히 명교의 신도들이 건국한 나라를 '명(明)'이라고 불렀다. 또한 상생 혹은 상극의 순환에 따른 계산을 막론하고, 송 · 원에서 명에 이르기까지 모두 화덕에 부합하지 않는다. 청 왕조의 국호가 '대청(大淸)'인 유래는 또한 연구할 만한 가치가 있는 문제이다. 이미 명이 화덕이 아니라면 청도 수가 화를 이기는 문제는 더 이상 존재하지 않는다. 왕망 이래로 각 왕조별로 덕운을 확정한 것은 모두 상생 계열을 채용하였는데, 유독 청만이 상극 계열을 채용하였으니 일리가 없다.

오덕종시설이 점차 냉대를 받은 것은 역사 발전의 필연적 결과라고 말해야 한다. 신학을 뒤섞은 신유학은 결국 사상과 철학이 충분히 발전하지 못한 산물이다. 송명리학은 동중서의 유학보다 더욱 정미하고 더더욱 실제를 중시한 사상 체계로서, 그것은 점차 이미 정통 유생들에 의해 천시되던 술수나 길흉화복과 같은 천인감응[오덕종시를 포함한다]의 내용을 삭제하였다. 또한 자연과학의 발전과 서양의 과학 지식이 들어옴에 따라 음양오행의 우주관이 제거된 천문 역수는 점차 그 자체의 결함을 드러내었고, 또한 오덕종시설 속에서 천문과 역법이 상당한 분량을 차지하였기 때문에 서양 과학지식과 전통의 천문역법의 충돌은 오덕종시로 하여 점차 발붙이는 것을 어렵게 하였다. 그리하여 결국은 제왕의 궁전에서 퇴출당하지 않을 수 없었다.

제6장

신비한 오행

1. 오행과 오운육기(五運六氣)

일반 사람들은 일 처리가 순조로운 것을 '운기(運氣: 운 혹은 운세)'가 좋다고 하고 그 반대인 것을 '운기'가 좋지 않다고 말한다. 그렇다면 운기란 도대체 무엇인가?

'운기'는 오운육기(五運六氣)의 약칭이다. 이른바 '오운'은 실제로 천의 오기(五氣)와 땅의 오행(五行)이 서로 교감하고 변화하여 형성된 기류(공기흐름)의 운동이다. '육기(六氣)'는 풍(風)·한(寒)·서(暑)·습(濕)·조(燥)·화(火)의 총칭으로서 오행을 설명하는 음양의 속성이다. 오운육기도 처음에는 그것으로 날씨나 기후의 변화를 예측하였다.

옛사람들은 천상을 관찰하기 위하여, 특별히 천체의 황도(黃道)와 적도(赤道) 주위를 도는 항성(恒星)[1] 중에서 100여 개의 별자리를 선택하여 28조로 나누고 일월과 다섯 개의 큰 행성의 운행 좌표로 삼은 것을 '28수(二十八宿)'라고 칭하였다. 여기서 수(宿)는 '머문다'는 뜻이다. '28수'는 또한 동·서·남·북의 사상(四象)으로 구분하였으니 다음과 같다.

1) 항성(恒星): 뭇별들의 중심이 되어 그 위치가 변하지 않는 별을 말한다. 태양도 그중의 하나이다.

각항저방심미기(角亢氐房心尾箕) - 동쪽의 창룡(蒼龍)

두우여허위실벽(斗牛女虛危室壁) - 북쪽의 현무(玄武)

규루주묘화자참(奎婁胄昴華觜參) - 서쪽의 백호(白虎)

정귀류성장익진(井鬼柳星張翼軫) - 남쪽의 주작(朱雀)

28수의 사상(四象)과 오행의 사방(四方)을 서로 비교하면 다음과 같다. 동쪽의 목은 청색이고 북쪽의 수는 흑색이며 서쪽의 금은 백색이고 남쪽의 화는 적색이다. 다시 중앙의 토인 황색을 더하였으니 모두 오색이다. 옛사람들은 천상을 관찰하면서 천상에는 청(靑) · 적(赤) · 황(黃) · 백(白) · 흑(黑)의 다섯 색의 운기(雲氣: 옆게 흐르는 구름)가 하늘에 가로놓여 있다고 생각하였다. 그러므로 그것을 '창천(蒼天 혹은 靑天)' · '단천(丹天)' · '금천(黅天 혹은 黃天)' · '소천(素天 혹은 白天)' · '현천(玄天 혹은 黑天)' 이라 불렀다. 일반적으로 오천오기(五天五氣) 혹은 오기경천(五氣經天)이라 칭하였다.

천기(天氣)가 28수와 서로 연결되면 다음과 같다. 즉 '창천' 의 기는 위 · 실(危室)을 통하여 류 · 귀(柳鬼)에 이르고, '단천' 의 기는 우 · 녀(牛女)를 통하여 벽 · 규(壁奎)에 이르며, '금천' 의 기는 심 · 미(心尾)를 통하여 각 · 진(角軫)에 이르고, '소천' 의 기는 항 · 저(亢氐)를 통하여 묘 · 필(昴畢)에 이르며, '현천' 의 기는 장 · 익(張翼)을 통하여 루 · 위(婁胃)에 이른다.

오기와 오행이 서로 배합하면 다음과 같다. 즉 '창천' 은 목기(木氣)와 같고 '단천' 은 화기(火氣)와 같으며 '금천' 은 토기(土氣)와 같고 '소천' 은 금기(金氣)와 같으며 '현천' 은 수기(水氣)와 같다. '오천' 의 기 운행과 '오행' 의 기 변화를 서로 결합하면 오운(五運)을 구성하게 된다. 오운 변화의 기본 법칙을 연역하면 다음과 같다. 즉 오운과 천간(天干)을 서로 배합하면, 갑기(甲己)는 토운(土運)이고, 을경(乙庚)은 금운(金運)이며, 병신(丙辛)은 수운(水運)이고, 정임(丁任)은 목운(木運)이며, 무계(戊癸)는 화운(火運)이다. 간지의 기년(紀年)에 근거하면 그해가 어느 운에 속하는지를 미루어 알 수 있다. '토운'은 주로 습하고 '금운'은 주로 건조하며 '수운'은 춥고 '목운'은 바람이 불며 '화운'은 주로 덥다.

특정한 기년의 천간(天干)과 서로 대응하는 운이 바로 그해 연간 날씨를 주재하는 '주운(主運)'이 된다. 그러나 1년을 또한 다섯 운계(運季)로 나누고 다섯 운계를 추산하는 것을 추오보(推五步)라고 부른다. 그 구체적 방법은 다음과 같다. 즉 그해의 주운(主運)과 객운(客運)의 상생상극 관계에 근거하여 그해의 기상 변화를 예측한다.

* 주운(主運) : 주운은 항상 일정하고 변하지 않는 것이다. 목·화·토·금·수의 오행상생 순서 배열에 따라 초운(初運)은 대한(大寒)에 시작된다. 매 운마다 일 년의 1/5의 시간을 차지하고 1년의 길이를 365와 1/4로 가정한다면, 매 운은 주로 73일 5각(1각은 0.24시간)에 해당한다. 초운인 목은 대한(大寒)에서 시작되고, 두 번째 운인 화는 춘분(春分) 뒤 13일에서 시작되며, 세 번째 운인 토는 망종(芒種) 뒤 10일에서 시작되고 네 번째 운인 금은 처서 뒤 7일에서 시작되며, 마지막 운인 수는 입동(立冬) 후 4일에서 시작된다.

* 객운(客運) : 객운은 그해의 중운(中運)으로 초운(初運)을 삼는다. 이른바 '중운'이란 천간과 서로 대응하는 운이니 또한 대운(大運)이라고도 부른다. 예를 들면, 갑년(甲年)은 양토(陽土)가 되기 때문에 '양토'를 초운으로 삼고 순서에 따라 계산해 간다. 객운의 운행 계통을 주운의 운행 계통과 서로 연결하면 다음과 같다. 즉 갑년(甲年) 객운의 초운은 토가 되고 주운은 목이 되는데, 목이 토를 이기니 바람이 습한 것을 이긴다. 객운의 두 번째 운은 금이 되고 주운은 화가 되니 또한 상극하여 화가 금을 이긴

다. 이에 따라 유추할 수 있다.

오운 속에는 또한 '태과(太過)'와 '불급(不及)'의 견해가 있다. 10천간 중에서 갑(甲)·병(丙)·무(戊)·경(庚)·임(壬) 등 다섯 양간(陽干)은 대운(大運)이 되는 허가 '태과'가 되고 을(乙)·정(丁)·기(己)·신(辛)·계(癸) 등의 다섯 음간(陰干)은 대운이 되는 해가 되어 '불급'이 된다. '태과'의 해는 그 운기가 대한(大寒) 절기 이전의 13일에 교운(交運) 즉, 운이 트이고 '불급'의 해는 대한 절기 이후의 13일에 교운(交運)하니 꼭 상반된다. 이미 10천간이 음양으로 '불급'과 '태과'를 나누었는데, 그렇다면 '평기(平氣)'의 해는 없는가? 있다. '평기'의 해는 주로 간(干)과 지(支)의 오행 속성의 상생상극에 따라 평형을 구한다. 예를 들어 계사(癸巳)년의 경우, 계(癸)는 화운(火運)이 '불급'이 되지만 사(巳)가 풍목(風木)에 속하니 화와 목이 상생하고 서로 지지하여 평형을 얻는다. 병오(丙午)년의 경우, 병(丙)은 수운(水運)이 '태과'가 되고 오(午)는 소음군화(少陰君火)가 되니 병수(丙水)와 오화(午火)가 상극하고 상호 제약하여 또한 '평기(平氣)'의 해가 된다. 이른바 '평기'란 바로 '태과'도 아니고 '불급'도 아닌 것이다.

다시 육기를 말하겠다. 육기와 오행이 서로 배합하면 다음과 같다.

풍(風) - 목(木)	한(寒) - 수(水)
서(暑) - 군화(君火)	습(濕) - 토(土)
조(燥) - 금(金)	화(火) - 상화(相火)

육기 속에도 또한 각각 음양의 속성이 있다. 육기 변화를 추론하는 기본 법칙으로 12지지와 육기를 서로 배합한다.

자오(子午) - 소음군화(少陰君火)

축미(丑未) - 태음습토(太陰濕土)

인신(寅申) - 소양상화(少陽相火)

묘유(卯酉) - 양명조금(陽明燥金)
진술(辰戌) - 태양한수(太陽寒水)
사해(巳亥) - 궐음풍목(厥陰風木)

간지(干支) 기년(紀年) 속의 지기(地支)에 근거하면, 그것과 대응하는 기가 그해 연간의 기후변화를 주재하는 주기(主氣)임을 알 수 있다. 연간 기후변화 규율이 준수하는 3음3양(三陰三陽)과 서로 대응하면 다음과 같다.

궐음풍목(厥陰風木) - 소음군화(少陰君火) - 태음습토(太陰濕土)
소양상화(少陽相火) - 양명조금(陽明燥金) - 태양한수(太陽寒水)

3음3양의 순서는 기본적으로 오행상생의 순서이지만 중간에 군화(君火)가 하나 더 있어서 약간의 차이가 있다. 육기(六氣)와 지지(地支)의 대응에 근거하면, 대체로 자(子)·오(午)년은 군화(君火)의 해에 속하여 기가 덥게 변하고, 축(丑)·미(未)년은 태음습토(太陰濕土)에 속하여 기후가 습하다. 이것은 연간 기후를 계산하는 방법이다.

반년의 기후변화를 추산할 경우, 그해 연간 기후를 주재하는 기가 그해 상반기 기후변화의 주요 특징이 된다면, 그것과 서로 대응하는 기가 바로 그해 하반기 기후변화를 주관한다. 만약 그해의 주기(主氣)가 태음습토(太陰濕土)이고 그것과 상대되는 것이 태양한수(太陽寒水)라면, 상반기의 기후는 습하고 하반기의 기온은 지나치게 낮다.

1년 중 어떠한 구체적인 구간의 기후변화를 계산하는 것을 '추육보(推六步)'라고 부른다. 즉 1년 24절기의 총 길이를 6등분으로 나누고 1년의 길이를 365와 1/4이라고 할 경우, 1/6을 등분하면 60일과 87각(刻) 반이 된다. 매 일기(一氣)가 1등분을 주관하고 1등분을 나누면 일보(一步)가 된다. 대한(大寒)에서 시작하여 그해의 주가 되는 기의 앞의 두 번째 자리에 있는 것이 초기(初氣)가 되고, 그해 주가 되는 기의 대응하는 기가 마지막 종기(終氣)가 된다 3음3양의 순서에 따라 '6보' 기후의 변이를 계산할 수 있다. 예를 들어 축미(丑未)년의 경우, 주기(主氣)가 태음습토(太陰濕土)라면 그것의 앞의 두 번째 자리에 있는 기는 궐음풍목(厥陰風木)이고, 태음습토와 서로 대응하는 기는 태양한수(太陽寒水)이다. 이해의 '6보' 순서는 바로 궐음풍목(厥陰風木), 소음군화(少陰君火), 태음습토(太陰濕土), 소양상화(少陽相火), 양명조금(陽明燥金), 태양한수(太陽寒水)이다. 이것에 따라 다른 해도 유추할 수 있다.

오운육기가 결합한 것을 운기(運氣)라고 칭한다. 천간기(天干紀)의 오운은 바로 하늘의 기이고 지지기(地支紀)의 육기는 바로 땅의 기이다. 특정의 간지 년에는 특정의 운(運)과 기(氣)가 있으며, '운'과 '기'에는 각각 자기의 오행 속성이 있다. 오행생극의 원리에 따라, 기가 운을 낳으면 순조롭기 때문에 '순화(順化)'의 해라고 칭하는데 기후변화가 온화하다. 기가 운을 이기면 순조롭지 않기 때문에 '천형(天刑)'이라고 칭하는데 기후변화가 격렬하다. 대체로 운이 기를 낳는 해를 '소역(小逆)'이라고 칭하는데 기후변화가 비교적 크다. 운이 기를 이기는 해를 '불화(不和)'라고 칭하는데 기후변화가 역시 비교적 크다. 예를 들어 신사(辛巳)년의 경우, 천간은 신(辛)이고 수운(水運)에 속하지만 지지인 사(巳)가 목기(木氣)이니 수운이 목기를 낳아 '운'이 성하고 '기'가 쇠하여 소역(小逆)의 해가 된다. 만약 갑자(甲子)년의 경우라면, 천간의 갑(甲)이 토운(土運)이고 지지의 자(子)가 소음군화(少陰君火, 暑氣)로 화기(火氣)가 토운(土運)을 낳으니 순화(順化)의 해가 된다. 오행의 상생상극의 원리에 따르면, 대체로 우위를 차지하는 운 혹은 기는 왕성하고 생극되어지는 데 처한 기는 쇠퇴한다. 그해의 기후변화를 추론하여 성방(盛方)으로 주를 삼고 쇠방(衰方)으로 부차적인 것을 삼는다.

60갑자 중에서 천간의 '운(運)'과 지지의 '기(氣)'가 만약 오행 속성이 서로 같은 해인 것을 '천부(天符)'의 해라고 부른다. 예를 들어 을묘(乙卯)년의 경우, 을은 금운(金運)이고 묘기(卯氣)가 조금(燥金)이어서 오행에서 모두 금에 속하니 '천부'년이 된다. '천부'년의 기후변화가 가장 크다. 60갑자 중에 '천부'의 해에 속하는 것이 있으니, 즉 을묘(乙卯)·을유(乙酉)·병신(丙辰)·병술(丙戌)·정사(丁巳)·정해(丁亥)·무자(戊子)·무오(戊午)·기미(己未)·기축(己丑)·무인(戊寅)·무신(戊申)이다.

천간의 '운'과 지지의 오행 속성이 서로 같은 것을 '세회(歲會)'라고 부른다. '세회'년은 기후변화가 비교적 적다. 예를 들어 갑진(甲辰)년의 경우, 천간의 갑(甲)이 토운(土運)이 되고 지지의 진(辰)이 토에 속하면 바로 '세회'이다. '세회'의 해에는 갑진(甲辰)·갑술(甲戌)·기축(己丑)·기미(己未)·을유(乙酉)·정묘(丁卯)·무오(戊午)·병자(丙子)가 있다.

이미 '천부'이고 또한 '세회'이면, 간지가 대응하는 운과 기의 오행 속성이 서로 같고 천간의 운이 또한 지지의 오행과 서로 같은데, 이러한 해를 '태을천부(太乙天符)'라고 부른다. '태을천부'년은 기후변화가 가장 격렬하다. '태을천부'의 해에는 기축(己丑)·기미(己未)·을유(乙酉)·무오(戊午)가 있다.

대체로 천간과 지지는 모두 양에 속하지만 천간의 운은 또한 그해 지지의 기와 서로 대응하여 하반기의 기후변화의 기를 주재하는데, 오행 속성상에서 서로 같은 것을 '동천부(同天符)'년이라고 부른다. 예를 들어 갑진(甲辰)년의 경우, 천간 갑(甲)은 토운(土運)이 되고 지지의 진(辰)은 태양한수(太陽寒水)가 된다. '태양한수'와 서로 대응하는 것은 태음습토(太陰濕土)이니 이와 같으면 '동천부'년이 된다. '동천부'년에는 기후변화가 크다. '동천부'의 해에는 갑진(甲辰)·갑술(甲戌)·경자(庚子)·경오(庚

午)・임인(壬寅)・임신(壬申)이 있다.

천간지지가 모두 음에 속하지만 천간의 운은 또한 그해 지지와 서로 대응하여 하반기 기후변화의 기를 주관하는데, 오행 속성상에서 서로 같은 해를 '동세회(同歲會)' 년이라고 부른다. 예를 들어 신미(辛未)년의 경우, 신(辛)은 음에 속하여 수운(水運)이고 미(未)는 태음습토(太陰濕土)이다. '태음습토'와 서로 대응하는 것은 태양한수(太陽寒水)이니 이와 같으면 동세회(同歲會)가 된다. '동세회'의 해에는 신미(辛未)・신축(辛丑)・계묘(癸卯)・계유(癸酉)・계사(癸巳)・계해(癸亥)가 있다.

60갑자 중에 '천부'・'세회'・'태을천부'・'동천부'・'동세회'를 제외한 나머지 것은 '평화(平和)'의 해이니 비바람이 순조롭다.

오운육기 속의 음양소장과 오행생극은 60년 기후변화의 큰 주기를 주도하였는데, 운기 학설을 운용하여 근 반세기 동안이나 일부 지역의 기후변화를 계산해 본 결과 자못 맞는 점이 많이 있었다. 1992년(임신년)을 예로 들면 다음과 같다. 이해는 '동천부'의 해이고 또한 '소역'의 해이다. 간지가 모두 양이니 임(壬)은 목운(木運)이 되고 신(申)은 소음상화(少陰相火)가 된다. 목운(木運)이 화기(火氣)를 낳기 때문에 이해는 화기가 너무 지나쳐서 여름철 기온이 몹시 무더웠는데 무한(武漢)・중경(重慶) 등 지역에서는 최고기온이 모두 40℃를 초과하였다. 1993년(계유년)은 '동세회'의 해이다. 계(癸)는 음화(陰火)이고 유(酉)는 양명조금(陽明燥金)이 되니 계는 화로서 금을 이기고 뜨거운 열(熱)로서 건조함(燥)을 이긴다. 열과 건조함이 상극하는 가운데 소모되어 없어지기 때문에 그해 기온은 지나치게 높을 수 없었다. 동시에 추육보(推六步)의 방법에 따라 계산할 경우, 대서(大暑: 양력 7월 23일)에서 시작되면 바로 태음한수(太陰寒水)가 주기가 되기 때문에 이해의 여름은 참으로 시원한 여름이고 또한 강우량이 많은 것이 특징이었다.

옛사람들은 오늘날과 같은 과학적 측정 기구가 없이 날씨를 추측하는 데 오운육기의 방법을 사용하였다. 삼국시대의 제갈량(諸葛亮)은 이 방법에 매우 뛰어났다. 그는 어떤 날에 동풍이 불 것인지를 계산해 낼 수 있었기 때문에 주유(周瑜)[2]를 도와 조조의 군대를 불로 공격할 전략을 계획하였다. 후에 사마의(司馬懿)가 군대를 이끌고 촉(蜀)을 공격하였다. 제갈량은 위로 천상을 살피고 아래로 오보(五步)·육보(六步)를 추산하여 장차 큰비가 올 것을 예측하였을 뿐 아니라 또한 비가 한 달간이나 계속해서 내릴 것을 예측하였다. 이에 다만 1천여 명의 작은 부대를 파견하여 40만의 위나라 병사와 대적하게 하였다. 명을 받들던 장수인 장억(張嶷)·왕자(王子)가 감히 출정하지 않고 말하기를, "승상이 우리 두 사람을 죽이려고 이 죽을 곳에 나가기를 청하니 우리들이 감히 출정하지 못하는 것입니다." 제갈량이 웃으면서 그들에게 말하기를, "이달 안에 장차 큰비가 있어 위나라에 비록 40만의 대군이 있을지라도 별 효과가 없을 것이다." 촉의 군대는 제갈량의 계산에 근거하여 한 달 분의 사람과 말에 필요한 군량과 사료를 준비하였다. 후에 큰비가 계속해서 30일간이나 내렸다. 위나라 병사들과 말은 군량과 사료가 부족하여 죽은 자가 속출하게 되었고, 이로써 군대를 퇴각할 뿐이었다.

운기 학설은 고대인들이 장기간의 생산 활동과 생활 속에서 관찰하고 총괄해 낸 경험의 기초 위에 세워진 것이다. 그것은 오행 사상을 응용하여 천상 기후의 내부 관계의 복잡성과 변이성을 설명하였으며 또한 급격한 변화 속에서 안정을 추구하던 학설이었다. 그런 점에서 운기 학설은

2) 주유(周瑜)는 삼국시대 오(吳)나라의 무장으로 자는 공근(公瑾)이다. 손책(孫策)을 도와 강동(江東)을 평정하였는데 오나라 사람들이 모두 그를 주랑(周郎)이라 불렀다. 후에 조조(曹操)를 적벽(赤壁)에서 격파하여 편장군(偏將軍)으로 승진하고 남군(南郡)의 태수가 되었다.

날씨의 예측에 대해 비록 현대 과학의 근거는 결핍하였지만 실천 경험에 기초한 것인 만큼 어느 정도의 일리는 갖고 있다. 이것은 오행 학설이 전통의 자연과학 영역에서 응용된 성과이다.

전통의 사유 특징은 사람과 자연을 하나의 유기적인 전체로 간주하는 데 있다. 오운육기로 이미 천상을 예측할 수 있다면, 그것은 또한 오운육기의 규율 운행이라는 자연 세계의 세력이 반드시 인체에 대해서도 어떤 영향을 준다고 생각하였다. 옛사람들은 오운육기 학설을 인체 자체의 조절에 이용하였는데 오운육기와 인체의 대응은 다음과 같다.

천간(天干)	운	지지	기	오행	특성	인체기관
갑기(甲己)	토운	축미(丑未)	태음습토 (太陰濕土)	토	습(濕)	비 · 위
을경(乙庚)	금운	묘유(卯酉)	양명조금 (陽明燥金)	금	조(燥)	폐 · 대장
병신(丙辛)	수운	진술(辰戌)	태양한수 (太陽寒水)	수	한(寒)	신 · 방광
정임(丁壬)	목운	사해(巳亥)	궐음풍목 (闕陰風木)	목	풍(風)	간 · 담
무계(戊癸)	화운	자오(子午)	소음군화 (少陰君火)	화	열(熱)	심 · 심포락 · 소장
		인신(寅申)	소양상화 (少陽相火)	화	열(熱)	심 · 심포락 · 소장

운기 오행의 특성과 인체 기관의 대응 관계에 근거하여 사람들은 신체를 조절할 수 있다. 운기가 토를 만나서 습한 것을 특징으로 하면, 비장(脾臟)과 위(胃)를 기르는 것에 조심해야 한다. 운기가 금을 만나서 건조한 것을 특징으로 하면, 폐(肺)와 대장(大腸)을 보호하는 데 주의해야 한다. 이에 따라 다른 부위도 유추해 나갈 수 있다.

그 밖에, 사람의 출생(出生) · 시(時)의 천간지지에 근거하여 속하는 운기를 산출해 내는 것에서도 그 사람의 신체 내 기운의 상황을 예측해 낼 수 있다. 예를 들면 다음과 같다.

<어떤 남자, 1984년 양력 2월 22일 오시(午時)에 동쪽에서 출생하였다는데 그 출생의 년 · 월 · 일 · 시를 간지로 바꾸어 환산하면 다음과 같다.>

년 : 갑자(甲子)
월 : 병인(丙寅)
일 : 병술(丙戌)
시 : 갑오(甲午)

갑년(甲年)의 중운(中運)은 토운(土運)으로 태과(太過)이고 오운 중의 주운과 객운이 점점 상극하여 주운이 객운을 이기기 때문에 그해의 사계절은 모두 정상에 이르지 못하였다.

육기에서 말하면, 자년(子年)은 소음군화(少陰君火)가 되고 그것과 상대되는 것은 양명조금(陽明燥金)이다. 상반기에는 '소음군화'가 일을 주관하고 하반기에는 '양명조금'이 일을 책임진다. 운(運)과 기(氣)의 관계에서 보면, 상반기는 주기(主氣)가 화이니 운은 토가 된다. 기가 운을 낳고 화가 토를 낳기 때문에 기상이 지나치게 습하고 덥다. 하반기는 금이 주기(主氣)가 된다. 운이 기를 낳고 토가 금을 낳기 때문에 건조한 기운이 상승하여 연간 기상이 지나치게 습하고 덥다. 그러나 그 남자가 정월(正月)에 태어났으니 그 기후의 교제는 초운(初運)과 초기(初氣)가 서로 교제한다. 즉 운이 지나치게 습하고 더우며 기가 지나치게 바람이 불고 뜨겁다. 그러므로 그 남자아이가 출생할 때에 후천의 기후가 그에게 주는 영향은 습하고 덥다는 것이다. 습하고 더운 기운이 그의 체내에 잠복해 있을 수 있으니 마땅히 이를 조심하고 조절해야 한다.

2. 오행과 식물 양생학

옛사람들은 오행의 사계절을 오미(五味)·오취(五臭)와 서로 배합하여 고대 식물양생의 이론을 세웠다. 봄은 목을 주관하니 그 맛은 시고 그 냄새는 노린내가 난다. 신 것은 단서가 되니 만물이 생장하는 시작이다. 여름은 화를 주관하니 그 맛은 쓰고 그 냄새는 탄내가 난다. 왜냐하면 생장과정에서 아직 미성숙한 식물이나 과실의 맛은 씁쓸하고 떫기 때문에 그 맛이 쓰다. 그러나 불이 타는 기운은 타는 냄새이기 때문에 그 냄새는 탄내가 난다. 여름은 토를 주관하니 그 맛은 달고 그 냄새는 향기롭다. 왜냐하면 토는 오행의 주가 되고 단것도 오미(五味)의 주에 상응하기 때문이다. 토는 중앙에 위치하여 각각의 기를 중화하기 때문에 냄새가 향기롭다. 가을은 금을 주관하니 그 맛은 맵고 그 냄새는 비리다. 왜냐하면 서방의 금이 형벌을 주관하기 때문에 그 기운이 비린 것이다. 겨울은 수를 주관하니 그 맛은 짜고 그 냄새는 썩은 내가 난다. 썩은 기운은 수의 냄새이니 북방의 물이 짜고 강하기 때문에 그 맛이 짜다.

오행·오미에 근거하여, 옛사람들은 또한 식물을 분류하였다.

오행(五行)	목	화	토	금	수
오미(五味)	신맛(酸)	쓴맛(苦)	단맛(甘)	매운맛(辛)	짠맛(鹹)
오취(五臭)	누린내(羶)	탄내(焦)	향내(香)	비린내(腥)	썩은 내(朽)
오종 조미료	식초(醋)	술(酒)	꿀(蜜)	생강(薑)	소금(鹽)
오곡(五穀)	보리	메기장	찰기장	깨	콩
오과(五果)	복숭아(桃)	살구(杏)	대추(棗)	배(李)	밤(栗)
오채(五菜)	부추(韭)	염교(薤)	아욱(葵)	파(蔥)	콩잎(藿)

오축(五畜)	닭(鷄)	양(羊)	소(牛)	개(犬)	돼지(彘)
오석(五石)	증청(曾青)	웅황(雄黃)	옥(玉)	금(金)	적석지(赤石脂)
오약(五藥)	오미자(五味子)	천문동(天門冬)	복령(茯苓)	계심(桂心)	현삼(玄參)
오충(五蟲)	쥐며느리(伊威)	뱀(蛇蚺)	바퀴벌레(蜚零)	굼벵이(蛀인)	도마뱀(蜥蜴)

식물의 각 부위와 오행을 서로 배합하면 다음과 같다.

목	화	금	수	토
이삭(芒)	가루(散)	덩어리(房)	껍질(莢)	추출(萃)
종자(子)	씨(核)	겉껍질(皮)	속껍질(殼)	종자방(子房)

계절의 변화에 따라, 인체에도 식물의 수요에 대한 상응하는 변화가 있다. 봄에 싹이 트고 여름에 자라고 가을에 거두어들이고 겨울에 저장하는 자연 규율과 오행 상생상극의 원리에 근거하여, 사람의 양생에서도 반드시 상응하여 조절하여야 한다는 것이다. 봄은 목에 속하니 만물이 생장하지만 봄은 아직 춥기 때문에 이때에 식물은 보양하는 것을 위주로 하니 맛은 신 것을 줄이고 단것을 늘리는 것이 좋다. 옛사람들은 보리와 양고기를 먹을 것을 주장하였다. 보리에는 씨앗의 껍질이 있는데 이것은 목성(木性)의 식물이다. 양은 화의 가축이니 맛이 달고 그것을 먹으면 기운을 돋우고 성질을 안정시킬 수 있다. 또한 목과 화가 상생하니 바로 왕성하게 일어나는 시기이다. 여름은 화에 속하니 날씨가 무더워서 마땅히 단것을 줄이고 매운 것을 늘려야 한다. 옛사람들은 검은콩과 닭고기를 먹을 것을 주장하였다. 검은콩에는 단단한 껍질이 있는데 이것은 수성(水性)의 곡물이다. 무더운 날에 검은콩을 먹으면 차가운 수가 화를 이기기 때문에 더위를 해소시킬 수 있다. 여름에는 체력의 소모가 큰 반면, 닭은 목의 가축으로 육질이 달고 맛이 매워서 체력을 회복하거나 몸을 건강하게 하고

혈기를 보양하는 데 있어서 매우 좋은 효능이 있다. 늦은 여름(음력 6월, 季夏)은 토에 속하니 습기가 점점 많아지기 때문에 옛사람들은 기장과 쇠고기를 먹을 것을 주장하였다. 기장은 오곡의 으뜸으로 서늘한 성질이다. 소는 토의 가축으로 맛이 달고 부드러우며 위장과 비장을 강하게 하여 습기를 제거할 수 있다. 가을은 공기가 건조하여 체내에는 수분이 필요하니 수분이 많은 식물을 많이 먹어야 하기 때문에 매운 것을 줄이고 신 것을 늘려야 한다. 옛사람들은 깨와 개고기를 먹을 것을 주장하였다. 깨와 개고기의 맛이 모두 따뜻하기 때문에 그것으로 금의 기운을 조절하였다. 즉 소양(少陽)의 기로 소음(少陰)의 기를 조절하였다. 겨울은 수에 속한다. 무더운 여름과 건조한 가을이 막 지나가고 나면, 인체 내에는 삼복의 열이 잠복해 있기 때문에 따뜻하게 하고 차가운 것을 제거해야 할 뿐만 아니라 또한 뜨거운 음식을 먹어서 몸 안의 차가운 독을 제거해야 하니, 마땅히 짠 것을 줄이고 쓴 것을 늘려야 한다. 옛사람들은 찰기장과 돼지고기를 먹을 것을 주장하였다. 기장은 화에 속하니 이것은 따뜻한 성질의 곡물이고 돼지는 수의 가축이니 그 육질이 조금 차다. 수와 화를 함께 사용하여 차가운 것을 몰아내고 따뜻한 열을 보존해야 한다.

오미(五味)를 인체와 연결해서 말하면 다음과 같다. 즉 신 것은 근육를 기르고 쓴 것은 맥(脈)을 기르며 단것은 살을 기르고 매운 것은 피모(皮毛)를 기르며 짠 것은 골(骨)을 기른다. 그러므로 병이 근육에 있으면 신 것을 너무 먹지 않고, 병이 맥에 있으면 쓴 것을 너무 먹지 않으며, 병이 뼈에 있으면 짠 것을 너무 먹지 않고, 병이 피모에 있으면 매운 것을 너무 먹지 않으며, 병이 살에 있으면 단것을 너무 먹지 않는다. 『황제양생경(黃帝養生經)』에서는 "신 것은 간으로 들어가고 매운 것은 폐로 들어가며 쓴 것은 심장으로 들어가고 단것은 비장으로 들어가며 짠 것은 신장(콩팥)으로 들어간다."[3]라고 말하였다. 그러므로 사람들이 지나치게 짜게 먹으면 신장

(수)의 기운을 왕성하게 하고 심장(화)의 기운을 쇠약하게 한다. 따라서 사람들로 하여 미치게 하고 싸움을 좋아하며 피를 토하게 하여 심신이 안정되지 못한다. 사람들이 지나치게 매운 것을 먹으면 폐(금)의 기운을 왕성하게 하고 간(목)의 기운을 쇠약하게 한다. 따라서 겁이 많아지고 슬퍼하고 근심하게 되어 눈은 잘 안 보이게 되고 피부는 창백하게 된다. 사람이 지나치게 단것을 먹으면 사람의 비장(토)의 기운이 왕성하게 되고 신장(수)의 기운은 쇠약하게 된다. 따라서 색욕에 빠지고 정액을 배출시켜서 허리와 등이 아프고 피고름이 생긴다. 사람이 지나치게 쓴 것을 먹으면 사람의 심장(화)의 기운을 왕성하게 하고 폐(금)의 기운을 쇠약하게 한다. 따라서 과감해지고 죽음을 가볍게 여기며 해소병이 생기고 가슴이 답답하게 된다. 사람이 지나치게 신 것을 먹으면 간(목)의 기운이 왕성하게 되어 비장(금)의 기운을 쇠약하게 한다. 따라서 사람들로 하여 소화불량을 일으키게 하고 귀가 어두워진다. 이것은 모두 오장 · 오미의 오행 속성에 근거하여 오행생극의 원리를 응용하여 증후를 판별한 것이다. 때문에 간에 병이 있으면 매운 것을 금하고, 심장에 병이 있으면 짠 것을 금하며, 비장에 병이 있으면 신 것을 금하고, 신장에 병이 있으면 단것을 금한다. 폐에 병이 있는 자는 마땅히 찹쌀 · 소고기 · 대추 · 해바라기 등의 토성(土性)의 음식물을 먹어야 한다. 심장에 병이 있는 자는 찰기장 · 양고기 · 살구 · 염교 등 화성(火性)의 음식물을 먹어야 한다. 신장에 병이 있는 자는 검은콩 · 보리 · 돼지고기 · 콩잎 등 수성 혹은 금성의 음식물을 먹어야 한다. 간에 병이 있는 자는 깨 · 개고기 · 오얏 · 부추 등 목성의 음식물을 먹어야 한다. 비장에 병이 있는 자는 닭고기 · 복숭아 · 기장 · 파 등 목성과 금성의 음식물을 먹어야 한다. 간(목) · 심장(화) · 신장(수)을

3) 『黃帝內經素問』, 卷7. "酸入肝, 辛入肺, 苦入心, 甘入脾, 鹹入腎."

각자 본래의 맛으로 보양한다면 비장(土)·폐(금)는 상생의 오행에 따라 길러지게 된다.

옛사람들의 양생 관점에 따르면, 다섯 가지 맛인 오미가 오기(五氣)를 기른다. 기가 조화를 이루면 진액이 생겨나고 정신이 이루어지면 바로 상생하게 된다. 따라서 오미를 잘 조화시키면 사람이 장수하고 오미가 한쪽으로 편중되면 질병이 생기게 된다.

3. 오행과 중국 의학

오행 학설은 중국 의학의 이론적 지주 중의 하나이다. 중국 의학은 오행 원리를 운용하여 병리 연구를 진행하여 세계 의학계에서 독자적인 지위를 차지하였다. 이것은 오행 사상이 전통의 자연과학 영역 안에서 맺은 가장 풍성한 수확이다.

오행 사상은 매우 일찍부터 중국 의학(한방의학) 영역에 응용되었는데 명대(明代)의 서춘포가 저술한 『고금의통(古今醫統)』에서는 이를 다음과 같이 말하였다. "무팽(巫彭)이 처음으로 주나라 의관이 되었을 때에 사람들에게 말하였다. 다만 오곡(五穀)·오약(五藥)으로 그 병을 보양하고 오성(五聲)·오색(五色)으로 그 병의 원인을 살핀다. 아홉 구멍의 변화를 보고 오장의 움직임을 참조하며 마침내 오독(五毒)[4]을 사용하여 공격하고 오약(五藥)으로 치료하며 오기(五氣)로서 보양하고 오미(五味)로 조절하여 온갖 병들을 물리친다."[5] 무팽은 『산해경』에서 반은 사람이고 반은 신

4) 오독(五毒)은 석담(石膽)·단사(丹砂)·웅황(雄黃)·백반(白礬)·자석(慈石) 등 오석(五石)을 태워서 만든 독약이다. 전갈·뱀·지네·두꺼비·도마뱀 등 독이 있는 다섯 가지 동물의 독을 말하기도 한다.

선인 명의였다. 그의 이름은 갑골문자 속에서도 자주 출현하였으니 무팽이 실재 인물이었음을 알 수 있다. 그의 의술이 뛰어나서 점차 후인들에게 신격화되었다. 『고금의통』의 견해에 따르면, 일찍이 무팽이 살았던 때의 중국 의학은 이미 오행을 계통으로 하는 의료 사상을 관철하고 있었다. 이러한 견해는 비록 고증을 기다려야 하겠지만 적어도 춘추시대 때에 오행이 이미 인체병리 분석 속에 응용되었으니 인정할 만하다. 『좌전』「소공원년」에는 다음과 같은 기록이 있다. "진후(晋侯)가 병에 걸려서 진나라에 의원을 요청하였는데 진나라에서는 의화(醫和)를 파견하여 진후를 치료하게 하였다."[6] 의화는 다음과 같이 진단하였다. "진후의 병은 이미 치료할 수 없습니다. 왜냐하면 그는 여색을 가까이한 것이 너무 지나쳐서 체내의 구조가 균형을 잃었기 때문입니다." 의화는 다음과 같이 구체적으로 설명하였다.

> 천에는 육기(六氣)가 있으니 내려와서 오미(五味)가 생기고 흩어져서 오색(五色)이 되며 모여서 오성(五聲)이 되는데, 지나치면 여섯 가지 질병이 생긴다. 육기는 음(陰)·양(陽)·풍(風)·우(雨)·회(晦)·명(明)인데 나누어 사계절이 되고 차례대로 다섯 절기가 된다. 지나치면 재앙이 되니 음기가 지나치면 한질(寒疾: 오한이 나는 병)이 생기고, 양기가 지나치면 열질(熱疾: 열이 나는 병) 생기며, 풍기(風氣)가 지나치면 말질(末疾: 수족의 병)이 생기고, 우기(雨氣)가 지나치면 복질(腹疾: 배가 아픈 병)이 생기며, 회기(晦기)가 지나치면 혹질(惑疾: 마음이 미혹하는 병)이 생기고, 명기(明氣)가 지나치면 심질(心疾: 근

---

5) 徐春圃, 『古今醫統』, 「巫彭」. "巫彭初作周醫官, 謂人唯五穀五藥養其病, 五聲五色視其生, 觀之以九竅之變, 參之以五臟之動, 遂用五毒攻之, 以五藥療之, 以五氣養之, 以五味節之, 以祛百病."

6) 『左傳』, 「昭公元年」. "晋侯患病, 向秦國求醫, 秦國派醫和爲晋侯診治."

심으로 인한 마음의 병)이 생긴다. 여자가 양물회시[陽物晦時: 주로 밤에 남자를 좇아 양사(陽事)를 한다는 뜻]하여 지나치게 남자를 가까이하면 내열과 미혹의 질병이 생긴다. 지금 임금이 이것을 조절하지 않고 때에 맞게 하지 않았으니 손쓸 수 있겠는가.[7]

의화는 오행설과 기 · 음양 이론을 함께 결합해서 진후의 병이 생긴 원인을 설명하였다.

적어도 서한(西漢) 말년에는 중국 의학 속에 오행 사상이 이미 체계를 형성하였는데, 그것을 나타내는 것이 바로 『황제내경(黃帝內經)』이라는 책의 출판이다. 『황제내경』은 기와 음양오행설에 근거하여 고대 의료실천의 풍부한 경험을 비교적 체계적으로 총괄함으로써 중국 의학이론의 기초를 다졌다. 오행 학설도 중국 의학이론 속에서 하나의 중요한 구성부분이 되었다. 중국 의학은 중국 역사상에서 수천 년을 이어 오늘에 이르기까지 쇠퇴하거나 혹은 도태되지 않았을 뿐만 아니라 또한 중국 이외의 많은 국가들로부터 인정받고 있다. 특히 병을 진단하기 어렵거나 치료하기 힘든 방면에서 중국 의학의 치료 효과는 현대의 가장 정밀한 의료설비를 가진 서구 의학에서도 이루기가 힘든 것이다.

중국 의학에서는 오행을 사람의 오장육부 · 오관 · 형체 및 마음과 서로 배합하였다. 오장육부에서 말하면, 그것을 다음과 같이 분배하였다. 즉 목은 간(肝)이고 화는 심장(心)이며 토는 비장(脾)이고 금은 폐(肺)이며 수는 신장(腎)이다. 목은 쓸개(膽)이고 화는 소장(小腸)이며 토는 위(胃)이고 금은 대장(大腸)이며 수는 방광(膀胱)이다. 오장육부는 그것을 인체 내

7) 『左傳』, 「昭公元年」. "天有六氣, 降生五味, 發爲五色, 徵爲五聲, 淫生六疾. 六氣曰陰陽風雨晦明也, 分爲四時, 序爲五節, 過則爲菑, 陰淫寒疾, 陽淫熱疾, 風淫末疾, 雨淫腹疾, 晦淫惑疾, 明淫心疾. 女, 陽物而晦時, 淫則生內熱惑蠱之疾. 今君不節不時, 能無及此乎."

에 감춰진 장기로써 저장된 오기(五氣)를 받아들일 수 있기 때문에 '오장육부(臟腑)'라고 부른다. 오행과 오장육부를 서로 대응시키는 것은 '비류취상(比類取象)'의 방법에 근거하여 분배한 것이다. 간은 나뭇가지가 자라는 것처럼 사방으로 퍼져서 통하는 것을 좋아하고 목에는 자라는 작용이 있기 때문에 간은 목에 속한다. 심장에는 따뜻함이 있고 화에도 태양열이 있기 때문에 심은 화에 속한다. 비장은 생명의 토대가 되고 토가 만물을 기를 수 있기 때문에 비장은 토에 속한다. 폐에는 맑게 하고 내리게 함이 있고 금에도 맑고 깨끗하게 하는 힘이 있기 때문에 폐는 금에 속한다. 신장은 저장된 수(水)와 정(精)을 주관하고 수는 아래로 흐리기 때문에 신장은 수에 속한다.

오행을 또한 인체의 다른 기관과 서로 연결했을 뿐만 아니라 또한 천간과 서로 배합하여 오행을 중심으로 하는 인체 구조의 대응 체계를 형성하였다. 그래서 중국 의학이 병의 증상을 판별할 때에 항상 체계 내에서 서로 대응하는 여러 요소들을 서로 연관 지어서 고려하였다. 아래의 도표를 살펴보도록 한다.

목	화	토	금	수
간(肝)	심(心)	비(脾)	폐(肺)	신(腎)
담(膽)	소장(小腸)	위(胃)	대장(大腸)	방광(膀胱)
눈(目)	혀(舌)	입(口)	코(鼻)	귀(耳)
혼(魂)	신(神)	지(志)	백(魄)	정(精)
근(筋)	맥(脈)	육(肉)	정(精)	뼈(骨)
손톱(爪)	얼굴(面)	입·입술(口·脣)	피모(皮毛)	모발(毛髮)
현맥(弦脈)	구맥(鉤脈)	완맥(緩脈)	모맥(毛脈)	석맥(石脈)
장군지관(將軍之官)	군주지관(君主之官)	창름지관(倉廩之官)	상부지관(相傅之官)	작강지관(作强之官)
정(靜)	조(躁)	력(力)	견(堅)	경(敬)
정임(丁壬)	무계(戊癸)	갑기(甲己)	을경(乙庚)	병신(丙辛)
청(靑)	적(赤)	황(黃)	백(白)	흑(黑)

중국 의학에 의하면 사람에게 생긴 온갖 병들이 모두 바람(風, 목) · 추위(寒, 수) · 더위(暑, 군화) · 습함(濕, 토) · 건조함(燥, 금) · 불(火, 상화)의 육기(六氣)에 의한 것이며, 병의 외부의 징후는 모두 오장육부에 근거하여 육기가 오장육부에 침입에 의한 것이다. 그리고 그것은 모두 오행상극의 원리로 치료할 수 있다. 『황제내경』에서는 "목이 금을 얻어서 베어내고 화가 수를 얻어서 없애며 토가 목을 얻어서 도달하고 금이 화를 얻어서 부서지고 토가 수를 얻어서 단절된다."[8]라고 말하였다. 이것은 인체 내의 오행 상승의 일면을 말한 것이다. 오행에는 또한 상생(相生)의 일면이 있다. 『황제내경』에서 말한 것에 근거하면, 오장은 그것이 생겨난 곳에서 기를 받는다. 즉 간은 심장(목이 화를 낳는다)에서 기를 받고, 심은 비장(화가 토를 낳는다)에서 기를 받으며, 비장은 폐(토가 금을 낳는다)에서 기를 받고, 폐는 신장(금이 수를 낳는다)에서 기를 받으며, 신장은 간(수가 목을 낳는다)에서 기를 받는다. 이른바 '오장은 그것이 생겨난 곳에서 기를 받는다'는 것은 바로 병의 기가 오행상생의 관계에 따라 '자식'의 장부는 '부모'의 장부로부터 전해졌다는 것을 의미한다. 만약 부모의 장에 병이 있으면 해가 자식의 장에도 미칠 수 있는데 이것이 바로 '부모의 병이 자식에게 이른다'는 것이다. 오행 계통 중에 각각의 일행(一行)은 모두 다른 사행(四行)과 일정한 관계를 갖지만, 어떠한 이행(二行) 사이에는 반드시 상생 혹은 상극의 관계가 있기 때문에 균형을 이루지 못한다. 그러나 오행 전체에서 말하면, 생(生)과 극(克)은 모두 전체 속에서 상대적 균형을 나타낸다. 중국 의학이 도달하려는 목적 또한 바로 약물과 다른 방법을 통하여 생극(生克)을 조절함으로써 전체 계통으로 하여 상대적인 균형을 유지하게 하는 데 있다.

8) 『黃帝內經』. "木得金而伐, 火得水而滅, 土得木而達, 金得火而缺, 水得土而絶."

일단 이러한 상대적 균형이 파괴되면 '태과(太過)' 혹은 '불급(不及)'의 현상이 나타나서 사람들은 병적 상태(이상 상태)를 나타내게 된다. '태과'는 바로 약하여 이기지 못하거나 이긴 것을 타는 것이요, '불급'은 바로 자기가 이기지 못할 것을 보고 무시하고 타거나 자기가 이긴 것을 경시하고 업신여기는 것이다. 탄다(乘)는 것은 허점을 이용하여 역습하는 것이고, 업신여긴다(侮)는 것은 강한 것만을 믿고 업신여기는 것이다. 예를 들어 목의 기운이 너무 지나치면 그것을 이기던 토에 정상 한도를 초과하는 억제 작용이 생겨나는데, 이것을 상승(相乘)이라고 부른다. 반대로, 본래 자기를 억제하던 금을 업신여기는데 이것을 반모(反侮)라고 부른다. 가령 목의 기운이 미치지 못하면 금이 와서 목을 벨 수 있고, 토가 반대로 화를 업신여기면 목이 낳은 화에도 이상이 생길 수 있다. 이것으로 보면, 오행 중에 어떤 일행(一行)이 너무 지나치거나 혹은 미치지 못하는 상황이 나타날 때에는 오행 간의 균형 관계가 파괴되기 때문에 이 일행과 서로 연관되는 다른 사행(四行)에도 이상한 현상이 생겨날 수 있다.

일반적으로 말하면, 인체 내의 이러한 이상은 인체 내의 자체조절 기관을 통하여 조절하여 균형을 회복하게 할 수 있지만, 만약 자체조절 기관이 어찌할 수 없게 되었을 때에는 외부의 오행으로 조치해야 한다. 간에 비유하면 다음과 같다. 간은 인체 내에서 장군지관(將軍之官)에 해당하며 봄과 서로 통하고 그 목이 바람(風)을 낳는다. 대체로 간의 목에 병이 있는 자는 모두 열을 근본으로 하고 바람을 말단으로 하니 마치 들불은 본래 타지 않지만 큰바람이 한번 불면 맹렬한 불길을 내는 것과 같다. 간에는 본래 열이 없지만 폐의 금이 쇠약하여 심장의 화를 이기지 못함에 따라 간의 목이 폐의 금에 아첨하게 된다. 때문에 어지럽고 위완(胃脘)에서 통증을 일으켜서 속이 쓰리며, 인후(咽喉)가 막히고 통하지 않아 음식물이 내려가지 않는다. 또 귀에 소리가 나고 눈이 침침하여 식구를 알아보지 못하며, 옆구리에 통증이 있고 구토가 나며 사람이 쉽게 화를 내거나 잘 놀라게 된다. 그 치료 방법으로는 금이 목을 이기니 바람이 목에 의하여 생기고 건조함은 금에 의하여 변하기 때문에, 건조함으로 바람을 다스리고 금의 서늘한 기운으로 간의 수를 내려야 한다. 동시에 폐의 금에 대한 조치에도 주의해야 한다.

또 다시 심의 화를 예로 들면 다음과 같다. 즉 심의 화는 군화(君火)이다. 심이 고요하면 정신이 맑고 심에 열이 있으면 부어오르고 아프다. 심은 여름과 상통하니 체내에서는 군주지관(君主之官)에 해당한다. 심의 화에 의해 야기되는 병으로는 가슴속에 열이 있고 목이 마르고 왼쪽 옆구리에 통증이 있으며 피부에 통증이 있고 오한과 신열이 나며 천식이 있고 피를 토하며 놀라서 부들부들 떨며 의식장애를 일으키는 것 등이 있다. 그 치료 방법으로는 찬 것이 열을 이기고 수가 화를 이기니 짜고 찬 것으로 치료하고 달고 쓴 것으로 보충하며 신 것으로 끝맺으면 효과를 거둘 수 있다.

모든 부스럼은 비장의 토가 가져온 것이다. 비장은 오장 중에서 창고지관(倉廩之官)이다. 토의 기운이 습하니 토인 비장의 병의 증세는 다음과 같다. 피부에 종기가 생기고 뼈에 통증이 있으며 대변보기가 힘들고 기침을 하면서 피를 토하며 마시는 음료 같은 것을 좋아하고 밥을 싫어한다. 또 자주 설사하여 먹은 음식물을 제대로 소화하지 못하는 증세를 보이기도 한다. 그 치료 방법으로는 습한 것은 토에 의해 생겨나고 바람이 습한 것을 이길 수 있고 목이 토를 이길 수 있으니 바람으로 습한 기운을 몰아내야 한다.

가슴이 답답한 여러 가지 증세나 우울증은 모두 폐의 금에 속한다. 폐의 금이 체내에서는 상부지관(相傅之官)이니 가을과 상통한다. 금의 기운은 건조한데 건조함이 왕성하면 마른다. 병의 증상으로는 골절이 변하고 왼쪽 옆구리에 통증이 있으며 기침이 나고 배탈이 나서 배 속이 꾸르륵거리며 아랫배에 통증이 있고 목이 마르며 숨이 차고 어깨나 등이 결리며 땀이 많다는 것 등이다. 그 치료 방법으로는 열을 사용하여 건조함을 이겨서 건조함이 자연히 금을 생하게 한다. 그렇게 되면 열이 화로 변하고 금은 화로써 제어된다. 화의 맛은 쓰니 쓰고 따뜻한 것으로 치료하고 쓰고 매운 것으로 보충한다.

모든 차가운 것을 거두어들이는 것은 모두 신장의 수에 속한다. 신장은 봉해서 감추어 두는 것을 주관하는 근본으로 체내에서는 작강지관(作强之官)이 된다. 신장은 육기 중에서 상화(相火)에 속하고 화가 수의 자리에 있으니 나누어 말하면, 왼쪽 신장은 수에 속하고 오른쪽 신장은 화에 속한다. 대체로 속이 쓰리고 요퇴부(腰腿剖)에 통증이 있으며 관절이 좋지 않아 굽히거나 펴는 것이 불편하며 배가 더부룩하고 잘 때 식은땀이 나며 바람을 싫어하고 마음이 즐겁지가 않다. 이것은 왼쪽 신장의 수가 병든 것이다. 오른쪽 신장의 상화가 병들면, 기운이 없고 피부염이 생기며 가슴 · 등 · 얼굴 · 머리 · 사지에 부종이 생기며 배가 부르고 마음에 울화병이 생기며 토하거나 결핵에 걸리는 등의 증세를 보인다. 그 치료 방법으로는 찬 것으로 뜨거운 열을 이기거나 건조함으로 찬 것을 이기게 하는 것이다. 만약 열이 안에서 지나치면 짜고 찬 것으로 치료하는데, 이것은 수가 불을 이기기 때문이다. 만약 찬 것이 안에서 지나치면 달고 따뜻한 것으로 치료하고 달고 쓴 것으로 보충하는데 이것은 토를 사용하여 수를 이긴 것이다.

중국 의학은 오행을 체계로 하여 인체와 자연환경을 종횡으로 교체하는 하나의 큰 체계를 형성하였다. '간이 심장을 낳고 심장이 비장을 낳으며 비장이 폐를 낳고 폐가 신장을 낳으며 신장이 간을 낳는다'는 상생 관계나, '간이 비장을 이기고 비장이 신장을 이기며 신장이 심장을 이기고 심장이 폐를 이기며 폐가 간을 이긴다'는 상생상극의 관계 외에도, 오장은 인체의 다른 기관인 마음, 자연환경과도 동행(同行)의 관계에 있다. 예를 들면 간장은 담·눈·근육·분노 및 자연계의 봄·동풍·청색·신맛 등을 나타내는 목의 일행에 속하는데 동행 간에도 비슷하고 연결되는 관계가 있다. 간과 담은 서로 보살펴 주는데 경락이 서로 연결되어 있다. 간은 눈과 친하고 주로 근육을 낳으니 근육의 색은 청색이다. 마음속의 화는 간과 밀접한 관계를 갖는데, 예컨대 격노하면 간이 손상된다. 간의 병은 항상 봄에 나타나는데 봄에는 동풍이 많기 때문에 주로 병이 생긴다. 바람은 또한 근육을 손상시킬 수도 있다. 신맛이 입으로 들어가면 먼저 간장으로 달려가니, 신맛이 간을 기르는 데 적당하지만 지나치면 간을 손상시킨다. 목행(木行)의 계열이 이와 같으니 다른 사행(四行)의 계열도 이와 같지 않음이 없다.

매 행마다 대응 계열에 대해 내재 관계를 갖기 때문에 중국 의학은 진찰하거나 진맥하는 가운데 항상 오색에 근거하여 사람의 질병을 판단한다. 간맥(肝脈)은 청백(青白)색이고 심맥(心脈)은 적흑(赤黑)색이며 비맥(脾脈)은 황청(黃青)색이고 폐맥(肺脈)은 백적(白赤)색이며 신맥(腎脈)은 흑황(黑黃)색이다. 만약 폐가 바람에 손상되면 눈썹이 희어지고, 심장이 바람에 손상되면 입이 붉어지며, 간이 바람에 손상되면 눈이 남색이 되고, 비장이 바람에 손상되면 코가 누렇게 되며, 신장이 바람에 손상되면 피부가 검어진다. 간에 열이 있으면 왼쪽 뺨이 붉어지고, 폐에 열이 있으면 오른쪽 뺨이 붉어지며, 심장에 열이 있으면 얼굴이 붉어지고, 비장에 열이 있으면 코가 붉어지며, 신장에 열이 있으면 턱이 붉어진다. 얼굴이 황백(黃白)색이면 체내에 열이 있다는 것이고, 청백(青白)색이면 몹시 춥다는 것이며, 청흑(青黑)색이면 아프다는 것이다.

중국 의학은 병리를 분석할 때 또한 병의 원인을 자연환경과 연관 지어서 고찰하였다. 『황제내경』에서 이를 다음과 같이 말하였다.

> 동풍이 봄에 부니 병이 간에 있고 경혈은 목에 있다. 남풍이 여름에 부니 병은 심장에 있고 경혈은 가슴과 옆구리에 있다. 서풍이 가을에 부니 병은 폐에 있고 경혈은 어깨와 등에 있다. 북풍이 겨울에 부니 병은 신장에 있고 경혈은 허리와 넓적다리에 있다. 중앙이 토가 되니 병은 비장에 있고 경혈은 척추에 있다.[9]

이에서 수(兪)는 바로 수(輸: 경혈)이니 마땅히 경혈(經穴)[10]이라고 말해야 한다. 바람의 기운이 인체에 들어오는 경로는 수(兪)을 지나서 경(經)에 이르고 마지막으로 오장에 도달한다. 일반적인 상황은 다음과 같다. 즉 봄에 동풍이 불면 사람들은 대체로 간에 병을 얻으니 병은 목에서 생긴다. 여름에는 남풍이 불면 사람들은 대체로 심장에 병을 얻으니 병은 가슴과 옆구리에서 생긴다. 가을에는 서풍이 불면 사람들은 대체로 폐에 병을 얻으니 병은 어깨와 등에서 생긴다. 겨울에는 북풍이 불면 사람들은 대체로 신장에 병을 얻으니 병은 허리와 넓적다리에서 생긴다. 중앙은 토에 속하니 시간적으로는 늦은 여름에 해당한다. 사람들은 대체로 비장에 병을 얻으니 병은 척추에서 생겨난다. 이것으로 보면, 인체는 오방(五方) · 오계(五季) · 오기(五氣)와도 상통하고 호응함을 알 수 있다.

중국 의학이론에서는 사람의 체형을 또한 오행의 테두리 안에 끌어들였다. 중국 의학은 사람의 체형에 근거하여 사람을 목 · 화 · 토 · 금 · 수 다섯 종류로 나누고 또한 각 · 치 · 궁 · 상 · 우 오음의 음양 분량과 좌우

---

9) 『黃帝內經素問』, 卷1. “東風生于春, 病在肝, 兪在頸項. 南風生于夏, 病在心, 兪在胸脇. 西風生于秋, 病在肺, 兪在肩背. 北風生于冬, 病在腎, 兪在腰股. 中央爲土, 病在脾, 兪在脊.”

10) 경혈(經穴)은 신체의 맥락(脈絡)과 급소(急所)를 말한다.

상하에 근거하여 매 한 종류마다 다시 25종류로 나누었다. 그 분류의 방법도 '취상비유(取象比類)'에 근거한 것으로 각 행의 특징에 따라 구분한 것이다. 예를 들면 목형(木形)인 사람은 몸 전체의 외형이 나무처럼 호리호리하다. 머리가 작고 어깨가 넓으며 등이 곧고 손과 발이 민첩하며 피부는 청색이다. 목형인 사람의 품성은 재주가 있고 사색을 좋아한다. 기력이 부족한 것이 흠이 되지만 일을 하는 데 근면하고 성실하다. 목형인 사람의 체질은 봄과 여름에 건강하고 가을과 겨울에는 쉽게 병든다. 목형인 사람을 다시 다섯 종류로 나누면 다음과 같다. 즉 '상각(上角)'에 속하는 사람은 안색이 온화하고 태도가 평온하고 조용하며 재주가 있다. '대각(大角)'에 속하는 사람은 일을 처리하는 데 주저하여 앞으로 잘 나아가지 못한다. '좌각(左角)'에 속하는 사람은 일을 처리하는 데 남과 협조하고 순종한다. '대각(鈦角)'에 속하는 사람은 일을 처리하는 데 적극적이며 추진력을 가지고 있다. '판각(判角)'에 속하는 사람은 태도가 방정하다. 중국 의학은 사람의 천부적인 체질에 따라 사람의 사회적 품격 방면에서의 공통성과 개별성을 분석하였다. 이것은 물론 경험적 기초 위에 바탕을 두고 있어 이론적인 근거는 부족하지만 인류학적으로는 탐구할 만한 가치가 매우 많다.

중국 의학은 또한 오행생극의 이론을 응용하여 사람의 정신을 조절하려고 하였는데 그 방법은 다음과 같다. 즉 상생 상승의 정서를 사용하여 다른 하나의 정서를 조절하였다. 사람의 분노[怒]·기쁨[喜]·사려[思]·근심[憂]·두려움[恐] 등을 분별하여 목·화·토·금·수와 서로 대응시켰다. '분노'는 목에 속하고 '기쁨'은 화에 속하며 '사려'는 토에 속하고 근심이나 슬픔은 금에 속하며 '두려움'은 수에 속한다. 이 때문에 분노는 간을 손상시키지만 슬픔은 분노를 이긴다. 기쁨은 심장을 손상시키지만 두려움은 기쁨을 이긴다. 사려는 비장을 손상시키지만 분노는 사려를 이긴다. 근심이나 슬픔은 폐를 손상시키지만 기쁨은 근심이나 슬픔을 이긴다. 두려움은 신장을 손상시키지만 사려는 두려움을 이긴다. 다섯 가지 정감이 오장과 상통하고 또한 오행과 상응하므로 하나의 정서가 지나치게 손상되면, 환자로 하여 원래 정서에 대해 억제 작용을 일으키는 새로운 정서로써 정서를 전환하는 방법을 강구할 수 있다. 이러한 '정서를 전환하는 방법'은 병을 치료하는 데 매우 큰 도움을 준다. 『홍루몽』에 나오는 가보옥이 바로 그런 예가 된다. 가보옥(賈寶玉)은 신혼 첫날밤에 신랑이 자기가 사랑하던 임대옥(林黛玉)이 아니라는 사실을 알고는 한동안이나 원망하고 분노하는 바람에 병세가 더욱 심해졌지만, 설보채(薛寶釵)가 임대옥이 이미 죽었다는 사실을 가보옥에게 모두 말해 주자, 가보옥의 마음은 분노에서 슬픔으로 바뀌게 되고 또 한바탕 대성통곡함으로써 병세가 도리어 호전되었다.

오행 학설은 중국 약학이론의 근본이 된다. 중국 약학의 집대성자는 명나라 시대의 이시진(李時珍)이다. 이시진은 『본초강목(本草綱目)』에서 다음과 같이 말하였다.

> 천지가 조화를 이루어 초목이 생겨난다. 강한 것이 유한 것과 교제하여 뿌리가 되고 유한 것이 강한 것과 교제하여 가지와 줄기가 되며, 잎은 양에 속하고 꽃과 열매는 음에 속한다. 이로부터 풀 속에 나무가 있고 나무 속에 풀이 있으니, 기의 순수한 것을 얻은 것은 좋은 것이 되고 기의 괴팍한 것을 얻은 것은 독이 된다. 그러므로 다섯 가지 모양의 기가 있으니 금 · 목 · 수 · 화 · 토이다.[11)]

11) 『本草綱目』, 卷12, 「草部」. "天造地化而草木生焉. 剛交于柔而成根荄, 柔交于剛而成枝幹, 葉萼屬陽, 華實屬陰, 由是草中有木, 木中有草, 得氣之粹者爲良, 得氣之戾者爲毒. 故有五形焉, 金木水火土."

이시진은 오행이 세계 만물의 물질 형태라는 것을 명확히 긍정하였는데 이러한 기초 위에서 그는 또한 오행을 분석하였다. 그는 다음과 같이 생각하였다. 수는 만물의 근원이니 "그 본체는 순음(純陰)이지만 그 작용은 순양(純陽)이다."[12] 화(火)는 만물의 시작으로서 "기는 있지만 질이 없다. 조화의 사이에 만물을 살리고 죽이며 본질을 드러내고 효용을 감추니 신묘함이 무궁하다."[13] 토는 만물의 어머니이고 오행의 주인이다. "지극히 유약하지만 강하고 지극히 고요하면서도 일정한 법칙이 있다. 오행과 동시에 함께 만물을 낳지만 그의 공능에는 관여하지 않는다."[14] 금석은 토에서 나온다. "돌은 기의 핵이고 토의 뼈이니 …… 그 정미한 것이 금이 된다."[15] 목은 오행의 하나로서 "성질은 토의 마땅함이 있으며 산 · 계곡 · 들판 · 습지이다. 처음에는 기에서 변화하지만 점차 형질을 이룬다."[16]

『본초강목』에서 이시진은 오행 학설을 약성(藥性)에 대한 분석에 사용하였다. 예를 들면 다음과 같다. 삼(參)은 중국 의약(한약)에서 상용되는 약품이지만 삼의 품종이 매우 많기 때문에 약성도 각각 다르다. 인삼(人參)은 토에 속하고 사삼(沙參)은 금에 속하며 현삼(玄參)은 수에 속하고 장몽(壯蒙)은 목에 속하며 단삼(丹參)은 화에 속한다. 오삼(五參)을 오장과 배합하면 다음과 같다. 즉 '인삼'이 비장에 들어가는 것을 황삼(黃參)이라 하고, '사삼'이 폐에 들어가는 것을 백삼(白參)이라 하며, '현삼'이 신장에 들어가는 것을 흑삼(黑參)이라 하고, '장몽'이 간에 들어가는 것을 자삼(紫參)이라 하며, '단삼'이 심장에 들어가는 것을 적삼(赤參)이라 한다.

12) 『本草綱目』, 卷5, 「水部」. "其體純陰, 其用純陽."

13) 『本草綱目』, 卷6, 「火部」. "有氣而無質, 造化兩間, 生殺萬物, 顯仁藏用, 神妙無窮."

14) 『本草綱目』, 卷7, 「土部」. "至柔而剛, 至靜有常, 兼五行生萬物而不與其能."

15) 『本草綱目』, 卷8, 「金石部」. "石者, 氣之核, 土之骨. …… 其精爲金."

16) 『本草綱目』, 卷34, 「木部」. "性有土宜, 山谷原隰. 肇由氣化, 爰受形質."

오삼(五參)의 약성이 다르기 때문에 그 쓰임도 동일하지 않다.

식물을 오행으로 분류할 수 있는 것과 마찬가지로, 동물도 오행으로 분류할 수 있다. 이시진은 닭에 대해 분석을 하면서 다음과 같이 말하였다.

> 붉은 수탉은 리화(離火)인 음양의 상을 얻었고 흰 수탉은 경금(庚金)인 대백(大白)의 상을 얻었기 때문에 사악한 것을 없애는 데에 좋고, 검은 수탉은 목에 속하고 검은 암탉은 수에 속하기 때문에 임산부에게 적당하다. 황색 수탉은 토에 속하기 때문에 비장이나 위장에 좋고 오골계는 또한 수 · 목의 정기를 얻었기 때문에 허열(虛熱)이 있는 자에게 좋으니 각기 그 종류를 따른다.[17)]

이것은 닭의 오색과 오행의 비유에 근거하여 닭의 약용 효능을 설명한 것이다.

동물이 이와 같은 것처럼 사람도 오행의 기를 품부받아 태어나서 사는 곳의 풍토나 기후 · 습관이 다르면 오행의 기를 얻은 것도 다르게 된다. 이시진은 산림지대에 사는 민족은 덩치가 작고 말라서 목기(木氣)를 많이 얻었고, 하천이나 늪지대에 사는 민족은 피부색이 검고 땀이 많아 수기(水氣)를 많이 얻었으며, 구릉지대에 사는 민족은 얼굴이 둥글고 길어서 화기(火氣)를 많이 얻었고, 물가나 평지에 사는 민족은 피부색이 희고 네모져서 금기(金氣)를 많이 얻었으며, 지대가 높은 건조지역이나 지대가 낮은 습한 지역에 사는 민족은 덩치가 크고 마비 증세가 있어 토기(土氣)를 많이 얻었다고 생각하였다. 오행의 기가 인체 내에서 서로서로 돕고 서로 합쳐지면 어떠한 질병들도 생겨나지 않는다. 일단 조화를 잃으면,

---

17) 『本草綱目』, 卷48, 「禽部」. "丹雄鷄得離火陰陽之象, 白雄鷄得庚金大白之象, 故辟邪者宜之. 烏雄鷄屬木, 烏雌鷄屬水, 故胎產宜之. 黃雄鷄屬土, 故脾胃宜之. 而烏骨者, 又得水木之精氣, 故虛熱者宜之, 各從其類."

그 약을 사용하는 방법은 오기(五氣)의 정도에 근거하여 각각 다르게 쓴다. "목이 무성하던 통하게 하고[達] 화가 무성하면 발산시키며[發] 토가 무성하면 빼내고[奪] 금이 무성하면 배출시키며[泄] 수가 무성하면 꺾어 준다[折]. 기가 강할 때에는 미약한 것이 그것을 따르게 하고 심한 것은 억제하며, 기가 충만할 때에는 화평하게 해 주고 지나치게 충만하면 그 기를 덜어 내 준다. 사나운 것은 빼앗는다."[18] 병에 대한 진단이든 약에 대한 처방이든지를 막론하고, 모두 병의 원인과 약의 성분을 오행으로 분류하고 오행상생상극의 원리로써 질병의 증세에 대해 약을 처방한다. 부족한 것은 보충하고 왕성한 것은 덜어 준다는 것이다.

몇천 년에 걸친 중국 의학 발전의 실천적 증명은 오행 학설을 운용하여 의학과 약학의 변증을 진행해 온 데 있다. 이것은 중국 의학(한의학)과 방법에 뛰어난 효과가 있었다. 서양 의학의 시각은 인체가 개개의 구체적인 기관으로 해부되었다면, 중국 의학에서는 인체가 보이지 않는 오행 기운의 생극 운행의 체계로 구성되었다고 본다. 그것이 가지고 있는 추상적인 의미와 사변적인 의미는 중국 의학으로 하여금 독특한 매력과 신비를 내포하게 만들었다.

4. 오행과 연단술

옛사람들은 연단(煉丹 혹은 外丹)으로 무병장수하기를 추구하였다. 진시황에서 시작하여 방사(方士)들은 연단으로 진기한 약을 구하고자 하였

18) 『神農本草經疏』, 卷1, 「附錄十劑」. "木鬱達之, 火鬱發之, 土鬱奪之, 金鬱泄之, 水鬱折志. 氣之勝也, 微者隨之, 甚者制之. 氣之夏也, 和者平之, 暴者奪之."

다. 이후에 연단(煉丹) · 복단(服丹)의 풍조가 범람하게 되어 우매한 황제나 관료들이 단약(丹藥)[19]을 맹신하였을 뿐 아니라 심지어 총명한 한 무제 · 당 태종과 같은 군주와 뛰어난 한유(韓愈) · 원적(元積) · 두목(杜牧)과 같은 시인이나 문장가들도 그 예외가 아니었다. 그러나 "복을 막으면 도리어 화가 되는 것처럼 약을 오용한 자들도 많았다."[20] 단약에 죽은 자가 그 수를 헤아릴 수 없었지만 장생을 얻었다는 자는 한 사람도 들어 보지 못하였다. 때문에 송대에서 시작된 단약은 더 이상 옛날과 같은 많은 신도들을 보유하지 못하고 점차 쇠망의 길로 나아갔다.

연단이 비록 불사(不死)의 약을 찾지는 못하였지만 연단술은 도리어 근대 화학의 선구자가 되었다. 연단의 과정은 실제로 화학 실험의 과정이니, 화학의 각도에서 연단술을 자세히 살펴보면 그 과학적 의미는 굳이 말하지 않아도 알 수 있다.

옛사람들의 연단에는 그 사상적 체계가 있었으니, 기와 음양오행이 바로 그 이론적 기초이다. 기론(氣論) 학설은 사물 변화의 본체를 제기하였고 음양 학설은 사물 변화의 원인을 대답하였으며 오행 학설은 사물 변화의 과정을 해석하였다.

중국에서 현존하는 가장 오래되고 가장 중요한 연단술의 저작은 동한(東漢) 위백양(魏伯陽)의 『주역참동계(周易參同契)』이다. 이 책에서는 오행생극론이 연단술 속에서 어떻게 운용되고 있는지를 말하였는데, 연단술 중에서 용(물)과 호랑이(불)의 화합이 바로 오행생극 변화의 전형적인 예이다. 그중에 청룡(青龍)은 동쪽에 있어서 목이 되고 백호(白虎)는 서쪽에 있어서 금이 된다. 이 때문에 용과 호랑이의 화합은 금이 목을 이기는

---

19) 단약(丹藥)은 단사(丹砂), 즉 수은(水銀)과 유황(硫黃)을 섞어서 만든 환약이다.

20) 『白氏長慶集』, 卷36, 「戒藥」. "邀福反成災, 藥誤者多矣."

것에서 시작한다. 금이 목을 베면 목이 화를 낳아서 저항한다. 화가 금을 녹일 수 있는데, 그것은 금이 화를 만나면 자구책을 생각하여 수를 낳아서 화를 없애기 때문이다. 결국은 "수가 왕성한 화를 소멸하고 모두 죽어서 후한 토로 돌아간다."[21] 이는 수를 이기는 것은 토이며 토가 제압하면 수가 일어나지 못하기 때문이다. 이러한 화합 반응의 사슬 관계가 일단락을 지으면 용과 호랑이가 화합하여 단사(丹砂)[22]가 되는 것이다.

'단사'가 오행의 화합으로 이루어진다면 그 성분은 다음과 같다. "단사는 목의 정기이니 금을 얻으면 바로 합병한다. 금 · 수가 합쳐진 곳이 목 · 화의 짝이 된다. 넷이 뒤섞여서 용과 호랑이로 나열된다."[23] 이러한 화합 과정 중에 동쪽의 목과 서쪽의 금이 나뉘어 서로 대립하는 '용과 호랑이'의 두 쪽에 머문다. 용과 호랑이가 서로 싸울 때에 금의 자식이 수에 가면 북쪽에서 서쪽으로 돌아가서 금을 도와 싸우기 때문에 '금과 수가 합쳐진 곳이다(金水合處)'라고 말한다. 그리고 목의 자식이 화에 가면 남쪽에서 동쪽으로 奚아가서 모행(母行)인 목을 도와서 금 · 수에 저항하기 때문에 '목과 화가 짝이 된다(木火爲侶)'라고 말한다. 넷이 혼전하여 싸우다가 모두 화합하여 토로 돌아가서 '단사'가 된다. 이러한 용과 호랑이의 화합 과정은 실제로 오행생극의 복잡한 모순 과정으로 소박한 변증적 사유를 내포하는데, 이것은 당시 과학 발전의 수준을 기초로 해서 나온 비교적 합리적인 이론이라 할 수 있다.

위양백이 얻은 이러한 결론은 그의 연단의 실험을 근거로 한 것이다. 『주역참동계』 안에서는 '환단(還丹)'을 제련하는 과정이 비교적 상세하게 기록되어 있다. 즉 먼저 금(금은 납에 속한다)과 수(수은)를 화합하고

21) 『周易參同契解』, 「上篇」. "水盛火消滅, 俱死歸厚土."

22) 단사(丹砂)는 수은(水銀)과 유황(硫黃)의 화합물이다.

23) 『周易參同契解』, 「中篇」. "丹砂木精, 得金乃幷. 金水合處, 水火爲侶. 四者混沌, 列爲龍虎."

다시 숯불을 첨가하여 금·수·목·화가 서로 머금으면 고체에서 액체로 바뀌었다가 다시 응고하여 '황여(黃輿)'가 된다. 세월이 흐름에 따라, 황여가 가루로 부서지고 다시 가루를 냄비 속에서 장시간 반복하여 가열하면 '환단(還丹)'이 된다. 위백양의 말에 따르면, 환단의 작용은 다음과 같다.

> 금의 성질은 부패하거나 썩지 않기 때문에 만물의 보배이니 술사들이 그것을 복용하면 수명이 장수할 수 있다. …… 금사(金砂)가 오장 안에 들어가면 안개가 흩어지는 것이 마치 비바람이 내리치는 것과 같다. 훈증(熏蒸)이 사지(四肢)에 이르면, 안색에는 윤기가 나고 백발이 모두 검게 바뀌며 이가 빠진 그 자리에 다시 이가 나고 늙은이가 건강을 회복하며 노파가 소녀가 된다. 형체를 바꾸어 세상의 액을 면하니 그것을 불러 진인(眞人)이라고 말한다.[24]

다시 말하면, 금의 성질은 썩지 않기 때문에 그것을 인체 내로 투입하면 사람을 장수하게 하고 늙은이를 어린아이로 회춘시킬 수 있다는 것이다. 이것은 물론 일종의 천진한 환상에 불과하지만 그것은 인류가 공동으로 추구하는 환상이었기 때문에 많은 사람들을 매혹했다.

5. 오행과 고대 지리학

지리학은 하나의 오래된 자연과학이다. 상고시대의 책인 『상서(商書)』에는 「우공(禹貢)」편이 있는데, 이 편에서는 전문적으로 지리를 논술하고

24) 『周易參同契解』, 「上篇」. "金性不敗朽, 故爲萬物寶. 術士服食之, 壽命得長久. …… 金砂入五內, 霧散若風雨, 熏蒸達四肢, 顔色悅澤好, 發白皆更變黑, 齒落生舊所, 老翁復丁壯, 耆嫗成姹女, 改形免世厄, 號之曰眞人."

있다. 춘추전국 연간에, 오행 사상이 크게 성행하여 점차 지리학에 침투하였는데 이 때문에 사람들이 지리 환경을 논술할 때에도 오행 사상을 운용하였다.

예를 들면 다음과 같다. 즉 오행과 오기가 서로 배합하면, 동쪽은 바람을 낳고 바람은 목을 낳으며, 남쪽은 뜨거운 기운을 낳고 뜨거운 기운은 화를 낳으며, 중앙은 습한 기운을 낳고 습한 기운은 토를 낳으며, 서쪽은 건조한 기운을 낳고 건조한 기운은 금을 낳으며, 북쪽은 차가운 기운을 낳고 차가운 기운은 수를 낳는다. 이러한 배합 방법은 확실히 사람들의 지리 기후에 대한 직관적인 경험에서 나온 것으로 일부 중국 대륙기후의 특징에 근거한 것이다. 즉 동쪽은 바닷바람이 많고 남쪽은 무더우며 중부의 황하강 일대는 온습하고 서부 지대는 건조하고 비가 적게 내리며 북부 지역은 몹시 춥다는 것이다. 이는 오행 · 오기 · 오방이 명확하여 직관적으로 중국 대륙의 기후 · 지리를 분류한 것이다.

오행과 오색(五色)이 서로 배합하면 다음과 같다. 즉 동쪽의 목은 남색이고 남쪽의 화는 적색이며 중앙의 토는 황색이고 서쪽의 금은 백색이며 북쪽의 수는 흑색이다. 이러한 오색 방위의 규정도 중국 대륙의 토양 분포를 참조하여 나온 것이다. 만국정(萬國鼎, 1897~1963)은 『중국 고대의 토양 종류 및 그 분포에 대한 지식』이라는 글에서 다음과 같이 말하였다.

> 고대 도읍들이 있던 지역인 섬서(陝西)와 하남(河南)은 황토 지역으로 남쪽에는 붉은 토양이 있고 북쪽에는 검은색의 포드졸(Podzol)성 토양이 있는데, 이것들은 모두 대우 분명하다. 서쪽에는 알칼리성 토양이 있어 건조한 때에는 흙 표면이 흰색을 띠니 서북 일대에 넓은 면적의 모래언덕 · 석회 토양 · 사막 석회 토양 등의 색도 비교적 연하다. 동쪽은 습할 때에 토양이 진한 잿빛을 띠니 또한 억지로 통한다고 말할 수 있다. 아마도 고대에 오색(五色) · 오위(五位)

를 만들 때에는 실제로 흙색의 분포를 참조하였을 것이다.[25)]

한 방면의 토양이 한 방면의 국가 영토를 대표하였기 때문에 고대 제왕들은 오색의 흙을 봉건 의식 중에 반드시 갖추어야 하는 도구로 간주하였다. 『주서(周書)』에서는 다음과 같이 말하였다. 한 지방의 제후로 분봉되어 천자의 봉건을 받아들일 때에, 나라 안에 큰 사단(社壇)[26)]을 세우고 단 위의 동쪽에는 청토(青土), 남쪽에는 적토(赤土), 서쪽에는 백토(白土), 북쪽에는 여토(驪土), 중앙에는 황토(黃土)를 쌓아 놓았다. 장차 제후로 분봉된 자는 단 위에서 자기에게 속한 색의 흙을 취하여 그 지방에 대한 관리권을 얻은 상징으로 간주하였다. 이러한 색의 흙은 제후들이 봉해진 나라로 가지고 돌아가서 사단 위에 올려놓고 백성들에게 엎드려 절하게 함으로써 최상의 예우를 받았다. 북경(北京)의 중산(中山) 공원 안에는 사람들로부터 '오색토(五色土)'라고 불리는 흙으로 쌓아서 만든 큰 토단(土壇)이 있는데, 그것은 명 · 청 시대의 사직단(社稷壇)[27)]이었다. '오색토'는 오방(五方)을 상징하고 오방은 중앙에 귀속되는데, 그것은 통일된 중앙집권 국가를 상징한다. 이러한 '오색토'의 사직단은 명 왕조의 영락(永樂) 연간에 세운 것으로 단을 세 층계로 나누고 한백옥(漢白玉)[28)]으로 쌓아서 만들었다. 단 위에 동 · 남 · 서 · 북 · 중의 다섯 방위는 청 · 홍 · 백 · 흑 · 황

---

25) 萬國鼎, 『中國古代對土壤種類及其分布的知識』. "古代都城所在地的陝西與河南是黃土區域, 南方有紅壤, 北方有黑色灰化土, 都很明顯, 西方有鹽漬土, 干燥時土面現白色, 西北大面積的沙丘 · 灰鈣土 · 漠鈣土等顏色也較淺, 東方則濕潤時土現青灰色, 也還勉强說得通. 也許古代創建五色方位的時候, 是參照實際土色分布的."

26) 사단(社壇)은 토지의 신을 제사 지내는 단이다.

27) 사직단(社稷壇)은 사직을 제사 지내는 단으로 왕궁(王宮)의 오른편에 세우고 종묘(宗廟)는 왼편에 세운다.

28) 한백옥(漢白玉)은 하북(河北) 방산현(房山縣)에서 나는 아름다운 흰 돌로 궁전 건축의 장식 재료로 쓰인다.

오색의 흙으로 구분하여 채워졌다. 단 북쪽의 목이 구성한 대전의 중산당(中山堂)은 바로 명 · 청 시대에 사직에 제사 지내던 배전(拜殿)이다.

오행이 오방(五方) · 오기(五氣) · 오색(五色)과 배합하는 외에도, 그것은 또한 오음(五音) · 오미(五味)와 서로 대응한다. 목의 음은 각(角)이고 그 맛은 시며, 화의 음은 치(徵)이고 그 맛은 쓰며, 토의 음은 궁(宮)이고 그 맛은 달며, 금의 음은 상(商)이고 그 맛은 매우며, 수의 음은 우(羽)이고 그 맛은 짜다. 『관자』「지원」편에서는 오행과 오음 · 오미의 배치에 근거하여 강회(江淮)와 하제(河濟) 사이의 큰 평원의 다섯 종류의 토양과 샘물의 깊고 얕은 관계에 대해 분석하였다. 예를 들면 다음과 같다. 층층으로 융기한 토양은 음 중에서 각(角)이라 부르는데, 그 물은 청색이고 35척이면 샘에 이른다. 검붉은 토양은 음 중에서 상(商)이라고 부르는데, 그 물은 희고 달며 28척이면 샘에 이른다. 황색의 무른 토양은 음 중에서 궁(宮)이라고 부르는데, 그 샘물은 황색이고 구린내가 나며 21척이면 샘에 이른다. 염분이 섞인 토양은 음 중에서 우(羽)라고 부르는데, 그 샘물은 짜고 붉으니 14척이면 샘에 이른다. 검은 찰흙 토양은 음 중에서 치(徵)라고 부르는데, 그 물은 검고 쓰기 때문에 7척이면 샘에 이른다.[29] 이러한 샘물의 색깔과 맛에 대한 묘사는 지하수를 분류하고 관찰한 결과이다. 다른 토양에는 다른 물색과 맛이 있으며 그 수위(水位)도 각각 서로 다르다. 그러나 이러한 인식에는 서투르게 오행의 구조로 끌어들였기 때문에 자못 견강부회한 요소가 있다.

『관자』「지원」편에서는 또한 구주(九州)의 토양에 대해 논술하였는데 토양의 종류와 그것들의 농업 생산에 대한 등급 우열을 분류하였다. '구주'의 토양에는 18종류가 있다. 즉 속토(粟土 혹은 息土) · 옥토(沃土) · 위

29) 『管子』, 「地員」 참조.

토(位土)·은토(蘟土 혹은 隱土)·양토(壤土)·부토(粰土 혹은 浮土)·실토(悉土)·로토(纑土 혹은 壚土)·함토(壏土)·표토(剽土)·사토(沙土)·개토(塥土)·유토(猶土)·장토(弜土 혹은 壯土)·식토(殖土)·곡토(觳土)·부토(凫土 혹은 鳥土)·걸토(桀土)이다. 이러한 18종류의 토양은 또한 각각 다섯 종류의 색깔에 근거하여 다섯 가지로 나누니 모두 90종이 된다. 그 분류법은 완전히 오행 구조의 영향을 받아 매 종류의 토양을 모두 청(青)·적(赤)·백(白)·흑(黑)·황(黃) 오색의 다섯 종류로 나눈다. 이것은 바로 본래 있던 실제적인 의미의 토양 분류와 토양 성질에 대한 인식으로 하여금 실제 상황은 고려하지 않고 기계적으로 모방하거나 견강부회로 흐르게 하였다.

『관자』「지원」편 외에도, 한대의 저작인 『회남자』에서는 오방의 광물(礦物)을 논술할 때에 마찬가지로 오행 구조의 영향을 받았다. 예컨대 중앙을 황색에 배치하였으니 황애(黃埃)·황홍(黃澒)·황금(黃金)·황룡(黃龍)·황천(黃泉)·황운(黃雲)·황해(黃海) 등이 바로 그것이다. 동쪽의 흙을 청색에 배치하였으니 청천(青天)·청증(青曾)·청홍(青澒)·청금(青金)·청룡(青龍)·청천(青泉)·청운(青雲)·청해(青海) 등이 그것이고, 남쪽의 흙을 적색에 배치한 것으로는 적천(赤天)·적단(赤丹)·적홍(赤澒)·적금(赤金)·적룡(赤龍)·적천(赤泉)·적운(赤雲)·적해(赤海) 등이 있다. 서쪽의 흙을 백색에 배치하였으니 백천(白天)·백여(白礜)·백홍(白澒)·백금(白金)·백룡(白龍)·백천(白泉)·백운(白雲)·백해(白海) 등이 그것이고, 북쪽의 흙을 검은색에 배치한 것으로 현천(玄天)·현지(玄砥)·현홍(玄澒)·현금(玄金)·현룡(玄龍)·현운(玄雲)·현해(玄海) 등이 있다. 이러한 분류는 분명히 오행·오색을 관성적 사유 궤도에 따라 마음대로 배치한 것으로 전혀 사실적인 근거가 희박하다.

상술한 것처럼, 오행 학설의 지리학 방면의 응용에서 어떤 내용은 옛사람들의 지리학적 지식에 대한 인식을 나타내기도 하였지만, 대체로 옛사람들은 오행의 구조를 사용하여 복잡한 자연현상을 간단하고 획일적으로 분류하고자 하였던 것이다. 때문에 오행의 공식으로 일체의 개별 사물과 현상을 해석함으로써 견강부회에 빠져서 끝내는 사실적인 진상(眞相)에는 이르지 못하였던 것이다.

6. 『오행지』와 자연의 신비

반고(班固)가 저술한 『한서(漢書)』에는 「오행지」를 만들어 천재인화(天災人禍)·괴탄변이(怪誕變異)를 기록한 바 있다. 그것을 오행과 서로 배합시켜서 천의 질책을 나타낸 후부터 역대의 정사(正史) 사학자들은 대체로 그 예를 계속하여 사용하였다. 만약 「오행지」 속의 천인감응의 유심적 관점을 삭제해 버린다면 「오행지」는 세계적으로 유일무이하고 단속적(斷續的)인 2천여 년간의 자연 재이사(災異史)라고 할 수 있다. 그것에 기재된 지진사(地震史)·수한사(水旱史)·천상변화사(天象變化史)·황명재해사(蝗螟災害史) 등은 우리들이 자연의 변화 규칙을 연구하는 데 귀중한 자료를 제공해 주었다. 이외에도, 그것에 기재된 황당무계한 현상은 오늘날에도 종종 발생하여 현실적 연구 가치를 가지게 한다. 그런 점에서 역대의 「오행지」는 자연의 신비를 기재한 가장 가치 있는 문헌으로서 우리들이 마땅히 연구해야 할 충분한 가치를 가진다고 할 수 있다.

역대 「오행지」의 천상에 관한 기록에는 참고할 가치가 있는 정보를 많이 가지고 있다. 예를 들면, 세계적으로 모두 공인하는 첫 번째의 태양흑점에 관한 기록인데, 그것을 『한서』 「오행지」에서는 다음과 같이 기록하고 있다. "성제(成帝) 하평(河平) 원년(기원전 28년) 3월 을미(乙未)일에 해가 황색으로 뜨고 동전만 한 크기의 흑점이 있었으며 해의 중앙에 위치하였다."[30] 더 큰 태양흑점이 동한(東漢) 중평(中平) 4년에 출현하였는데 『후한서』「오행지」에서는 이를 "중평(中平) 4년(187년) 3월 병신(丙申)일에 흑점의 크기가 오이만 한 것이 해 가운데에 있었으며,"[31] 다음 해 5월에는 또 "해가 적황색이고 해 속에 있는 흑점이 날아가는 까치와 같았는데 수개월 만에 사라졌다."[32]라고 기록하였다. 이와 같은 크기는 형상이 같지 않은 태양흑점으로 역사의 기록 속에서는 매우 드문 것이다. 그것은 태양흑점의 연구에 특례를 제공하였다.

역대 「오행지」에서는 또한 일식과 햇무리에 관한 끊이지 않는 기록이 있다. 중국의 넓디넓은 국토는 일식의 관찰을 위해 매우 편리한 조건을 제공하였다. 어떤 일식에 대해 관찰과 기록을 책임지던 수도의 사관이 그것을 보지 못하였을 경우, 지방에 있는 관원이 그것을 관찰하여 보고하였다. 때문에 이러한 상황이 「오행지」 속에는 모두 상세히 기록되어 있으며 그것은 오늘날 사람들이 2천여 년 전의 일식을 이해하는 데 기초 자료를 제공하고 있다.

「오행지」 속에서는 일종의 기묘한 천상(天象)을 말하고 있는데, 『한서』 「오행지」에는 이를 다음과 같이 기록하였다.

> 성제(成帝) 건시(建始) 원년(기원전 32년) 8월 무오(戊午)일에 새벽 3각(刻)[33]이 다하기 전에 두 개의 달이 다시 나타났다.[34]

---

30) 『前漢書』, 「五行志」. "成帝河平元年, 三月乙未, 日出黃, 有黑氣大如錢, 居日中央."

31) 『後漢書』, 「五行志」. "中平四年, 三月丙申, 黑氣大如瓜, 在日中."

32) 『後漢書』, 「五行志」. "日色赤黃, 日中有黑氣如飛鵲, 數月乃銷."

33) 옛날에 물시계로 시간을 잴 때에는 하루를 100각(刻)으로 나누었다. 지금은 15분을 일각(一刻)이라고 한다.

34) 『前漢書』, 「五行志」. "成帝建始元年, 八月戊午, 晨漏未盡三刻, 有兩月重現."

『후한서』「오행지」에서는 다음과 같이 기록하였다.

> 영제(靈帝) 때에 해가 자주 동쪽에서 나왔는데 붉은 것이 마치 피와 같았고 빛이 없었다. 크기가 2장(丈)이나 되는 그림자가 있었으며 서쪽으로 들어갈 때에도 땅에서의 거리가 2장이었다.[35]

전자는 두 개의 달이 다시 나타난 것에 관한 기록이고, 후자는 태양과 같은 해가 반복하여 동쪽과 서쪽에 여러 차례 출현한 것에 관한 기록이다. 태양과 달에는 모두 자기의 운행 궤도와 속도가 있어서 운행 중에는 뒤로 물러나거나 다시 나아갈 수가 없다. 그렇다면 「오행지」 속의 이러한 기록은 매우 난해한 현상이니 도대체 어떻게 해석해야 할까. 그것은 UFO, 즉 '정체불명의 비행물' 이거나 혹은 '비행접시' 일 수 있다. 옛사람들은 우주비행 기술을 이해하지 못하고 하늘에서 비행하거나 또한 빛이 있는 원형 물체를 태양 혹은 달로 오인하였을 수도 있다.

「오행지」의 기록에서 보면, UFO가 지구에 내려올 수 있을 뿐만 아니라 외계인도 지구에 착륙하여 현장 고찰을 할 수 있었다. 『신당서』「오행지」에서는 다음과 같이 기록하였다.

> 정원(貞元) 4년(기원전 788년) 6월에 …… 선주(宣州)에 큰비가 내리고 천둥과 번개가 있었다. 어떤 물체가 땅에 떨어진 것이 돼지와 같았는데 손과 발이 각각 두 개였고 얼룩 반점의 뱀을 잡아서 먹었다. 잠깐 사이에 구름이 뒤덮어서 다시는 보이지 않았다.[36]

---

35) 『後漢書』, 「五行志」. "靈帝時, 日數出東方, 正赤如血, 無光, 高二丈余乃有景, 且入西方, 去地二丈, 亦如之."

36) 『新唐書』, 「五行志」. "貞元四年六月 …… 宣州大雨雷電, 有物墮地如猪, 手足各兩指, 執

이 단락의 기록을 분석하면, 하늘에서 떨어진 생물의 생김새가 돼지와 같았으며 머리에 안면 마스크를 착용하였고 손과 발이 구별되었다. 또한 손에는 붉은 반점의 뱀을 쥐고 있었으니 직립하는 생물임을 알 수 있다. 손에 쥔 붉은 반점의 뱀은 아마도 무슨 첨단의 무기일지도 모른다. 그것은 우르릉 울리는 소리 속에 착지하였고 또한 구름과 안개 속에서 보이지 않았으니 비행기의 이륙 혹은 착륙의 상황과 매우 유사하다. 이처럼 하늘에서 내려온 생물은 바로 지구를 방문한 외계인이 아니었을까.

역대 「오행지」는 동시에 또한 지진사(地震史)이기도 하다. 2천여 년 동안 중국 경계 내의 지진은 거의 빠짐없이 그 속에 모여 있다. 이러한 자료를 정리함으로써 우리는 지진의 규율을 인식하는 데 많은 도움을 받을 수 있다. 중국 역사상 어떤 연도에는 지진이 매우 자주 연달아 발생하기도 하였는데, 예를 들면, 동한의 시대가 그렇다. 동한(東漢)은 영초 6년(112년)을 제외하고 영초(永初) 원년에서 연광(延光) 4년(107～125)에 이르기까지, 해마다 비교적 큰 면적의 지진이 발생하였으며, 그것의 원인을 알기 위해 심도 있게 토론을 벌이기도 하였다. 동한의 영제(靈帝) 건녕(建寧) 4년(171년) 4월에 하동(河東) 지역에서 땅이 12군데 갈라졌는데 갈라진 틈의 길이가 10여 리나 되었고 가장 넓은 곳은 보폭으로 30여 보나 되었으며 깊이는 그 밑이 보이지 않을 정도였다. 수나라의 개황(開皇) 2년(582)에는 경성에서 지진이 발생하였는데, 불전(佛殿)의 잠긴 문들이 모두 진동에 의해 열리고 불상들이 모두 진동에 의해 문밖으로 떨어졌다고 한다.

지진 외에도, 「오행지」에는 또한 역대의 자연재해를 기록하였으니 예를 들면 풍우 · 천둥 · 한해 · 수해 · 메뚜기 떼에 의한 해 등이다. 그중에

斑蛇食之, 頃之, 雲合不復見."

보기 드문 이상 상황이 우리가 주의해야 할 부분인 것이다.

먼저, 기후의 이상이다. 동한(東漢)의 헌제(獻帝) 초평(初平) 4년(193년) 6월에는, 몹시 무더운 날씨여야 했는데도 불구하고 차가운 바람이 불어 기온이 겨울과 같이 떨어졌다. 후제(后齊) 천보(天保) 8년(557년) 3월에는 때가 바야흐로 맹춘(음력 정월)이었는데도 날씨가 갑작스럽게 무더워져 무더위 때문에 죽은 자가 있었다. 당대 대력(大曆) 4년(769년) 6월 복날에, 본래는 아주 무더워야 하지만 날씨가 오히려 매우 추웠다. 기후의 이상을 야기하는 것은 마땅히 원인을 찾을 수 있다. 예컨대, 현대의 과학 연구에서는 화산 폭발이 일정한 지역의 기후변화를 가져올 수 있다고 밝히고 있다. 1982년 3월과 4월에 묵서가(墨西哥)의 준이기경(埈爾奇琼) 화산이 연이어 일곱 차례나 크게 폭발하였다. 그것의 분사 물질이 전체 북반구에 화산회운대(灰雲帶)를 형성하였는데 두께가 3,000미터에 달하였다. 그것이 햇빛을 변색시켜서 지면의 온도를 떨어지게 하였다. 『한서』「오행지」에도 이러한 현상과 매우 유사한 상황을 기록하고 있다.

> 원제(元帝) 영광(永光) 원년(기원전 43년) 4월에, 해가 청백색이고 그림자가 없었다. 한낮에는 그림자가 있으나 빛이 없었다. 이해 여름이 추웠고 9월에 이르러서 비로소 빛이 있었다.[37)]

태양의 변색과 빛이 없는 것은 두꺼운 화산의 회운대가 태양의 방사선을 흡수하여 태양의 지면에 대한 직사광선을 약화함으로써 나타난 현상이다. 이렇게 되면 태양의 빛이 직접 지면에 도달하지 못하게 되어 기온

37) 『漢書』,「五行志」. "元帝永光元年四月, 日色青白, 亡景, 正中時有景無光. 是夏寒, 至九月乃有光."

이 떨어져서 여름에 추운 현상이 나타날 수 있다.

둘째, 육우(肉雨)·목우(木雨)와 혈우(血雨)이다. 비는 보통 빗물이지만 「오행지」의 기록에 근거하면, 비의 내용으로는 물뿐만 아닌 것 같다. 동한의 환제(桓帝) 건화(建和) 3년(149년) 7월에는 북지렴(北地廉)이라는 지방에 육우(肉雨)가 내렸다. 하늘에서 떨어진 고깃덩어리가 자못 양의 갈빗대 같았는데 어떤 것은 크기가 손바닥만 하였다. 한 번만이 아니었다. 진나라 민제(愍帝) 건흥(建興) 원년(313년) 12월에는 하동(河東) 지방의 지진 때에도 육우가 내렸다. 당나라 정원(貞元) 4년(788년) 정월에는 진유(陳留) 지방의 사방 10여 리에 목우(木雨)가 내렸다. 나무 막대기만 한 것이 모두 대략 손가락만 하였는데 길이가 1촌이나 되고 속이 비어 있었다. 혈우(血雨)에 대해서도 역대 「오행지」는 모두 기록하고 있다. 혈우(血雨)라고 말하기보다는 차라리 홍우(紅雨)라고 말하는 편이 더 낫다. 당시는 조건이 제한되어 홍우의 성분에 대해 화학적인 분석을 진행할 수 없었지만 옛사람들은 비를 보고 홍색이면 '혈우'라고 생각하였다. 근·현대에도 빗물이 내리는 이외에, 다른 물질의 비가 내리는 현상이 발생하였는데, 예를 들면 전우(錢雨)·어하우(魚蝦雨) 등에 대해 과학자들은 이미 과학적 해석을 하였다. 이러한 하늘에서 떨어지는 육우·목우·전우·어하우 등은 모두 땅에서 올라간 것들인데 다만 바람에 의해 하늘에 떠돌다가 바람의 힘이 약해져서 아래로 떨어진 것이다. 또한 역대에 자주 나타난 홍우 현상이 생기게 된 원인에 대해서도 과학자들은 합리적인 해답을 내렸다.

셋째, 생태 환경에 관한 변화이다. 역대 「오행지」에는 또한 토우(土雨)·회우(灰雨)·초우(草雨)·진우(塵雨)·황무(黃霧)·흑무(黑霧)·산무(酸霧) 등에 관한 기록이 있다. 지금으로부터 2천여 년 전의 서한(西漢) 성제(成帝) 건시(建始) 원년(기원전 23년) 4월에는 일찍이 "큰바람이 서북에서 불었고 적황색의 구름이 사방에 자욱하였는데 밤새도록 땅에 내린 것이 누런 흙과 먼지였다."[38] 『수서』「오행지」에는 다음과 같이 기록하였다. "양나라 대동(大同) 원년(535년)에 하늘에서 흙이 내렸고 다음 해에 하늘에서 누런 먼지가 내렸다."[39] "대보(大寶) 원년(550년)에 하늘에서 또 황사가 내렸다."[40] "후주(後周)의 대상 2년(580년) 정월에 하늘에서 누런 흙이 내렸다."[41] "수나라 개황 2년(582년)에 수도에서 흙비가 내렸다."[42] 이러한 계열의 흙이나 먼지가 내린 기록은 6세기 중엽의 50년간에 중국의 생태 환경에 비교적 큰 변화가 있었음을 잘 나타내 준다. 589년 정월에, 수나라가 군대를 이동시켜서 남하하는데 강남의 건강(建康) 지방에 산성 안개가 내렸다. 자욱한 산성 안개가 코로 들어가서 쓰라리고 괴로웠는데 진의 후주(后主)[43]가 산성 안개 때문에 혼수상태에 빠졌다가 신시(申時), 즉 오후 3~5시가 되어서야 겨우 깨어났다. 이러한 황토·먼지와 산성비가 생기는 원인은 어디에 있는가. 최근 몇 해 사이에 서북의 적지 않은 지방에 황토·먼지가 내렸는데, 이를 단지 잘못된 개간이나 마구잡이식 벌채의 소치라고만 한다면, 또한 세계적으로 일부 지역에 내렸던 산성비가 공업 오염의 소치라고 말한다면, 『수서』「오행지」에 기록된 흙비와 산성안개에 대해서는 어떻게 해석할 수 있겠는가. 상술한 원인으로 해답하는 것만으로는 분명히 충분치가 않다. 고대 생태환경 변화의 원인을 추적하면, 중국 고대 생태환경 변화에 대한 전면적인 과학적 인식을 얻을 수 있다. 이것은 현행하는 생태 환경의 종합적인 관리에도 도움이 되지

---

38) 前漢書』, 「五行志」. "大風從西北起, 雲氣赤黃, 四塞天下, 終日夜下着地者, 黃土塵也."
39) 『隋書』, 「五行志」. "梁大同元年, 天雨土, 次年, 天雨黃灰."
40) 『隋書』, 「五行志」. "大寶元年, 天又雨黃沙."
41) 『隋書』, 「五行志」. "后周大象二年正月, 天雨黃土."
42) 『隋書』, 「五行志」. "隋開皇二年, 京師雨土."
43) 진후주(陳後主)는 남조(南朝) 진(陳)의 마지막 황제로 선제(宣帝)의 아들이다.

않을 수 없다.

넷째, 역대의 「오행지」는 생물의 변이(變異) 등과 관계가 깊은 기이한 현상 또한 그것이 기록하는 중요한 내용 중의 하나이다. 예를 들면 사람의 성별이 바뀌는 것, 인체의 격세유전 혹은 이상 현상, 기형 태아, 사람이 죽었다가 다시 살아나는 것, 닭의 암수가 바뀌는 것, 소 · 말 · 개의 기형 등과 같은 것들이다. 이러한 것들은 옛사람들이 이해하거나 해석할 방법이 없었고 다만 하늘이 화복(禍福)을 꾸짖는 생물의 신비로만 간주할 수 있었을 뿐이었다. 이에 관하여는 현대의 과학 연구로 번역된 것이 매우 많이 있고 또한 이미 과학적 논증과 해석을 거쳐서 이제는 더 이상 불가사의한 놀랄 만한 일이 아니다. 예컨대 몸이 붙은 갓난아이의 탄생은 고대에서는 상서롭지 못한 징조로 간주하였다. 『후한서』 「오행지」에서는 다음과 같이 기록하고 있다. "광화 2년(179년)에 낙양(洛陽)의 서문(西門) 밖에 한 여자가 몸이 붙은 갓난아이를 낳았는데 상서롭지 못하다고 여기고 세상에 나오자마자 바로 버려졌다."[44] 「오행지」에서는 몸이 붙은 갓난아이의 두 개의 머리와 하나의 가슴은 조정의 정치 혼란으로 권력을 가진 신하들이 정권을 장악하는 두 머리를 상징한다고 생각하였다. 그것은 물론 동탁(董卓)[45]이 한나라를 혼란에 빠트리기 전에 있었던 일이다. 고대와 서로 비교하면, 현대사회에 태어난 몸이 붙은 갓난아이는 행복을 많이 얻어 그들은 더 이상 재난의 징조로 간주되지 않고 사회의 공평한 대우를 받는다. 게다가 현대 의학은 또한 성공적인 분리 수술을 가능하게 함으로

44) 『後漢書』, 「五行志」. "光和二年, 洛陽上西門外女子生了一個連體嬰兒, 以爲不祥, 一出世便被扔棄."

45) 동탁(董卓)은 후한(後漢) 사람이다. 영제(靈帝) 때 전장군(前將軍)이 되고 그 뒤에 헌제(獻帝)를 세워 흉포한 짓을 많이 하다가 여포(呂布) · 왕충(王充) 등에 의해 죽임을 당하였다.

써 그들을 정상 상태로 회복하게 하여 정상인의 생활을 누릴 수 있게 한다. 사람이 죽었다가 다시 살아나는 것도 옛사람들은 이해할 수 없는 일이었다. 『수서』「오행지」에서는 중국의 주여엽(朱麗葉)과 나밀구(羅密歐)의 애정 고사를 기재하고 있다. 진(晉) 원강(元康) 때에 양나라에 이미 결혼 날짜가 정해지고 출가를 준비하던 한 여자가 있었다. 운이 나쁘게도 그녀의 약혼자가 징집되어 장안(長安)을 지키려고 떠나서는 몇 년이 지나도록 돌아오지 않았다. 여자의 부모는 그녀를 다른 데 시집보내려고 하였으나 그녀는 다른 사람에게 시집가는 것을 원하지 않았다. 한마음으로 자기의 약혼자를 기다렸지만 약혼자는 끝내 돌아오지 않았다. 부모의 강요로 부득불 출가하지 않을 수 없었지만, 그녀는 얼마 되지 않아 우울증을 앓다가 죽고 말았다. 여자의 상례(喪禮)가 완전히 끝난 뒤에 그녀가 마음에 두었던 약혼자가 장안에서 돌아왔다. 그녀가 이미 병으로 죽었다는 것을 알고 약혼자는 그녀의 무덤 앞에서 통곡하면서 비통함을 이기지 못하였다. 일심으로 그녀를 한번 보고자 하여 마침내 무덤을 파헤치고 관을 열었는데 여자가 뜻밖에도 살아 있었다. 그녀는 죽기 전까지 마음에 두었던 약혼자와 함께 집으로 돌아왔다. 그녀의 남편이 이 일을 알고 관청에 고소하여 이 여자를 차지하려고 하였다. 관청에서는 누구의 편을 들어 주는 것이 좋은지를 결정하지 못하였다. 다행히 당시의 저명한 정치가의 비서인 낭왕도(郞王導)가 “이것은 보통의 일이 아니니 상리(常理)로 판단할 수 없다.” 고 말하고, 여자를 그녀가 마음에 두었던 사람에게 가도록 판단해 주어 정이 있는 사람끼리 끝내 부부가 되게 하였다. 역대 「오행지」의 기사 중에는 현대인이 상상할 수도 없는 기이한 생명현상에 관한 것들이 많이 있다. 예컨대 「오행지」에는 여러 차례 노부인이 거북으로 바뀌는 일이 언급되고 있다. 이러한 것들은 확실히 황당무계하지만 그 일이 있었는지의 여부에 대해서는 또한 검증해 볼 문제이다.

마지막으로, 동물 세계와 식물 세계의 기이한 일이 역대 「오행지」에서는 또한 적지 않게 기록되어 있다. 예를 들면, 동물 가운데 쥐의 재해 · 큰 뱀 · 큰 물고기 · 이상한 새 등이 있고, 식물계의 나무에서는 철이 아닌데 꽃이 피고 · 나무 위에 나무가 자라나며 · 나무가 하룻밤 사이에 키가 열자나 자라나는 일 등에 관한 것들이다. 『수서』 「오행지」에는 다음과 같이 기록하고 있다. "진 정명 2년(588년) 4월에, 수를 셀 수 없는 쥐 떼들이 채주(蔡州)의 언덕에서 석두탄(石頭灘) 하천으로 들어가서 청당(青塘)의 두 언덕에 이르렀는데 며칠 만에 죽어서 강으로 떠내려갔다."[46] 이뿐만이 아니다. 1993년 8월 중앙 방송국에서는 저녁 시간에 다음과 같은 뉴스를 방송하였다. 즉 내몽고자치구의 한 곳인 초원에서는 곳곳에서 죽은 쥐의 사체를 볼 수 있었는데, 이러한 쥐들은 쥐약으로 죽은 것이 아니고 또한 유행성 쥐병에 걸렸다는 것도 발견되지 않았다는 것이다. 대량으로 쥐가 죽은 원인을 연구하는 것은 분명히 흥미 있고 또한 의미 있는 과학적 과제이다. 『신당서』 「오행지」에는 다음과 같은 기록이 있다. "개원 4년(716년)에 안남(安南) 도호부(都護府)의 강 가운데 큰 뱀이 있었다. 머리와 꼬리가 양 언덕에 걸쳐 있었으나 하루가 지나자 부패하여 마디마디가 저절로 끊어졌다."[47] 그 결과, 강 속의 물고기들이 모두 독살되었는데, 물고기의 시체가 강을 뒤덮고 떠내려갔기 때문에 강물에서는 썩은 냄새가 났다. 안남의 열대 지역에는 본래 뱀이 많았지만 뱀이 이처럼 크고 그 독이 이처럼 심한 것은 확실히 보기 드문 현상에 속한다. 『한서』 「오행지」에는 또한 세계 최초로 고래의 자살에 관한 정보를 기록하고 있다. 그 내용은 다음과 같다.

---

46) 『隋書』, 「五行志」. "陳禎明二年四月, 群鼠無數, 自蔡州岸入石頭灘, 至青塘兩岸, 數日死, 隨流出江."

47) 『新唐書』, 「五行志」. "開元四年, 安南都護府江中有大蛇, 首尾橫出兩岸, 經日而腐, 寸寸自斷."

성제(成帝) 영시(永始) 원년(기원전 16년) 봄에, 북해(北海)에 큰 물고기가 나타났는데 길이가 6장(丈)이나 되고 높이가 1장이나 되는 것이 4마리였다. 애제(哀帝) 건평(建平) 3년(기원전 4년), 동래(東萊)의 평도(平度)에 큰 물고기가 나타났는데 길이가 8장이나 되었고 높이가 1장 1척으로 7마리였는데 모두 죽었다.[48)]

이러한 큰 물고기는 분명히 고래이다. 중국 산동(山東)반도 연해 일대에는 매우 일찍부터 고래의 출몰이 있었는데 진시황은 일찍이 큰 물고기를 바다 신의 형상으로 간주하고 사살하였다. 기원전 4년에 7마리의 고래가 모두 죽은 것은 당연히 현대인들이 말하는 고래 집단자살의 실례일 것이다. 서양에서 고래 집단자살과 관계있는 최초의 기록은 1784년 3월 13일에 프랑스 오동(奥棟) 항구에서 32마리 고래의 집단 자살에 관한 것인데, 이를 서로 비교해 보면, 『한서』「오행지」의 기록이 서양보다 1700여 년이나 빠르다. 그것은 고래 집단자살의 원인을 연구하는 데 있어서 매우 유익한 자료를 제공하였다.

옛사람들은 역대 「오행지」가 기록한 자연 재이와 이상 현상을 천인감응설과 서로 연결하고 다섯 종류의 자연물인 금·목·수·화·토를 또 군주의 품성과도 서로 연결했다. 이에 따라 「오행지」에 나타난 고대 과학기술 및 자연현상과 유관한 정보 기록에 단지 비과학과 미신이라는 먼지를 뒤집어쓰게 하였지만 그것은 표면상의 먼지에 불과하다. 때문에 그 속에 내재하는 풍부한 가치를 지닌 보물을 내버릴 수 없다. 이러한 일군의 보물들은 바로 우리들의 과학적인 작업을 통해 개발하고 연구해야 할 과제이다.

---

48) 『前漢書』, 「五行志」. "成帝永始元年春, 北海出大魚, 長六丈, 高一丈, 四枚. 哀帝建平三年, 東萊平度出大魚, 長八丈, 高丈一尺, 七枚, 皆死."

제7장

신통한 오행술

1. 오행과 점성술

오행은 매우 일찍부터 술수(術數)와 행동을 같이하였으며, 한대에는 오행이 하나의 독립적인 술수로 세상에 유행하였다. 한 무제 때에는 여러 점술가들을 조정에 불러들여 황제의 아들이 모일(某日)에 장가를 들어도 되는지의 가부를 물었다. 한차례의 추산을 거친 후에, 오행가들은 '좋다'고 말하였고 풍수가들은 '좋지 않다'고 말하였다. 건제가(建除家)[1]는 '불길하다'고 말하였고 총신가(叢辰家)[2]들은 '크게 흉하다'고 말하였다. 역법가들은 '조금 흉하다'고 말하였고 천인가(天人家)[3]들은 '조금 길하다'고 말하였으며 태일가(太一家)[4]들은 '크게 길하다'고 말하였다. 토론이 정해지지 않자 최종적으로 과제를 윗사람에게 넘겨주어 황제에게 결정할 것을 청하였다. 한 무제는 즉시 명을 내려 "모든 것은 그만두고 오행가들

1) 선택가(選擇家)라고도 하는데 일진(日辰)의 길(吉)과 흉(凶)을 점치는 술수가들을 일컫는다.
2) 점술가와 택일하는 사람들을 가리킨다. 그들은 십이신(十二辰)의 별에 따라 선신(善神)과 악신(惡神), 즉 총신(叢神)에 의하여 일진의 길흉과 사람의 운명을 점친다.
3) 하늘과 합치되어 하나가 되는 경지를 천일(天一)이라 하는데, 천일가란 하늘의 중심 별자리인 천을(天乙)을 보고 인간의 길흉을 판단하는 술수가 유파의 하나를 말한다.
4) 우주 만물의 본원이나 본체를 태일(太一)이라고 한다. 태일가란 하늘의 중심 별자리인 북극성을 통해 인간의 생사화복의 문제를 논하는 술수가 유파의 하나를 일컫는다.

을 위주로 한다."라고 말하였다. 이후로 사람들은 문제해결 방법을 오행에서 취하게 되었던 것이다.

한 무제가 오행술을 추숭한 것에는 원인이 없었던 것이 아니다. 당시에 이미 성숙한 오행 이론은 만물을 포용하여 물질세계의 구성과 끝도 없고 시작도 없는 온갖 변화에 그 해답을 제공하였기 때문이다. 이것은 당시 중국인들의 고도로 높은 지혜의 성과이고 빛나는 사변철학의 광채였다. 오행을 술수로 끌어들인 것이 비록 잘못하여 옆길로 빠지기도 하였지만, 다른 술수와 비교하면 오행술의 포용성과 사변성은 분명히 한층 더 우수하였다. 바로 이와 같기 때문에 한대 이후의 각종의 술수는 대체로 오행관념을 빌어서 그 술수를 높였으며 오행 사상은 마침내 중국 고대 술수의 이론적 기초가 되었다.

'점성술(占星術)'은 옛사람들이 성상(星象)[5] 활동의 변화에 근거하여 인간들의 업무변화 원인과 결과의 방술 체계를 판단하고 예측한 것이었다. 다른 술수와 비교하면, 점성술은 민간 술수에 속하지 않고 궁궐이나 황제가 쓰는 어용(御用) 술수에 속하였기 때문에 전적으로 조정의 정치를 위해 이용되었다. 점성술은 원시사회 말기에 기원하며 그것이 오행과 대응 관계를 맺은 것도 매우 일찍부터이다. 오행 사상이 한번 세상에 나오게 되자 바로 점성술과 풀리지 않는 인연을 맺게 되었으며, 일찍이 춘추전국시대에 사람들은 오행을 이용하여 다섯 개의 큰 행성에 이름을 짓고 오행과 오성(五星)의 대응 관계를 구성하였다. 바로 이와 같기 때문에, 점성술 내에 포괄되는 오행 이론은 소박하고 간단한 것을 특징으로 한다. 따라서 그 속에 내포된 오행 이론은 다른 술수처럼 그렇게 복잡하지 않을

5) 성상(星象)은 일식·월식 등의 현상과 명암·위치 따위로 인한 별의 양상으로 점성술에서는 이를 관찰하여 길흉을 점친다.

뿐만 아니라 또한 그것의 많은 개념들이 다른 술수에 의해 차용되었다.

고염무(顧炎武)는 일찍이 "삼대 이전에는 사람마다 모두 천문을 알았다."라고 말하였다. 선진 시대에는 사람들에게 천문 지식이 상당히 보급되었고 또한 일련의 천문 개념을 형성하였는데 이것도 점성술의 기초 개념이다. 옛사람들은 일 · 월 · 금 · 목 · 수 · 화 · 토의 일곱 개의 별을 합하여 칠정(七政) 혹은 칠요(七曜)라고 불렀다. 후에 다섯 개의 별은 옛사람들이 실제로 관측한 다섯 개의 행성으로, 오른쪽에서 왼쪽으로 돌면서 운행하여 또한 오위(五緯)라고도 불렀다. '금성'의 옛 명칭은 명성(明星)이고 또한 태백(太白)이다. 그것이 새벽에 동쪽에 보이는 것을 계명(啓明)이라 하였고 황혼 무렵에 서쪽에 보이는 것을 장경(長庚)이라고 불렀다. '목성'의 옛 명칭은 세성(歲星)이다. 옛사람들은 세성이 12년에 하늘을 한 바퀴 도는데 해마다 하나의 특정 구역을 지나간다고 생각하였다. 이 때문에 그것을 기년(紀年)으로 한다. '수성'은 또한 신성(辰星)이라고 불렀고 '화성'은 옛 명칭이 형혹(熒惑)이었으며 '토성'의 옛 명칭은 진성(鎭星) 혹은 전성(塡星)이다.

옛사람들이 관측한 행성 운행은 항성(恒星)[6]을 참조한 것이다. 옛사람들은 황도(黃道) · 적도(赤道) 부근의 28개의 별자리를 선택하여 좌표로 삼고 28수(宿)라고 칭하였다. (오행과 오운육기 편을 참조한다.) 이러한 좌표에 근거하여, 행성 운행이 어떠한 구역에 이르면 비교적 쉽게 표시하였다. 소식(蘇軾)은 「적벽부」에서 "아이들아, 달이 동산 위에 나와서 북두성(北斗星)과 견우성(牽牛星) 사이를 배회한다."[7]라고 노래하였다. 이것에 쓰인 것이 28수의 좌표법이다.

---

6) 항성(恒星)은 한 성군(星群)의 중심이 되어 그 위치가 변하지 않는 별이다. 태양도 그 중의 하나이다.

7) 『東坡全集』, 卷33, 「赤壁賦」. "少焉, 月出于東山之上, 徘徊于斗牛之間."

28수 외에도, 이른바 삼원(三垣), 즉 자미원(紫微垣)·태미원(太微垣)·천시원(天市垣)이 있다. '자미원'은 북극성을 중심으로 하여 주위의 다른 각 별들이 모여서 한 구역이 되는데, 이것은 인간들의 제왕과 대응하는 성구(星區: 별들의 구역)이다. 명랑영(明郎瑛)은 『칠수류고』「천문류」편에서 다음과 같이 말하였다.

> 자줏빛(紫)은 바로 붉은색과 검은색이 서로 합쳐져 생겨난 것이다. 천원(天垣)을 자미(紫微)라고 칭하는 것은 두 색인 수와 화가 서로 교제하는 상을 취한 것이다. 수와 화가 서로 교제하여 만물이 그것을 생명으로 삼는다. 만물이 그것을 생명으로 삼는다는 것은 만물의 주재라는 것이다. 그러므로 원(垣)에는 천광성(天框星)·천황제성(天皇帝星)이 있다. 그래서 천자가 있는 곳을 또한 자신(紫宸)이라고 한다.[8)]

제왕의 별이 있는 '자미원'을 '자미'라고 칭하는 것은 자주색이 바로 화의 적색과 수의 흑색이 서로 교제하여 이루어진 것이기 때문이다. 수와 화가 서로 교제하여 만물을 생성하니 이것은 만물의 주재이다. 그러므로 '자미원'은 하늘의 여러 별자리의 중추가 되고 인간들의 제왕은 지상에서 생명의 주재가 된다. '자미원'이 남성(南星)의 장익진(張翼軫)에서 북쪽의 성구에 있는 것이 태미원(太微垣)이고 '태미원'이 서방(西房)의 심미기(心尾箕)에서 북쪽의 성구에 있는 것이 천시원(天市垣)이다.

오성(五星)은 삼원(三垣)·28수 안에서 운행하는데, 그 운행이 이루는 천상에는 일정한 생극·길흉의 관계가 생긴다. 오행과 오성의 관계는 동

---

8) 『七修類稿』, 「天文類」. "紫乃赤黑相合而生, 天垣稱紫微者, 取二色水火相交之象. 水火相交, 萬物以之爲生. 萬物以之爲生, 是萬物之主宰. 故垣具天框星·天皇帝星. 所以天子之居, 亦謂之紫宸."

한의 장형(張衡)의 말을 인용하면 다음과 같다.

> 오성은 오행의 정기로서 많은 별들이 늘어져 있으니 몸은 땅에서 생겨나지만 정기는 하늘에서 이루어진다.[9)]

다시 말하면, 오행은 땅에서 몸이 되고 그 정기는 위로 하늘에 모여서 오성(五星)이 된다는 것이다. 오행과 오성은 한 통일체의 두 가지 표현 형식이며 그 본질은 일치한다. 그러나 오행은 동시에 사회・인문・지리와 허다한 대응 관계를 가진다. 이 때문에 오행을 연결체로 하여 오행(五行)・오성(五星)・오사(五事)・오상(五常)・오방(五方) 등의 사물 배합에 의해 이루어진 하나의 천(天)・인(人)・지(地) 합일이라는 큰 체계를 구성하였다. 천인은 상호 감응하는데 이러한 감응은 또한 쌍방적이다. 즉 사람의 활동이 성상(星象)의 변화를 야기할 수 있고 성상의 변화는 또한 인사의 변화를 예시하였다. 천・인・지 셋 가운데 '천'이 주동적이고 '인'은 피동적이며 '지'는 보조적이니 사람은 반드시 천제(天帝)의 안색을 보고 일을 처리하고 성상의 변화에 근거하여 자기의 행위・정책을 조절해야 한다.

오성의 운행에는 오성마다의 정상 궤도가 있다. 그러나 일단 그것이 앞을 초과하거나[이것을 영(贏)이라고 칭한다] 혹은 뒤에 막혀서[이것을 축(縮)이라고 칭한다] 광색이 지나치게 밝거나 혹은 지나치게 어두우며, 광선이 지나치게 길거나 혹은 지나치게 짧은 것은 모두 인간의 길흉을 예시한다. 또한 오성은 오행과 마찬가지로, 다른 계절에도 왕(旺)・상(相)・휴(休)・수(囚)・사(死)의 구분이 있다. 그것들이 운행 과정 중에 있는데, 그

9) 『史記』, 「天宮書」, 張衡住. "五星, 五行之精, 衆星列布, 體生于地, 精成于天."

중에 어떤 별이 '왕'의 상태에 처하면, 이 별이 있는 별자리 영역의 나라(그것과 서로 대응하는 지역 혹은 국가)에는 왕자(王者)의 일이 있게 된다. 어떤 별이 '상'의 상태에 처하면, 이 별이 있는 별자리 영역의 나라에는 경상(卿相)과 관계있는 일이 생긴다. 어떤 별이 '수'의 상태에 처하면, 이 별이 있는 별자리 영역의 국가에는 죄수와 유관한 일이 있게 된다. 어떤 별이 폐(廢, 혹은 휴·사)의 상태에 처하면, 이 별이 있는 별자리 영역의 국가에는 만민(萬民)과 유관한 일이 생긴다. 오성에는 왕·상·휴·수·사 각 단계별로 각각 서로 다른 성색(星色)이 있다. 만약 성색에 변화가 있다면, 예를 들어 '상' 때에 '왕' 때의 성색이 나타나면 지상에는 상응하는 재이(災異) 혹은 변화가 있게 된다.

오성과 오행의 대응에는 다른 사명을 가지고 있다. 즉 금성(金星)은 병사의 전쟁을 주관하고, 목성(木星)은 곡물의 수확을 주관하며, 화성(火星)은 날씨의 가뭄을 주관하고, 수성(水星)은 침수의 재해를 주관하며, 토성(土星)은 땅의 득실을 주관한다. 목성과 토성은 역방향으로 운행하면 흉하고, 화성은 운행 노선이 꾸불꾸불하면 흉하며, 금성은 출입이 때에 맞지 않으면 흉하고, 수성은 숨어 버리고 나타나지 않으면 흉하다. 만약 이러한 다섯 가지의 성상이 함께 나오면, 이러한 해는 반드시 몹시 나쁜 해가 된다. 오성 간에도 생극 관계가 존재하지만 다른 술수처럼 복잡하지는 않다.

목성으로 예를 들면 다음과 같다. 목성은 또한 세성(歲星)이라고 부르니, 동쪽을 주관하고 십간(十干)상으로는 갑을(甲乙)에 속한다. 지상의 인군이 '인(仁)' 방면에 결함이 있으면 하늘의 징벌이 '세성'에서 나오니, 세성의 운행에 이상 현상이 나타날 수 있다. 세성의 운행이 지나치게 빠른 영속(贏速)이면 거기에 있던 별자리의 대응 국가에는 장차 전쟁이 일어나 그치지 않을 것이고, 세성의 운행이 지나치게 느린 축속(縮速)이면 거기에 있던 대응 국가에는 장차 우환이 있어 나라가 망하거나 쇠퇴한다. 세성이 어떤 별자리에 정지할 때에 그 나머지 사성(四星)도 세성을 따라가 같은 별자리에 모이면, 이러한 별자리가 주로 하는 국가는 장차 어짊으로 온 천하를 얻을 수 있다. 세성이 태백(太白)인 금성과 서로 충돌하여 금이 목을 손상하면 그 영역의 국가는 장차 패전하게 된다.

화성은 또한 형혹(熒惑)이라 부르는데, 남쪽과 여름을 주관하고 십간상으로는 병정(丙丁)에 속한다. 인군이 '예(禮)'를 잃으면 하늘의 징벌이 화성에서 나오니 화성의 운행에 장차 이상 현상이 나타날 수 있다. 화성의 출현은 전쟁을 의미한다. 화성이 서쪽으로 떨어지면 전쟁이 없어지니, 화성이 어떤 수(宿)의 영역에 출입하는지에 근거하여 전쟁이 어느 국가에서 발생하는지를 확인할 수 있다. 점성술에서 화성은 혼란을 주관하니, 예를 들면 살해 · 도적 · 질병 · 사상(死喪) · 기근 · 전쟁 등이다. 화성이 역행하여 2수 이상을 초과하고 아울러 정지하고 움직이지 않으면, 그것이 정지한 시간이 길수록 재앙은 더 커진다. 다섯 개의 큰 행성이 만약 모두 화성을 따라가서 하나의 별자리 안에 모이면, 그 수 아래 영역에 있는 국가는 그것의 '예' 방면에서의 우세에 따라 천하를 얻을 수 있다. 만약 화성이 금성의 뒤를 따라가서 화가 금을 이기면 마침 전쟁을 하는 군대가 불리함을 당할 수 있다. 점성가들은 대체로 '형혹수심(熒惑守心)' 즉 화성이 심수(心宿)[10]에서 배회하고 떠나지 않는 성상(星象)이 나타나면 제왕이 장차 죽을 징조라고 생각하였다. 이러한 기록은 정사 속에서도 반복적으로 나타나고 있다. 그래서 어떤 제왕은 자기의 생명을 연장하기 위하여 자기를 대신하여 벼슬이 높은 신하를 죽여서 천상의 뜻에 따르려 하기도 하였다.

10) 심수(心宿)는 28수의 하나이다. 창룡칠수(蒼龍七宿)의 다섯째 성수(星宿)로서 별 셋으로 구성되었다.

'형혹'이 만약 상성(相星)을 범하면 재상에게 어려움이 있고, 만약 장성(將星)을 범하면 장군에게 재앙이 있다.

토성은 또한 전성(塡星)이라고 부르는데, 해마다 1수를 메우기[塡 혹은 絪] 때문에 그렇게 이름 하였다. 중앙의 토는 여름을 주관하고 십간 속에서는 무기(戊己)가 되며 덕을 주관한다. 전성은 길성(吉星)이니, 그것의 운행이 있는 별자리 영역의 대응 국가는 그해에 길한 상태에 처한다. 그것이 멈추기도 하고 멈추지 않기도 하는데, 멈추는 시간의 장단은 모두 그 국가의 땅의 득실 여부와 복의 후박 여부를 예시한다. 오성이 만약 토성을 따라서 동일한 수(宿)에 멈추면 그 수가 있는 영역의 국가는 '후덕(厚德)'에 의하여 천하를 얻을 수 있다.

금성은 또한 태백(太白)이라고 부르는데, 서쪽과 가을을 주관하고 십간으로는 경신(庚辛)이 된다. 대체로 인군이 형벌 방면에서 과실을 나타내면 하늘의 징벌이 금성에서 나온다. 금성이 28수를 운행하다가 마땅히 나와야 하는데 나오지 않거나 마땅히 들어가야 하는데 들어가지 않으면 군대가 대패하거나 국가를 찬탈하는 일이 발생한다. 금성이 마땅히 사라져야 하는데 사라지지 않으면 천하에는 전쟁이 발생할 수 있다. 금성이 마땅히 사라지지 말아야 되는데 사라지면 천하는 무기를 창고에 넣고 변방의 군대를 철수시켜 회군한다. 옛사람들은 전쟁을 할 때에 특별히 금성의 성상에 주목하였다. 금성이 살기(殺氣)를 함유하기 때문에 그것이 어떤 별 부근에서 운행하거나 어떤 별이 대표하는 인사에 해당하면 나쁜 일이 있을 수 있다. 예를 들면, 한나라 안제(安帝) 영초(永初) 4년에 태백이 여귀(輿鬼)에 들어갔는데, 점성가들은 태백이 귀수(鬼宿)[11]에 들어가는 것은 가장 높은 벼슬인 삼공(三公)과 군대의 무장(武將)에게 이롭지 못하다고

11) 귀수(鬼宿)는 28수의 하나이다. 남방 주작(朱雀)의 두 번째 별이다.

생각하였다. 후에 태위(太尉)인 장우(張禹)·사공(司空)인 장민(張敏) 등이 모두 면직되었으며 중랑장(中郎將)[12]인 임상좌(任尙坐)가 수천만 원의 뇌물을 받았다가 참수되었으니 점성가들에 의해 흉상(凶象)으로 간주되는 것은 당연한 일이라 하겠다. 금성과 다른 네 개의 큰 행성이 서로 모이고 서로 범하는 것에는 일반적으로 모두 큰 변동이나 혹은 전쟁의 발생이 있다. 장번의 「한기」에서는 다음과 같이 기록하였다.

> 처음에 천자가 조양(曹陽)에서 패하고 강을 타고 동쪽으로 내려가려고 하였다. 시중인 태사령 왕립(王立)이 말하기를, "봄이 지나가면 태백이 우두(牛斗)에서 진성(鎭星)을 범하고 천진(天津)을 지나며 형혹이 또한 역행하여 북쪽 강을 지키니 범해서는 안 됩니다." 이 때문에 천자는 마침내 북쪽으로 강을 건너지 않고 지관(軹關)에서 동쪽으로 나왔다. 왕립은 또한 종정인 유애(劉艾)에게 말하기를, "이전에 태백은 천관(天關)을 지키고 형혹(熒惑)과 만났다. 금과 화가 서로 모였으니 혁명의 상이다. 한나라의 복이 끝났으니 진나라·위나라가 반드시 일어날 것이다."[13]

금·화가 서로 만나면 화가 금을 제련하기 때문에 왕립은 그것을 혁명의 상으로 간주하였다. 이는 한나라를 화덕(火德)으로 본 것이며, 토덕은 천상의 화성과 상응한다. 금성과 화성이 서로 범하는 것은 왕조 교체를 상징한다. 화가 토를 낳기 때문에 조조는 토운에 상응하여 도읍을 허창

12) 중랑장(中郎將)은 진대(秦代)부터 당대(唐代) 이전까지 전문(殿門)과 숙위(宿衛)의 일을 맡은 마을의 장관이다. 약칭하여 중랑이라고도 한다.

13) 『後漢書補逸』, 卷14, 「張璠漢紀·王立」. "初, 天子敗于曹陽, 欲浮河東下. 侍中太史令王立曰, 自去春太白犯鎭星于牛斗, 過天津, 熒惑又逆行守北河, 不可犯也. 由是天子遂不北渡河, 將自軹關東出. 立又謂宗正劉艾曰, 前太白守天關, 與熒惑會. 金火交會, 革命之象也. 漢祚終矣, 晋·魏必有興者."

(許昌)으로 옮겼는데, 허창은 천하의 가운데 위치하니 지리 위치상으로 토에 속한다. 금성은 과전성(顆戰星)이기 때문에 금성이 있는 방향은 항상 그 방향의 국가 혹은 지역이 전쟁의 승리를 예측하는 상징이 된다. 오성이 금성에 따라 한집에 모이면 그 아래 방향의 국가는 무력으로 천하를 마음대로 할 수 있다.

수성은 또한 신성(辰星)이라 칭하는데, 북쪽과 겨울을 주관하고 십간 중에서 임계(壬癸)가 되며 형벌을 주관한다. 대체로 군왕이 형벌을 쓰는데 잘못이 있으면 징벌이 수성에서 나온다. 수성이 나오지 않으면 천하의 기후가 순조롭지 못하다. 수성이 황색이면 오곡이 풍성하고 수성이 홍색이면 전쟁이 있으며 수성이 흑색이면 수재(水災)가 있고 수성이 백색이면 한재(旱災)가 있다. 오성이 수성을 따라 한집에 모이면 그 아래 방향의 국가는 법으로 천하를 다스릴 수 있다. 수성이 나왔어도 금성이 서로 따르지 않으면 들판에 비록 군대가 있더라도 끝내 전쟁이 일어나지 않는다. 마치 수성과 금성이 서로 따르고 서로 싸우면 전쟁을 피할 수 없는 것과 같다. 만약 수성이 나오지 않고 금성만이 홀로 빛나면 먼저 전쟁을 일으킨 자가 패배한다. 동진(東晋) 시기에 왕돈(王敦)이 조정에서 반란을 일으켰을 때에, 평서장군이고 예주자사(豫州刺史)인 조약(祖約)이 점성가인 대양(戴洋)에게 그의 승패를 물었는데 대양은 다음과 같이 대답하였다.

> 태백(太白)이 동쪽에 있고 진성(辰星)이 나오지 않을 경우, 병법에서는 '먼저 군대를 일으킨 자가 주인이 되고 응하는 자가 손님이 된다'고 하였습니다. 진성이 만약 나왔다면 태백이 주인이 되고 진성이 손님이 됩니다. 진성이 나오지 않았으면 태백이 손님이 되어 먼저 군대를 일으킨 자가 패배합니다. 지금은 손님은 있으나 주인이 없고 앞은 있으나 뒤가 없으니 마땅히 격문(檄文)을 인솔 부대에 전하고 그들을 공격할 것을 명해야 합니다.[14)]

대양의 말은 『사기』 「천관서(天官書)」에 근거한 것인데, 그는 편지에서 "진성이 나오지 않으면 태백은 손님이 되고 그것이 나오면 태백이 주인이 된다."라고 말하였다. 조약은 대양의 제안을 받아들여 군대를 일으켜서 왕돈을 토벌하였다. 오래지 않아, 왕돈이 주둔 중에 병으로 죽으면서 반란군이 패배하였다.

성상 · 오행 · 천 · 인 · 지에서 구축되어 나온 대응 관계는 고대 점성술의 기초로서 이러한 기초는 인위적인 억측으로 이루어진 것이다. 따라서 그것에는 이치가 없을 뿐만 아니라 근거도 없으며 검증할 방법도 없다. 그러나 옛사람들은 '천인감응'이라는 정치철학 지배하에서 혹은 천을 두려워하고 천에 순종하는 전통적인 심리 습관의 작용하에서, 일부 정통파 유사(儒士)들이 그것을 학술 안에 포괄시킴으로써 사람들로 하여금 점성술에 대한 신임이나 존경을 더하게 만들었다. 예를 들면, 당 후기 우이(牛李)[15]의 당쟁 중에, 유사들이 수령인 이덕유(李德裕)를 재상에 임명하였을 때에 점성가들이 성상을 관찰하여 형혹(熒惑)이 위로 상(相)의 성수를 범하였다고 말한 것이 그것이다. 위에서의 상(相)이 아래에서는 재상에 상응하기 때문에 이덕유가 재차 재상의 직무를 사절할 것을 간청하여 온몸으로 화를 멀리하려 하였지만 당 무종(武宗)은 끝내 이를 허락하지 않았다. 역대의 정사 속에서, 사가들이 비록 '괴(怪) · 력(力) · 난(亂) · 신(神)'을 서로 표방할 것을 말하지 않았으나 성상에 대해서만은 오히려 의견 일치가 있었다. 즉 천상을 사회 · 인사의 변동과 서로 연결하여 천상은 일종

14) 『晉書』, 卷95, 「列傳 · 戴洋」. "太白在東方, 辰星不出, 兵法, 先起者爲主, 應者爲客. 辰星若出, 太白爲主, 辰星爲客. 辰星不出, 太白爲客, 先起者敗. 今有客無主, 有前無后, 宜傳檄所部應詔伐之."

15) 우이(牛李)는 당나라 말년의 우승유(牛僧孺)와 이종민(李宗閔) 두 사람이 두 당파로 갈리어 정권을 다툰 일이다.

의 초자연적 힘으로 인류 사회의 발전을 주재하는 것으로 인식하여 하늘의 뜻에 순응하면 길하고 하늘의 뜻을 위배하면 재앙이 생긴다고 생각하였다. 그것은 옛사람들의 뇌리에 깊이 박힌 천에 대한 무섭고 두려운 정서를 표현한 것일 뿐만 아니라 또한 옛사람들로 하여금 '천자(天子)'는 지고무상한 존재라는 사실을 인식시키기 위한 사상적 수단으로 이용하기도 하였다.

점성술이 예측하는 것은 다만 제왕과 국가의 운명에 관한 문제이다. 때문에 그것은 일종의 궁중 술수로 일반 백성들이 사용하고 운용하는 것을 금지하였다. 청대의 마지막 황제가 하야(下野)함에 따라, 이러한 궁중 술수도 이미 천수를 다하여 소멸하게 되고 또 그것의 역사적 사명도 끝이 났다.

2. 오행과 상술

상술(相術)은 사람의 얼굴 생김새 · 용모 · 체격 · 목소리 등의 요소에 대한 관찰을 통하여 사람의 길흉을 예측하는 술수이다. 사람의 목소리 · 생김새 · 용모는 자신의 길흉화복 발생과 연관되는데 그 중간적 교량이 바로 음양팔괘(陰陽八卦)와 오행이다. 오행의 추상 이론은 상술에 의지하여 인체 혹은 운명과 유관한 매우 구체적인 문제를 해석하였다. 『대청신감』에서는 다음과 같이 말하였다. "대체로 관상법을 통해서 근원을 알 수 있으니 금 · 목 · 수 · 화 · 토가 서로 연결되어 상극(相克)이나 상형(相刑)은 실패하는 것이 많고 상생(相生)과 같은 것은 여러 해 동안 부유하다."[16]

16) 『大淸神鑑』, 卷1. "大凡相法識根源, 金木水火土相連, 相剋相刑多破敗, 忽若相生富有年."

그런 점에서 오행의 생극 이론이 상술의 근원이라는 것을 알 수 있다. 상술은 오행을 사람의 신체 부위와 서로 배합하고 오행의 생극 원리를 운용하여 사람에 있어서의 미래의 길흉을 배열하였다. 오행이 상술 속에서는 다음과 같다. 즉 목은 인(仁)이 되니 영화나 번영을 주관하고 사람의 귀천(貴賤)을 결정한다. 화는 예(禮)가 되니 권력이 맹렬함을 주관하며 사람의 강유(剛柔)를 결정한다. 금은 의(義)가 되니 형벌이나 재난을 주관하고 사람 수명의 장단을 결정한다. 수는 지(智)가 되니 총명과 지혜를 주관하고 사람의 현우(賢愚)를 결정한다. 토는 신(信)이 되니 덕으로 만물을 싣는 것을 주관하고 사람의 빈부(貧富)를 결정한다.

상술은 먼저 사람의 얼굴 부위의 상을 보는데 사람의 얼굴 부위에는 오관이 있다. 오관(五官)을 오행(五行)·천간(天干)·사방(四方)과 서로 배합하면 다음과 같다.

오관	목	화	토	금	수
오관	눈(眼)	눈썹(眉) 혀(舌)	입(口)	코(鼻)	귀(耳)
천간	갑을	병정	무기	경신	임계
오방	동방	남방	중앙	서방	북방

상술에서는 사람의 눈썹에 대해 다음과 같이 생각하였다. 즉 마땅히 눈썹과 눈썹 사이가 멀고 잘생겨야 하며 높고 가늘며 가로로 굽어야 하고, 낮고 짙으며 눈이 기울어지게 누르지 말아야 한다. 눈동자는 흑백이 분명해야 하고 길고 응결된 것이 움직이지 말아야 한다. 코는 높고 우뚝 솟으며 바르고 곧아야 하며, 좌우로 기울거나 굽어져 산근(山根)이 끊어져서는 안 된다. 입술은 마땅히 색이 선명해야 하고 길며 치아가 희고 가늘며 가지런해야 한다. 귀는 윤곽이 좋고 백홍색이며 아래로 귓불(垂珠)이 늘어져 그 길이가 입을 지나야 한다. 이것이 바로 오행의 정형(正形)이다. 오

관도 오행과 서로 연결되면 자연히 상생상극이 있게 된다. 예를 들면, 귓바퀴가 둥글고 콧마루가 바르고 곧으며 높고 우뚝 솟으면, 금과 수가 상생하여 주로 크게 번창한다. 눈동자가 분명하고 귀가 보기 좋으면 수가 목을 낳아 주로 부유하다. 입이 바르고 코가 곧으면 토가 금을 낳아 주로 관직의 운이 좋다. 입술이 붉고 눈동자가 검으면 목이 화를 낳아 주로 재물이 풍족하다. 눈썹이 길고 입술이 바르면 화가 토를 낳아 주로 중년에 복이 있다. 눈이 길고 눈썹이 아름다우면 목이 화를 낳아 주로 문관에 명성이 있다. 귀가 크고 입술이 얇으며 혹은 입술이 크고 귀가 얇으면 토가 수를 이겨서 주로 의식이 빈곤하다. 코가 크고 눈이 작으면 금이 목을 이겨서 주로 한 세대가 빈곤하고 고독하다. 눈이 크고 귀가 작으면 수가 목을 낳지 못하여 주로 학업이 이루어지지 못하고 비록 재력이 있더라도 수명이 짧다. 눈썹이 작고 입이 크면 화가 토를 생하지 못하며 성질이 급하고 외롭다. 귀가 작고 코가 못생기면 금과 수가 상생하지 못하여 주로 가난하고 재해가 많다. 눈썹이 크고 코가 작으면 화가 금을 이겨서 주로 재물이 왕성하지만 화(禍)가 침입한다. 코가 크고 눈썹이 작으면 주로 빈곤을 초래하고 장수하지만 자식이 없다. 눈이 크고 입술이 작으면 목이 토를 이겨서 대체로 부귀할 수 없다. 입술이 크고 눈이 작으면 목이 토를 이기지 못하여 주로 가난하여 죽음에 이른다.

옛사람들은 얼굴을 보는 관상술에 대해 상당한 믿음을 갖고 있었다. 그래서 그들은 정사 · 야사를 막론하고 모두 관상술에 관한 적지 않은 고사를 기록하였다. 송나라 사람이 쓴 『묵기(默記)』의 기록에 근거하면 다음과 같다. 송 초기에 이름난 신하인 여몽정(呂蒙正) · 장제현(張齊賢) · 왕수(王隨) · 전약수(錢若水) · 유엽(劉燁) 등이 스승에게서 학문을 배울 적에, 스승인 곽연경(郭延卿)과 함께 시를 읊고 사장(詞章)을 배우다가 여러 사람들이 도사 왕포일(王抱一)에게 관상을 봐 줄 것을 청하기로 서로 약속하였다. 뜻밖에 왕도사가 외출하고 돌아오지 않았고 다만 승려 한 분이 도관(道觀)을 지키고 있었다. 사람들은 도사를 스승으로 받들고 따르는 승려에게서 매우 기이함을 느꼈다. 승려는 그의 스승인 왕도사가 도를 배운 것이 아니고 상술을 배웠는데 이미 그와 함께 배운 지가 30년이 되었다고 설명하였다. 사람들은 말을 듣고 그에게 관상을 봐 줄 것을 청하였으나 승려는 완곡하게 거절하고 사람들에게 내일 다시 올 것을 청하였다. 다음 날 사람들이 함께 다시 왔는데, 과연 왕포일을 만나 볼 수 있었다. 왕포일은 사람들에게 안으로 들어와 앉을 것을 청한 연후에, 기다리고 있는 사람들을 정색하고 한번 보고서는 자기도 모르게 길게 탄식하면서 말하였다. "나는 동쪽으로는 동해에 이르렀고 서쪽으로는 사막에 이르렀으며 남쪽으로는 큰 산맥에 이르렀고 북쪽으로는 큰 사막에 이르렀다. 이처럼 사방으로 달려가서 이른바 귀인(貴人)을 구하여 나의 술수를 검증하였으나 끝내 만나지 못하였다. 어찌 오늘 귀인이 모두 좌중(座中: 여러 사람들이 모인 자리 가운데)에 있을 것을 짐작이나 할 수 있었겠는가." 연이어 그는 느릿느릿하게 말하면서 "여군(여몽정)은 급제하여 어떠한 사람도 그를 제압할 수 없다. 10년이 지나지 않아 재상이 되고 12년에 하남부(河南府)를 평정하는데, 이로부터 나아가서는 장수가 되고 들어가서는 재상이 되는 것이 30년이니 부귀와 장수가 영원하다. 장군(장제현)은 그 뒤에 30년간 재상이 되니 또한 모두 부귀와 장수가 영원하다. 전군(전약수)은 정권을 잡을 수는 있으나 100일을 가지 못하고 유군(유엽)은 정권을 잡은 명성은 있으나 정권을 잡은 실질이 없다." 도사는 두루 제자들만 보고 유독 그들의 스승인 곽연경만을 언급하지 않았다. 이에 곽연경이 화를 내며 말하기를, "좌중에 이렇게 많은 재상이 있단 말인가." 라고 말하였다. 도사는 바로 곽연경에게로 돌아와 관상을 보고서 말하기를, "이후 12년에 여군(여몽정)이 하남부를 평정하는데 이때에 곽군(곽연경)이 문제의 실

마리를 풀고 다음 해에 비록 과거에 급제하지만 결코 경관(京官)[17]이 되지 못한다."라고 하였다. 곽연경은 자기가 학생들보다 뒤처져서 비록 과거에 급제할지라도 경관이 되지 못한다는 말을 듣고 더욱 실망하고 분노하였다. 어찌 후에 여러 사람들의 운명이 모두 도사가 말한 것과 같게 되리라고 짐작이나 하였겠는가.[18] 『묵기』는 야사에 속하기 때문에 기록한 것은 대체로 길에서 얻어들은 근거 없는 요소가 적지 않다. 정사의 대작인 『송사』의 내용에도 관상을 보는 고사가 있다. 『송사』의 기록에 근거하면, 앞에서 언급한 전약수에 대하여 다음과 같이 말하였다.

어리지만 총명하여 10세에 글을 지을 수 있었다. 화산(華山)[19]의 진단(陳摶)이 그를 보고 말하기를, 자네는 정신이 맑아서 도를 배울 수 있고 그렇지 않아도 마땅히 부귀할 수 있다. 다만 지나치게 빠른 것을 꺼릴 뿐이다.[20]

후에 전약수는 유신이면서 군대의 일에 밝아 황제에게 중용되었으나 애석하게도 고생이 너무 심하여 꽃다운 나이에 일찍 죽었다. 이렇게 보면 조정의 정통 사가인 『송사』의 작자들도 상당히 상술을 신봉하였다는 것을 알 수 있다.

『송사』에서 언급된 진단은 송대 초기의 저명한 은사이고 술사였다. 전해지는 말에 의하면 진단은 오대 말년에 천하가 어지러워지자, 화산에서 내려와 진용(眞龍) 천자를 방문하고 작은 당나귀를 타고 천하를 두루 돌

---

17) 경관(京官)은 서울에 근무하는 관원을 말한다.

18) 『默記』, 卷中 참조.

19) 화산(華山)은 섬서성(陝西省)의 화음현(華陰縣)에 있는 산 이름으로 오악(五嶽) 중의 하나이다.

20) 『宋史』, 「列傳 · 錢若水」. "幼聰悟, 十世能屬文, 華山陳摶見之, 謂曰, 子神清, 可以學道, 不然當富貴, 但忌太速爾."

아다녔다. 장안(長安)에서 조광윤(趙匡胤)·조경(趙炅)·조보(趙普) 세 사람을 만나 보고는 기뻐서 하늘을 쳐다보며 크게 웃다가 하마터면 두건을 떨어뜨릴 뻔하였다. 그는 왼손으로 조광윤을 끌고 오른손으로 조경을 끌고서 기분 좋게 그들과 함께 술을 마시러 가고자 하였다. 조광윤은 혼자 방치되어 어울리지 못하는 조보를 보았기 때문에 세 사람이 함께 갈 것을 간청하였다. 진단은 한참 동안 조보를 자세히 살펴보고서는 "좋다"라고 말하였다. 주점에 이르러, 조보는 다리가 불편하여 왼쪽 자리에 앉았는데 진단은 그를 끌어내리고 대신 조광윤을 상석에 앉게 하고 조경을 그다음 자리에 앉게 하였으며 조보는 마지막 자리에다 앉혔다. 후에 조광윤이 송 왕조의 개국 황제가 되었고 조경은 송의 태종(太宗)이 되었으며 조보는 그들을 보좌하는 신하가 되었다. 물론, 이러한 전설은 전설일 뿐이고 그 진위 여부에 대해서는 고증하기가 어렵다. 그러나 진단의 상술이 당시에 가졌던 명성이 응당 사실이었기 때문에 송 태종은 그에게 '희이(希夷) 선생'이라는 이름을 하사하였다.[21]

다음으로, 상술은 사람의 체격을 보았으니 체격에도 오행의 구분이 있다. 즉 목은 마르고(瘦)·금은 네모지며(方)·수는 둥글고(圓)·토는 두터우며(厚)·화는 뾰족하고(尖) 길다(長). 사람의 형체에 근거하여 목형인(木形人)·금형인(金形人)·수형인(水形人)·토형인(土形人)·화형인(火形人)으로 나눌 수 있다. 형체가 기색(안색)·골육(뼈와 살)과 상응하는 것을 정국(正局)이라고 하고 그것과 반대되는 것을 비정형(非正形)이라 한다. 예를 들면, '금형인'은 네모형의 체격으로 뼈가 단단하고 살이 튼튼하여 골육이 건장하며 기색이 희고 기질이 강하다. 금형인이 금국(金局)을 얻으면 사람됨이 의지가 굳고 생각이 깊다. 만약 금형인이 토국(土局)

21) 『宋史』, 卷4, 「太宗」 참조.

을 겸유하여 기색이 황색이고 기운이 왕성하면 금과 토가 상생하니 주로 재물복이 있고 부유하다. '토형인'이 토의 정국을 얻으면 재물을 얻어서 부유하다. 만약 화국(火局)의 형기를 겸하여 기색이 붉고 기운이 시들어도 화와 토가 상생하니 또한 재물이 있고 부유하다. '목형인'은 몸집이 길고 힘이 세며 기색이 맑고 기질이 뛰어나야 목형의 정국으로 삼는데, 그것을 얻으면 재력이 풍족하다. 그러나 목형인이 화국(火局) 혹은 금국(金局)을 얻어서 화가 목을 불태우고 금이 목을 이기면 재물이 없어진다. 화형인이 붉은 기색을 얻으면 주로 가정에 재물이 들어오고 만약 기색이 맑고 기질이 뛰어난 목국(木局)을 겸하면 목이 화를 이길 수 있어서 매우 번창하는 상이 된다. '수형인'이 둥글고 몸집이 크며 기색이 검고 기질이 조용하면 수국(水局)을 얻은 것이다. 이렇게 되면 주로 복과 수명이 증가하고 문학 방면에 성취가 있다. 만약 체형이 네모지고 기색이 희며 기질이 강한 금국(金局)을 겸하면 금이 수를 낳으니 주로 일생 번창하고 고생이 없다. 토형인이 목국(木局)을 얻으면 비록 상극하지만 만약 토가 많고 목이 적으면 기색이 윤택하고 또한 큰 해가 없다. '목형인'이 약간의 금의 기질을 겸하면, 비록 금이 목을 벨 수 있지만 목이 많고 금이 적어서 용모가 위풍당당해진다. 그것은 목이 금을 기다려서 벌목한 이후에 재목을 이루기 때문이다. 사람의 체형 변화가 만약 목이 먼저이고 수가 나중이며 마른 것이 먼저이고 뚱뚱한 것이 나중이면 수가 목을 낳기 때문에 이것은 좋은 변화이다. 만약 네모형이 먼저이고 뾰족한 형이 나중이면, 이것은 금이 화를 만나기 때문에 재앙이 있다. 마른 목형인이 만약 다시 마르게 되면 목이 금의 기질을 지니기 때문에 재앙이 발생한다. 처음에 방정한 금형이 후에 배가 불룩하고 뚱뚱한 체형으로 바뀌면 금형인에 토가 있게 되어 또한 귀한 상이다.

상술은 심지어 각 유형의 사람마다 입신출세하거나 운이 막히는 연령에 대해서도 모두 규정하였다. '금형인'은 사년(巳年)에 뜻을 이루고 신년(申年)·유년(酉年)에 들어서면 왕성하게 발전하는 시기이다. 만약 학업을 닦는다면 24세가 지나야 봉록이 생기고 34세가 되면 봉록을 먹는다. '목형인'은 만약 수려하게 자라면 24세에 봉록이 생긴다. '수형인'은 31세에 뜻을 이루고 41~51세가 되어서야 비로소 벼슬길에 들어가서 관리가 될 수 있다. '화형인'은 21세 이전에는 운세가 흉악하고 중년에 재앙이 있지만 45세에 이르게 되면 비로소 뜻을 얻게 된다. '토형인'은 35세에 봉록을 얻을 기반이 닦여지고 50세 이전에는 반드시 봉록을 얻게 된다.

상술은 부귀가 골격에 있는지 기쁨이나 근심이 기색에 있는지를 연구하는 것으로 골법이나 기색 속에도 오행이 있다고 본다. 뼈와 살은 군신이 되니, 뼈가 많아서도 안 되고 살이 적어서도 안 된다. 금골(金骨)의 경우, 부드럽고 매끄러운 살결이 마치 비단과 같으면 매우 귀하고 돈이 있다. 목골(木骨)의 경우, 마르고 피부가 검으면 손발이 거칠고 고생이 많다. 수골(水骨)의 경우, 손발이 가늘면 부귀를 말할 수 없다. 화골(火骨)의 경우, 손발이 거칠면 덕이 없고 하인보다 더 천하다. 토골(土骨)의 경우, 몸집이 크고 피부가 거칠고 두꺼우면 번창하고 또한 부유하다.

봄에, 얼굴색이 청색이면 목이 왕성하여 기쁜 일이 있고, 얼굴에 홍색을 띠면 목이 화를 낳으니 또한 길하다. 얼굴이 흰색을 띠면 금이 목을 이겨서 주로 혼란스럽고, 얼굴이 검은색을 띠면 수가 목을 낳아서 사망하는 일이 발생한다. 얼굴이 황색을 띠면 목이 토를 이겨서 재물을 얻는다. 여름에, 얼굴이 홍색을 띠면 화가 왕성하여 귀인의 보살핌이 있고, 얼굴에 청색을 띠면 목이 화를 낳아 부모에게 경사가 있다. 얼굴에 흰색을 띠면 화가 금을 이겨서 형벌이 있고, 검은색이 얼굴이 나타나면 수가 화를 이겨서 모든 일에 길함이 부족하다. 얼굴에 황색을 띠면 화가 토를 낳아서 자손에 기쁨이 있다. 가을에, 얼굴에 흰색을 띠면 금이 왕성하여 숨겨진 재물을 얻고, 얼굴에 청색을 띠면 금이 목을 이겨서 주로 횡재를 얻는다. 얼굴에 홍색을 띠견 화가 금을 이겨서 소송으로 인한 재물의 손실이 있고, 검은색이 얼굴에 나타나면 금이 수를 낳아서 주로 형제간에 우는 일이 생긴다. 황색이 얼굴에 나타나면 토가 금을 낳아서 부모에게 봉작이 있고 보통 사람들은 재물을 얻는다. 겨울에, 검은색이 얼굴에 나타나면 수가 왕성하여 얻은 것이 좋지 않아도 걱정할 필요가 없고, 흰색이 얼굴에 나타나면 금이 수를 낳아서 귀인의 도움을 얻는다. 얼굴에 자주색을 띠면 수가 화를 이기지만 수와 화가 서로 교제하여 수기가 왕한 쪽이 땅을 얻고 숨겨진 재물을 얻게 되니 또한 서로 간에 거래를 하여야 한다. 얼굴에 청색을 띠면 수가 목을 낳아서 부모에게 경사가 있고, 얼굴에 황색을 띠면 토가 수를 이겨서 주로 재물을 잃는다. 만약 사계절에 검은색이 있으면 죽음이 장차 이르게 된다. 얼굴에 적색을 띠면 화기의 사람은 북쪽의 수의 자리로 가지 말아야 하고, 반대도 또한 마찬가지다. 이른바 '얼굴을 금 · 목 · 수 · 화 · 토로 나누고 그 색을 동 · 남 · 서 · 북 중에 반영시킨다'는 것이 바로 이러한 뜻이다.

상골술(相骨術 혹은 揣骨術)은 일찍이 남북조 시기에 유행하였는데 『북제서』「신무기」에서는 다음과 같은 내용을 기록하고 있다. 신무제인 고환(高歡)도 평범했던 장수 시절에는 친구들과 함께 흰 매를 지니고 밖으로 나가 사냥하였다.

붉은 토끼 한 다리를 보았는데 매번 맴돌다가 곧장 달아났다. 마침내 빙 둘린 못에 이르렀는데 연못 가운데 띠로 만든 집이 있었다. 급히 달려가 들어가려 하였는데 개가 집 안에서 나와 매와 토끼를 물어서 모두 죽었다. 신무(神武)가 화가 나서 우는 소리를 낸다고 하는 명전(鳴鏑)으로서 개를 쏘아 죽였다. 집 안에 두 사람이 나와 매우 급하게 신무의 옷섶을 잡았다. 그 모친은 두 눈이 멀었는데 지팡이를 끌고 나와 그의 두 아들을 꾸짖으면서 말했다. "무엇 때문에 대갓집의 사람을 범하였는가." 항아리 속의 술과 삶은 양고기를 내어 손님들에게 먹였다. 골상을 잘 보는 맹인이 여러 사람들을 두루 더듬어 보고는 모두 귀하다고 말하면서 그들의 귀함이 모두 신무에 의해 갖추어지게 된다고 하였다.[22]

이 맹인인 노파는 여러 사람들의 골격을 더듬어서 부귀를 추측하였는데, 여러 사람들이 모두 귀하고 또한 그것이 모두 신무에 의해 얻어진다고 말하였다. 이는 물론 고환(高歡)의 어용 문인이 꾸며 내어 고환을 신격화한 고사이지만, 상골술이 남북조 시기에 이미 세상에 널리 유행하였음을 설명해 주는 예이기도 하다.

송나라 진종(眞宗)이 개봉부(開封府)의 임금이 되었을 때에, 일찍이 상골을 잘 보는 맹인을 개봉부 안으로 불러들여 부하인 장기(張耆)와 양숭훈(楊崇勳) 등의 목소리와 골상을 살피게 하고 그것을 오락으로 삼았다. 맹인은 여러 사람들의 성골(聲骨)을 듣거나 더듬어 보았는데 맞는 것도 있고 맞지 않는 것도 있었다. 그러나 왕계충(王繼忠)의 목소리를 들어 보고 성골을 만져 보고는 깜짝 놀라면서 "이 사람은 매우 기이하니 반평생은 한나라의 녹을 먹고 반평생은 호(胡)나라의 녹을 먹는다."라고 말하였다. 진종이 웃으면서 그 맹인을 쫓아버렸다. 후에 왕계충이 관찰사가 되고 고양(高陽)의 총관이 되었다. 한번은 요나라 군대를 막는 격전에서 수적으로 불리하였기 때문에 군대가 대패하고 왕계충은 포로가 되고 말았

22) 『北齊書』, 卷1, 「神武紀」. "見一赤兎, 每搏則逸, 遂至迴澤, 澤中有茅屋, 將奔入, 有狗自屋中出, 噬之, 鷹兎俱死. 神武怒以鳴鏑射之, 狗斃. 屋中有二人出持神武襟甚急, 其母兩目盲, 曳杖呵其二子曰, 何故觸大家. 出甕中酒, 烹羊, 以飯客, 因自言善暗相, 遍捫諸人皆貴, 而指麾俱由神武."

다. 사람들은 모두 왕계충이 이미 전쟁에서 죽었다고 생각하였고 진종도 그 소식을 듣고 매우 슬퍼하였다. 경덕(景德) 초년에 송나라와 요나라가 강화를 맺었는데, 이때 왕계충은 요나라의 상소문을 짓는 찬주장(撰奏章)이 되어 송나라와 요나라가 강화조약을 맺는 데 진력을 다하였다. 이때에 비로소 송의 조정에서는 왕계충이 아직도 요나라에 살아 있다는 것을 알게 되었다. 이후 송의 조정에서는 매년 사신을 요나라에 보냈는데 그때마다 송의 진종은 친히 어대(御帶)·약·차 등을 왕계충에게 내려 주었다. 왕계충도 싫다고 피하지 않고 송의 조정이 있는 남쪽을 바라보면서 '죽지 못한 신하'라고 자칭하며 울면서 절하고 송 진종의 안부를 물었다. 요 조정의 황제가 왕계충의 덕행과 의리가 아름다운 것을 좋아하여 그를 불러서 사위로 삼고 그를 오왕(吳王)에 봉하였다. 왕계충은 성을 야율(耶律)로 고치고 요나라에서 늙어 죽었다. 참으로 맹인의 말과 같이 반평생은 한나라에서 한의 녹을 먹고 반평생은 요나라에서 요의 신하가 되었던 것이다.[23]

송 조정의 황보세통(皇甫世通)은 상색(相色)에 능숙한 관상가였는데, 『이견지』에서는 이를 다음과 같이 기록하고 있다. 송 효종(孝宗) 융흥(隆興) 원년(1163)에 홍괄(洪适)은 농사일을 맡은 소경(少卿)의 신분으로 진강(鎭江)을 총감독하였다. 이때 세통이 찾아가서 알현한 후에 구주(衢州)로 돌아왔다. 구주의 태수 유흥보(劉興甫)가 세통을 맞아 서원(書院)에 이르렀는데, 마침 어떤 사람이 탕기공(湯岐公)이 좌상에게 절하고 장위공(張魏公)이 우상에게 절하였다고 보고하였다. 유흥보가 말하기를, "두 공이 옛 대청에 돌아왔으니 이제부터 복록이 마땅히 그치지 말아야 할 것이다." 세통이 반박하여 말하기를, "근래에 여러 차례 말 위에서 탕기공과

23) 『宋史』, 「眞宗」 참조.

장위공을 보았는데 안색에 생기가 없고 수명이 짧게 생겼다. 그러니 어찌 발전을 기약할 수 있겠는가. 반드시 1년이 되지 못하여 반드시 피할 수 없는 일이 생기게 될 것이다." 이에 유홍보가 다시 묻기를, "그렇다면 진노공(陳魯公)은 어떻습니까." 세통이 대답하기를, "그 역시 수명이 짧으니 정사(正使)[24]가 다시 들어와도 여전히 좋지 않다." 유홍보가 재차 누가 재상이 될 수 있을지를 묻자, 세통이 대답하기를 "어떤 한 관원이 반드시 재상이 된다. 그렇지만 지위가 아직 낮으니 그것을 말하여도 공 또한 믿지 않을 것이다. 그 사람은 바로 진강의 홍괄(洪适) 총령이다." 유홍보가 그렇다고 여기지 않고 황보세통의 허튼소리를 질책하며 말하기를, "집정하여 시종이 매우 많은데 어찌 한 사람도 재상이 될 수 없다고 하고 도리어 밖에서 사신을 구합니까." 세통이 공수하고 말하기를, "당신과 약속을 할 수 있다. 지금 이후로 원래의 승상 외에 다른 귀인이 홍괄보다 먼저 재상이 된 자가 있으면 나는 지금부터 더 이상 사람의 관상을 보지 않겠다." 다음 해에 탕·장 두 공이 재상을 사절하였고, 뒤이어 진노(陳魯)가 재상이 되었으나 얼마 되지 않아 죽고 말았다. 진노(陳魯)가 재상에 임명되어 재위에 있은 지는 겨우 2개월뿐이었다. 홍괄이 1165년 겨울에 재상으로 발탁되었으니 과연 황보세통이 말한 것과 같았다.[25]

상술은 골법(骨法)·기색(氣色) 이외에, 성음(목소리)에서도 부귀·화복을 추측해 낸다. 성음의 오행적 특징은 다음과 같다. 즉 "금의 소리는 부드럽고 매끄러우며(和潤), 목의 소리는 높으며(高), 수의 소리는 대체로 빠르고(圓急), 화의 소리는 초조하며(焦), 토의 소리는 깊은 항아리 속에 있는 것과 같다. 소리가 단전(丹田)[26]에서 나오면 부귀가 풍부하다." 목의

24) 정사(正使)는 부사(副使)에 상대되는 으뜸 사신을 말한다.

25) 『夷堅志』, 補志, 卷19 참조.

26) 단전(丹田)은 배꼽 아래로 한 치쯤 되는 곳인데, 여기에 힘을 주어 항상 심신(心身)의

소리는 우렁차고 화의 소리는 초조하며 토의 소리는 깊이 잠기고 금의 소리는 아름다우며 수의 소리는 깨끗하고 맑은 것이 오행의 정음(正音)이 된다. 만약 목의 소리가 초파(焦破)하고 화의 소리가 표원(飄遠)하며 토의 소리가 향량(響亮)하고 금의 소리가 파패(破敗)하며 수의 소리가 미초(微焦)하고 껄끄러우면 실패하는 운이 된다. 『삼국전략(三國典略)』에는 다음과 같은 기록이 있다. "후위(後魏) 말년에 오사(吳士)는 눈이 멀었으나 상성(相聲)을 잘하였다. 승상인 고징(高澄)이 그에게 시험해 보기를 명하였다. 오사가 유도지(劉桃枝)의 목소리를 듣고 말하기를, "당대 귀왕의 장수와 재상을 겸한 최고관이 되지만 장차 그에 의하여 죽게 될 것이니, 비유하면 매나 개처럼 남을 위하여 쓰여질 뿐입니다." 조도덕(趙道德)의 목소리를 듣고 그 또한 '귀인이다' 고 말하였으며, 태원공(太原公) 고양(高洋)의 목소리를 듣고는 "마땅히 임금이 되어야 한다." 고 말하였다. 고징의 목소리를 듣고는 아무런 반응이 없었다. 어떤 사람이 몰래 오사를 꼬집어서 주위 상황을 일깨우자 오사는 얼떨결에 고징도 마땅히 국왕이 되어야 한다고 거짓말을 하였다. 고징은 후에 노비인 난경(蘭京)에 의해 사살되었고 후제(後后)의 여러 대신들은 대부분 유도지의 비위에 연루되어 사살되었으며 고양은 북제의 문선왕(文宣王)이 되었다.[27]

상성술은 후대에 이르러 더욱 발전하였다. 관상가들은 사람의 목소리에 근거하여 사람의 운명을 판단하였을 뿐만 아니라 심지어 사람이 사용하는 물건의 소리까지도 사람의 길흉 · 화복을 예측하는 근거로 삼았다. 『이견지(夷堅志)』에는 신기한 능력을 갖춘 관상가인 유옹(兪翁)에 대한 기록이 있다. 한번은 유옹이 밭 사이를 걸어가고 있는데 밭 가운데서 물이

정기를 모아 두면 몸이 건강해져서 장수한다.

27) 『三國典略』 참조.

흐르는 소리를 듣고 사람들에게 말하기를, "물의 소리가 슬프니 밭의 주인이 바뀔 것이다." 얼마 되지 않아 이 밭이 과연 다른 사람에게 팔렸다. 그가 시장에 들렀다가 음악 소리를 듣고 말하기를, "금의 소리가 높으니 싸움이 있을 것이고 마땅히 신유(申酉) 연간일 것이다. 그러나 나(유옹)는 아무런 해를 입지 않고 단지 병사 4명이 익사할 것이다." 뒷날 신유 시기에 이르러, 정주(汀州)에서 돌아온 군졸들이 시장에 가서 술을 취하도록 마시고는 창녀를 두고 다투다가 창을 꺼내 서로를 찌르는 데까지 이르렀다. 화가 자신들 몸에 미칠 것을 두려워한 군졸들은 황혼 무렵을 틈타 물을 건너 도망치다가 마침 봄물(春水)이 갑자기 불어나는 때를 만나서 물에 빠져 죽고 말았다. 어떤 사람이 유옹에게 어떻게 그 일을 예측할 수 있었는지를 묻자 유옹이 다음과 같이 대답하였다. "해가 자시(子時)에 있는 것은 또한 수에 속하고 수는 자시에 왕성하니 금이 여기에 이르면 죽게 된다."[28] 유옹이 목소리로 길흉을 예측하는 데 사용한 것은 바로 오행생극의 원리였다. 그렇지만 금과 수는 본래 상생하니 어찌 금이 자수(子水)에 이르면 사망할 수 있겠는가. 이것은 이해하기 어려운 해석이다.

상술은 또한 손금을 보는 수상(手相)을 포괄한다. 손금을 보는 것도 팔괘 · 오행의 원리를 운용하며 손을 건(乾) · 태(兌) · 감(坎) · 간(艮) · 진(震) · 손(巽) · 리(離) · 곤(坤) 등의 팔괘의 20궁으로 나눈다. 팔괘를 오행과 상응시키면 다음과 같다. 즉 '건'은 하늘 문이 되어 금에 속하고, '감'은 바다 문이 되어 기본적으로 수에 속하며, '간'은 논밭이나 · 주택 · 무덤이 되어 토에 속하고, '진'은 처첩이 되어 목에 속하며, '손'은 재물이 되고 봉록이 되어 목에 속하며, '리'는 용 · 호랑이가 되고 관록이 되어 화에 속하고, '곤'은 복과 덕이 되고 부모가 되어 토에 속하며, 태(兌)는 노

28) 『夷堅志』 참조.

예나 자식이 되어 금에 속한다. 손의 이러한 부분이 만약 기름지고 윤택하여 왕성하게 일어나면 뜻하는 모든 일이 번창하고 길하며 만약 함몰되거나 손금 문양이 산란하면 실패한다.

상술 속에 오행 관념을 끌어들인 것은 비교적 이르다고 볼 수 있는데, 대체로 전국 시기에 이미 이러한 관념이 싹트고 있었다. 『급총서』「주서」의 기록에 근거하면 다음과 같다. 사광(師曠)이 주나라 태자 진(晋)의 관상가가 되어 수명을 보았다. 사광이 말하기를, 태자 진은 소리가 맑으나 적백(赤白)색이니 불의 색은 장수하지 못한다. 왜냐하면 불의 성질이 쉽게 소멸하기 때문이다.[29] 『역경』「설괘전 11장 · 손(巽)」에서도 말한 것처럼,[30] 사람이 흰자의가 많아 상하좌우의 흰자위가 모두 보이는 사백안(四白眼)은 전쟁에서 죽는다는 것이다. 왜냐하면 금은 전쟁의 기운을 주관하고 눈은 목에 속하니 이것은 금이 목을 베는 상이기 때문이다. 물론 일련의 술수 이론으로서 상술 속의 오행생극 원리의 운용은 당연히 조금 늦다. 오행과 상술의 결합은 "멀게는 사물에서 취하였고 가깝게는 몸에서 취하였다."[31] 따라서 상을 보고 유추함으로써 근거 없는 비교를 하였으니 전적으로 믿을 수만은 없다. 실제로 사람들은 완전히 닮은 쌍둥이를 얻었으나 운명은 도리어 같지 않았다. 즉 어떤 사람은 장수하였고 어떤 사람은 요절하였으며 어떤 사람은 부귀하였고 어떤 사람은 빈천하였다. 개인 성격 · 능력 · 기회 및 후천의 노력이 같지 않다면, 가령 용모가 서로 같을지라도 운명은 같지 않게 된다.

역사적 문헌 자료에는 적지 않는 관상가들이 영검스레 예측한 사례들을 기록하고 있다. 그러나 상술에 신기한 명중률이 있는 것 같지만 책 속

29) 『汲冢書』, 「周書」. "師曠說太子晋聲淸汗, 色赤白, 火色不壽, 因爲火性易滅."

30) 『易經』, 「說卦傳」, 第十一章 巽卦에 대한 풀이 참조.

31) 『易經』, 「계사전 하편 제2장」. "近取諸身, 遠取諸物" 참조.

에 기록된 실례는 다만 관상가들이 실례 가운데 몇십만분의 일만을 예측하는 데 불과하였다는 것을 밝히고 있다. 관상가들의 설 가운데는 많은 것들이 사람들에 의해 기록되었으나, 설 가운데서 혹 옳지만 그른 예들은 대부분 사람들에게서 망각되었다. 또한 대부분의 예들이 근본적으로 사람들이 어떤 목적을 갖고 견강부회를 하거나 날조해 낸 것들이었다. 황제 및 황제의 친척이나 귀족들이 황권(皇權)을 신격화하기 위하여는 자연히 자기의 용모를 일반인과 다르게 말함으로써 스스로 지금의 부귀 권세가 바로 운명에 의해 결정된 것이고 인력으로 바꿀 수 있는 것이 아니라는 것을 증명할 필요가 있었다. 많은 관상가들도 권세 있는 사람들에게 아첨하여 천명(天命) · 정수(定數)의 정당성을 나팔 부는 악사가 되었다. 몇몇 어용 문인들도 천명을 믿거나 엽기적인 문인들을 좋아하여 마음대로 날조하거나 혹은 진위(眞僞)를 판별하지 않고 이러한 신기한 고사의 전달자가 되었다. 본래는 매우 공정한 역사가들도 그것에 미혹되어 의혹스러운 것을 또 의혹스럽게 전달하여 역사책에 기록하였다. 때문에 우리들은 문헌에 기재된 신기한 상술 고사에 대해, 마땅히 신중한 태도를 견지하고 함부로 믿어서는 안 될 것이다.

3. 오행과 풍수술

풍수술(風水術)은 음택(묘지) · 양택(주택)의 길한 것을 택하고 흉한 것을 피할 것을 선택하는 술수이다. 음택(陰宅)을 선택하는 것은 자손을 돕기 위한 것이고, 양택(陽宅)을 선택하는 것은 살아 있는 사람의 흥성 · 복록을 모두 겸비하기 위한 것이다. 오행은 풍수술의 이론적 기초가 된다. 옛사람들은 사람과 수 · 토 · 오행에 어떠한 필연적 관계가 존재한다고 생각하였다. 앞에서 언급하였던 것처럼, 『관자』「지원」편에서는 수·토와 오행을 서로 배합하여 분류하였다. 오행은 또한 사람의 자연 속성·사회 속성과 서로 배합하고 오행을 교량으로 삼아 수토·오행과 사람의 관계를 세웠다. 이 때문에 사람들은 수토가 사람의 운명에 미치는 영향을 탐구하였는데, 그것에 쓰인 원리는 물론 이러한 일련의 요소를 관철하는 오행 이론이다.

풍수술 속에서 오행 이론의 운용은 매우 복잡하다. 정오행(正五行)과 납음오행(納音五行) 외에도, 사경오행(四經五行)·24산오행(二十四山五行)·3합오행(三合五行)·쌍산오행(雙山五行)·8괘오행(八卦五行) 등이 있다.

풍수술 가운데 자주 쓰이는 '정오행'은 방위를 정하는 데 사용되며, 그 정오행에 대해서는 앞에서 우리가 이미 소개한 바 있다. 오행을 오방(五方)·간지(干支)와 서로 배합하면, 동쪽의 목은 갑을(甲乙)·인묘(寅卯)가 되고, 남쪽의 화는 병정(丙丁)·사오(巳午)가 되며, 북쪽의 수는 임계(壬癸)·해자(亥子)가 되고, 중앙의 토는 진술(辰戌)·축미(丑未)가 된다. 그러나 풍수술 속에서는 좌산(坐山)·향배(向背)를 말하였고 중궁(中宮)을 버렸기 때문에 중궁의 토인 진술(辰戌)·축미(丑未)는 자리가 정해지지 못하였다. 어떤 술사들은 수와 토를 하나의 궁에 합쳐 놓고서 오행은 실제로 사행만 쓰이기 때문에 사경오행(四經五行)이라고 칭하였다.

풍수술은 길지(吉地)를 선택하는 것이 주목적이기 때문에 특별히 방향을 판별하는 것을 중시하였다. 풍수사들이 방향을 분별하는 데 일반적으로 사용하는 것이 '대오행(大五行)'이다. 풍수사들은 그것을 24방위(二十四位)와 서로 배합시켰다. 이른바 '대오행'은 홍범오행(洪範五行)·종묘오행(宗廟五行)이라고도 칭하는데 그것과 24방위의 배합 방법은 다음과 같다.

갑인진손대강수(甲寅辰巽大江水)
술감신신수역동(戌坎申辛水亦同)
진간사산원속목(震艮巳山原屬木)
이임병을화위종(離壬丙乙火爲宗)
태정건해금생처(兌丁乾亥金生處)
축계곤경미토중(丑癸坤庚未土中)

'홍범오행'은 팔괘효(八卦爻)에서 변하여 나오는데 다음과 같다. 갑(甲)은 본래 목에 속하지만 건궁(乾宮)에 들어가면 곤(坤)과 교제하여 곤의 상하 2효를 건의 상하 2효와 바꾸어서 감상(坎象)으로 변한다. 이에 갑이 감괘를 따라 변하여 마침내 수에 속하게 된다. 을(乙)은 본래 목에 속하지만 곤궁(坤宮)에 들어가면 건(乾)과 교제하여 건괘의 상하 2효를 곤괘의 상하 2효와 바꾸어서 리상(離象)으로 변한다. 때문에 을이 리괘의 변화를 받아 마침내 화에 속하게 된다. 병(丙)은 본래 화에 속하지만 간궁(艮宮)에 들어가면 간(艮)과 태(兌)가 대응하여 태괘의 하효를 간괘의 하효와 바꾸어서 리상(離象)으로 변한다. 때문에 병(丙)이 리괘를 따라 변하여 마침내 화에 속한다. 정(丁)은 본래 화에 속하지만 간궁(艮宮)에 들어가면 태(兌)와 간(艮)이 대응하여 태괘의 상효를 간괘의 상효와 교환하여 건상(乾象)으로 변한다. 때문에 정이 건괘로 변하여 마침내 금에 속하게 된다. 경(庚)은 본래 금에 속하지만 진궁(震宮)에 들어가면 진(震)과 손(巽)이 대응하여 손괘의 하효를 진괘의 하효와 바꾸어 곤상(坤象)으로 변한다. 때문에 경이 곤괘로 변하여 마침내 토에 속하게 된다. 신(辛)은 본래 금에 속하지만 손궁(巽宮)에 들어가면 손(巽)은 진(震)과 대응하여 진괘의 상효를 손괘의 상효와 교환하여 감상(坎象)으로 변한다. 때문에 신이 감괘로 변화되어 마침내 수에 속하게 된다. 임(壬)은 본래 수에 속하지만 리궁(離宮)에 들어가면 리(離)와 감(坎)이 대응하여 리괘의 중효를 감괘의 중효와 바꾸어서 건상(乾象)으로 변한다. 때문에 임이 건괘로 변화되어 마침내 금에 속하게 되지만, 리괘인 화에 들어오기 때문에 화의 불꽃이 금을 녹여서 자립하지 못하고 물러나서 리괘에 붙어서 마침내 화에 속하게 되는 것이다. 계(癸)는 본래 수에 속하지만 감궁(坎宮)에 들어가면 감(坎)과 리(離)가 대응하여 리괘의 중효를 감괘의 중효와 교환하여 곤상(坤象)으로 변한다. 때문에 계가 곤괘의 변화를 받아 마침내 토에 속하게 된다. '대오행' 중에 24방위는 방향을 표시하는데 오행생극에 근거하여 길한 방향과 흉한 방향을 판단하였다. 예를 들면, 손방(巽方, 수)의 물이 건방(乾方, 금)으로 흐르는 것은 수가 금을 낳으니 길한 방향이다. 을방(乙方, 화)의 물이 간방(艮方, 목)으로 흐르는 것은 간목(艮木)이 을화(乙火)를 낳으니 또한 길한 방향이다.

'대오행'으로 방위를 판별하는 외에도, 송 · 원 · 명 · 청 시대의 풍수가들은, 예를 들면 장문거(蔣文擧) 등과 같은 사람들은 다만 '정오행(正五行)'만을 사용하여 24위와 배합하여 지리 방위를 결정하였다. 24위는 천지의 성수(成數)에 근거하여 추연해 낸 것이다. 천수(天數)인 25에서 1을 빼고 지수(地數)인 30에서 6을 빼고서 얻은 수는 모두 24이다. 24는 위로 천시의 24절기에 응하고 아래로 지중(地中)의 24산방(山方)을 지닌다. '정오행'과 24위의 배열은 풍수가들마다 차이가 있어 완전한 통일을 이루지 못하였다. 장문거의 배열 방법은 8천간(天干)[무기(戊己)를 제외한다]에서 건(乾) · 곤(坤) · 간(艮) · 손(巽)의 4위를 더하고 12지지를 더하여 구성하였으니 다음과 같다. 즉 정북의 수의 자리는 감괘의 임(壬) · 자(子) · 계(癸)이고 동북은 간괘의 축(丑) · 간(艮) · 인(寅)이며, 정동의 목의 자리는 진괘의 갑(甲) · 묘(卯) · 을(乙)이고 동남은 손괘의 진(辰) · 손(巽) · 사(巳)이며, 정남의 수의 자리는 리괘의 병(丙) · 오(午) · 정(丁)이고 서남은 곤괘의 미(未)·곤(坤)·신(申)이며, 정서의 금의 자리는 태괘의 경(庚)·유(酉)·신(辛)이고 서북의 곤괘는 술(戌)·건(乾)·해(亥)이다. 그것의 구체적인 방위는 아래의 표와 같다.

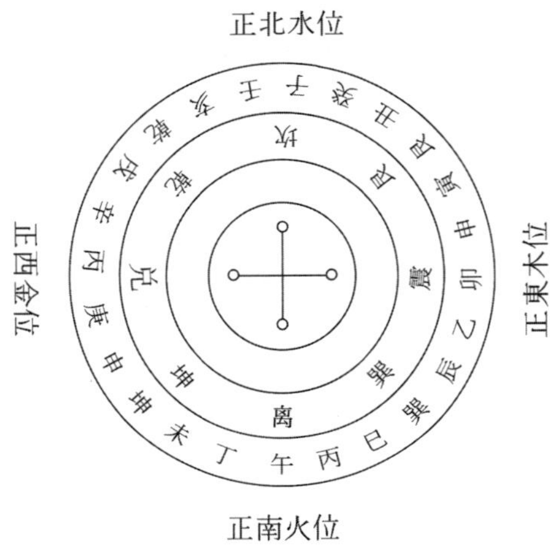

24위 가운데 매 1위마다 사이를 둔 것이 한 지지(地支)가 된다. 12지지가 그 좌향(坐向)[32]을 묻지 않고 물을 내보내는 법(放水來去)에 쓰이면 또한 흉하다. 왜냐하면 자(子)·오(午)·묘(卯)·유(酉)는 도화(桃花)·함지(咸池)[33]의 땅이고, 진(辰)·술(戌)·축(丑)·미(未)는 묘고(墓庫)·괴강(魁罡)의 땅이며, 인(寅)·신(申)·사(巳)·해(亥)는 신이 겁살(劫殺)하는 땅이기 때문이다. 방수법은 오행생극의 원리를 사용하여 물이 흐르는 방향에 근거하여 길흉을 판단하는데, 생방(生方)으로 흐르면 길하고 극방(克方)으로 흐르면 흉하다.

삼합오행(三合五行)이 운용하는 것은 오행의 생(生)·왕(旺)·사(死)·

32) 좌향(坐向)은 묏자리나 집터 같은 것의 위치의 등진 방위에서 정면(正面)으로 바라보이는 방향이다.

33) 함지(咸池)는 해가 목욕한다고 하는 하늘에 있는 못이다.

절(絶)의 원리이다. 오행의 장생(長生) · 제왕(帝旺) · 묘(墓)의 삼궁지(三宮支)를 하나로 합하는데, 예를 들면 수의 '장생' 하는 곳은 신(申)이고 '제왕' 은 자(子)이며 '묘' 는 진(辰)이니 신(申) · 자(子) · 진(辰)을 합한 것이 바로 수국(水局)이다. 마찬가지로 인(寅) · 오(午) · 술(戌)이 합하면 화국(火局)이 되고 사(巳) · 유(酉) · 축(丑)이 합하면 금국(金局)이 되며 해(亥) · 묘(卯) · 미(未)가 합하면 목국(木局)이 된다. 토는 방위가 없으니 수와 합병한다.

'삼합오행' 의 기초 위에서 풍수가들은 또한 쌍산오행(雙山五行)을 추연해 내었다. 곤임을(坤壬乙)이 신자진(申子辰)과 합하여 수가 되고, 간병신(艮丙辛)이 인오술(寅午戌)과 합하여 화가 되며, 손경계(巽庚癸)가 사유축(巳酉丑)과 합하여 금이 되고, 건갑정(乾甲丁)이 해묘미(亥卯未)와 합하여 목이 된다. 12지 중에 해자(亥子)는 수에 속하니 수의 장생은 신(申)이다. '신' 은 원래 금에 속하지만 금이 수를 낳기 때문에 '신' 을 나누어 수에 귀속시키면 '신' 과 같은 집의 곤(坤)도 대체로 합한다. 여기에서 신자진(申子辰)은 지지이고 선천의 기에 속하며 곤임을(坤壬乙)은 천간이고 후천의 기에 속하니, 천간이 지지에 기생하게 된다. '삼합오행' 과 '쌍산오행' 은 모두 산수의 생(生) · 왕(旺)하는 기운을 사용하였다. 예를 들면 수(토를 포괄한다)는 '신(申)' 에서 생겨나고(生) '자(子)' 에서 왕성하며(旺) '진(辰)' 에서 묻히니(墓), '생' 은 기운의 시작이고 '왕' 은 기운의 절정기이며 '묘' 는 기운의 끝에 해당한다. 천간과 지지의 결합은 바로 기운의 결합이니, 수가 왕성한 쪽에서 와서 무덤 쪽으로 떠나가면 길함이 있고 흉함이 없다.

풍수술 중에는 또한 팔괘오행(八卦五行)과 현공오행(玄空五行) 등이 있는데, 쓰이는 것이 비교적 적기 때문에 여기에서는 더 이상 서술하지 않겠다.

오행이 별을 추론하는 데 쓰이는 것은 상대적으로 간단하다. 주로 산의 형체를 보고 그 산이 어느 별(다섯 개의 큰 행성과 비교한다)에 속하는지를 판단하는데, 오성의 바른 형체(正體)는 다음과 같다. 금성(金星)은 머리가 둥글고 발이 넓고, 목성(木星)은 머리가 둥글고 몸이 곧으며, 수성(水星)은 머리가 평평하고 몸이 방자하고(浪), 화성(火星)은 머리가 뾰족하고 발이 넓으며, 토성(土星)은 머리가 평평하고 몸이 수려하다(秀). 그것들 간의 관계는 다음과 같다. 즉 목이 금을 만나면 부러지고, 금이 화를 만나면 다치며, 수가 토를 만나면 이롭지 못하고, 토가 목을 만나면 좋지 않다. 만약 화가 금을 만나도 수를 얻으면 무방하니 대체로 도움이 있으며 다치지 않는다. 금과 수가 서로 낳아 주고, 목과 화가 서로 밝게 비춰 주며, 화와 토가 서로 구제하고, 수와 목이 서로 의지하며, 금과 토가 서로 돕는다. 목이 동쪽에 있으면 반드시 왕성하고, 화가 남쪽에 있으면 대체로 홍성하며, 금이 서쪽에 있고 수가 북쪽에 있으면 모두 제자리를 얻었다고 말한다. 반대로, 금성인 산이 동쪽의 목의 자리에 있으면 이것은 금성이 목궁(木宮)을 이기니 맏아들 · 형수가 다치거나 주로 병이 생긴다. 물론 금이 왕성하면서 약한 화를 얻으면 이기는 것이 중요하지 않다. 왜냐하면 금이 화의 제련을 얻어서 그릇을 만들고 목이 약한 금을 얻어서 재목을 만들 수 있기 때문이다. 건조한 화의 경우, 만약 수의 제지가 없으면 흉하다.

오성 자체의 형체에서 길흉을 판단하면 다음과 같다. '금성'의 형체는 깨끗하고 둥글며 활 모양으로 생긴 것이 마치 달의 반쪽과 같다. 수려하고 독실하며 충성과 절의가 있는 선비이며 웅장하고 위엄이 있어 병권을 쥐고 있다. '목성'은 몸이 남보다 우뚝 솟아 만인을 놀라게 한다. 땅이 뒤집히게 되면 사람들은 가로로 누운 나무를 보게 되는데, 어떤 나무는 사람의 몸을 부귀하게 하기도 하지만 그 기운 것을 바로 세우지 않으면 도리어 화를 당하기도 한다. '수성'은 파도가 휘몰아치거나 혹은 큰 물결을 이루는데 물결이 굽은 것이 마치 뱀과 같다. 지혜롭고 총명하여 도량이 크지만 완전히 제압하지 못하면 집안이 몰락한다. '화성'은 시조나 조상이 되어 모양이 연꽃과 같은데 그것은 마치 신하가 재상의 집안을 잇기를 바라는 것과 같다. 다만 꽃을 피우고 혈(穴)을 감당할 수 있으면 또한 반드시 평지에서 싹이 튼다. '토성'은 크고 높고 두터워서 병이나 병풍이 바람을 막아 내는 것과 같은데, 만약 뒤에 있는 용이 동시에 혈(穴)을 비추면 형제 · 부자가 모두 관리가 된다. 화남(火南) · 수북(水北)의 목이 동쪽에 있고 서쪽에는 금성인 토가 가운데 있는 것을 '오성이 모였다'고 말하는데, 이와 같으면 천지의 기운이 바르고 복이 무궁하다.

풍수가들은 서로 같지 않은 산형(山形)의 매장 방법에 대해서도 중시하였다. 예를 들면 다음과 같다. 금형의 산은 마땅히 수의 혈(穴)로 내려가야 하는데, 혈은 안이 수직이고 밖이 활시위를 잡아당긴 것이 마치 물의 형상과 같다. 이것은 금과 수가 혈에서 생활하게 되었으니 금이 수를 낳는 뜻을 취한 것이다. 또한 목형의 산은 수가 목을 낳아 그 혈이 마찬가지로 물의 모양이 되니 이것을 수와(水窩)라고 부른다.

풍수가들은 물의 형상에 대해서도 매우 주의하였고 그들은 물을 금성수(金城水) · 목성수(木城水) · 화성수(火城水) · 토성수(土城水)로 나누었다. '금성수'는 마치 달이나 활처럼 구부러졌으니 음택(陰宅)을 둘러싼다. 전해지는 바에 의하면, 점(占)치는 데 이와 같은 물 모양이 나타나면 후인들은 봉황을 낳고 기린을 기르게 되고 만약 물의 모양이 활 모양과 반대이면 반드시 가난하게 된다. '목성수'는 물길이 길고 곧은 모양이 마치 나무와 같다. 만약 곧은 물길이 혈(穴) 자리에 부딪쳐서 나오면 사람이 편안하지 못하고 만약 옆을 지나가면 정서가 나태하고 산만하며 만약 혈 앞에서 비스듬히 빨리 지나가면 길하다. '수성수'는 구불구불 굽어서 혈로 오가는 것은 모두 좋은데 다만 물이 흘러나오는 입구의 폭이 좁기 때문에 배나 뗏목을 허용해서는 안 된다. '화성수'는 두각이 뾰족하고 기운 것이 마치 불이 타오르는 것과 같은데 이러한 물이 혈에 이르면 불길하다. '토성수'는 마치 바둑판과 같은데 혈 한쪽으로 흘러 지나가면 길하지 않음이 없다.

풍수술을 오행 이론에 대비시킨 것은 마치 호랑이 가죽을 벗겨 큰 깃발을 만든 것과 같다. 이것이 도리어 술수의 신비적인 효과를 증대시키고 말았다. 고대 사회에서는 위로 제왕에 이르고 아래로 노비에 이르기까지 풍수술을 신봉한 자가 헤아릴 수 없을 정도로 많았다. 제왕으로 논하면, 진시황 · 한무제 · 당태종 · 송태조는 모두 막대한 재물을 아끼지 않고 자신을 위하여 묘(능)를 세웠다. 그들의 묘는 천하의 길지(吉地)를 점쳐서 얻은 것으로 천세만세토록 영원히 모두 자기의 소유로 만들고자 하는 욕망이 발로된 것이다. 빈천하여 남의 노비가 되거나 자기의 처지가 낮은 것을 달갑게 여기지 않는 자들도 풍수적으로 좋은 땅을 빌어서 조상을 매장하여 음덕을 구할 것을 희망하였다. 『옥조신지』에는 황진(黃進)이라는 이름을 가진 사람에 대한 것을 기록하고 있다. 원래는 부잣집의 노비였다. 주인이 부친의 장지(葬地)를 고르게 되었는데 황진도 주인을 좇아 산과 들에서 풍수가들과 동행하였다. 풍수가들이 좋은 묫자리(墓穴)를 골라서 주인에게 말하기를, "이 땅에 매장하면 훗날 반드시 유명한 장수가 나온다." 홍진이 옆에서 듣고서 몰래 땅의 위치를 기억해 두었다가 밤에 그 부모의 유골을 가져다가 그곳에 묻었다. 그리고 바로 황진은 도망쳤다. 후에 반란군에 가담하였다가 조정에 체포되었으나 후에 많은 공로를 세워서 벼슬이 방어사(防御使)에 이르렀다.[34]

풍수술은 사람의 운을 음택 · 양택의 길흉과 함께 연결했는데, 이것이

34) 『玉照新志』, 卷5 참조.

바로 많은 사람들로 하여 그것이 있다고 믿고 특별히 주의하거나 조심하지 않을 수 없게 만들었다. 송나라 이략(李略)의 『해문록』에는 다음과 같은 일이 기록되어있다. 전생(畋生)이라는 자가 있었는데 집 안에 낡은 집 한 채가 있었다. 집이 널찍하고 환하였으나 사람이 감히 살 수가 없었다. 집 안에서는 항상 해질 무렵이 되면 방의 벽 아래에서 소리가 났는데 들어 보면 마치 종소리와 같았다. 밤새도록 45번을 울리고 동틀 무렵에 이르러야 비로소 멈추었다. 후에 초씨(焦氏)의 성을 가진 도사가 그 속의 원인을 지적하여 말하기를, “요상한 기운은 모두 음양오행의 기가 상생하거나 상극하여 만들어진 것입니다. 두 기가 서로 강하면 소리가 이루어지는데 당신 집안의 소리는 틀림없이 두 기가 조화를 이루지 못하여 생긴 것입니다.” 전생의 부친이 도사의 지적에 따라 양 측면의 집 가운데 방의 벽이 좁은 곳에 구멍을 뚫어 막힌 기를 발산시킨 연후에 다시 잘 수선하였는데, 과연 종소리가 사라졌다.[35] 초 도사의 말에 일리가 없지 않다. 다만 옛사람들은 경험에 근거하여 그러한 것을 알았지만 그러한 까닭은 제대로 알지 못하였다. 때문에 음향학(音響學)의 원리를 이용하여 과학적인 해석을 내리지 못하고 도리어 음양오행을 요상한 기운과 연결해서 그것을 양택(陽宅)의 재화를 물리치는 보편적인 방법으로 간주하고 이유를 불문하고 사용함으로써 마침내 과학을 미신으로 바뀌게 만들었던 것이다.

봉건 전제 사회에서 봉건 관원들의 발달과 쇠퇴는 항상 순식간에 일어나는 일이다. 사람들은 이러한 전제 사회의 통치 제도가 가지는 특징을 이해하지 못하고 도리어 이러한 인생의 무상을 음택·양택이라는 풍수오행의 액땜으로 귀결시켰다. 『휘진삼록』에는 다음과 같은 기록이 있다.

35) 『該聞錄』 참조.

소흥(紹興) 경신(庚申) 해의 청명절에 부모를 모시고 산음(山陰)[36]에 살았는데 갓 총각 때였다. 학자인 장요수(張堯叟)가 구강(九江)[37]에서 선인을 따라왔다가 마침 악후(嶽侯) 부자가 사형 집행을 받았다는 소식을 들었다. 장요수가 말하기를, "내가 지난해에 강려(羌廬)에서 악후가 어머니를 장사 지내는 것을 보았는데 의식 행렬이 심히 성대하여 구경하는 자들이 꽉 들어차서 산속이 마치 시장과 같았다." 우연히 중을 만났는데 나에게 말하기를, "악후가 장사 지낸 땅이 비록 아름답지만 왕추밀(王樞密)의 조상의 묘와 방향이 이미 같고 묘 옆 좌우의 산맥인 좌청룡과 우백호에 차이가 없으니 무덤 구덩이를 덮은 후에 자손에게 반드시 명대로 살지 못하는 자가 있겠지만 수십 년이 지나면 다시 번창하는데 자네도 그것을 알 것이다." 지금은 과연 그러한데 후일에는 어떠한지를 알지 못하겠다. 왕추밀은 바로 양민(襄敏)인데 본래 강주(江州) 사람이다. 그 부모를 고향에 장사 지내고 10명의 자식이 있었다. 보도(輔道)가 이미 뜻밖의 일을 당하였고 명우(名宇)라는 자는 막사를 나와 다리를 지나다가 말에서 떨어져 죽었다. 명단(名端)은 대궐 문에서 물이 빠지기를 기다리다가 처마에 달린 얼음 기둥이 부러져 떨어지면서 머리의 정수리 부분을 맞고 죽었다. 수십 년 후에, 보도의 아들인 염필(炎弼)·언융(彥融)이 공덕의 후손으로 조정에 등용되었는데 관리로서 지조를 지켜서 바로 내각에 올랐다. 염필의 두 아들인 만전(萬全)·만추(萬樞)는 모두 정랑(正郎)이었으나 진사에 잇따라 올랐다. 악후가 무고하게 죽은 후에 무릇 30년 만에 억울한 모함을 모두 씻고 여러 아들 및 손자들이 갑자기 죄인의 몸에서 존귀한 위치로 뛰어올랐으니 옛날의 말이 마치 귓가에 맴도는 것 같다.[38]

---

36) 산음(山陰)은 산서성(山西省)에 있는 현이다.

37) 구강(九江)은 동정호(洞庭湖)의 옛 이름이다. 원(沅)·점(漸)·원(元)·진(辰)·서(敘)·유(酉)·예(澧)·자(資)·상(湘)의 아홉 강이 흘러들어 감으로 이름 한 것이다.

38) 『揮麈三錄』, 卷3. "紹興庚申歲清明, 侍親居山陰, 方總角, 有學者張堯叟唐老自九江來從先

악비(嶽飛) 부자는 진회(秦檜) 등의 모함으로 죽었으나 30년 후에 비로소 억울한 누명을 벗을 수 있었다. 그 원인은 매우 복잡한데 풍수가들이나 풍수술을 믿는 사람들은 그것을 무덤이 흉하였기 때문이라고 귀결시켰다. 이처럼 시비를 판별하지 않고 천명 술수만을 믿는 관점은 악비 부자에 있어서 얼마나 불공평하였겠는가.

총괄하면 꼭 그렇게 믿을 수 있는 것만은 아니다. 전부 믿을 수 있다면 풍수가들의 후손들은 마땅히 황제가 되고 큰 권세가가 되어야 한다. 왜냐하면 그들은 완전히 자신을 위하여 풍수적으로 좋은 땅에 조상을 안장시켜서 후손의 부귀영화를 도와줄 수 있기 때문이다. 그러나 실제로 풍수가들은 이것으로 그럭저럭 밥이나 먹고사는 데 불과하고 그 후손들이 벼락출세한 자는 보지 못하였다. 이 때문에 풍수술은 이치에 맞지 않는 부분이 많다는 것을 알 수 있다. 바로 풍수술이 성행하던 고대 사회에서는 풍수술을 믿지 않은 자들도 많이 있었는데 『후한서』 「곽진전」에는 이를 다음과 같이 기록하였다. 순제(順帝) 때 정위(廷尉)[39]였던 하남의 오웅(吳雄)과 이고(李高)는 밝은 법률로써 공평하게 판결하여 하급 직원에서 사도(司徒)가 되었다. 오웅과 이고가 어렸을 때에 가정 형편이 빈곤하여 모친이 죽었을 때 남이 봉토(封土)하지 않은 곳을 택하여 그 가운데 매장하려고 하였다. 몇몇 풍수를 아는 술사들이 모두 "여기에 장사 지내면 후손이

人, 適聞嶽侯父子伏誅, 堯叟云, 僕去歲在羌麗, 正睹嶽侯葬母, 儀衛甚盛, 觀者塡塞, 山間如市. 邂后一僧爲僕言, 嶽葬地雖佳, 但與王樞密之先塋坐向旣同, 龍虎無異, 掩壙之后, 子孫須有非命者, 然經數十年再當昌盛, 子其識之. 今乃果然, 未知后如何耳. 王樞密乃襄敏, 本江州人, 葬其母于鄕里, 有十子. 輔道旣罹橫逆, 而有名宇者, 爲開封幕, 過橋墮馬死. 名端者侍漏禁門, 檐瓴冰柱折墮, 穿頂而沒. 后數十年, 輔道之子炎弼 · 彦融以勳德之裔, 朝廷錄用, 以官把麾持節, 升直內閣. 嶽自非辜之后, 凡三十年滿洗冤誣, 諸子若孫驟從縲紲進躡淸華, 昔日之言猶在耳也."

39) 정위(廷尉)는 진나라와 한나라 때의 형옥(刑獄)을 담당하였던 벼슬이다.

마땅히 멸족한다."고 말하였으나 오웅과 이고는 상관하지 않았다. 후에 그의 자손이 3대나 정위(廷尉)의 관직에 올라서 명망이 높은 가문으로 칭송을 받았다. 숙종(肅宗) 때 사례교위(司隷校尉)[40]였던 조광(趙光)도 풍수를 믿지 않고 집을 고치고 수선하여 풍수의 금기를 범하였으나 집안 식구들의 작위나 봉록이 홍성하고 자손이 모두 고관이 되었다. 그와 반대로, 환제(桓帝) 때 여남(汝南) 사람인 진백경(陳伯敬)은 다닐 때에 반드시 보폭을 규칙적으로 하였고 앉을 때에는 반드시 무릎을 가지런히 하였으며 개나 말을 큰소리로 꾸짖었으며 결코 죽음을 말하지 않았다. 눈으로 본 것이면 그 고기를 먹지 않았고 길을 가다가 흉한 것을 들으면 수레를 멈추고 정지하였으며 또한 부딪치면 남의 탓으로 돌리고 고향의 정자에 임시로 거주하였다. 진백경은 이처럼 금기를 성실히 지켰으나 늙어서 죽을 때까지 벼슬이 효렴(孝廉)[41]에 천거되는 데 불과하였으며 후에 또 사위에게 연루되어 태수에게 살해되었다.[42] 당시의 사람들 중에 풍수의 금기를 믿지 않는 자들도 많이 천거되었다는 것은 이것으로 증명된다.

역사적으로 일부 지식인들은 풍수술이 황당무계하다고 간주하고 많은 글을 지어 비판하였다. 명나라 사람인 당순(唐順)은 그 외 저술에서 다음과 같이 비판하였다.

> 제가(諸家)들 중에 특히 왕성한 것이 풍수이다. 천지를 나누고 오행팔괘를 떠나서 기이한 가운데 설이 더욱 많은데도 사람들이 더욱 그것을 존경하였다.

---

40) 사례교위(司隷校尉)는 수도에서 도둑을 잡고 비상을 경계하는 벼슬이다.

41) 효렴(孝廉)은 한나라의 무제(武帝)가 군국(郡國)에서 효행이 있는 사람과 청렴한 사람을 매년 한 명씩 천거하게 한 일로 인하여 명(明) · 청(淸) 시대에 과거 보는 사람을 일컬었다.

42) 『後漢書』, 卷76, 「郭鎭傳」 참조.

> 풍수가인 나는 그 처음을 알지 못하지만 내 생각으로는, 그 처음은 본래 후토험기(候土驗氣) · 측량수맥(測量水脈)으로 죽은 자를 편안하게 하여 부자간에 애정을 도운 것이 이와 같았을 것이다. 대체로 처음에는 귀음(鬼蔭)의 설은 있지 않았는데도 이 설이 유행하면서 자손으로 하여 그 조상을 매장하지 않고 길지(吉地)와 길일(吉日)을 기다리게 함으로써 사람들로 하여 수 · 화에서 벗어나지 못하게 하였다. 혹은 흙 속에 수십 년간 부패한 것을 취하여 산사태나 물의 침식이 있지 않은데도 자주 그것을 옮기는 것을 좋아하게 하였다. 심한 자는 예장요흡(豫章饒歙)하는 사이에 땅을 훔쳐서 매장하여 자주 살인의 지경에 이르렀는데도 그만두지 않았다. 그러니 풍수가들의 설을 나는 상서롭지 못하다고 생각하고 재앙이 되는 것을 두려워한다.[43]

송나라 사람인 사마광(司馬光)은 자기가 몸소 경험한 것으로 풍수술의 기만성을 설명하였다. 그는 「장론」이라는 글에서 다음과 같이 말하였다. 그 부친이 죽었을 때 가족들이 모두 말하기를, "부모를 매장하는 것은 집안의 큰일이니 풍수 음양을 보지 않는 것은 좋지 않다."[44] 그의 형은 하는 수 없이 장씨(張氏)의 성을 가진 풍수가를 찾아갔다. 풍수가에게 보통 수고비의 20배나 많은 돈을 주면서 반드시 자기의 지시에 따라야 할 것을 조건으로 하였다. 풍수가도 매우 기쁘게 동의하였다. 이에 사마광의 형은 자기의 생각에 따라 년 · 월 · 일 · 시를 선정하고 또한 묘혈의 심 · 천 ·

43) 『明文海』, 卷317, 「書地理況鶴岡卷」. "諸家之中, 其尤熾者曰堪輿, 其指劃天地, 支離五行八卦, 奇中之說尤多, 而人尤尊之. 堪輿家吾不知其所始, 吾意其初本以候土驗氣 · 測量水脈, 以寧死者而贊慈孝, 如是而已. 盖未有鬼蔭之說也, 自此說之行, 至使子孫露其先人不葬, 以待吉地與吉日, 致其人而不免于水火者有矣, 或取土中數十年之陳胔, 非有山崩水齧而好數徙之. 甚者, 豫章饒歙之間盜地以葬, 往往至于殺人而不止. 然則, 堪輿家之說, 吾懼其不爲祥而爲孽也."

44) 『宋文鑑』, 卷96, 「葬論」. "葬親是一家大事, 不看風水陰陽是不行的."

대 · 소 및 송장의 길을 규정하였는데 모두 일의 편의를 기준으로 하였다. 장씨의 성을 가진 풍수가가 장서(葬書)에 근거하여 논증한 연후에 '크게 길하고 크게 이롭다'는 결론을 얻은 것을 가족들에게 보여 주었다. 가족들은 모두 귀하다고 믿었고 반대하는 사람이 없었다. 사마광의 집안에서 부친을 안장한 것은 실제로 풍수가의 말을 결코 사용하지 않았지만 사마광의 집안에 어떤 재앙도 가져다주지 못하였으며 그와 형은 모두 장수하였고 집안에서 관직에 오른 자가 23명이나 되었다. 그렇게 장서(葬書)를 믿던 사람들도 사마광의 집안보다 좋지 못하였다. 사마광은 사실로써 풍수술이 믿을 수 없다는 것을 증명하였다.

풍수술이 비록 미신이지만 믿고 따르는 자가 많은 술수가 된 것은 그것 안에 또한 합리적인 요소가 없지 않기 때문이다. 이러한 합리적 요소는 사람들 거주환경의 조절 · 적응에 대한 경험에서 총괄된 것이다. 풍수술은 이러한 경험을 차용하거나 흡수하여 그것의 겉만을 바꾸어 선험적 미신의 면모를 나타냈지만 그것 자체에 내재하는 합리성 때문에 많은 효험을 나타내기도 하였다. 『제동야어』에서는 다음과 같이 기록하였다.

양화왕(楊和王)이 전암(殿巖)에 살 때에, 맑은 호수에 홍복교(洪福橋)를 세웠는데, 그 건물 규모가 매우 커 자신이 거기에 거처하였는데 옆에 늘어선 네 채의 집이 모두 매우 광대하고 아름다웠다. 준공하는 날에 외부 사람들이 많이 와서 구경하였다. 상택(相宅)을 잘 보는 중이 말하기를, "이것은 거북이 모양이니 수(水)를 얻으면 길하고 수를 잃으면 흉하다." 화왕이 특히 그 집을 좋아하였기 때문에 조용히 연주를 듣다가 호수를 끌어들여 그 집을 둘러싸려는 뛰어난 생각에 수긍하였다. 이에 말하기를, "짐에게는 불가능한 것이 없다. 다만 밖으로 어떤 말이 있으면 그것을 신속하게 시행할 뿐이다." 물러나서 병사 수백 명에게 해진을 팔 것을 독촉하고 또한 많은 백성들을 징집하여 밤낮으로 계속하였다. 들어가서는 오방원(五房院)에서부터 나가서는 혜리정(惠利井)까지 꾸불꾸불하게 굽은 모양으로 둘린 것이 거의 수백 미터나 되었는데 밤낮으로 하여 3일 만에 일이 끝났다. …… 이로부터 백여 년간에 화재가 없었는데 사람들이 모두 신성시하였다.[45)]

고대의 건축은 바로 전목(磚木) 구조이기 때문에 화재가 발생하기가 쉽다. 양화왕이 세운 이처럼 거대한 건축물은 세우면서 만약 물의 근원이 없을 경우, 일단 불이 나면 속수무책이다. 때문에 중이 물을 끌어들여야 한다는 건의를 제기하여 주택의 안전을 확보하려는 관점은 매우 일리가 있다. 그러나 그것은 운수의 길흉과는 무관하다. 풍수술은 숙명에서 시작하여 숙명에 돌아가니 완전히 봉건사회의 미신 활동이다. 전체적으로는 마땅히 버려야 하겠지만 물고기의 눈알을 진주라고 속이는 가운데에 합리적인 성분을 식별하고 발굴해 내는 것도 나름대로 유익한 점이 없지 않을 것이다.

4. 오행과 측자

측자(測字)[46)]는 바로 한자를 이합(離合)하거나 분석하여 길흉을 판단하

---

45) 『齊東野語』, 卷4, 「楊府水渠」. "楊和王居殿巖日, 建第淸湖洪福橋, 規制甚廣, 自居其中, 旁列諸子四舍 皆極宏麗. 落成之日, 縱外人游觀, 一僧善相宅云, 此龜形也, 得水則吉, 失水凶. 和王方被殊眷, 從容聞奏, 欲引湖水以環其居, 思陵首肯曰, 朕無不可, 第恐外庭有誤, 宜密速爲之. 退卽督濠寨兵數百, 且多募民夫, 夜以繼晝, 入自五房院, 出自惠利井, 蜿蜒縈繞凡數百丈, 三晝夜卽竣事. …… 自此百餘年間無聞火災, 人皆神之."

46) 측자(測字)는 문자를 편(偏) · 방(旁) · 관(冠) · 각(脚) 따위로 분해하여 그 뜻에 따라 일의 길흉을 점치는 점복의 일종이다.

는 것이다. 측자술도 오행 학설 속에서 약간의 이론을 흡수하여 자기의 입론의 근거로 삼았다. 그렇지만 산명(算命)이나 풍수(風水) 등의 술수와 비교해서 보면, 측자술은 실제 운용에 오행에 대한 의존도가 전자들과는 사뭇 다르며 또 오행과는 잠시도 떨어질 수가 없다.

측자술에서는 한자를 금·목·수·화·토의 다섯 개의 큰 격식으로 나눈다. 목식(木式)에서 보면, "곧고 기울지 않은 것이 목이다." 즉 (丨)형이다. 대체로 글자 중에 치우치지 않고 기울어지지 않는 수직(竪)이라야 비로소 목으로 간주할 수 있다. (丨)인 목이 만약 상하좌우로 기댈 수 없는 것을 또한 냉목(冷木)이라 부른다. 수직인 (丨)을 가로로 놓아 가로로 3획이 평행한 것이 바로 (三)형인데 습목(濕木)이라고 부른다. 습목은 반드시 가로의 2획이 짧고 1획은 길며 좌우에 갈고리 모양이 없어야 한다. 예를 들면 '춘(春)' 자와 같이 위가 3획이라야 비로소 습목이다. 대체로 좌우에 갈고리 모양의 필획이 있거나 3획에서 장단을 구분하지 않는 글자는 모두 목으로 간주할 수 없다. 을형(乙形)은 주선(舟船)의 목이니 수면 위의 일을 점치는 데 쓰인다. 만약 다른 일을 점치는 데 쓰이면 토로 간주한다.

화식(火式)에서 보면, "삐침(丿)이 길거나 삐침이 짧은 것은 모두 화가 된다." 필획이 삐치는 것은 장단을 막론하고 모두 화로 간주한다. "점(丶)변이 삐침을 얻으면 염화(炎火)가 된다." 즉 (丷)형이지만 만약 점이 삐침(丿)과 서로 연결되지 않으면 점은 수에 속하여 염화로 간주할 수 없다. "팔(八) 자가 서로 기다려서 화를 구할 수 있다." (八)형은 여화(余火)가 되지만 '팔' 자형 가운데 오른쪽 삐침과 왼쪽 삐침의 두 필획은 반드시 길이가 같아야 한다. 그렇지 않으면 '팔' 자 가운데 오른쪽으로 삐친 것은 금으로 간주하고 왼쪽으로 삐친 것은 화로 간주한다. "네 점은 진화(眞火)의 화와 연결되지 않는다." 즉 (灬)형으로 진화(眞火)라고 부른다. 예를 들어 (丶)을 찍는 필법이 서로 연결되어 끊어지지 않으면 수에 속한다.

토식(土式)에서 보면, "가로의 필획에 갈고리 모양(勾)이 이어진 것을 토라고 칭한다." 바로 (乛)형이다. 만약 가로의 획에 갈고리 모양이 없고 수직이 없고 오른쪽 비침(撇)이나 왼쪽 삐침(捺)이 서로 도우면 한토(寒土)가 되어 수의 쓰임으로 변한다. 예를 들면 '이(二)' · '단(旦)' 등의 글자와 같다. '혈(血)' · '토(土)' 등의 글자처럼 가로와 세로가 서로 연결되면 한토가 아니다. "가로와 세로가 동시에 겹친 토가 가장 깊다." 즉 (十)형으로 심토(深土)라고 부른다. 왜냐하면 가로 가운데 하나의 수직인 목이 있으니 깊고 두터운 토가 아니면 나무를 배양할 수 없기 때문에 '심토'라고 불렀다. "한 점이 공중에 매달려 있으면 토가 먼지에 들어간다." 즉 (丶)형이다. 마치 모래 · 먼지 · 흙과 같지만 이 한 점은 반드시 공중에 매달려 있어야 한다. 보통은 모두 한 점이 마지막 필획이 되지만 만약 점이 다른 필획과 서로 연결되면 토가 아니고 수에 속한다. 예를 들어 '구(求)'나 '과(戈)' 자의 경우 모두 마지막 필획의 한 점이 공중에 매달려 있으니 토이다. '문(文)' · '호(戶)' 등의 글자는 모두 한 점을 시작으로 하여 가로와 서로 연결되기 때문에 수에 속한다. "점(丶), 오른쪽 위로 삐침[47], 왼쪽 삐침(丿)[48], 오른쪽 삐침(㇏)[49]이 서로 모이면 이후에 모두 토로 변한다." (㐅)형은 또한 토로 간주하니 마치 '필(必)' 자와 같다.

금식(金式)에서 보면, "한 번 오른쪽 위로 삐치고 한 번 오른쪽 아래로 삐치는 것이 모두 금이 된다." 즉 (丿)와 (㇏)형이지만 (丿)의 삐침이 시작되는 곳에는 반드시 봉첨(鋒尖, 뾰족함)이 있어야 한다. 만약 차고 일어나는데 날카로운 끝이 없으면 금으로 간주하지 못한다. "왼쪽으로 삐침(丿)에는 반드시 아래로 늘어뜨려져야 비로소 금이 된다." 즉 (㇏)형이다. 만

47) 조(挑)는 예를 들면 氵이나 扌에서 오른쪽 위로 삐친 모양을 말한다.
48) 별(撇)은 왼쪽으로 삐친 모양(丿)을 말한다.
49) 날(捺)은 오른쪽으로 삐친 모양(㇏)을 말한다.

약 왼쪽으로 삐침(ノ)의 방향이 평평하면, 예를 들어 (⻍) 방이면 이와 같은 삐침은 토가 아니고 수에 속한다. "입은 작은 금이라야 비로소 말하기가 좋다." (口)형도 금이지만 반드시 작은 입이어야 한다. 만약 글자의 테두리가 '인(因)'·'국(國)' 등의 글자와 같으면 금으로 간주할 수 없다. "배 속에 가로로 짧은 것은 주머니 속의 금이다." 즉 (目)형이다. 가령 눈 속에 가로의 두 줄이 길고 가득 차면 근원이 없는 물로 변한다. 만약 눈 속에 점이 두 개이고 가로의 짧은 두 줄이 아니면 또한 수이고 금이 아니다. "두 점에 오른쪽 위로 삐침을 더하면 금이 수에 있다" 즉 (氵)형이다. 이러한 금은 바로 수 속의 금이라는 뜻이다. "공중에 떠 있는 구름이 홀로 차가운 금을 자른다." 즉 (几)형으로 한금(寒金)이라고 부른다. "심을 뚫고 지나가서 오른쪽으로 삐침(㇏)이나 왼쪽으로 삐침(ノ)의 화가 금을 길러 낸다." 즉 (乂)형이다. 이것은 금이 화 속에 있다는 뜻이다.

수식(水式)에서 보면, "한 점이 머리의 끝이 되는 것을 수(水)라고 칭한다." 즉 (丶)형이다. 이 한 점의 수는 우로수(雨露水)이다. 세 개의 수직이 서로 연결된 것도 수이니 즉 (川)형이다. 왜냐하면 하천(川)은 강이 되어 산천으로 흐르기 때문이다. 그것 자체가 수와 비슷하기 때문에 '천(川)'자도 수의 부류에 귀속시켰다. 중앙에 가로로 꽉 메운 하나는 바로 근원이 없는 수이니 즉 (日)형이다. 만약 가로가 짧고 꽉 차지 않으면 금으로 간주한다. 그것의 변형은 평평하다가 삐치는, 즉 (⻍)형이니 '평온수(平穩水)'라고 칭한다. 여러 점이 서로 연결된 것이 바로 (﹏)형이니 야수(野水)라고 칭한다. (一)형은 토한(土寒)이 수로 변하였지만 만약 가로 위에 다른 필획에 의지함이 있으면 여전히 토로 간주하고 수가 되지 못한다.

한자는 금·목·수·화·토의 다섯 가지 형식으로 나누는 외에도, 어떤 필획이 오행을 온전히 갖춘 필획에 속하는지를 보기도 한다. 예를 들어 (丶) 점의 경우, 점이 단정하고 흠이 없으며 까마귀 부리 모양을 띠면 오행을 온전히 갖춘 필획이다. 만약 위의 형식에 부합되지 않으면 여전히 수로 간주한다. (—) 자형도 오행이 온전히 갖추어진 혼연한 일기(一氣)의 모양이다. (O) 원형은 오행이 천을 완비한 형상이고 (口) 국자의 테두리가 "네 개의 광(匡)에 바람이 없으면 오행을 완비하게 된다." 다시 말하면 '국(國)' 자의 테두리인 네 개의 광이 긴밀하고 빈틈이 없어 바람이 통하지 않아야 오행을 완비하였고 만약 필획이 뜸하여 바람이 새면 옳지 않다. 그것은 옛사람들의 '천원지방(天圓地方)'의 관념을 반영하여 오행이 바로 천지만물의 근본이기 때문에 원(圓)과 방(方)은 모두 오행을 온전히 갖춘 상이 된다.

다른 술수처럼, 측자술도 마찬가지로 오행을 천간·팔괘와 서로 배합하여 자기의 독특한 내용의 오행 간지와 오행 팔괘를 형성함으로써 한자를 체계적으로 분류하였다.

천간 속의 갑을(甲乙)·지지 속의 인묘(寅卯)는 목에 속하는데, 한자 목식(木式)의 필획과 서로 배합하면 다음과 같다. 글자 중에 수직이고 긴 것은 갑인(甲寅)이 되고 양목(陽木)이 되며, 가늘고 짧은 것은 을묘(乙卯)가 되고 음목(陰木)이 된다. 그러나 (☰)형인 습목(濕木)이나 (乙)형인 심구목(心鉤木)은 간지 속에 자리가 없어서 간지와 배합할 수 없다. 예를 들어 '차(車)' 자의 경우, 중앙에 하나의 수직이 위부터 아래에 이르기까지 강건하여 손실이 없으면 갑인(甲寅)의 목이지만, '행(幸)' 자의 경우처럼 위에 있는 하나의 수직과 아래에 있는 하나의 수직이 모두 짧고 약하면 을묘(乙卯)의 목으로 간주한다.

천간 중의 병정(丙丁)과 지지 중의 사오(巳午)는 화에 속하는데, 이것을 글자 중의 화식(火式)의 필획과 서로 배합하면 다음과 같다. 왼쪽으로 삐침(丿)이 긴 병사(丙巳)는 양에 속하고, 왼쪽으로 삐침(丿)이 짧은 정오(丁午)는 음에 속한다. 예를 들어 '려(廬)' 자 속의 한 삐침(丿)이 비교적 긴 것은 병사(丙巳)의 화이고 '종(從)' 자처럼 삐침이 비록 많지만 비교적 짧으니 이것은 정오(丁午)의 화이다. '팔(八)' 자형 및 네 점(灬)의 부류는 모두 화의 여분의 것이니 간지로 논하지 않는다.

천간 속의 무기(戊己)와 지지 속의 진술축미(辰戌丑未)는 토에 속하는데 이것을 글자 중의 토식(土式)의 필획과 서로 배합하면 다음과 같다. 가로 속에 수직이 있는 것은 무토(戊土)로 양에 속하고, 필획이 짧고 가로획이 가벼운 것은 기토(己土)로 음에 속한다. 길면서 거친 것은 술진(戌辰)이 되어 양에 속하고, 끝점에 갈고리 모양이 있는 것은 모두 축미(丑未)가 되어 음에 속한다. 예를 들어 '율(聿)' 자의 경우, 가운데 두 번째 필획이 길고 마지막 필획이 길며 그 나머지는 모두 비교적 짧은데, 그렇다면 긴 것은 양토(陽土)가 되고 짧은 것은 음토(陰土)가 된다. 반드시 가로획 중에 세로획이 있는 것을 기준으로 삼아야 하는데 만약 세로획이 없거나 도와주는 것이 없다면 마땅히 별도로 취급해야 한다. 가볍고 가는 필획은 비록 길어도 음토(陰土)로 간주한다.

천간 중의 경신(庚辛)과 지지 중의 신유(申酉)는 금에 속하는데 이것을 글자 중의 금식(金式)의 필획과 서로 배합하면 다음과 같다. '구(口)' 자는 경신(庚申)이 되고 양금(陽金)이 되며 오른쪽 위로 삐침이 유(酉)를 따르고 오른쪽 삐침이 신(辛)을 따르면 음금(陰金)이 된다. 공중에 떠 있는 차가운 금과 주머니 속의 금은 모두 간지의 수 안에 넣지 않는다.

천간 중의 임계(壬癸)와 지지 중의 해자(亥子)는 수에 속하는데 이것을 '수(水)' 자 속의 수식(水式)의 필획과 배합하면 다음과 같다. 점이 끝에 있는 것은 계(癸)가 되고 배 속에 있는 것은 자(子)가 되며, 점이 허리 속에 있는 것은 해(亥)가 되고 점이 발아래에 있는 것은 임(壬)이 된다. 그 나머지는 야수(野水)로 간지에 들어가지 못한다. 예를 들면 '문(文)' 자와 같이 한 점이 머리 끝에 있는 것은 계수(癸水)이고, '월(月)' 자와 같이 배 속에

두 점이 있는 것은 자수(子水)이며, '경(景)' 자와 같이 속에 허리 가운데 한 점이 있는 것은 해수(亥水)이고 아래 방면에 두 점이 있는 것은 임수(壬水)이다.

오행과 팔괘가 서로 배합하면 다음과 같다. (口)형은 태괘(兌卦)가 되고 오른쪽으로 삐침(㇏)은 건괘(乾卦, 금)가 된다. 3획에 손상됨이 없으면 건괘도 또한 그러하다(금). 세 점이 같이 와야 비로소 감괘(坎卦, 수)가 된다. 왼쪽으로 삐침(丿)이 둘인 것은 리괘(離卦, 화)가 되고 토인 산이 위에 있으면 이름이 간괴(艮卦, 토)가 되고 아래에 있으면 곤괘(坤卦)가 되지만 (토)라고 말하지 않는다. 뱀의 형체로 홀로 비침은 모두 손괘(巽卦, 목·화)를 따르고 뭉계구름이나 용머리는 진괘(震卦, 목)가 된다. 팔괘로 흉사(凶事)를 아는 것을 상세히 설명하였으니 학자들이 이를 참고하여 깊이 연구하면 얻는 바가 있을 것이다.

측자술 중에 오행과 육신(六神)을 서로 배합하면 다음과 같다. 목은 청룡(青龍)과 짝하고 주작(朱雀)·등사(螣蛇)[50]는 화에 속하며 구진(勾陳)은 토에 속하고 백호(白虎)는 금에 속하며 현무(玄武)는 수에 속한다.

측자술이 이미 한자를 오행의 격식으로 구분하였다면 동일한 글자 속에서도 동시에 몇 행이 병존할 수 있다. 측자술가들은 이를 오행의 생극원리에 근거하여 계산하였다. 예를 들면 "수가 목 속에서 흐르니 남을 대신하여 때를 제거한다." "목이 수에서 나오니 몸에서 벗어나기가 오히려 어렵다." "금이 이중으로 쇠약한 화에 이른다." "녹인 금은 그릇을 만들기가 어렵다." "약한 금이 목을 이기면 도리어 자신을 손상시킨다." "금이 많으면 자식이 많으나 토가 아니면 그렇게 될 수 없다." "토가 두터우면

50) 등사(螣蛇)는 용과 비슷한 신사(神蛇)로, 운무(雲霧)를 일으키며 몸을 감추고 나타난다고 한다.

재물이 후하니 화가 생겨나지 않을 수 없다." "수가 차가우면 목이 외로우니 형제가 의지하기가 어렵다." "금이 차가우면 토가 두텁지 않으니 조상의 공적이 경박해진다."는 등이다.

한자를 오행의 격식으로 나누는 외에, 글자의 전체 형상으로 보아도 오행의 구분이 있다. 위로 크고 넓으면 화가 바로 생겨나고, 단단하고 척박하지만 힘이 있으면 목이 무성하다. 금은 네모져야 하고 수는 둥글어야 하며 토는 비옥해야 하고 목은 곧아야 한다. 화가 왕성하면 관원이나 재상에 임명되고, 수가 왕성하면 궁궐의 호출이 있다. 목이 왕성하면 인(仁)이 온전하고 의(義)가 넓어지며, 금이 왕성하면 성질이 급하고 마음이 강하다. 토가 박하면 집을 떠나서 조상을 받들지 못하게 되고, 토가 두터우면 복록이 면면하게 이어진다. 목이 적고 수가 많으면 뿌리가 썩고, 금이 많고 화가 많으면 서너 집 살림을 하게 된다. 금이 기울면 반드시 자식이 없고 목이 굽으면 중간에 재물이 풍족하지 않다. 다른 사람이 쓴 글자에도 모두 경중(輕重)·조세(粗細)·방원(方圓)·견수(堅瘦)의 구분이 있다. 다른 사람에는 또한 다른 명상(命相)이 있고 명상과 필적에도 오행생극의 관계가 나타난다. 예를 들면, 금의 명상이 화의 필적을 만나면 주로 처자를 잃을 수 있고, 목의 명상이 금을 만나면 재산의 손해를 보는 일이 있으며, 수의 명상이 토의 필적과 알맞지 않으면 사내아이를 낳지 못하고, 화의 명상이 만약 수의 필적을 만나면 반드시 구설수가 생기며, 토의 명상이 목의 필적을 만나면 조상에게서 물려받은 재산을 저절로 잃게 된다.

측자술에서도 오행·사계절의 휴(休)·수(囚)·생(生)·왕(旺)의 이론을 끌어들이고 있다. 오행·사계절과의 대응은 다음과 같다. 즉 봄은 목이고 여름은 화이며 가을은 금이고 겨울은 수이다. 토를 사계절과 배합하면 글씨를 쓴 것이 초목과 같다. 글씨를 쓴 것이 봄과 여름에 있으면 생명이 왕성하여 재물이 있고 가을과 겨울에 있으면 쇠약해져서 재앙이 많다.

다른 것들도 이와 같이 유추해 나간다.

측자술에서도 사방과 오행을 중시하였다. 예를 들어 여행자의 측자인 경우, 가는 방향과 글자의 오행 속성에는 생극(生克) · 제화(制化)의 관계가 존재한다. 측자서의 기록에 근거하여 말하면 다음과 같다. 강남에 어떠한 부자가 머슴을 데리고 서울에 갔다. 떠나기 전에 또 다른 한 명의 머슴을 더 데리고 갔다. 이 여행의 길흉을 예측하기 위해서 '화(火)' 자를 써서 측자술사에게 물었다. 측자술사가 말하기를, "이 여행은 크게 길하다. 왜냐하면 '화(火)' 자를 겹쳐 놓은 것이 '염(炎)' 자인데 북방은 수의 고향이고 이 여행에는 이미 유익하다는 뜻이 있기 때문에 이롭다." 측자술사가 해석하기를, "당신의 두 머슴은 남방 사람이고 남방은 오행에서 화의 땅에 속한다. 수행원의 세력이 반드시 뜨겁고 글자 가운데 또한 이중의 화가 있으니 그 세력이 너무 지나치다. 다행히도 북쪽의 수가 왕성한 고향으로 이동하여 수를 얻어서 화의 왕성한 세력을 저지하니 바로 길하고 이로운 상이다." 이러한 예는 오행과 오방 간의 생극 관계를 측자 속에 운용한 것이다.

오행생극을 측자술에 운용하는 것은 물론 그 술수를 깊이 탐구하여 그 예측의 이론적 근거를 얻게 하려는 것이다. 역사적 기록 · 소설 혹은 인물의 전기 가운데 측자술과 유관한 실례 속에는 오행 필식(筆式) 생극의 분석을 언급한 고사가 매우 적다. 측자술은 항상 글자의 분합(分合) · 증감(增減)에 나아가서 길흉을 말하였다. 예를 들면 다음과 같다. 양송이 교체하던 시기에 유명한 측자술사인 사석(謝石)이, 한 번은 조정의 관원을 위하여 문자점을 쳤다. 이 관원의 처가 임신한 지 이미 13개월이 되었는데 아직 분만하지 못하였기 때문에 그 처가 '야(也)' 자를 써서 남편에게 가지고 가서 측자술사에게 묻기를 청하였다. 사석이 글자를 보고 말하기를, "이 글자를 너의 집사람이 쓴 것인가." 관원이 물었다. "어떻게 아셨습니까.” 사석이 말하기를, “언(焉) · 재(哉) · 호(乎) · 야(也)는 모두 말의 어조사이기 때문에 당신의 처가 쓴 것이라는 것을 알았다.” 사석은 또한 글자에 근거하여 그 처의 나이가 31세임을 추측하였다. 왜냐하면 글자가 위로 30이 되고 아래로 한 자가 되기 때문이다. 사석이 또 분석하여 말하기를, “‘야(也)’ 자가 수에 붙으면 지(池)가 되고 말에 있으면 치(馳)가 된다. 지금 연못으로 가지만 물이 없고 땅으로 달리지만 말이 없다. 이와 같으니 어떻게 움직일 수 있겠는가. 게다가 당신 처의 부모 · 형제 및 친척이 이미 있지 않다. 왜냐하면 ‘야’ 자가 사람에 붙으면 ‘타(他)’ 자가 되지만 사람이 있음을 볼 수가 없기 때문이다. 당신 처가의 자산도 이미 탕진하였으니, 왜냐하면 ‘야’ 자가 토에 붙으면 ‘지(地)’ 자가 되지만 토가 있음을 볼 수가 없기 때문이다. 이러한 일들이 내가 말한 것과 같은가.” 관원이 말하기를, “확실히 모두 당신이 말한 것과 같지만, 이러한 것들은 모두 내가 물으려는 것이 아니다. 다만 처가 임신하여 달이 지났는데 지금까지 아이를 낳지 못하니 마음으로 걱정되어 선생에게 어떤 결과가 있을지를 물으려는 것이다.” 사석이 말하기를, “당신의 처가 임신한 지가 이미 13개월이 되었는가.” 관원이 그렇다고 대답하였다. 사석이 연이어 말하기를, “‘야’ 자를 나누면 13이 되기 때문에 임신한 지 13개월이 되었음을 아는 것이다. 다만 부인에게는 길조가 아니니 임신한 것은 기형아이다. ‘야’ 자에 충(虫)을 더하면 ‘사(虵)’ 자가 되니 빨리 치료해야 한다.” 아울러 치료의 방법을 가르쳐 주었다. 관원이 돌아가서 치료 방법에 따라 행하자, 그 처자가 과연 큰 뱀을 낳았다[사(虵)는 蛇의 속자이다]. 이러한 예에서 다음과 같은 사실을 알 수 있다. 즉 사석이 ‘야’ 자를 예측한 것은 결코 ‘야’ 자의 오행 속성을 분석하지 않고 다만 ‘야’ 자만을 분석하거나 조합하여 화복을 예측하였다는 것이다. 고적 속에 기록된 측자의 실례에는 오행을 언급한 것이 많지 않은데 그 원인에는 두 가지가 있다. 하나는, 오행의 필획을 사용하여 글자를 예측함으로써 전문성이 너무 강하여 전기나 소설을 기록하는 작자와 독자가 받아들이지 못하였기 때문이다. 다른 하나는, 한자와 오행의 관계가 실제로 견강부회하여 둘의 결합이 결코 엄밀하지 못하고 각자 분리될 수 있었기 때문이다. 글자를 분석하는 술수가 기존 방법의 구속을 받지 않기 때문에 말하는 자마다 모두 글자에 나아가서 글자를 논할 수 있었다. 술사들이 한자의 특성만을 알면 상대방의 말과 안색을 살펴서 그 의중을 잘 헤아릴 수 있고 임기응변에 능하기만 하면 간판을 걸어 놓고 남을 위하여 문자점을 쳐 줄 수 있었다. 즉 일부 떠돌이 서생들이 많은 훈련을 필요로 하지 않으면서 이것을 업으로 하여 생계를 유지할 수 있었기 때문이다.

측자술사들의 입에서 나오는 대로 함부로 지껄이는 말은 곧이들을 가치가 없다. 『이견지보』에서는 다음과 같은 고사를 기록하였다.

복건성(福建省)에 살던 선비인 조인걸(曹仁杰)은 순희 말년에 가을에 보는 과거 시험에 참가하여 관직에 임명되기를 기다리다가 다음 해에 서울로 올라왔다. 가난하고 돈이 없어 점을 팔아서 생활하였다. 시장에서 점을 팔고 있는데 한 사람이 점을 보러 왔다. 이때 옆에 있던 관원이 필획 때문에 화를 냈는데, '사(事)' 자는 매우 크지만 아래에 삐침이 없고 '우(憂)' 자는 반이 떨어져 나갔으며 '희(喜)' 자는 아래 필획이 꽉 차지 않았다는 것이다. 조인걸이 그것을 해석하여 말하기를, "당신은 아마도 공무를 담당하는 것 같은데 그 화의 크기가 하늘과 같다. 그러나 걱정할 필요가 없으니 이 달이 지나가면 도리어 재물을 얻는 기쁨이 있을 것이다." 손님이 그 말에 대한 가르침을 청하자 말하기를, "관원이 이미 화를 낸 것은 걱정이 되지만 일이 원만하지 못하기 때문에 해가 없다는 것을 알았다. 걱정이 지나가면 기쁨이 이르니, 아래에 떨어져 나간 필획은 모름지기 달이 바뀌기를 기다리면 길하다." 손님이 말하기를, "진실로 말한 것과 같다면 나는 반드시 사례를 하겠다." 이에 기뻐하면서 떠나갔다. 10일 후에 2만 원을 가지고 와서 전하면서 곡절을 말하지 않고 다만 말하기를, "당신의 술수 신통력은 도성 안에 점 보는 가게가 길에 가득하지만 공만 한 자가 없다. 내가 공의 훌륭한 명성을 널리 알리는 데 부족하나마 미력을 다하겠다." 조인걸이 머리를 조아리며 대답하기를, "나는 본래 점칠 줄은 모르고 관상을 보는 방법만을 조금 알 뿐이다. 그가 관리임을 알았고 공무가 있지 않으면 점을 보지 않기 때문이다. 그 안색을 보았는데 재액(災厄)이 있어 보이지 않아서 그렇게 말하였다." 후에 그 사람을 찾아보았더니 과연 관리였고 소송사건을 처리해 주면서 뇌물을 받았다. 원한이 있는 집안에서 장차 그를 고발하려고 하였으므로 심히 두려워하고 있었으나 부서의 장관이 내버려 두고 상관하지 않았기 때문에 마침내 돈 3십만 원을 벌게 되었던 것이다.[51)]

조인걸은 충분한 여비를 벌기 위해 길거리에서 점을 팔았을 뿐이고 실은 문자점을 칠 수 있는 자가 아니었다. 그렇지만 그는 점을 보러 오는 자가 관청의 하급 관리임을 알았고 또한 '공무가 있지 않으면 점을 보지 않을 것'을 예측하였다. 동시에 관리 사회에 관리들끼리 서로 눈감아 주는 폐단을 알았기 때문에 비록 함부로 말한 것 같지만 입에서 나오는 대로 지껄인 것은 아니었다. 또한 자신의 말을 그럴듯하게 꾸밀 수 있었기 때문에 사람이 신복하지 않을 수 없었다.

---

51) 『夷堅志補』. "閩士曹仁杰, 淳熙末預秋榜待補, 明年入都. 貧無裝資, 假賣卜自給, 在市售卦, 一人來卜, 爲畵一官人發怒, 一事字甚大, 而無挑脚, 憂字半缺 一喜字下畫不滿. 解之曰, 君恐當官事, 其禍大如天, 然憂不成, 出此月, 翻有獲財之喜. 客請其說曰, 官既怒爲可憂, 而事不圓, 故知無害. 憂去則喜至, 以下缺畫, 須候改月乃吉. 客曰, 誠如所言, 吾必奉謝. 欣然而去. 后旬日, 持二萬錢來饋, 不談曲折, 但云, 足下之術神通, 都城卦肆滿街, 無如公者, 當廣揚盛名, 少效寸力耳. 曹之友叩之, 答曰, 我本不能卜筮, 而粗曉相法, 認彼是公吏, 非有公事不卜, 視其面色, 不見有災厄, 以是言之. 后訪其人, 果是府吏, 因治獄受賕, 怨家將告之, 懼甚, 府尹置不理, 遂得錢三百千."

5. 오행과 택길

택길(擇吉)은 사람들이 각종의 생산 · 생활 활동을 할 때에 길일(吉日) · 길시(吉時) · 길방(吉方)을 선택하는 술수이다. 그것은 간지 역법을 기초로 하고 팔괘(八卦) · 오행(五行) · 구성(九星) · 28수(二十八宿) · 12직(十二直) · 6요(六曜) 등을 내용으로 하여 년 · 월 · 일 · 시의 각종의 신살(神煞)을 따지고 계산하여 길일을 찾아내는 방법을 취한다.

오행을 사용하여 길일을 계산하는데, 그 원리는 다만 오행의 생(生) · 극(剋) · 형(刑) · 충(冲) · 해(害) · 화(化) · 합(合)과 오행의 왕(旺) · 상(相) · 휴(休) · 수(囚) · 사(死) 및 12궁에 기생하는 생(生) · 묘(墓) · 사(死) · 절(絶)뿐이다. 택길술은 이것으로 길흉을 판단하는 준칙을 삼아서 길흉의 체계를 만들어 내었다.

(1) 오행의 생극 원리에 근거하여 길흉을 추론한다

택길술 중에 간지에 속하는 오행이 상생(相生) · 상합(相合)하여 천지와 합하는 것은 길하고 이롭지만, 반대로 상극(相克) · 상충(相冲) · 상해(相害)하여 천지의 기운에 충돌이 발생하면 바로 흉하고 좋지 않다.

천간이 지지를 낳는 것을 보일(寶日)이라 부른다. 예를 들면 정축(丁丑, 화가 토를 낳는다) · 병술(丙戌, 화가 토를 낳는다) · 갑오(甲午, 목이 화를 낳는다) · 경자(庚子, 금이 수를 낳는다) · 임인(壬寅, 수가 목을 낳는다) · 계묘(癸卯, 수가 목을 낳는다) · 을사(乙巳, 목이 화를 낳는다) · 정미(丁未, 화가 토를 낳는다) · 무신(戊申, 토가 금을 낳는다) · 기유(己酉, 토가 금을 낳는다) · 신해(辛亥, 금이 수를 낳는다) · 병진(丙辰, 화가 토를 낳는다) 등으로 천간이 지지를 낳는 날은 최고로 길하다.

지지가 천간을 낳는 것을 의일(義日)이라고 부른다. 예를 들면 갑자(甲

子, 수가 목을 낳는다) · 병인(丙寅, 목이 화를 낳는다) · 정묘(丁卯, 목이 화를 낳는다) · 기사(己巳, 화가 토를 낳는다) · 신미(辛未, 토가 금을 낳는다) · 임신(壬申, 금이 수를 낳는다) · 계유(癸酉, 금이 수를 낳는다) · 을해(乙亥, 수가 목을 낳는다) · 경진(庚辰, 토가 금을 낳는다) · 신축(辛丑, 토가 금을 낳는다) · 경술(庚戌, 토가 금을 낳는다) · 무오(戊午, 화가 토를 낳는다) 등으로 지지가 천간을 낳는 것은 그다음으로 길하다.

천간이 지지를 이기는 것을 제일(制日)이라 부른다. 예를 들면 을축(乙丑, 목이 토를 이긴다) · 갑술(甲戌, 목이 토를 이긴다) · 임오(壬午, 수가 화를 이긴다) · 무자(戊子, 토가 수를 이긴다) · 경인(庚寅, 금이 목을 이긴다) · 신묘(辛卯, 금이 목을 이긴다) · 계사(癸巳, 수가 화를 이긴다) · 을미(乙未, 목이 토를 이긴다) · 병신(丙申, 화가 금을 이긴다) · 정유(丁酉, 화가 금을 이긴다) · 기해(己亥, 토가 수를 이긴다) · 갑진(甲辰, 목이 토를 이긴다) 등으로 천간이 지지를 이기는 것은 조금 흉하다.

지지가 천간을 이기는 것을 벌일(伐日)이라 부른다. 예를 들면 경오(庚午, 화가 금을 이긴다) · 병자(丙子, 수가 화를 이긴다) · 무인(戊寅, 목이 토를 이긴다) · 기묘(己卯, 목이 토를 이긴다) · 신사(辛巳, 화가 금을 이긴다) · 계미(癸未, 토가 수를 이긴다) · 갑신(甲申, 금이 목을 이긴다) · 을유(乙酉, 금이 목을 이긴다) · 정해(丁亥, 수가 화를 이긴다) · 임진(壬辰, 토가 수를 이긴다) · 계축(癸丑, 토가 화를 이긴다) · 임술(壬戌, 토가 수를 이긴다) 등으로 지지가 천간을 이기는 것은 크게 흉하다.

택길술 가운데 1년 사계절 중 매 절기마다 1일을 사일(赦日)이라고 규정하였는데 이러한 네 번째의 '사일'은 간지가 상생하여 천지가 화평하기 때문에 크게 길한 날이다. 그것들을 분별하면 다음과 같다.

입춘 다음 무인(戊寅, 토 · 목)일

입하 다음 갑오(甲午, 목 · 화)일
입추 다음 무신(戊申, 토 · 금)일
입동 다음 갑자(甲子, 목 · 수)일

다섯 개의 지지가 토가 되는 날이 오묘일(五墓日)이니, 즉 무진(戊辰) · 임진(壬辰) · 병술(丙戌) · 신축(辛丑) · 을미(乙未)이다. '오묘일'은 크게 흉한 날인데, 그 원인은 이러한 다섯 개의 천간지지가 상극하기 때문이다. 그러나 실제로 병술(丙戌)은 화가 되어 토를 낳고 신축(辛丑)은 토가 되어 금을 낳으니 이 간지는 오행이 상생하는 좋은 날이다. 이처럼 서로 모순되는 현상을 택길술 속에서 자주 볼 수 있다.

갑신(甲申)에서 계사(癸巳)에 이르기까지의 10일은 택길술에서 10방묘일(十方墓日)로 규정되는데 이러한 10일은 다음과 같다.

갑신(甲申, 목 · 금)　을유(乙酉, 목 · 금)
병술(丙戌, 화 · 토)　정해(丁亥, 화 · 수)
무자(戊子, 토 · 수)　기축(己丑, 토 · 토)
경인(庚寅, 금 · 목)　신묘(申卯, 금 · 목)
임진(壬辰, 수 · 토)　계사(癸巳, 수 · 토)

상술한 10일에서 병술(丙戌)과 기축(己丑) 외에, 그 나머지 8일은 모두 간지가 상극한다. 이러한 간지를 24방위 속에서 분별하여 8개의 방위로 대신하고 여기에다가 천방(天方) · 지방(地方)을 더하면 모두 10방이 되기 때문에 10방묘일(十方墓日)이라고 부른다. 천지가 조화를 이루지 않기 때문에 이 십방묘일은 흉한 날이다.

시간(時干)이 일간(日干)을 이기는 것을 오불우시(五不遇時)라고 칭하는데 '오불우시'[52]에는 군대를 출동시켜 전쟁을 일으켜서는 안 된다.

(2) 오행 기생12궁과 오행 휴왕의 원리에 근거하여 길흉을 추론한다

택길술에는 무록일(無祿日)이 있다. 즉, 갑진(甲辰) · 을사(乙巳) · 경진(庚辰) · 신사(辛巳) · 병신(丙申) · 무술(戊戌) · 정해(丁亥) · 기축(己丑) · 임신(壬申) · 계해(癸亥)의 10일이다. 하나의 예를 들어 보면 다음과 같다. 갑목(甲木)의 임관은 인(寅)에 있고, 갑목이 가서 인에 이르는 것을 좌록(坐祿)이라고 칭한다. 을목(乙木)의 녹은 묘(卯)에 있지만 갑신(甲辰)이 중간에 있어서 인 · 묘가 공망(空亡)이 된다. 따라서 인묘에 대응되는 진사는 '허(虛)'가 되기 때문에 갑진 · 을사의 2일에는 봉록이 없다. 그 나머지도 이와 같이 유추해 나간다. 이러한 날은 봉록이 없고 공망(空亡)이 되기 때문에 대체로 재물을 구하는 일과 관계된 것은 마땅히 피해야 한다.

택길술에는 세록일(歲祿日)이 있다. 세간(歲干)이 자기의 임관 지지를 만나는 것을 세록(歲祿)이라 부른다. 예를 들어 갑목(甲木)의 임관이 인(寅)에 있어서 갑이 녹(祿)을 만난 것이 바로 세록이다. 때문에 임관은 바야흐로 힘차게 흥기하는 것을 의미하여 제왕이 지극히 왕성하여 쇠퇴함으로 바뀌는 상보다 길하고 이롭기 때문에 세록은 길일이다.

택일술에는 토왕용사일(土王用事日)이 있다. 오행은 1년 사계절 속에서 왕(旺) · 상(相) · 휴(休) · 수(囚) · 사(死)의 다섯 가지 운동 · 변화의 형태로 표현된다. 그중에 목 · 화 · 금 · 수는 나누어져 춘 · 하 · 추 · 동의 각 72일에서 왕성하게 된다. 반면에 토는 사계절 말기의 각 18일에서 왕성하고 이를 더하면 또한 72일이 된다. 이러한 72일이 바로 '토왕용사일'이다.

---

52) 甲日이 경오시를, 丙日이 임진시를, 戊日이 갑인시를, 庚日이 병자시를, 壬日이 무신시를 만날 때를 陽干의 오불우시라 하고, 乙日이 신사시를, 丁日이 계묘시를, 己日이 을축시를, 辛日이 정축시를, 癸日이 기미시를 만날 때를 陰干의 오불우시라고 한다.

'토왕용사'의 날을 찾아보면 입춘(立春)·입하(立夏)·입추(立秋)·입동(立冬)에서 시작하여 각각 위로 18일을 미루어 가면 바로 '토왕용사일'이다. 이러한 날에는 땅(土)에 관계된 일을 해서는 안 된다.

택길술에는 또 남녀익퇴재(男女益退財)가 있다. 택길술은 오행의 기생 12궁을 익재(益財)와 퇴재(退財)의 두 부분으로 나누는데 장생(長生)에서 쇠퇴함(衰)에 이르는 것은 '익재'가 되고 병(病)에서 양(養)에 이르는 것은 '퇴재'가 된다. 절(絶)은 홀아비와 과부가 되고 사(死)·묘(墓)는 다액이 되니 '사'·'묘'·'절'은 남편을 해치고 아내를 해치는 것이 된다. 예를 들어 수명(水命)의 남자가 화명(火命)을 아내로 삼는 경우, 화가 인(寅)에서 생겨나고 미(未)에서 쇠퇴하기 때문에 정월에서 6월 사이에 태어난 자는 '익재'가 되며, 화가 신(申)에서 병들고 축(丑)에서 길러지기 때문에 7월에서 12월 사이에 태어난 자는 '퇴재'가 된다. 화(火)가 해(亥)에서 다하기 때문에 10월에 태어난 자는 망문(望門) 홀아비가 되고, 화가 유(酉)에서 죽고 술(戌)에서 묻히기 때문에 8~9월에 태어난 자는 재앙이 많은 인생을 살게 된다. 8·9·10월에 태어난 자는 사·묘·절이 되어 아내를 해친다. 그 나머지는 모두 이것에 따라 유추해 나간다.

(3) 오행의 충합(冲合) 원리에 근거하여 길흉을 추론한다

택길술에는 사불상일(四不祥日)이 있다. 택길의 책력에서는 매달의 초4·초7·16·19·28일의 5일을 '사불상일(四不祥日)'이라고 부르고 상관부임이나 임정친민(臨政親民)을 꺼렸다. 왜냐하면 이날은 모두 월삭(月朔, 그달의 첫날) 지지가 충돌하는 날이기 때문이다. 비유하면 월삭은 자일(子日)이 되는데 '자'가 세 칸 간격을 둔 것이 '파묘(破卯)'가 되고 짝인 7이 '충오(冲午)'가 되면 이달의 초4·초7·16·19·28은 묘(卯)가 아니라 오(午)가 된다. 그 나머지도 이것으로 유추할 수 있다.

60갑자일 중에 마지막 12개는 임자(壬子, 수수) · 계축(癸丑, 수토) · 갑인(甲寅, 목목) · 을묘(乙卯, 목목) · 병진(丙辰, 화토) · 정사(丁巳, 화화) · 무오(戊午, 토화) · 기미(己未, 토토) · 경신(庚申, 금금) · 신유(辛酉, 금금) · 임술(壬戌, 수토) · 계해(癸亥, 수수)이다. 이 12일 안에는 8개의 '기가 같으면서 서로 거듭된 것(同氣相重)' 것이 있는데 그것을 팔전일(八專日)이라고 부른다. 오행 이론 속에는 조화(和)를 귀하게 여기는데, 오행 중의 어떤 행이 지나치게 왕성하여 천지에 불균형이 있으면 천지가 조화를 잃고 사람도 온순함을 잃기 때문에 '팔전일'은 흉한 날이다.

택길술에는 매일충살(每日冲煞)이 있다. 충(冲)은 12지지가 둘씩 서로 충돌하는 것으로 12지지를 12띠와 배합하는 것이다. 순서에 따르면 다음과 같다. 자(子, 쥐띠) · 축(丑, 소띠) · 인(寅, 호랑이띠) · 묘(卯, 토끼띠) · 진(辰, 용띠) · 사(巳, 뱀띠) · 오(午, 말띠) · 미(未, 양띠) · 신(申, 원숭이띠) · 유(酉, 닭띠) · 술(戌, 개띠) · 해(亥, 돼지띠)이다. '자' · '오'가 서로 충돌하는 것을 충마(冲馬)라고 부르고 '축' · '미'가 서로 충돌하는 것을 충양(冲羊)이라 부르며, '인' · '신'이 서로 충돌하는 것을 충후(冲猴)라 부르고 '묘' · '유'가 서로 충돌하는 것을 충계(冲鷄)라고 부른다. 나머지는 6충에 근거하여 유추해 나간다. 사람들은 자기의 띠에 근거하여 자기의 띠와 상충하는 날을 선택해서는 안 된다는 것이다.

택길에는 삼합(三合)을 고려한다. 위치가 다르지만 기운이 같은 것을 삼합(三合)이라고 부른다. 12지지 중에서 매 일행이 속하는 12궁의 생(生) · 장(壯) · 노(老)의 3일이 서로 합한 것이 바로 '삼합'이다. 12지 속에는 사조삼합(四組三合)이 있으니 다음과 같다. 인(寅) · 오(午) · 술(戌)은 화의 삼합이고, 사(巳) · 유(酉) · 축(丑)은 금의 삼합이며, 신(申) · 자(子) · 진(辰)은 수의 삼합이고, 해(亥) · 묘(卯) · 미(未)는 목의 삼합이다. 이른바 '삼합'의 날은 년 · 월 · 일 세 개의 간지 가운데, 만약 그것의 세 개의 지지가 위의 '사조삼합'의 하나를 알맞게 만나면 '삼합'의 날이 된다. 삼합일에는 결혼하여 사돈을 맺는 일에 적합하다. 거래를 하면 성사가 잘 되고 또 건축하면 기둥이 서고 마룻대가 바르게 된다.

해마다 1·3·9월은 삼합의 달이다. 『회남자』「천문훈」에서는 이를 다음과 같이 말하였다.

> 목이 해(亥)에서 생겨나고 묘(卯)에서 왕성하며 미(未)에서 죽으면 3일(三辰)이 모두 목이다. 화가 인(寅)에서 생겨나고 오(午)에서 왕성하며 술(戌)에서 죽으니 3일이 모두 화이다. 토가 오(午)에서 생겨나고 술(戌)에서 왕성하며 인(寅)에서 죽으니 3일이 모두 토이다. 금이 사(巳)에서 생겨나고 유(酉)에서 왕성하며 축(丑)에서 죽으니 3일이 모두 금이다. 수가 신(申)에서 생겨나고 자(子)에서 왕성하며 진(辰)에서 죽으니 3일이 모두 수이다. 그러므로 5는 1에서 견디고 5에서 왕성하며 9에 마치게 된다.[53]

바꾸어 말하면, 오행의 12지지가 12궁에 따라 순서가 정해지는데 매 일행의 생(生)·장(壯)·노(老) 3일은 모두 세 칸을 띄우고 합일한다. 서수가 모두 1·5·9이니 달에 짝지우면 정월·5월·9월이 된다. 이 때문에 중국 고대 사회에서는 정월·5월·9월의 세 달은 관직의 부임을 꺼리는 달로 간주하였다. 왜냐하면 '삼합'의 설에 근거하여 어떠한 왕조를 막론하고 그것이 응하는 덕운인 '생'·'장'·'노' 3궁(三宮)의 위치가 모두 정월·5월·9월에 있는데, 이 세 달에 부임하면 형벌을 시행하고 책임을 논하여 응하는 덕운이 삼합에 저촉되기 때문에 크게 기피해야 하는 것으로

53) 『淮南子』, 「天文訓」. "木生于亥, 壯于卯, 死于未, 三辰皆木也. 火生于寅, 壯于午, 死于戌, 三辰皆火也. 土生于午, 壯于戌, 死于寅, 三辰皆土也. 金生于巳, 壯于酉, 死于丑, 三辰皆金也. 水生于申, 壯于子, 死于辰, 三辰皆水也. 故五勝一, 壯五, 終九."

간주하였다.

택길에는 5월기(五月忌)가 있다. 중국 고대 사회의 민간에는 5월을 꺼리는 풍속이 유전하였다. 이 풍습의 내원은 아마도 5월이 화(火)에 속하고 때마침 중하(仲夏)[54]의 때를 만나면 화가 가장 치열하고 화의 맛이 가장 쓰기 때문에 풍습에서 그것을 꺼렸던 데에 있을 것이다. 명대의 주국정(朱國楨)은 『용당소품』에서 이러한 문제에 대해 다음과 같이 말하였다.

> 풍습에서 5월을 꺼리는 것은 관청의 역법이 허락하지는 않았지만 이것이 정당한 도리라는 것은 말할 필요가 없다. 거기에는 또한 꺼릴 만한 이유가 있었다. 태조는 윤달인 5월 16일에 효종(孝宗)을 능에 장사 지냈는데 과연 정난(靖難)의 군대[55]가 있었다. 혜제(惠帝)[56]가 참고 견디었으나 문황인 혜제의 노고가 이미 심하였다. 영종(英宗)은 5월 27일에 황후 전씨(錢氏)를 세웠으나 황후는 끝내 병이 많아서 나갈 수가 없었다. 또한 7년에 영종이 북쪽으로 사냥을 갔으나 후에 궁중에서 몰래 하늘에 빌기를 주야로 그치지 않았기 때문에 다리가 부러졌고 또한 남쪽 성에서 6년을 은거하였다. 경왕(景王)은 5월 13일에 등극하였으나 얼마 안 있어서 죽었는데 자식이 없었으므로 서산(西山)[57]에 귀장(歸葬)[58]하였다. 제왕이 이와 같으니 하물며 민가의 백성들에 있어서랴. 그렇다면 꺼리는 것이 옳지 않다고 말할 수 없다.[59]

---

54) 중하(仲夏)는 여름의 두 번째 달로 음력 5월이다.

55) 정난사(靖難師)는 명나라의 연왕(燕王) 체(棣)가 군측(君側)의 간신을 제거한다는 명목으로 일으킨 군대를 말한다.

56) 건문(建文)은 명나라 혜제(惠帝)의 연호이다.(1399~1402)

57) 서산(西山)은 복건성(福建省) 건양현(建陽縣) 북쪽에 있는 산이다.

58) 귀장(歸葬)은 타향에서 죽은 사람을 고향으로 관을 운반하여 장례를 지내는 것을 말한다.

59) 『涌幢小品』. "俗忌五月, 官曆不與焉, 此是正當道理, 不必言. 然亦有可忌者, 太祖以閏五

이처럼 5월에는 혼례를 치르고 장례를 치르며 시집가고 장가들거나 먼 길을 가는 등의 대사를 꺼렸다는 것을 알 수 있다. 주국정은 정통파 지식인으로 본래는 민간에서 꺼리는 풍습을 믿지 않았지만 풍속 문화의 강대한 감화력에 영향을 받아서 그도 반신반의하면서도 믿고 따르지 않을 수 없었다.

택길에는 반지일(反支日)이 있다. 매월 초하루의 지지와 충돌이 생기는 첫 번째 날을 '반지일'이라고 부른다. 예를 들어 초하루가 술해(戌亥)에 있으면 1일이 '반지일'이고 초하루가 신유(申酉)에 있으면 2일이 '반지일'이며 초하루가 오미(午未)에 있으면 3일이 '반지일'이고 초하루가 진사(辰巳)에 있으면 4일이 '반지일'이며 초하루가 인묘(寅卯)에 있으면 5일이 '반지일'이고 초하루가 자축(子丑)에 있으면 6일이 '반지일'이다. 동한의 명제(明帝) 유장(劉莊) 때에, 궁문을 관리하는 곳에서는 매번 만나는 '반지일'에는 상소문과 관리나 백성들의 호소를 받아들이는 것을 모두 거절하였다. 유장은 이러한 일을 안 뒤에 다음과 같이 말하였다. "백성들이 밭에서 경작하는 것을 등한히 하고 천 리 멀리에서 궁문에 와서 호소하는데 도리어 이러한 금기 날을 만들어 그들의 어려움을 증가시켰으니 어찌 나라를 세운 본뜻이겠는가." 명을 내려서 이러한 규정을 취소하였다. 유장의 길한 것을 택하고 흉한 것을 꺼리는 문제에 대처하는 태도는 확실히 현명하였으니 '반지일'의 금기를 취소한 것이 결코 유장의 정부에 어떠한 재난을 가져다주지는 못하였다.

月十六葬孝陵, 果有靖難之師, 建文一支, 灰飛不必言, 而文皇之勞苦亦已甚矣. 英宗以五月二十七日立皇后錢氏, 皇后遂多病, 無所出, 又七年, 英宗北獵, 后在宮中伏地祝天, 晝夜不輟, 因而流濕折股, 又幽栖南城六年. 景王以五月十三就國, 尋卒, 無子, 歸葬西山. 帝王如此, 而況民家. 則忌之未嘗不是也."

(4) 오행제화(五行制化)의 원리에 근거하여 길흉을 추론한다

택길술 중에는 제살(制煞)하는 방법이 있다. 큰 흉살(凶煞)에 대해서는 일반적으로 회피하는 태도를 취하였지만 작은 흉살에 대해서는 제(制)와 화(化)를 사용하여 대처하였다. 제살(制煞)은 바로 흉살의 오행 속성에 근거하기 때문에 상극의 오행을 사용하여 그것을 제압한다. 예를 들어 살(煞)이 금에 속하면 화를 사용하여 그것을 제지하고, 살이 화에 속하면 수를 사용하여 그것을 제지한다. '살'의 오행 속성은 거주하는 방위에 의해 결정된다. 즉 '살'이 서쪽에 있어 경(庚) · 유(酉) · 신(辛)이 금에 속하면 병화(丙火)를 사용하여 제지한다. 만약 년 · 월 · 일 · 시의 천간이 모두 병(丙)이면 병화(丙火)의 힘이 왕성하여 금살(金煞)이 화신에게 함락되어 해칠 방법이 없다. 그 나머지는 이것에 근거하여 유추해 나간다.

택길하는 데 화살(化煞)을 고려한다. '화살'은 흉살의 오행 속성에 근거하는데, 상생(相生) · 상친(相親)한 것을 사용하여 흉살을 변화시키는 것이다. 예를 들어 흉살이 목에 속하면 화의 날을 사용하여 목으로 하여 화를 낳게 하여 토로 변화시킨다. 흉살이 수에 속하면 수의 날을 사용하여 동류와 서로 친하게 하여 흉살이 도와주는 신이 되게 한다. 만약 흉살이 동쪽의 인(寅)의 자리에 있으면 갑의 날을 사용한다. 그것은 갑이 목에 속하여 동류와 서로 친하게 되고 또한 갑의 녹이 인에 있으니 흉살은 바로 갑의 녹으로 바뀌기 때문이다. 갑명(甲命)이 그것을 사용하면 바로 생명의 녹이 되고, 갑산(甲山) · 갑향(甲向)이 그것을 사용하면 산이나 방향의 녹이 된다. 나머지는 모두 이것에 근거하여 유추해 나간다. '화살'은 흉을 만나서 길조로 변하게 하여 흉신(凶神)으로 하여 길한 날이 되게 하기 때문에 옛날에 택길의 책에서는 항상 "만약 입신하려면 3살(三煞)을 닦아야 한다."라고 말하였는데, 이는 바로 화살을 두고 한 말이다.

주의할 것은 택길술이 비록 오행 원리로써 그것의 이론적 기초를 삼았지만 그것 자체에는 또한 오행 이론과 서로 모순되는 곳이 많다. 어떤 책에서는 본래 간지 상생의 보일(寶日)·의일(義日)을 도리어 흉일로 규정하고 있다. 예를 들면 십방묘일(十方墓日) 중의 병술(丙戌)이 바로 그렇다. 몇몇 간지가 상극하는 날을 또한 길일로 간주하였다. 예를 들어 "5남 2녀를 얻을 수 있으며 이롭고 크게 길하다"는 병자일은 도리어 지지의 수가 천간의 화를 극하기 때문에 당연히 크게 흉한 벌일(伐日)이어야 한다는 것이다. 이처럼 길일이 길하지 않고 흉일이 흉하지 않아 길흉에 근거가 없게 되면 자가당착에 빠지게 된다. 그 근본 원인은 술사들이 흉살들을 함부로 날조한 데에 기인한다. 한편으로 그들은 오행을 자기의 이론적 무기로 삼고서 그것을 통하여 사기성을 더욱 구체화했으며 다른 한편으로 그들은 또한 자기의 술수를 더욱 심오하게 하기 위하여 사람들이 길일·흉일이 된 까닭을 알지 못하게 날조하였던 것이다.

만약 풍수술이 어느 정도로 자연과 사람의 관계를 조절하는 데 유익한 작용을 하였다고 말한다면, 택길술은 백해무익하다고도 말할 수 있을 것이다. 사람들의 생산 생활의 정상적인 진행을 방해하고 어떤 때에는 신봉자들에게 길하여 이로움을 가져다주기는커녕 도리어 스스로 잘못에 빠져서 재앙을 얻게도 만들었다. 서한 때에, 흉노의 추장이 내방하였는데 정부에서는 그를 흉살이 있는 방향의 영빈관에 숙소를 마련해 주고 흉살의 힘을 빌려서 진압하려 하였다. 흉노의 추장이 그것을 안 뒤에 비록 분명한 말은 전해지지 않지만 한나라 정부에 불만을 가지게 되었다고 한다. 이것이 민족 관계에도 어떤 영향을 미쳤을 것임은 분명하다. 동한 초년(25년)에, 등우(鄧禹, 2~58)와 친시(親市) 농민군이 싸웠으나 등우에게 패하였다. 다음 날이 마침 계해(癸亥) 날이었는데 사람들은 계해가 육십갑자의 궁일(窮日)[60]이라고 생각하였다. 농민군의 대장인 왕광(王匡) 등은 사나운 운을 피하기 위하여 출전하기를 원하지 않았으나 등우는 이러한 시간을 이용하여 다시 군대를 정비하고 배치하였다. 이튿날, 왕광이 진격하자 등우는 군대에 어떠한 반응도 해서는 안 된다고 명을 내리고 왕광의 대군이 진영에 가까이 접근할 때까지 기다렸다. 그러다가 등우는 은밀히 명을 내리고 갑자기 전투를 개시하였다. 전군이 반격하여 신시 농민군을 대파시키자 왕광 등은 뿔뿔이 흩어졌다. 만약 왕광 등이 택길술을 믿지 않고 전투의 기회를 잡아 끝까지 쫓아가서 맹타하여 등우에게 한숨을 돌릴 시간을 주지 않았다면 이러한 참패를 당할 리가 없었을 것이다.

역사적으로 택길술을 믿지 않는 유식자들도 적지 않았다. 『낭적속담(浪迹續談)』의 작자인 양장거(梁章鉅, 1775~1849)는 사실과 자신의 경험을 들어서 택길술이 이치에 맞지 않다는 것을 비판하였다. 그는 다음과 같이 말하였다. "공자 · 당태종 · 송효종 · 맹상군 · 최신명 · 소동파 등의 군왕이나 현철들이 모두 기일(忌日, 액일)에 태어났으나 결코 어떠한 재난도 없었다. 나도 기일에 장가를 들어 집안의 친척이나 친우들이 모두 반대하였지만 반드시 믿을 필요는 없다고 생각하였다. 양장거의 부친이 그것을 굳게 믿었으나 그 자신은 개의치 않았다. 후에 그의 부인이 2품에 봉해졌고 5남 4녀를 낳아 길렀으며 건강하고 장수하였다. 때문에 가족들이 모두 양장거의 부인을 복이 있는 사람이라고 공인하였다."[61] 이를 통해서도 택길술은 무익하고 무의미하여 믿을 것이 못 되는 미신이라는 것을 알 수 있다.

60) 궁일(窮日)은 계해(癸亥)의 날을 말한다.

61) 『浪迹續談』. "孔子 · 唐太宗 · 宋孝宗 · 孟嘗君 · 崔信明 · 蘇東坡等君王賢哲皆生于忌日, 幷沒有什麽災難, 而他自己也是于忌日娶親, 家中親友都反對, 認爲必不可用. 但是他的父親毅然用之, 他自己也不介意, 後他的夫人膺封二品誥命, 育五男四女, 身亨中壽, 族人皆公認她爲有福之人."

6. 오행과 산명술

산명술(算命術)[62]은 사람의 출생 시간에 근거하여 사람의 운명을 추측하는 술수인데 그것이 추측하는 근거는 사람의 사주팔자인 년 · 월 · 일 · 시의 여덟 간지(干支)가 내포하는 음양오행의 변화이다. 산명술에서 가장 중요한 것은 삼원(三元) · 사주(四柱)와 운기(運氣)이다. '삼원'은 바로 천원(天元) · 인원(人元) · 지원(地元)이다. '천원'은 바로 천간이니 천간은 녹봉(祿俸)을 주관하여 사람의 흥망성쇠 · 직무의 고저(高低) · 권력의 대소(大小)를 본다. '인원'은 지지이니 지지는 명(命)을 주관하여 사람의 귀천빈부를 본다. '지원'은 납음(納音)오행이니 사람의 재능과 지식을 주관한다. '삼원' 중에서 '천원'과 '인원'을 위주로 하고 '지원'으로 보충한다. 사주는 바로 년 · 월 · 일 · 시(년 · 월 · 일 · 시 · 태를 쓰기도 한다)의 간지이다. 운은 사람이 일생 속에서 만나는 각 단계의 기운(氣運)인데 그것도 사람의 사주팔자를 통하여 추산해 낸 것이다. 산명술에서 오행 원리가 어떻게 운용되고 있는가를 아래의 몇 가지 방면으로 나누어 살펴보고자 한다.

(1) 오행생극 원리와 산명술

한 개인의 '명(命)'을 계산하려면 먼저 그 사람의 사주, 즉 년 · 월 · 일 · 시의 간지를 확실히 알아야 한다. 사주에서는 일반적으로 일주(日柱)를 주로 하며 '일주'의 간지가 내포하는 오행의 속성에서 출발하여 분석하고 추론한다. 목을 예로 들면 다음과 같다. '일주'가 목에 속한다면 그

62) 산명술(算命術)은 운수나 운세를 점치는 술수로서 사람이 태어난 때의 연월일시의 간지(干支)를 팔자(八字)에 배열하여 그 일생의 운명을 추측하는 것을 가리킨다.

목은 갑(甲)·을(乙)·인(寅)·묘(卯)의 부류와 같으니 반드시 먼저 목세(木勢)의 성쇠를 보아야 한다. 목이 거듭되고 수가 많으면 왕성하지만, 지나치게 왕성하면 그 밖의 삼주(三柱)에는 마땅히 금이 와서 목을 쳐 주어야 한다. 만약 금이 부족하지만 토를 만나면 금을 생해서 수를 제지할 수 있다. 또한 목이 토를 이기는 데 쓰이면 목 자체의 성세에 새는 곳이 생기게 된다. 만약 '일주'에서 목이 약하고 금이 강하면 목이 쇠약해지니 나머지 삼주(三柱)에는 마땅히 화가 금을 제지해야 한다. 때문에 화가 적지만 목을 만나면 또한 구제될 수 있다. 왜냐하면 목과 목은 어깨를 나란히 하는 동류이니 자기의 성세를 강화할 수 있고 또한 화를 낳아서 금을 제지할 수 있기 때문이다. 만약 '일주' 상에서 수가 왕성하여 목이 표류하면 토를 얻어서 수를 제지하는 것이 상책이다. 토가 화를 만나지 못하면 또한 화에 의하여 토를 낳을 수 없다. 만약 '일주' 상에서 토와 목이 짝하는데 토가 지나치게 많으면 목이 약하여 토를 제약하기가 어렵다. 그러면 다른 삼주에 있는 목의 도움을 얻어 토를 극해야 한다. 즉 목이 없으면 수가 와서 목을 낳아서 토를 제지하면 또한 구제될 수 있다. 만약 '일주' 상에서 화와 목이 짝하는데 화가 지나치게 많으면 목이 불탄다. 수를 얻어서 화를 이기고 서로 구제해야 되는데, 수가 없으면 금을 사용하여 수를 낳게 한다. 명리학(命理學)의 원리에서, 팔자(八字)[63] 속의 오행 성쇠를 분석하는 것은 한 개인이나 한 생명의 운을 단정하는 데 반드시 빼놓을 수 없는 중요한 전제이다. 그 전반적인 원칙은 오행의 동태적 균형을 구하여 평온한 상태를 이루면 좋은 명이다. 반면 자신의 오행이 너무 지나치거나 모자라면 도와주거나 억제하여 구제하도록 힘써야 하는데, 만약 도와주거나 제지하여 구제하지 못하면 나쁜 명이 된다.

63) 팔자(八字)는 출생한 연(年)·월(月)·일(日)·시(時) 간지(干支)의 여덟 글자이다.

온전한 명을 추측하려면 또한 운을 추측하여야 하는데, 이것은 사람에 있어서 매우 중요하다. 어떤 사람이 비록 사주팔자의 간지에서는 천지의 기가 조화를 이루고 꾀꼬리가 노래 부르고 제비가 춤추는 아주 좋은 형세를 지녔지만 일생의 운수 즉 대운(大運)이 좋지 않으면 다만 평범하게 하는 일 없이 한평생을 보낼 수도 있다. 어떤 사람은 비록 사주팔자가 불균형을 이루어 일생에 자주 역경이 있게 되지만 대운의 운세가 좋아 사업이 절정에 이르고 두각을 나타내어 한때의 풍류를 읊을 수도 있다. 운기(運氣, 운수나 운세)를 계산하는 데에는 일정한 공식이 있다. 사주의 월주(月柱)를 기준으로 하여 간지의 순행(順) 혹은 역행(逆)을 배열해 가는데, 각각의 간지가 인생 10년의 대운을 관리한다.[64] 그중에 천간(天干)은 위로 5년을 주관하고 지지(地支)는 아래로 5년을 주관한다. 간지의 오행 속성에 근거하여 사람이 목운(木運) · 금운(金運) 혹은 다른 운이 좋은지를 확정한다. 다시 운의 오행 속성과 일주(日主)의 오행 속성을 참조한다. 만약 한 개인의 명 속에 목이 부족하지만 대운이 마침 목운으로 가면 이 사람은 운이 좋을 수 있다. 물론, 산명술에서 오행생극에 관한 것을 제대로 읽어 내는 일은 상당히 복잡하지만 여기서는 다만 간단하게 언급하겠다.

(2) 오행 사계절과 산명술

명리학자들이 운명을 계산할 때에는 또한 사람의 사주팔자에 내포된 오행과 사계절을 결합하여 계산한다. 오행이 사계절 속에서는 각각 왕(旺) · 상(相) · 휴(休) · 수(囚) · 사(死)로 표현되는데, 만약 한 개인의 일간

---

64) 대운(大運)이란 사주(四柱)로의 길(吉)과 흉(凶)을 판단하기 위한 10년간의 기준점을 말하는데, 사주를 해독하는 방법이 다양하듯이 대운을 보는 방식 또한 여러 가지 설이 있다. 간지 10년을 함께 보내야 한다는 설, 천간을 3년으로 하고 지지를 7년으로 한다는 설, 천간을 5년으로, 지지를 5년으로 한다는 설 등이 바로 그것이다.

(日干)이 그것의 '왕' · '상'의 월지(月支)를 만나면 때를 얻고 '휴' · '수' · '사'의 월지(月支)를 만나면 때를 잃는다. 예를 들어 일간(日干)은 갑목(甲木)이니, 목은 봄에서 생겨나고 수가 목을 낳을 수 있기 때문에 '월지'가 만약 봄의 달이면 바로 왕(旺)에 속하고 겨울의 달이면 바로 상(相)이니 모두 '때를 얻은 것'에 속한다. 만약 '일간'의 갑목이 겨울이나 봄의 달에 생겨나지 않고 화왕(火旺) · 토왕(土旺) · 금왕(金旺)의 달에 생겨나면 화는 생겨나지만 목이 휴(休)하게 된다. 토가 왕성하면 목이 수(囚)하며 금이 왕성하면 목이 사(死)하게 되니 이는 모두 '때를 잃은 것'에 속한다. 때를 얻은 목이 강성한 목이라면 때를 얻지 못한 목은 쇠약한 목이다.

(3) 오행 십이운성과 산명술

앞에서 우리가 살펴본 것처럼, 팔자를 추측할 때는 일주(日柱)를 위주로 한다. '일주'에서도 일간(日干)과 어떤 지지(地支)가 어떻게 서로 배합하는지를 보아야 한다. 지지는 자체에 오행의 속성을 가지고 있을 뿐만 아니라 또한 그것은 '일간'이 십이운성의 어떤 궁인지를 나타내 주기 때문이다. 이것이 바로 장생(長生) · 목욕(沐浴) · 관대(冠帶) · 임관(臨官) · 제왕(帝旺)이고 또한 쇠(衰) · 병(病) · 사(死) · 묘(墓) · 절(絶) · 태(胎) · 양(養)이다. 천간이 '임관'을 만난 것이 좌록(坐祿)이고 '관대'를 만난 것이 향록(向祿)이니 '좌록'과 '향록'은 모두 부귀한 명이다. 반대로 천간이 절(絶)을 만나면 파록(破祿)이 되고, 제왕을 만나서 왕성함이 다하고 쇠퇴함을 나타내면 배록(背祿)이 된다. '파록'과 '배록'은 빈궁하지 않으면 요절하는 명이다.

(4) 간지 오행의 형충화합(刑冲化合)과 산명술

간지 오행의 형충화합(刑冲化合)에 대한 산명술에서의 운용은 신의 경지에 이르렀다고 할 정도로 그 변화가 다양하지만 여기서는 다만 그 중요한 것 몇 가지만을 선택하여 기술하였다. 첫째, 두 개의 천간(天干)이 서로 합하면 중(中)을 얻는 것보다 귀하다. 이것은 주로 천간이 둘씩(쌍으로) 서로 변화하는 상황을 가리킨다. 두 개의 천간이 서로 화합하려면 반드시 서로의 상태가 비슷하여야 비로소 중(中)하고 치우치지 않을 수 있다. 한 방향이 너무 지나치거나 한 방향이 너무 모자라면 중화(中和)를 이룰 수 없다. 둘째, 천간이 서로 합하면 길하기도 하고 흉하기도 한다. 천간이 화합한 후에, 대체로 자신의 오행 속성에는 또한 5 · 6 혹은 6 · 7분의 힘이 있다. 예를 들어 갑기(甲己)가 합하면 목이 비록 토와 합쳐지지만 자신의 오행 성질이 대부분 여전히 존재한다. 천간이 화합한 후의 길흉은 구체적인 상황을 보고 결정해야 한다. 셋째, 지지가 육합(六合)하면 상대를 구별한다. 오행의 지지 속에는 '육합'이 있는데, 사람의 운명 속에 '육합'이 나타나면 길하기드 하고 흉하기도 한다. 예를 들어 운명의 형세 속에 좋아하는 지지가 '육합'에 의해 합쳐진 후에는 길한 것이 줄어들 수 있고, 싫어하는 지지가 합해진 후에는 흉한 것이 줄어들 수 있다. 이외에, 지지가 합하여 국(局)을 이루면 또한 형충(刑冲)의 불길한 것을 없앨 수 있다. 넷째, 지지가 삼합(三合)하면 길할 수도 흉할 수도 있다. 지지인 신(申) · 자(子) · 진(辰)이 수로 합해지고 해(亥) · 묘(卯) · 미(未)가 목으로 합해지고 인(寅) · 오(午) · 술(戌)이 화로 합해지고 사(巳) · 유(酉) · 축(丑)이 금으로 합해지는 '삼합'이 만약 사주 원국의 명 가운데 좋은 오행과 합해지면 길하고, 나쁜 오행과 합해지면 흉하게 된다. 다섯째, 지지가 육충(六冲)할 때에는 본래의 기가 중요하다. 명 속에서 지지가 서로 충돌하면, 먼저 지지는 본래 기의 충돌 위에서 나타나니, 만약 명의 형세가 좋아하는 지지가 충돌하여 패하면 흉하고 싫어하는 지지가 충돌하여 패하면 길하다. 여섯째, 지지에 삼형(三形)과 육해(六害)가 있으면 조금 요동한다. 지지인 자(子)가 묘(卯)를 죽이고 묘(卯)가 자(子)를 죽이지만 원래는 수 · 목이 상생하고, 사(巳)가 신(申)을 죽이지만 사와 신이 본래 합하며, 축(丑)이 술(戌)을 죽이고 술(戌)이 미(未)를 죽이는 것은 모두 동류의 토이다. 그러므로 상술한 지지가 비록 서로 죽이지만 근본적으로는 큰 모순이 없다. 신(申)이 인(寅)을 해치고 미(未)가 축(丑)을 죽이는 데 이르러서는 다만 피차가 서로 충돌하지만 결코 격렬하지는 않다. 지지가 서로 해치는 상해(相害)나 서로 죽이는 상형(相刑)과 같은 것은 피차의 충돌이 크지 않기 때문에 다만 약간 동요할 뿐이다.

(5) 오행 · 오방과 산명술

사람의 사주팔자가 내포하는 음양오행의 계산을 통한 후에, 그 운수의 방향 및 어떤 방향에서 생활하고 활동하는 것이 가장 유리한지를 볼 수 있다. 예를 들어 어떤 사람이 동쪽의 목운(木運)으로 가는 것이 이롭고 서쪽의 금운(金運)이 이롭지 않을 경우, 만약 운세가 서쪽의 '금운'을 만나면 운이 뒤집힐 수 있다. 또한 외출할 경우, 동쪽의 '목운'으로 가는 것이 이로운 자는 동쪽으로 가야 하고 서방을 피하는 것이 가장 좋다.

산명술은 중국 사회에서 매우 광범위한 시장을 점유하였으니, 위로는 군왕과 현철에 이르고 아래로는 평민과 백성들에 이르기까지 모두가 신봉하였다. 북제의 무성제(武成帝)는 일찍이 다른 사람을 통하여 술사인 위녕(魏寧)에게 자기를 위하여 산명(算命)해 줄 것을 청하였다. 위녕은 보내온 사주팔자에 근거하여 운세를 보고 나서 "이 사람은 부귀가 지극하지만 금년에 죽는다."라고 말하였다. 무성제는 과연 그해에 죽었다. 홍매(洪邁)의 『이견지보(夷堅志補)』에서는 다음과 같이 기록하였다. 남송 때에,

하청원(何清源)이 관리로 발탁되어 경성으로 향하다가 도중에 변하(汴河)[65]의 언덕에서 조금 휴식을 취하고 있다가 한 번에 세 사람의 명을 추산할 수 있는 술사를 만났다. 이에 하청원은 바로 자기의 사주팔자를 써서 술사가 볼 수 있도록 주었다. 술사가 그것을 본 후에 황급히 일어나 절하면서 "당신은 지금부터 비로소 관직이 재상에 이르고 왕에 봉해진다." 라고 말하였다. 하청원은 다만 그가 아첨하여 돈을 벌기 위한 말로 여기고 한번 웃어넘겼다. 얼마 후 사람이 많이 모이는 시가(市街)에 이르렀는데 어떤 청년이 와서 술사에게 명을 물었다. 생·년·월·일·시를 적어 술사에게 건네주었는데 술사는 거침없이 말하였다. "당신의 명은 매우 나쁘니 마땅히 죽을 것이다." 청년이 매우 분노하여 술사를 심하게 때렸다. 술사가 그때에 죽었고 청년도 관청에 압송되어 살인죄로 사형을 당하였다. 이 경솔한 젊은이가 비록 주먹으로 술사를 친 것은 대단히 불경한 행동이지만 그의 산명술에 대한 깊은 미혹된 믿음은 결국 자기의 목숨을 배상하는 데 이르렀던 것이다.

많은 사람들이 맹신하는 산명술에서는 길하다고 말하면 기뻐하고 흉하다고 말하면 걱정하지만 동시에 또한 적지 않은 이성을 가진 자들은 그것을 분석하고 비판하였다. 『철위산총담(鐵圍山叢談)』에서는 다음과 같이 기록하였다. 노공(魯公)인 채경(蔡京)은 경력(慶曆) 정해(丁亥)년 임인(壬寅)월 임진(壬辰)일 신해(辛亥)시에 태어났다. 채경이 어릴 적에, 산명술사가 그를 위하여 명을 논하였는데 그의 지위가 고작 신하밖에 되지 못한다고 말하였다. 그러나 때가 3년이 지나지 않아, 채경이 때를 만나고 주인을 만나서 황제에게 등용되었다. 이에 술사들이 다투어 그 명의 구조가 높다

---

65) 변하(汴河)는 지금의 하남성(河南省) 영양현(滎陽縣)의 서남쪽으로 흐르는 황하(黃河)의 지류이다.

고 말하였으나 실제로는 그가 부귀하였기 때문이다. 송나라 휘종(徽宗) 대관(大觀) 원년(1107년)은 정해년이다. 그해 낙양의 순천문(順天門) 안에서 밀가루 가게를 하는 정노판(鄭老板)은 정월 초5일 해시에 아들을 얻었는데, 아들의 사주팔자를 계산하니 채경과 똑 같았다. 그래서 온 가족이 기뻐하고 채경의 2세라고 생각하였다. 정노판은 아들의 빛나는 미래를 확신하였기 때문에 비할 바 없이 총애하여 아들에게 예의범절을 전혀 가르치지 않고 마음대로 하게 내버려 두었다. 그래서 성장하여서는 방탕한 사람이 되고 말았다. 그 결과, 정노판의 아들은 비단 신하에 이르는 관직에도 오르지 못하였을 뿐만 아니라, 18세 되던 봄에는 친구들과 기생을 데리고 즐기다가 취중에 말을 타고 돌아오던 중 실수로 낙마하여 물에 빠져 죽고 말았다.[66]

중국 역사에서 사주팔자가 서로 같으나 형편이나 처지가 같지 않은 이러한 예들은 실제로 너무 많다. 눈앞에 볼 수 있는 사실로써 말하면, 중국의 십몇억의 인구 중에서 국가의 지도자와 사주팔자가 서로 같은 사람은 당연히 몇 사람뿐만이 아니겠지만 어떤 사람은 국가의 총리가 되었고 어떤 사람은 시중의 잡배가 되어 살고 있다. 같은 사주이면서도 그 운명이 얼마나 다른가. 이는 사주팔자의 오행이 운명을 결정한다는 것을 믿을 수 없게 만드는 충분한 이유가 된다.

『이견지보(夷堅志補)』에서는 일찍이 사실로써 운명을 추론하는 기만책을 폭로하였는데 글 속에는 다음과 같은 이야기가 들어 있다.

> 임안(臨安) 사람인 손자허(孫自虛)는 음양 점성술 말하기를 좋아하였다. 상황이 딱하게 되어 질그릇 시장에서 집을 세내어 점 가게를 차리고서 겨우 생활

66) 『鐵圍山叢談』 참조.

하였다. 처음에는 기이한 술수가 없이 풍속에서 말하는 '사괘(沙卦)' 였을 뿐이었다. 그래서 손님 말에 전념하여 잘 점검한 연후에 빨리 대답해 주었다. 나이가 40세 정도인 도사가 운명을 점치러 왔다. 그의 얼굴 모습을 보니 나이와 얼굴이 서로 합치되는 것 같았다. 또한 그가 남의 손을 빌리는 것을 두려워하는 것 같아서 먼저 탐색하면서 말하였다. "이는 시험에 뽑히는 좋은 명으로 마침 때가 이른 것 같다. 지금은 이미 현달하여 임금을 모시지 않지만 또한 반드시 외교사절을 주관하고 큰 나라를 맡아야 한다. 다만 때가 초기에 근접하였을 때에는 운명이 아직 얕겠지만 때가 말기에 이르러서는 또한 현저히 달라진다. 또한 나이가 반백이 되었는데도 자식이 성공하지 못하고 방랑하는 것이 외로운 구름이나 들판의 학과 같으니 겨우 몸을 의탁할 수 있을 뿐이다. 또 다른 기쁜 일도 있다. 그 사람됨은 원래 평범하고 보잘것없지만 도리어 공후(公侯)[67]나 장상(將相)[68]의 값에 있으니 또한 대등한 예를 행할 수 있을 뿐이고 결코 평민이나 천민들이 미칠 수 있는 바가 아니다." 도사가 상세히 듣고 수긍하면서 공수하고 말하기를, "이는 저의 천한 명이니 여태까지 장가들지 않아 자식이 없으며 도가에 은거한 지 20년입니다." 손자허가 말하기를 "이미 도사께서 바꾸어 그 어리석음을 끝내기를 청하지만, 금년에 나오지 말고 마땅히 분수에 알맞게 분발하여 항상 순조로운 흐름 속에 있으면 도의 직책을 차지할 수 있다. 그렇지 않아도 가까운 곳에서 도관(道觀)을 주관하고 그 승낙을 얻는 것이 멀지 않았으니 마땅히 서둘러 그것을 도모해야 한다." 도사가 말하기를, "나는 바로 평강 천경(天慶) 도관의 주령연(朱令然)인데 우연히 도관에 자리가 비었다는 것을 알고 도교 사원을 경영하고 주관하고자 하였을 뿐입니다." 손자허가 반드시 그렇게 되기를 축수하면서 말하기를, "이와 같지만 만약 록(角) 음의 성

67) 공후(公侯)는 공작(公爵)과 후작(侯爵)을 말한다.

68) 장상(將相)은 장수와 재상으로 문무의 최고관을 말한다.

씨 사람이 일을 점치면 백발백중이다. 내 말은 거짓말이 아니다." 도사가 기쁘게 사례하고 떠나갔다.[69]

손자허가 비록 운명을 계산하는 진정한 기량은 없었지만 묻는 자의 심사를 교묘하게 속이는 것을 잘하였다. 그는 묻는 자에 대한 관찰과 탐문을 통한 연후에 다시 판단을 내려 묻는 자로 하여 자기도 모르는 사이에 그 함정에 걸려들어 자기의 속내를 드러내게 만들었던 것이다. 실제로 돈을 주고 속임수를 산 것이니 어떠한 의미도 없다.

산명술은 사람의 사주팔자가 내포하는 음양오행을 통하여 사람의 운명을 계산해 내는 술수이며 그 바탕에는 사람의 출생인 년 · 월 · 일 · 시와 오행인 금 · 목 · 수 · 화 · 토의 긴밀한 연관 관계를 구축하고 있다. 문제는 그것들이 무엇 때문에 관계를 갖는지, 왜 그러한 관계가 있어야 하는지에 대해서는 설명과 검증을 확실하게 내리지 못하고 있다는 점이다. 이러한 술수는 사람의 일생의 처지를 그가 출생한 시간에 귀결시킴으로써 사람의 자유의지와 후천적 노력을 부정하고 운명을 하늘에 내맡기는 타성적 정서를 길렀으니 문제가 없다고 말할 수는 없을 것이다.

69) 『夷堅志補』. "臨安人孫自虛, 好談陰陽星術, 于將軍橋瓦市僦室設卜肆自給. 初無奇術, 俗謂之沙卦是也. 最善鉤致客言, 然後快語. 有道士年四十餘, 來占命. 視其顏狀, 似與歲數相合. 又恐他人假手, 先試探之曰, 此是入格好命, 若時辰正當, 今已通顯, 未作侍從, 亦須持使節, 典大藩. 如只沾時初, 氣數尙淺, 至于時末, 則又逈然不同. 且年齡將半百, 子息不遂, 定飄飄如孤雲野鶴, 始可安身. 更有一說, 其人固碌碌, 却在公侯將相之前, 亦可抗禮, 殊非閭閻細民所能及也. 道士諦聽首肯, 拱手而言曰, 此是貧道賤命, 平生不娶, 無由有子, 栖遁道門二十載矣. 孫曰, 旣是尊師庚甲, 請畢其愚, 不出今年, 當隨分奮發, 在常流中, 便居道職. 不爾, 則就近主持宮觀, 其應不遠, 宜早圖之. 道士曰, 吾乃平江天慶觀朱令然也, 適知宮虛席, 欲經營住持耳. 孫賀其必獲曰, 如此, 則是角音姓人占事, 百發百中. 吾言不誣. 道士喜謝而去."

7. 오행과 전쟁 술수

오행은 일종의 신비한 법칙을 지닌 술수로써 고대의 군사나 전쟁 속에도 많이 이용되었다. 그것은 오방(五方)·오색(五色)·오생(五牲)과 오행의 대응 관계를 이용하여 전쟁의 신에게 제사하거나 군대의 진영을 배치하였다. 오행이 사람들의 마음속에 가지고 있는 신비한 위력은 확실히 전쟁의 승부에 대해 많은 심리적 보조 작용을 하였다.

오행을 전쟁 술수로 간주하여 전쟁에 이용하는 방법은 『묵자』에서 이미 그 단서를 드러내었다. 『묵자』 「기치」편에서는 다음과 같이 말하였다. "성을 지키는 방법인데, 목은 청색 깃발이 되고 화는 적색 깃발이 되며 땔나무는 황색 깃발이 되고 돌은 백색 깃발이 되며 수는 흑색 깃발이 된다."[70] 이러한 분류 방법은 실제로 이미 오행·오색을 전쟁과 함께 연관시켰음을 의미한다. 「영적사」편 속에서는 이러한 연관 관계가 더 확실하게 드러난다.

> 적이 동쪽에서 들어오면 동쪽 제단에서 맞는다. …… 청색 깃발이다. 청신(靑神)은 키가 8척인 자가 여덟이다. 쇠뇌[71]가 8개이고 여덟 번 발사하고 그친다. 장수의 군복은 반드시 청색이어야 하고 그 희생물은 닭이다.
>
> 적이 남쪽에서 들어오면 남쪽 제단에서 맞는다. …… 적색 깃발이다. 적신(赤神)은 키가 7척인 자가 일곱이다. 쇠뇌가 일곱 개이고 일곱 번 발사하고 그친다. 장수의 군복은 반드시 적색이어야 하고 그 희생물은 개이다.
>
> 적이 서쪽에서 들어오면 서쪽 제단에서 맞는다. …… 백색 깃발이다. 백신

70) 『墨子』, 「旗幟」. "守城之法, 木爲蒼旗, 火爲赤旗, 薪樵爲黃旗, 石爲白旗, 水爲黑旗."
71) 쇠뇌는 여러 개의 화살이나 돌을 잇달아 쏠 수 있는 큰 활을 말한다.

(白神)은 키가 9척인 자가 아홉이다. 쇠뇌가 아홉이고 아홉 번 발사하고 그친다. 장수의 군복은 반드시 흰색이어야 하고 그 희생물은 양이다.

적이 북쪽에서 들어오면 북쪽 제단에서 맞는다. …… 흑색 깃발이다. 흑신(黑神)은 길이가 6척인 자가 여섯이다. 쇠뇌가 6개이고 여섯 번 발사하고 그친다. 장수의 군복은 반드시 흑색이어야 하고 그 희생물은 돼지이다.[72)]

다시 말하면, 적이 어떤 방향에서 진격해 오면 그 방향에서 전쟁 신에게 제사 지내는 신단을 세우고 그 방향과 대응하는 오행의 성수(成數)·색깔과 가축으로 희생물을 삼았다. 이것은 실제로 전쟁을 시작하기 전에 오행 신의 힘을 빌리려는 심리 전술이다.

묵자는 닭·개·양·돼지의 네 동물을 동·남·서·북의 네 방위에 대응시키고 전쟁 신에게 희생물을 바치는 의식으로 간주하였는데 그 내원은 상나라에서 생겨난 것이다. 상인(商人)의 조상은 동이족(東夷族)인데 동이족은 새를 토템으로 삼았다. 상인이 중원으로 이주한 후에도 일부 새를 토템으로 하는 동이족은 여전히 동쪽에 머물렀다. 새 부류의 가축으로 가장 전형적인 것이 닭이다. 이에 상인의 마음속에는 이미 사람에 의해 길들이는 새, 즉 닭을 동이족과 동일시하였다. 상인의 남쪽에는 개를 토템으로 하는 남방 씨족인 묘족(苗族)·여족(黎族) 등이 활동하였다. 이러한 남방 민족의 창세기 신화 속에는 모두 큰 박을 조상으로 섬겼는데 큰 박을 또한 호견(瓠犬)이라고 불렀다. 그 생긴 것이 바로 개의 모양이기

72) 『墨子』, 「迎敵祠」. "敵以東方來, 迎之東壇. …… 青旗, 青神長八尺者八. 弩八, 八發而止, 將服必青, 其牲以鷄. 敵以南方來, 迎之南壇. …… 赤旗, 赤神長七尺者七. 弩七, 七發而止, 將服必赤, 其牲以狗. 敵以西方來, 迎之西壇. …… 白旗, 白神長九尺者九. 弩九, 九發而止, 將服必白, 其牲以羊. 敵以北方來, 迎之北壇. …… 黑旗, 黑神長六尺者六. 弩六, 六發而止, 將服必黑, 其牲以彘."

때문이다. 이에 상인은 개를 남쪽 방위와 민족을 대표하는 동물에 충당시켰다. 상인의 서쪽에는 강인(羌人)이 거주하였는데 강인은 양을 토템 신앙으로 하였다. 이에 양은 서쪽 방위와 민족의 상징 부호가 되었다. 상인의 북쪽은 '돼지'로 이름 지어진 시위(豕韋) 부락인데 북방 민족의 돼지를 토템으로 하였으며 기원이 매우 빠르다. 5천 년 전의 요서 지방의 홍산(紅山) 문화의 유적 속에서는 백옥의 돼지용이 발견되었는데, 이것은 돼지 토템이 용 토템으로 넘어가는 토템의 형상을 반영하였다. '시위' 부락은 상인의 북쪽의 강적이었으나 후에 상인에 의해 멸망되었다. 상인은 바로 돼지를 사용하여 북쪽 방위와 민족을 대표하였다. 상인이 동물과 방위를 민족 건립과 연결했기 때문에 그들은 어떤 방위의 민족과 전쟁할 때에는 그 방위의 민족을 대표하는 동물을 죽여서 희생물을 바쳤으니 그것이 은유하는 의미는 말하지 않아도 알 수 있다. 묵자는 상인의 후손으로서 상인의 이러한 습속을 보유하였고 아울러 상인의 오행 · 오방 · 오색 · 오생의 관점을 한곳으로 통하게 진일보 발전시켰다.

전국 연간에는 오행의 방위와 색깔에 따라 진을 치는 방법이 이미 보편적으로 유행하였다. 늦어도 진대 혹은 진한의 교체 시기에 이르러서는 이미 세상에 널리 전해져서 흉노족에까지 알려졌다. 서한 초년에, 한고조인 유방(劉邦)은 군대를 이끌고 북쪽의 흉노족을 공격하였는데 평성(平城)[73]의 백등(白登)에서 흉노에 겹겹이 포위되었다. 흉노의 두목인 모돈(冒頓)이 친 진법이 바로 오행진이다. 『사기』「흉노전」에는 다음과 같이 기록하였다.

---

73) 평성(平城)은 지금의 산서성(山西省) 대동현(大同縣) 동쪽에 있는 지명이다. 한나라 고조가 흉노한테 포위당하여 크게 고통을 받다가 진평(陳平)의 계책으로 겨우 위기를 면한 곳이다.

고제(高帝, 한고조)가 먼저 평성(平城)에 이르렀는데 보병이 다 이르기 전에 모돈이 정예병 40만의 기병을 보내어 백등(白登)에서 고제를 7일간 포위하였다. 한나라 군대는 밖으로 군량을 지원받지 못하였다. 흉노의 기병은 서쪽에서 흰 말을 사용하였고 동쪽에서 푸른 말을 사용하였으며 북쪽에서는 검은 말을 사용하였고 남쪽에서는 붉은 말을 사용하였다.[74]

성마(騂馬)는 바로 붉은 말이다. 모돈이 오행 진법을 사용하여 한의 군대에 맞섰으니 "사람의 도로써 또한 그 사람의 몸을 다스릴 수 있다"고 할 만하였다. 유방은 어쩔 수 없어서 다만 진평(陳平)의 계책에 따라 흉노의 왕비인 연씨(閼氏)를 꾀어 흉노의 연씨가 친히 나가서 유방을 위하여 사정하게 함으로써 비로소 모돈의 한쪽 포위망을 풀 수 있었다. 이에 유방은 장병에게 활을 쏘게 명하고 포위를 푼 한쪽에서 나와서 목숨을 구하였다.

오행 진법의 중국 고대 군사사상에서의 영향은 심원하였으며, 특히 중국 고대 전쟁 장면을 묘사하는 소설 속에서는 더욱 자주 나타났다. 『수호지』를 읽은 사람은 모두 다음과 같은 사실을 기억할 것이다. 송강(宋江)이 군대를 이끌고 요나라를 공격하였는데 요나라 장수인 올안(兀顔)이 혼천상(混天象)의 진을 쳤다. 송나라 군대가 여러 차례 공격하였으나 매번 많은 군사를 잃고 실패하였다. 송강이 아무런 대책이 없는 위급한 순간에, 현여(玄女) 선녀가 송강의 꿈속에서 진을 격파하는 방법을 가르쳐 주었다. 현여 선녀는 다음과 같이 말하였다.

---

74) 『史記』, 「匈奴傳」. "高帝先至平城, 步兵未盡到, 冒頓縱精兵四十萬騎, 圍高帝于白登, 七日. 漢兵中外不得相救餉. 匈奴騎, 其西方盡白馬, 東方盡青駹馬, 北方盡烏驪馬, 南方盡騂馬."

"당신은 혼천상(混天象)의 진법을 아는가." 송강은 재배하고 말하기를, "신은 지상계의 아둔한 사람이라서 그 방법을 알지 못하니 선녀님이 가르침을 내려 주시기를 바랍니다." 현여 선녀가 말하기를, "이 진법은 양(陽)의 형상을 모은 것이니 공격만으로는 영원히 격파시킬 수 없다. 만약 격파하고자 한다면 반드시 상생상극의 이치를 얻어야 한다. 만약 전면에 검은 깃발의 군마가 안으로 수성(水星)[75]을 배치하면 천상계의 북쪽의 오기(五氣) 진성(辰星)[76]으로 막아야 한다. 당신은 송의 군대 가운데 대장 7명을 선발하고 황색 깃발과 황색 갑옷, 황색 외투와 황색 말로 요나라 군대의 검은 깃발의 일곱 개의 문을 공격할 수 있다. 그런 후에, 맹장 한 명에게 명하여 몸에 황색 도포를 걸치고 바로 수성을 취해야 하는데 이것은 바로 토가 수를 이기는 뜻이다. 그런 후에, 흰색 도포의 군마로 장수 8명을 선발하여 그 좌측의 청색 깃발의 군대 진영을 공격해야 하는데 이것은 바로 금이 목을 이기는 뜻이다. 그런 후에, 홍색 도포의 군마로 장수 8명을 선발하여 그 우측의 흰색 깃발의 군대 진영을 공격해야 하는데 이것은 바로 화가 금을 이기는 뜻이다. 그런 후에, 검은 깃발의 군마로 장수 8명을 선발하여 그 뒤쪽의 붉은 깃발의 군대 진영을 공격해야 하는데 이것은 바로 수가 화를 이기는 뜻이다. 그런 후에, 한 부대의 청색 깃발의 군마에게 명하여 장수 9명을 선발하여 바로 중앙의 황색 깃발 군대 진영의 주장(主將)을 취해야 하는데 이것은 바로 목이 토를 이기는 뜻이다. 다시 두 부대의 군마를 선발하여 한 부대인 수놓은 깃발과 꽃무늬 도포의 군마에게 나후(羅睺)[77]로 꾸밀 것을 명하고 홀로 요나라 군대의 태양 군대 진영을 격파해야 한다. 한 부대인 흰색 깃발의 은색 갑옷의 군마에게 계책을 꾸밀 것을 명하고 바로 요나라 군대의 태음 군대 진영을 격파해야 한다. 다시 24부의 뇌거(雷車)를 만들고 24기에

75) 수성(水星)은 혹성(惑星) 중에서 가장 작으며 태양에 가장 가까운 별이다.
76) 진성(辰星)은 수성(水星)의 다른 칭호이다.
77) 나후(羅睺)는 구성(九星)의 하나로 일식과 월식을 일으킨다고 한다.

따라 위에 화석과 화포를 놓고 바로 요나라 군대의 중앙 진영으로 돌진해 들어가야 한다. 만약 공손이 풍뢰천강정법(豊雷天罡正法)을 배치하여 곧바로 요나라의 주가(主駕) 앞으로 질주해 들어가서 이 계책을 행할 수 있으면 온전한 승리를 얻을 수 있다.[78)]

천상계의 현여 선녀가 송강에게 가르쳐 준 요나라를 격파시키는 진법에는 분명히 오행의 상생상극 사상이 내포되어 있다. 『수호지』가 비록 소설가의 말로 그 속에는 고의로 술수를 부린 요소가 적지 않지만 어느 정도는 옛사람들의 전술(戰術) 사상을 반영하고 있다.

다시 『설당삼전(說唐三傳)』으로 예를 들면 다음과 같다. 그 책에 나오는 대부분의 전쟁 장면의 묘사는 모두 오행과 관계가 있다. 제15회의 소보동이곤쇄양(蘇寶同二困鎖陽)은 바로 "사방 · 오색의 깃발에 근거하여 아홉 가지의 군영을 배열한다"는 것이다. 이러한 오색의 배열은 동쪽 문이 푸른 것은 봄의 버드나무와 같고 서쪽의 흰 깃발은 은과 같으며 남쪽의 병사는 불꽃과 같고 북쪽에는 투구와 갑옷이 겹겹이 쌓여 캄캄하며 중간인 무기(戊己)[79)]는 황금색의 장관 모습과 같음을 의미한다.

---

78) 『水滸誌』, 「顏統軍陳列混天象」. "汝知混天象陣法否. 宋江再拜奏道, 臣乃下土愚人, 不曉其法, 望乞娘娘賜教. 玄女娘娘曰, 此陣之法, 聚陽象也, 只此攻打, 永不能破. 若欲要破, 須取相生相克之理. 且如前面皀旗軍馬內設水星, 按上界北方五氣辰星. 你宋兵中, 可選大將七員, 黃旗黃甲, 黃衣黃馬, 撞破遼兵皀旗七門. 續后命猛將一員, 身披黃袍, 直取水星, 此乃土克水之義也. 却以白袍軍馬, 選將八員, 打透他左邊青旗軍陣, 此乃金克木之義也. 却以紅袍軍馬, 選將八員, 打透他右邊白旗軍陣, 此乃火克金之義也. 却以皀旗軍馬, 選將八員, 打透他后軍紅旗軍陣, 此乃水克火之義也. 却命一支青旗軍馬, 選將九員, 直取中央黃旗軍陣主將, 此乃木克土之義也. 再選兩支軍馬, 命一支綉旗花袍軍馬, 扮作羅睺, 獨破遼兵太陽軍陣. 命一支素旗銀甲軍馬, 扮作計都, 直破遼兵太陰軍陣, 再造二十四部雷車, 按二十四氣, 上放火石火炮, 直推入遼兵中車. 令公孫勝布起風雷天罡正法, 徑奔入遼主駕前, 可行此計, 足取全勝."

79) 무기(戊己)는 중앙으로, 중앙에서 사방을 진압한다는 뜻이다.

오행 진법은 심리적으로 적을 위협하는 작용을 하는 외에, 대체로 그 실용 가치는 각 방향의 부대를 구분하여 부대의 이동이나 배치전환을 통일적으로 지휘하기가 편리하다는 데 있다. 어느 쪽 부대가 전쟁에 이로운지 혹은 불리한지는 색깔의 추세를 한번 보면 바로 알 수 있다. 이것은 고대의 통신과 관찰 설비가 낙후된 상황에서 행하는 방법이다. 오행의 군대 진영을 그림으로 만들면 다음과 같다.

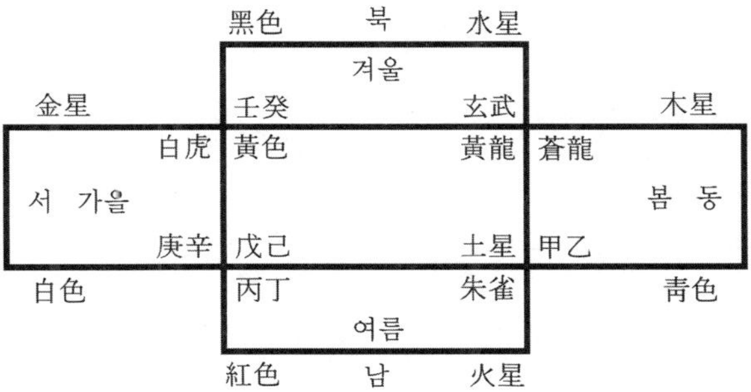

매우 공교로운 것은 이러한 오행 진법이 흡사 갑골문의 '행(行)' 자의 형상과 같다는 것이다. 갑골문의 '행'은 ┤├이 되는데, 이 때문에 정산(丁山) 선생은 그의 『중국 고대의 종교와 신화에 대한 고찰』이라는 책에서 다음과 같이 말하였다. "'행' 자의 기원은 바로 네모 모양 진의 ┤├인 '행(行)'을 모방하였다. 오행이 오행 되는 이유는 아마도 고대의 군대 진영이 항상 오색의 깃발로 동 · 서 · 남 · 북 · 중앙의 다섯 개의 행렬을 분별하였기 때문이다." 정산 선생의 이러한 견해가 비록 본말이 전도되어 마땅히 먼저 오행 · 오색의 관념이 있은 연후에 비로소 오행 진법의 출현하였다는 말이지만, 그것은 또한 오행과 군사의 긴밀한 관계가 매우 일찍이 이미 발생하였음을 설명한 것이기도 하다.

■ 찾아보기

ㅇ

ㅊ

지은이

유소홍(劉篠紅)

1957년생. 1978년 화중(華中)사범대학 역사학과에 입학하여 화중사범대학 역사학 학사 학위, 문헌학 석사, 박사 학위를 취득하였다. 현재 화중사범대학 교수로 재직 중이다. 저술로는 『신비의 오행』, 『호적사상 평전』, 『20세기 老學』 등이 있다.

옮긴이

송인창(宋寅昌)

충남대학교 철학과를 졸업하고, 같은 학교 대학원에서 「선진유학에 있어서의 천명(天命)사상에 관한 연구」로 박사 학위를 받았다. 현재 대전대학교 철학과 교수이자 대학원장, 동양문화연구소 소장으로 재직하고 있다. 한국동서철학회 회장, 새한철학회 회장, 한국주역학회 회장, 한국동양철학회 회장, 2008년 제22차 세계철학자대회 한국조직위원회 부의장, 한국철학회 회장 등을 역임하였다.
저서로는 『화해와 포용의 예학자 송준길』, 『천명(天命)과 유교적 인간학』, 『기호유학의 융화정신』(공저), 『주역과 한국역학』(공저) 등이 있으며, 주요 논문으로는 「주역에 있어서 '감통(感通)' 의 문제」, 「권시 공(公)사상의 철학적 체계와 융화정신」, 「퇴계 이발설(理發說)의 역학적 이해」, 「多夕 柳永模의 周易觀」 등이 있고, 시집으로는 『不仁한 칼』이 있다.

안유경(安琉鏡)

경북 안동 출생
경북대 중문과, 성균관대학교 대학원 동양철학과 졸업(철학 박사)
현 성균관대 유교문화연구소 연구원
주요 저 · 역서: 『갈암(葛庵) 이현일(李玄逸)의 철학사상』
『理의 철학』
『유가의 형이상학』
『동아시아 유교경전 해석학』
『유교는 종교인가(1 · 2)』 외 다수